Helmut Meyer, Peter Schneebeli

Durch Geschichte zur Gegenwart 3

Die Zeit zwischen den Weltkriegen

Der Zweite Weltkrieg

Interkantonale Lehrmittelzentrale
Lehrmittelverlag des Kantons Zürich

ilz Lehrmittel der Interkantonalen Lehrmittelzentrale

Autoren:
 Dr. Helmut Meyer
 Peter Schneebeli

Berater:
 Fritz Baer
 Urs Kneubühler
 Peter König
 Fritz Künzler
 Ueli Müller

Grafische Gestaltung:
 Felix Reichlin

Umschlag und Zeichnungen:
 René Mühlemann

Karten und Diagramme:
 Claudia Trochsler

Nach neuer Rechtschreibung

© Lehrmittelverlag des Kantons Zürich
 7. Ausgabe 2008, korrigiert (2006)
 Printed in Switzerland
 ISBN 978-3-906718-56-9
 www.lehrmittelverlag.com

Das Werk und seine Teile sind urheberrechtlich geschützt.
Nachdruck, Vervielfältigung jeder Art oder Verbreitung – auch auszugsweise –
nur mit vorheriger schriftlicher Genehmigung des Verlages.

Die Zeit zwischen den Weltkriegen

Unsere letzte Hoffnung: **HITLER**

Wir leben in bitterer Not! Schafft Arbeit!

Rückblick:

Menschen und Staaten in Krisen

Das Römische Reich: aus der Krise in die Alleinherrschaft

So soll Rom entstanden sein …

Gründung und früheste Geschichte der Stadt Rom sind uns, abgesehen von Ausgrabungen, nur durch Sagen bekannt. Die Römer erzählten später, einst sei ein König durch seinen Bruder abgesetzt worden. Der neue Herrscher habe die kleinen Enkel seines Vorgängers, Romulus und Remus, in einer Wanne im Fluss Tiber aussetzen lassen. Die Wanne sei aber ans Ufer getrieben worden. Eine Wölfin habe den Säuglingen ihre Milch zu trinken gegeben; später habe ein Hirte sie zu sich genommen und aufgezogen. Als Erwachsene hätten die beiden dann im Jahr 753 v. Chr. an der Stelle ihrer Rettung die Stadt Rom gegründet; allerdings sei Remus bald darauf von seinem Bruder im Streit getötet worden. Romulus und seine Nachkommen hätten dann als Könige über Rom regiert.

Darstellung der Wölfin, welche die Zwillinge Romulus und Remus säugte. Die bronzene Wölfin wurde Anfang des 5. Jahrhunderts v. Chr. geschaffen, die Figuren der beiden Knaben wurden jedoch erst um 1500 n. Chr. beigefügt.

Die römische Republik …

Um 500 v. Chr. vertrieben die Römer den letzten König und errichteten eine **Republik**: einen Staat ohne König, in welchem alle Bürger irgendwie an der Regierung beteiligt waren. Das Volk wählte die Beamten (den **Magistrat**), unter denen die beiden **Konsuln** als Stadtpräsidenten und Heerführer am wichtigsten waren. Ein Beamter blieb jedoch nur ein Jahr in seinem Amt, dann wurde er auf Lebenszeit Mitglied des **Senats,** welcher die Beamten beriet. Gegen Übergriffe der einzelnen Beamten wurde der Bürger durch die – ebenfalls vom Volk gewählten – **Tribunen** geschützt. Gesetze wurden zuerst im Senat beraten, mussten dann aber vom Volk genehmigt werden.

Der römische Politiker und Philosoph Marcus Tullius Cicero über die römische Verfassung:

«Aufgabe des Senats ist es, mit seinem Rat den Staat zu fördern; Aufgabe des Magistrats ist es, dem Willen des Senats eifrig und gewissenhaft nachzukommen; Aufgabe des Volkes ist es, die besten Massnahmen und die geeignetsten Männer durch seine Abstimmung auszuwählen und zu bestätigen.»

Allerdings waren nicht alle Römer gleichberechtigt. Im Allgemeinen konnte nur ein Angehöriger der vornehmen Klasse, der **Nobilität,** ein Amt bekleiden und Senatsmitglied werden. Auch die Volksversammlung war so organisiert, dass die Stimmen der reichen Leute mehr ins Gewicht fielen als jene der armen. Der einfache Römer war meist Bauer und hatte weder Zeit noch Kenntnisse, um sich mit den Staatsgeschäften zu befassen.

Während Jahrhunderten wurde die republikanische Ordnung von allen Bürgern genau eingehalten. Man glaubte, sie sei durch den Willen der Götter entstanden, und ein Verstoss gegen sie würde diese in Zorn geraten lassen. Daher war die Einigkeit in Rom recht gross. Im Kriegsfall waren fast alle Bürger wehrpflichtig. Dank ihrer Ordnung und ihres Wehrwillens gelang es den Römern, ihre Macht immer weiter auszudehnen. Zuerst schlossen die übrigen Stämme und Städte Italiens Bündnisse mit ihnen ab – teils freiwillig, teils unter Zwang. Dann unterwarfen die Römer in zahlreichen Kriegen bis zum Ende des 2. Jahrhunderts v. Chr. das Gebiet rund um das Mittelmeer. Das Römische Reich war entstanden.

… gerät in die Krise

Durch diese Erfolge verstärkten sich die Unterschiede zwischen den einfachen und den vornehmen Bürgern. Die Letzteren erwarben bei der Machtausübung über Italien viel Land als persönlichen Besitz und liessen es durch Sklaven bebauen. Die kleinen Bauerngüter verlotterten oft, weil ihre Besitzer während langer Zeit Kriegsdienst leisten mussten und zudem der Konkurrenz der Grossgrundbesitzer nicht gewachsen waren. Viele Kleinbauern mussten ihren Hof aufgeben und ihr Glück in der schnell wachsenden Grossstadt suchen. Hier schlugen sie sich als Handwerker, Kleinhändler oder Gelegenheitsarbeiter ohne Vermögen und Sicherheit durch. Man nannte sie «Proletarier», weil ihr einziger Besitz ihre Nachkommenschaft (lateinisch: proles) war.

Rückblick:

Der römische Geschichtsschreiber Sallust über das Verhältnis zwischen dem einfachen Volk und den Vornehmen:

2 «Bis zur Zerstörung Karthagos (146 v. Chr.; diese Stadt war der zäheste Gegner Roms gewesen) verwalteten Volk und Senat von Rom friedlich und ohne Leidenschaft den Staat, und es gab keinen Wettstreit um Ruhm oder Herrschaft zwischen den Bürgern. Furcht vor dem Feind hielt die Bürgerschaft bei guten Sitten. Sobald aber diese Besorgnis aus dem Herzen geschwunden war, da trat leider das ein, was das Glück gern mit sich bringt: Zügellosigkeit und Übermut ... Dabei hatten die Vornehmen dank ihrer guten Organisation mehr Kraft ... Nach dem Willen einer Minderheit wurde daheim und draussen Politik gemacht. In ihren Händen lagen auch Staatsschatz, Provinzen, Ämter, Ruhmestitel und Triumphe. Das Volk stand unter dem Druck von Kriegsdienst und Not ... So riss mit der Macht Habsucht ohne Mass und Grenzen ein ...»

Die unterworfenen Gebiete ausserhalb Italiens waren in Provinzen eingeteilt. Als Verwalter wurden ehemalige römische Beamte, also ausschliesslich vornehme Bürger, eingesetzt.

Marcus Tullius Cicero über die Verwaltung der römischen Provinzen (67 v. Chr.):

3 «Es ist kaum zu beschreiben, wie verhasst wir unter der Bevölkerung unserer Provinzen sind wegen der Willkür und Schändlichkeit der Beamten ... Oder glaubt ihr, es gäbe in diesen Ländern irgendeinen Tempel, der von unseren Beamten als Heiligtum respektiert würde ... oder gar ein Privathaus, dessen Riegel und Mauern es vor ihnen beschützen könnten? Schon sucht man sich bei uns besonders schöne und reiche Städte aus und erfindet gegen diese irgendeinen Vorwand zu Krieg, damit man dort seine Plünderungslust befriedigen kann ...»

Die Krise der römischen Republik:

ehrgeizige Feldherren — «Soldaten, euer Vaterland bin ich!»

raffgierige Vornehme — «Ich will die Provinz Sizilien für fünf Jahre!» / «Das ist viel zu lange, dann komme ich ja nie dran!»

aufständische Sklaven — «Spartacus, wir folgen dir!»

Rom in der Krise

verarmte Bauern

ungesicherte Proletarier — «Wir fordern Brot und Spiele!»

ausgebeutete Provinzen — Provinzverwaltung

6

Menschen und Staaten in Krisen

Völlig rechtlos waren schliesslich die Sklaven, welche die Römer durch Krieg oder Kauf erworben hatten. Provinz- und Sklavenaufstände waren daher nicht selten.

Der griechische Geschichtsschreiber Poseidonios über Sklaven in den spanischen Bergwerken um 100 v. Chr.:

4 «Die Sklaven, die im Bergbau beschäftigt sind, bringen ihren Besitzern unglaubliche Einkünfte; sie selbst aber müssen unterirdisch graben, bei Tag wie bei Nacht, gehen körperlich zugrunde; und viele sterben infolge der übermässigen Anstrengung – denn Erholung oder Pausen in der Arbeit gibt es nicht, Aufseher zwingen sie mit Schlägen, die furchtbaren Leiden zu ertragen, bis sie elend ihr Leben aushauchen …»

Das Heer verändert sich

Da die Proletarier wegen ihrer Armut keinen Kriegsdienst leisten mussten, nahm auch die Zahl der kriegstauglichen Bürger immer mehr ab. Der Mangel an kriegstauglichen Bürgern führte dazu, dass die Römer nun Berufskrieger rekrutierten. Diese waren ganz auf ihre Führer angewiesen. Ihr Feldherr führte sie in die Schlacht, verschaffte ihnen Beute und Sold und sorgte dafür, dass sie im Alter ein kleines Landgut als Pension erhielten. Daher folgten sie ihm, solange er Erfolg hatte, durch dick und dünn.

Die Feldherren entstammten alle dem Kreis der römischen Vornehmen. Unter diesen aber hatten die Spannungen weiter zugenommen. Man war immer weniger bereit, sich in die überlieferte Ordnung einzufügen. Vor allem erfolgreiche Heerführer versuchten, ihr Glück zu ihrer Machterweiterung auszunützen und dabei ihre Truppen einzusetzen.

Der Geschichtsschreiber Appian berichtet über die Verhältnisse nach 100 v. Chr.:

5 «So war es denn bei diesen inneren Unruhen von Streit und Hader zu Mord und von Mord zu richtigen Kriegen gekommen … Die inneren Unruhen, die nun mit regulären Heeren entschieden wurden, hörten nicht mehr auf. In einem fort kam es zu Angriffen auf Rom, Mauererstürmungen und was sonst ein Krieg mit sich bringt. Nichts stand den Gewalthabern mehr im Wege, weder die Scham vor den Gesetzen … noch vor der Vaterstadt.»

Marcus Tullius Cicero über die politische Lage (um 50 v. Chr.):

6 «Was bleibt denn noch von den alten Sitten, auf denen der römische Staat beruhte? Sie sind in Vergessenheit geraten, man hält sie nicht nur nicht mehr in Ehren, sondern kennt sie gar nicht mehr!»

Caesar: der Weg zur Alleinherrschaft

Der entschlossenste unter den römischen Heerführern und Politikern war Gaius Julius Caesar, der einer sehr alten, angesehenen Familie entstammte. 59 v. Chr. wurde er Konsul. Dann wurden ihm die

Römischer Silberdenar mit dem Porträt Caesars (44 v. Chr.)

beiden Provinzen Oberitalien (Gallia Cisalpina*) und Südfrankreich (Gallia Narbonensis**) zur Verwaltung anvertraut.

Der grösste Teil Frankreichs (Gallia Transalpina) war damals noch nicht römisch. Hier kam es zu Unruhen. Der Stamm der Helvetier drängte aus dem Gebiet der Schweiz nach Westen, während weiter nördlich germanische Stämme über den Rhein vorstiessen. Dies benützte Caesar zum Eingreifen. Er besiegte sowohl die Helvetier wie auch die eingedrungenen Germanen. Darauf rief er alle gallischen Stämme zur Unterwerfung auf und besiegte jene, die sich nicht fügten. Nach sechs Jahren war das ganze Gebiet bis zur Mündung des Rheins in die Nordsee römisch.

Der griechische Geschichtsschreiber Plutarch über Caesars Ziel:

7 «In dieser Zeit schuf Caesar sich in den gallischen Kriegen seine politische Macht … Dort draussen in Gallien war er die Seele, das Heer, sozusagen der Körper, den er sich gefügig machen wollte; denn eigentlich richtete sich sein Kampf mit diesem Heer gar nicht gegen die Barbaren, sondern er wollte … seine Truppen durch diese Kämpfe zur Härte erziehen. So schuf er sich in seinem Heer eine unwiderstehliche, furchtbare Macht.»

* Das heutige Oberitalien wurde von den Römern noch nicht zu Italien gerechnet, sondern als «Gallien diesseits der Alpen» bezeichnet, weil es ursprünglich von Galliern bewohnt war.
** Hauptstadt dieser Provinz war Narbonne, daher der Name.

Nach diesen Erfolgen fürchteten der Senat und der Magistrat in Rom, Caesar sei zu mächtig geworden. Sie erklärten, seine Amtszeit als Provinzverwalter sei abgelaufen, und er solle nach Hause zurückkehren. Caesar kehrte zurück, jedoch mit seinem ganzen, inzwischen durch zahlreiche Gallier verstärkten Heer. In ihrer Not forderten Senat und Magistrat nun einen anderen berühmten Feldherrn, Gnäus Pompeius, auf, die republikanische Ordnung zu verteidigen.

Marcus Tullius Cicero über die Feldherren Caesar und Pompeius:

8 «Beide streben nur nach Gewaltherrschaft, es geht ihnen nicht darum, dass die Bürgerschaft glücklich und ehrenvoll lebe ... Schon längst läuft es auf ein ... Schreckensregiment hinaus.»

Der Triumph Caesars in der Darstellung des Renaissance-Malers Andrea Mantegna (Ende 15. Jahrhundert)

Im Bürgerkrieg (49–46 v. Chr.) besiegte Caesar alle seine Gegner; Pompeius kam dabei um. Nun besass er die alleinige Macht über das Reich. Bald wurde klar, wozu er sie benützen wollte.

Der römische Geschichtsschreiber Sueton über Caesars Pläne:

9 «Er begnügte sich nicht damit, die ihm angetragenen, überaus zahlreichen Ehrungen anzunehmen: die jährliche Wiederwahl zum Konsul, die Ernennung zum Diktator* auf Lebenszeit ..., den Beinamen ‹Vater des Vaterlandes› ... Er liess es auch geschehen, dass man ihm Ehren zuerkannte, welche jedes vernünftige Mass menschlicher Würde überschritten: einen goldenen Sessel im Senat und im Gericht, einen Götterwagen mit einer Tragbahre,

* Bis dahin hatten die Römer nur in Notzeiten Diktatoren gewählt, die höchstens während eines halben Jahres die Macht ausübten.

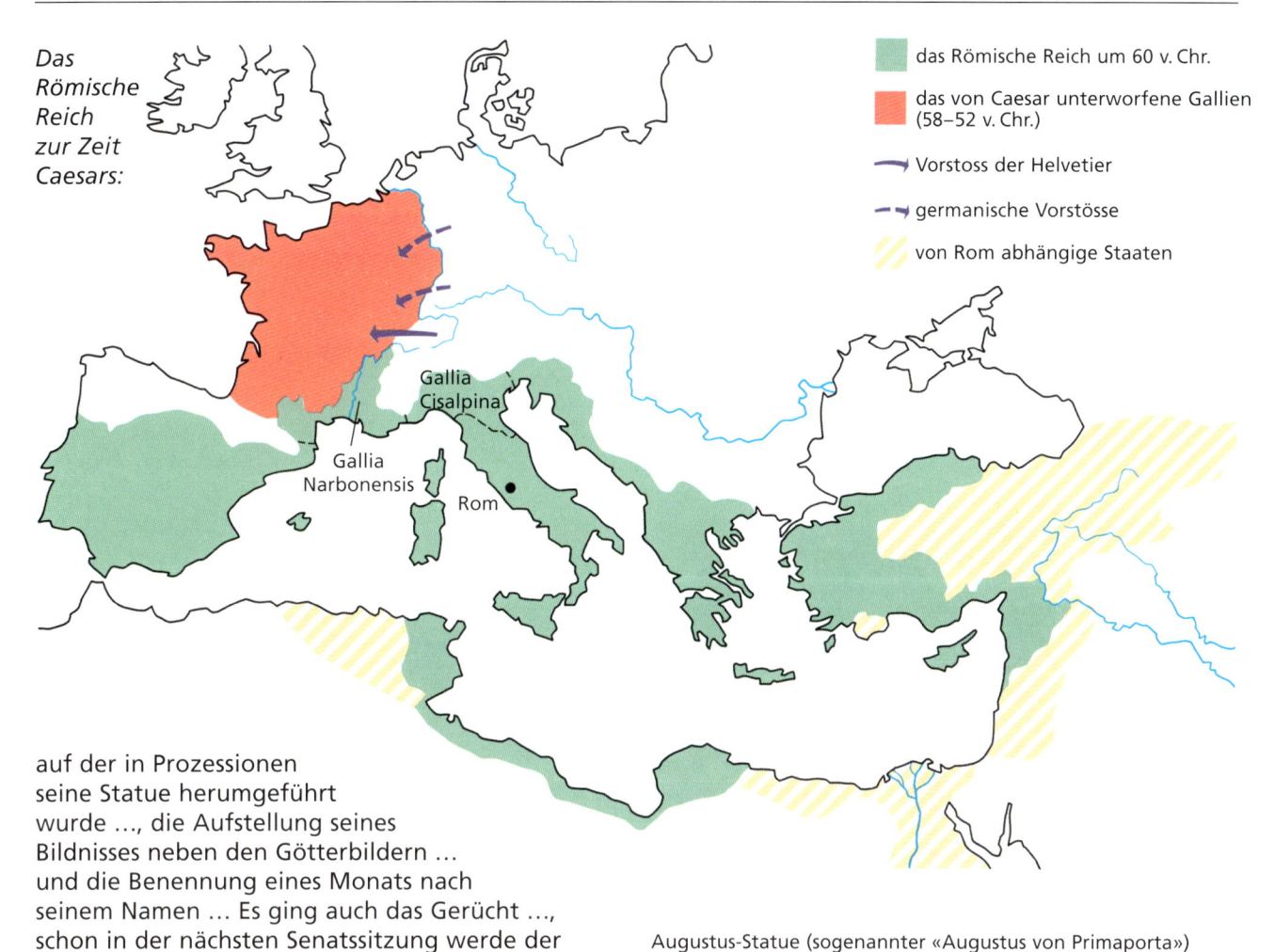

Menschen und Staaten in Krisen

Das Römische Reich zur Zeit Caesars:

■ das Römische Reich um 60 v. Chr.
■ das von Caesar unterworfene Gallien (58–52 v. Chr.)
→ Vorstoss der Helvetier
⇢ germanische Vorstösse
▨ von Rom abhängige Staaten

Gallia Cisalpina
Gallia Narbonensis
Rom

auf der in Prozessionen seine Statue herumgeführt wurde …, die Aufstellung seines Bildnisses neben den Götterbildern … und die Benennung eines Monats nach seinem Namen … Es ging auch das Gerücht …, schon in der nächsten Senatssitzung werde der Senator Lucius Cotta den Antrag stellen, Caesar zum König zu ernennen.»

Augustus: der Erbe

Einige Senatoren verschworen sich gegen Caesar und ermordeten ihn während einer Senatssitzung (44 v. Chr.). Sie konnten aber ihre Absicht, die alte Ordnung wiederherzustellen, nicht verwirklichen. Ein Grossneffe und ein Unterfeldherr Caesars, Gaius Octavius und Marcus Antonius, übernahmen Caesars Heer und gewannen damit die Macht. Schliesslich setzte sich Octavius auch gegen Antonius durch und wurde Alleinherrscher (30 v. Chr.). Er nannte sich nun «Imperator» (siegreicher Feldherr) «Caesar» (Name seines Grossonkels, der ihn kurz vor seinem Tod adoptiert hatte) **«Augustus»** (der Erhabene).

Augustus richtete den Staat so ein, dass er als Heerführer die wahre Macht ausübte, neben ihm aber die alten Einrichtungen (Senat, Magistrat, Volksversammlung) der Form nach weiter bestanden. Die Römer fanden sich damit ab, dass sie nun unter einem Alleinherrscher standen. Augustus regierte 34 Jahre lang und sorgte dafür, dass nach seinem Tod (14 n. Chr.) sein Stiefsohn Tiberius – eigene Söhne hatte er nicht – an seine Stelle trat. Damit war das Römische Reich zur **Monarchie*** geworden, die römische Kaiserzeit begann.

* Das Wort stammt vom griechischen «mon-archeia» (Alleinherrschaft).

Augustus-Statue (sogenannter «Augustus von Primaporta»)

Rückblick:

Die Ordnung des Kaiserreiches:

IMPERATOR CAESAR AUGUSTUS

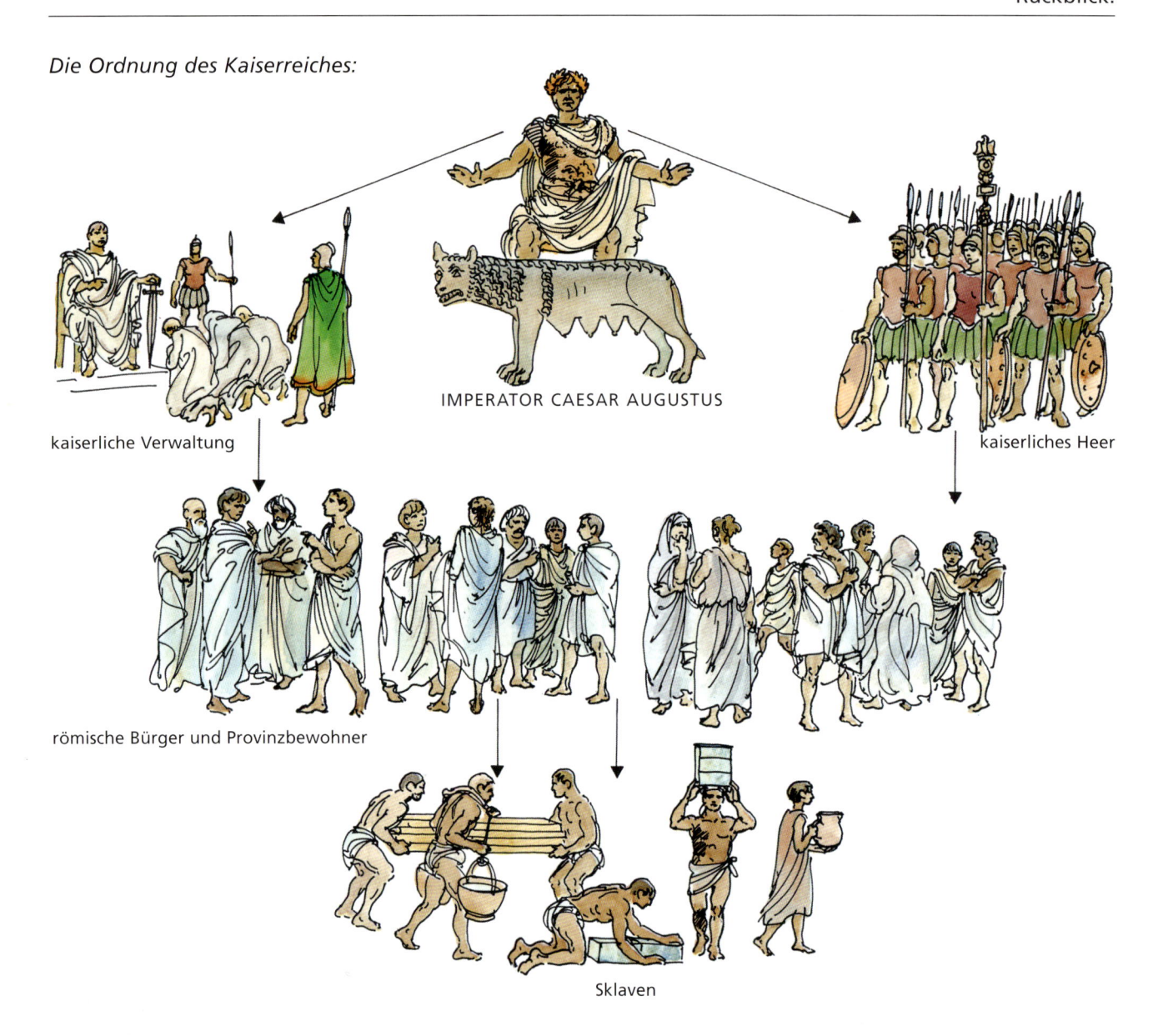

kaiserliche Verwaltung

kaiserliches Heer

römische Bürger und Provinzbewohner

Sklaven

Relief der Seitenmauer des von Augustus gestifteten Friedensaltars, der «Ara Pacis»

Das Wichtigste in Kürze:

Nach grossen Erfolgen geriet die römische Republik im 2. und 1. Jahrhundert v. Chr. in eine tiefe Krise. Die Unterschiede zwischen Reich und Arm, zwischen Herrschenden und Beherrschten wurden immer grösser. Feldherren kämpften an der Spitze von Söldnerheeren um die Macht; die Verfassung wurde nicht mehr eingehalten. Schliesslich wurde die Krise durch den Übergang zur Monarchie gelöst. Aus der Republik wurde ein Kaiserreich.

🦉

1. Wie hiess der sagenumwobene Gründer und erste König von Rom?
2. Wie bezeichnet man einen Staat ohne König?
3. Welche Vorrechte hatte die Nobilität?
4. Wie nannte man die einfache Bevölkerung in der Stadt Rom?
5. Schildere die Taten Caesars vor seiner Machtergreifung.

🦉🦉

6. Wo treffen wir noch heute die Namen Julius Caesar und Augustus an?
7. Erreichten die Caesar-Mörder ihr Ziel?
8. Welche Vor- und Nachteile hatte der Übergang zur Monarchie für das Römische Reich?

Krise des Lebens: der schwarze Tod

Die Pest bricht herein

Im 12. und 13. Jahrhundert entwickelten sich die Lebensbedingungen der Menschen in Europa günstig. Das Klima war mild. Die Bauern produzierten mehr als früher, Hungersnöte wurden seltener. Wälder wurden gerodet und urbar gemacht, hoch gelegene Alpen erschlossen. Die Bevölkerung nahm ständig zu. Die Städte wuchsen, fleissige Handwerker versorgten die Bauern der Umgebung mit ihren Erzeugnissen, während die Kaufleute über ganz Europa ein immer dichteres Handelsnetz von Strassen und Märkten legten. Nach 1300 verlangsamte sich die Entwicklung. In der Mitte des 14. Jahrhunderts brach die grosse Katastrophe über Europa herein: die Pest.

Der Pestbazillus verbreitete sich aus Zentralasien vermutlich durch Kaufleute nach Westen und erreichte 1347 Konstantinopel. Von hier aus brachten Seefahrer die Krankheit sehr rasch über das Mittelmeer in die Hafenstädte des Orients, Italiens, Frankreichs und Spaniens.

Giovanni Boccaccio über den Ausbruch der Pest in Florenz (aus der Rahmenhandlung des «Decamerone»):

10 «Etwa zu Beginn des Frühlings im Jahre 1348 begann die Krankheit ... ihre betrüblichen Wirkungen zu zeigen ... Es kamen zu Anfang der Krankheit, bei Männern wie bei Frauen, an den Weichen* oder in den Achselhöhlen gewisse Geschwülste zum Vorschein, die manchmal so gross wie ein gewöhnlicher Apfel, manchmal wie ein Ei wurden ... und schlechtweg Pestbeulen genannt wurden. Von den genannten Teilen des Körpers aus verbreiteten sich diese tödlichen Pestbeulen in kurzer Zeit ohne Unterschied über alle übrigen Teile. Später ... bekamen viele auf den Armen, den Lenden und allen übrigen Teilen des Körpers schwarze und bräunliche Flecken ... Die wenigsten genasen, und fast alle starben binnen dreier Tage nach dem Erscheinen der beschriebenen Zeichen ... Diese Pest wütete umso mehr, da sie durch den Verkehr mit den Kranken auf die Gesunden übergriff ... Dieses Elend hatte die Brust der Männer wie der Weiber mit solchem Schrecken erfüllt, dass ein Bruder den andern im Stich liess ... Väter und Mütter weigerten sich, ihre Kinder zu besuchen und zu pflegen ... So war denn ... die Zahl der täglich und nächtlich in der Stadt Gestorbenen so gross, dass man sich entsetzte, wenn man sie erfuhr ... Viele verschieden bei Tag oder Nacht auf öffentlicher Strasse. Viele gaben ihren Geist in den Häusern auf und gaben ihren Nachbarn nicht eher, als durch den Gestank, der aus ihren faulenden Leichen aufstieg, Kunde von ihrem Tode ... Da für die grosse Menge Leichen, die in jeder Kirche täglich und fast stündlich zusammengetragen wurden, der geweihte Boden nicht ausreichte, besonders wenn man nach alter Sitte jedem Toten eine besondere Grabstätte hätte einräumen wollen, so machte man statt der kirchlichen Friedhöfe, weil diese bereits überfüllt waren, sehr tiefe Gruben und warf die neu Hinzukommenden in diese zu Hunderten. Hier wurden die Leichen aufgehäuft wie die Waren in einem Schiff und von Schicht zu Schicht mit ein wenig Erde bedeckt, bis die Grube zuletzt bis an den Rand hin voll war ...»

* Bereich unterhalb des Nabels

Arnold Böcklin, «Die Pest» (1898)

Träger des Pestbazillus waren sicher Ratten-, wahrscheinlich auch Menschenflöhe. Durch den Flohbiss wurden die Menschen angesteckt. Hatte der Bazillus die menschliche Lunge erreicht, so konnte der Betroffene seine Umgebung auch direkt durch Speicheltröpfchen anstecken. Da vor allem in den Städten die Menschen sehr eng beieinander lebten, die Reinlichkeit gering und Ratten, Ratten- und Menschenflöhe daher häufig waren, verbreitete sich die Seuche mit grosser Schnelligkeit.

Die Wirkungen der Pest

Allein die erste grosse Pestepidemie 1347–1350 forderte in Europa etwa 25 Millionen Tote, was einem Drittel der Gesamtbevölkerung gleichkam.

1 Massenbestattung von Pesttoten in Tournai, Belgien (Darstellung in einer zeitgenössischen Chronik)
2 Geisslerprozession (Darstellung in der Konstanzer Weltchronik, 14. Jahrhundert)

In einigen Städten starben über die Hälfte der Einwohner. Weitere Seuchenzüge (1357/62; 1370/76; 1380/83) sorgten dafür, dass die Einwohnerzahl auf die Dauer nicht wieder zunahm. Hatten um 1300 in Europa 73 Millionen Menschen gelebt, so waren es um 1400 noch 45 Millionen. Die durchschnittliche Lebenszeit eines Menschen sank von gut dreissig auf knapp zwanzig Jahre. Neben die menschlichen Verluste traten die wirtschaftlichen. Die Lebensmittelpreise sanken, weil weniger Käufer vorhanden waren. Viele Bauern wanderten daher in die halbleeren Städte ein. Zahlreiche Dörfer, vor allem solche, die in landwirtschaftlich ungünstigen Gegenden lagen, wurden für immer verlassen.

Die Suche nach den Ursachen

Die Menschen sahen die Wirkungen der Krankheit, erkannten aber ihre medizinische Ursache nicht. Sie waren hilf- und ratlos. Viele betrachteten das grosse Sterben als eine Strafe Gottes für ihre Sünden. Dafür wollten sie nun büssen, indem sie ähnliche Leiden wie einst Jesus Christus auf sich nahmen. In Gruppen von oft mehreren hundert Personen begaben sie sich unter der Leitung eines Meisters auf die «Geisslerfahrt».

Aus der Strassburger Chronik des Fritsche Closener:
«Am 8. Juli kamen wohl zweihundert Geissler nach Strassburg … Wer in ihre Bruderschaft wollte und die Busse antreten, der musste 33½ Tage drin bleiben … Wenn sie nun büssen wollten, so zogen sie auf das Feld hinaus … Und sie sammelten sich auf der Geisselstätte, zogen sich bis auf die Kniehosen aus … und legten sich in einen weiten Ring. Wenn sie sich gelegt hatten, so fing ihr Meister an, wo er wollte, und gab ihm einen Streich mit seiner Geissel auf den Leib und sprach:
‹Steh auf durch der reinen Marter Ehr
Und hüt dich vor der Sünde mehr!›
So schritt er über sie alle, und über wen er geschritten war, der stand auf und schritt dem Meister nach über die, die vor ihm lagen … So taten sie es dem Meister nach mit der Geissel und mit den Worten, bis alle aufgestanden und übereinander geschritten waren … Dann knieten sie auf die Knie und hoben ihre Hände auf und sangen:
‹Nun hebt auf eure Hände,
Dass Gott dies grosse Sterben wende.

Menschen und Staaten in Krisen

Nun hebet auf die Arme,
Dass Gott sich uns erbarme ...›
Man soll wissen: wann sich die Geissler geisselten, so war das grösste Zulaufen und das grösste Weinen vor Andacht ... Und wo die Geissler in die Städte kamen, da fielen ihnen viele Leute zu, die auch Geissler wurden ...»

Sind die Juden schuld?

Andere suchten die Ursache der verheerenden Seuche nicht bei sich selbst, sondern bei einer abgesonderten Minderheit, den Juden. Diese hatten sich in der Römerzeit in ganz Europa verbreitet. Im frühen und hohen Mittelalter (etwa 7. bis 12. Jahrhundert) waren sie in Westeuropa fast die einzigen, die etwas vom Handel verstanden und über entsprechende Verbindungen verfügten. Auch ihre medizinischen Kenntnisse wurden geschätzt. Daher erfreuten sie sich der besonderen Gunst der Herrscher. Je mehr sich aber die Städte entwickelten, desto mehr erwuchs den Juden Konkurrenz durch christliche Kaufleute. Jene wurden zunehmend auf den Kleinhandel, das Geldwechsel- und besonders das riskante Darlehensgeschäft abgedrängt. Da sie wegen des hohen Risikos entsprechend hohe Zinsen forderten – manchmal über fünfzig Prozent –, waren sie bei den Schuldnern verhasst. Innerhalb der Städte durften sie nur bestimmte Strassen bewohnen und mussten eine besondere Kleidung tragen. Zudem galten sie als Heiden und erst noch als besonders verstockte Heiden, hatten sie doch Jesus Christus nicht angenommen, sondern ans Kreuz geschlagen. Abneigung und Verfolgung nahmen zu, die Stellung der Juden wurde immer schwieriger. Die grosse Pestepidemie verhalf dem Judenhass zum Durchbruch.

Aus der Chronik Jakob Twingers von Königshofen:
12 «Als man 1349 Jahre zählte, da war das grösste Sterben, das je gewesen war ... Und wovon dieses Sterben kam, das konnten alle weisen Meister und Ärzte nicht sagen ausser, es wäre Gottes Wille ... Wegen dieses Sterbens wurden die Juden in der Welt verleumdet und in allen Ländern angeklagt, dass sie es verursacht hätten mit Gift, das sie ins Wasser und in die Brunnen getan hätten ... Damals folterte man etliche Juden in Bern und in Zofingen, worauf diese gestanden, dass sie Gift in viele Brunnen getan hätten ... Da verbrannte man sie in vielen Städten und schrieb diese Geschichte nach Strassburg, Freiburg im Breisgau und Basel, dass sie ihre Juden auch verbrennen sollten. Da meinten die Mächtigsten in diesen drei Städten ..., man sollte den Juden nichts tun. Da machte sich zu Basel das Volk auf vor das Richthaus und zwang den Rat, dass die Ratsherren schwören mussten, die Juden zu verbrennen und dass sie in zweihundert Jahren keine Juden mehr in die Stadt lassen sollten ...»

(In Strassburg will der von den Kaufleuten beherrschte Rat die Juden schützen, wird jedoch von den Handwerkerzünften gestürzt, worauf diese judenfeindliche Beschlüsse durchsetzen:)

«Am 14. Februar verbrannte man die Juden in ihrem Kirchhof auf einem hölzernen Gerüst; es waren gegen zweitausend. Diejenigen, welche sich taufen lassen wollten, liess man am Leben ... Und was man den Juden schuldig war, das wurde alles getilgt, und alle Pfänder und Schuldbriefe, welche sie hatten, wurden den Schuldnern zurückgegeben. Das bare Geld der Juden verteilte der Rat unter die Handwerker. Das Geld war auch die Ursache, warum die Juden getötet wurden, denn wären sie arm gewesen, hätte man sie nicht getötet. So wurden die Juden in Strassburg verbrannt und im selben Jahr in allen Städten am Rhein ... In etlichen Städten zündeten die Juden ihre Häuser selbst an und verbrannten darin.»

Judenverbrennung (Holzschnitt in der Schedel'schen Weltchronik, Nürnberg, 1493)

In andern Städten begnügte man sich mit der Vertreibung der Juden; auch gelang es vielen zu fliehen. Oft begann die Verfolgung, bevor die Pestwelle die Stadt überhaupt erreicht hatte; man hoffte wohl, so die Brunnenvergiftung zu verhindern und der Krankheit zu entgehen – sofern man überhaupt an die Beschuldigungen glaubte.

Zwar liess man in manchen Städten in den folgenden Jahrzehnten die Juden zurückkehren, weil man immer noch auf sie angewiesen war. Dann aber drangen zunehmend christliche Geschäftsleute ins Kleinkreditgeschäft der damaligen Zeit ein. Die Vorwürfe gegen die Juden häuften sich wieder; man warf ihnen sogar vor, christliche Kinder zu entführen und in ihren Gottesdiensten zu schlachten.

Aus dem Bericht des jüdischen Rabbi Joseph Hakohen über den Kindsmord von Trient im Jahr 1475:
13 «In jener Zeit erschlug der Bösewicht Enzo in Trient in Italien ein zweijähriges Kind namens Simon und warf es insgeheim in den Teich des Juden Samuel ... Als das Kind später gefunden wurde, gingen die Leute auf Befehl des Bischofs hin, das Kind an Ort und Stelle zu besichtigen, worauf er alle Juden ergreifen liess ... Man folterte sie, so dass sie

1 Darstellung der angeblichen Ermordung eines Kindes durch Juden in Bern in der Chronik des Benedikt Tschachtlan

gestanden, was ihnen niemals zu tun in den Sinn gekommen war … Hierauf verurteilte der Bischof die Juden, man zwickte sie mit Zangen und verbrannte sie …, worauf der Bischof … sich all ihre Habe aneignete und seine Wohnung mit Beute füllte. Alsdann hiess es, das Kind sei heilig und tue Wunder. Der Bischof liess dies auch in allen Ortschaften bekannt machen, worauf das Volk herandrängte, es zu sehen, und es kam dabei nicht mit leeren Händen … Später forderte der Bischof den Papst auf, das Kind heilig zu sprechen …, worauf der Papst einen seiner Kardinäle hinschickte, damit er die Sache genau untersuchen sollte. Als dieser gekommen war, die Sache untersuchte und genau erforschte, sah er, dass es eitles Blendwerk und Torheit war … Dann liess er sich die Akten über das, was jene armen Juden eingestanden hatten und was über sie beschlossen worden war, bringen. Hierauf liess er einen Diener jenes Bösewichts, der das Kind ermordet hatte, ergreifen, der dann auch gestand, dass jene Schändlichkeit auf Befehl des Bischofs verübt worden sei, welcher die Juden zu verderben beabsichtigt hätte. Diesen Diener führte er mit sich nach Rom, berichtete demgemäss dem Papst, der daher auch das Kind nicht heilig sprach …»

Im Verlauf des 15. Jahrhunderts wurden fast alle Juden aus West- und Mitteleuropa vertrieben. Sie liessen sich vor allem in Polen und im westlichen Russland nieder, wo sie geduldet wurden.

2 Der Triumphzug des Todes (aus einer französischen Ausgabe des Werkes Francesco Petrarcas, 1503)

Rückblick:

Mitten im Leben … vom Tode umgeben

Auch nach 1400 traten während Jahrhunderten immer wieder Pestepidemien auf. Zwar war die Zahl der Opfer weniger gross, doch blieb der Mensch ihnen gegenüber hilflos. Auch der Gesündeste und Kräftigste konnte von einem Tag auf den andern sterben. So entstand der Eindruck, der Tod sei der eigentliche Herrscher dieser Welt.

Aus der Dichtung «Der Ackermann von Böhmen» von Johannes von Tepl (um 1400). Es handelt sich um ein Gespräch zwischen dem Tod und einem Bauern, der soeben seine junge Frau verloren hat. – Es spricht der Tod:

«Den Himmelsthron hat Gott den guten Geistern, den Höllengrund den bösen Geistern, die irdischen Lande aber mir zu Erbteil gegeben … Erde und Meere hat mir der mächtige Herr der Welt überantwortet mit dem Befehl, alles Überflüssige auszurotten und auszujäten … Weib, Kinder, Schätze, irdisches Gut bringt am Anfang Freude, am Ende aber Leid …, Leid ist das Ende der Liebe, Trauer das Ende der Freude … Alle Leute mit all ihren Werken sind letztlich eitel, nichtig. Ihr Leib, ihre Frauen, ihre Kinder, ihre Ehre, ihr Gut und all ihr Vermögen flieht dahin, verschwindet in einem Augenblick, vermischt sich mit dem Wind; nicht einmal der Schein oder der Schatten davon bleibt … Und nie kann der Mensch wissen, wann, wo und wie ich über ihn herfalle und ihn auf den Weg der Toten treibe. Diese Bürde müssen Herren und Knechte, Mann und Weib, Reich und Arm, Gut und Böse, Jung und Alt tragen …»

Menschen und Staaten in Krisen

Die grosse Pestepidemie und ihre Folgen:

Bewusstsein, ein Sünder zu sein → grosse Pestepidemie → religiöse Abneigung gegen die Juden → Verschuldung an jüdische Geldverleiher

"40% ist aber viel!"

Reaktion auf die Pestepidemie

Bussübungen — Judenverbrennungen

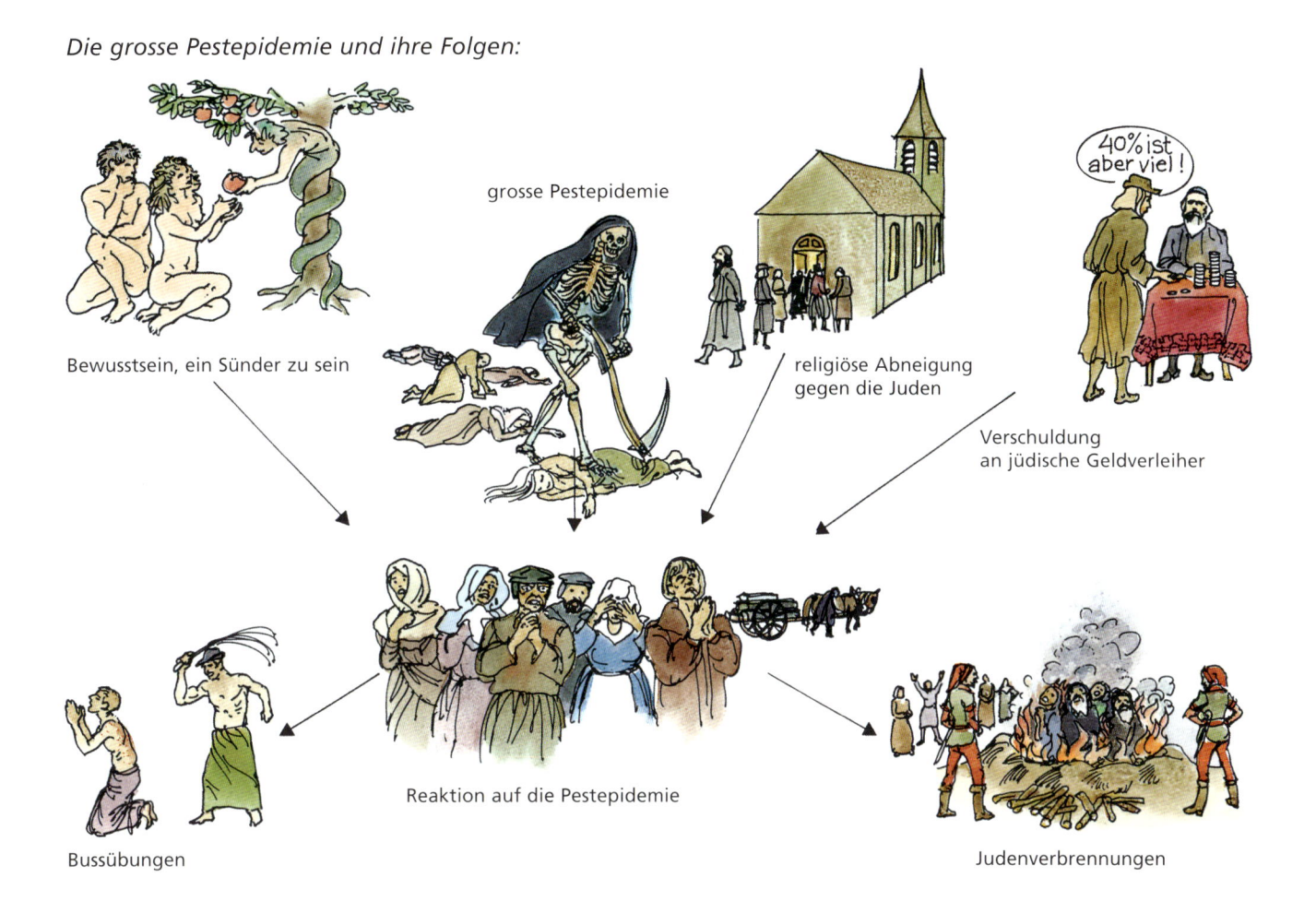

Der Tod und das Mädchen (Federzeichnung von Niklaus Manuel, 1517)

Das Wichtigste in Kürze:
Die grossen Pestepidemien nach 1350 führten zum Tod eines Drittels der damaligen Bevölkerung Europas. Die Menschen waren hilflos und verzweifelt. Tiefer Pessimismus kam auf. Man suchte die Schuld an dem Unglück einerseits bei den eigenen Sünden, andererseits bei fremden «Sündenböcken», den Juden. Die Pestepidemie eröffnete den Weg zu umfassenden Judenverfolgungen und -vertreibungen.

🦉

1 Nenne einige Gründe, warum sich die Lebensbedingungen der Menschen im 12. und 13. Jahrhundert günstig entwickelten.
2 Wie konnte man von der Pest angesteckt werden? Warum war die Ansteckungsgefahr gross?
3 Worin sahen die Menschen damals die Ursachen der Pestepidemien?
4 Erkläre den Begriff «Geissler».
5 Welche Anklagen wurden gegen die Juden erhoben? Wie ging man gegen sie vor? Wo liessen sich die Juden schliesslich nieder?

🦉🦉

6 Welche Bedeutung hatten die Juden in den mittelalterlichen Städten?
7 Nenne wesentliche Gründe der Judenverfolgungen und -vertreibungen.
8 Gab es auch in späteren Zeiten Judenverfolgungen? Was weisst du darüber?

Kernthema 1:

Vom Frieden in die Krise

Die Friedensverträge nach dem Ersten Weltkrieg

Das Kriegsende

Im Ersten Weltkrieg standen sich zwei Mächtegruppen gegenüber: die «Mittelmächte» (Deutsches Reich, Österreich-Ungarn, Osmanisches Reich, Bulgarien) und die «Entente-Mächte» (Grossbritannien, Frankreich, Russland, Vereinigte Staaten von Amerika, Italien und zahlreiche weitere Staaten). Im November 1917 ergriff in Russland die Kommunistische Partei die Macht; in der Folge entstand aus dem Zarenreich die Union der Sozialistischen Sowjetrepubliken (Sowjetunion; vgl. Band 4, Seite 36–38). Die neue Regierung schloss mit dem Deutschen Reich Frieden. Zahlreiche Völker auf dem Boden des früheren Zarenreiches erklärten ihre Unabhängigkeit. Im Herbst 1918 aber näherten sich das Osmanische Reich, Bulgarien und Österreich-Ungarn dem Zusammenbruch. Auch die militärische und wirtschaftliche Lage des Deutschen Reiches verschlechterte sich ständig. Daher mussten die Mittelmächte in einen Waffenstillstand einwilligen, ihre Truppen zurückziehen und zum Teil entlassen. Das führte zu Umstürzen bei den Besiegten. In Deutschland wurde der Kaiser abgesetzt und eine demokratische Republik ausgerufen. Da aber Teile der Arbeiterschaft eine sozialistische Republik mehr oder weniger nach sowjetischem Muster anstrebten, kam es vor allem in Berlin und München zu heftigen Kämpfen und bürgerkriegsähnlichen Zuständen. Der Herrscher über Österreich-Ungarn musste ebenfalls zurücktreten. Sein Reich fiel auseinander, und die einzelnen Völker riefen ihre Selbständigkeit aus.

So entstanden die Friedensverträge

Die besiegten Staaten waren nicht handlungsfähig. Gegenüber dem Deutschen Reich wurde auch nach dem Waffenstillstand die Wirtschaftsblockade aufrechterhalten. Daher konnten die Siegermächte die Friedensbedingungen diktieren. Dazu mussten sie sich zuerst aber untereinander einig werden. Entscheidend war dabei die Haltung der Führer der drei wichtigsten Entente-Staaten: Woodrow Wilson (Präsident der USA), David Lloyd George (Ministerpräsident Grossbritanniens) und Georges Clemenceau (Ministerpräsident Frankreichs).

Aus den Besprechungen Wilsons, Clemenceaus und Lloyd Georges in Versailles bei Paris (27./28. März 1919) über die Politik gegenüber dem Deutschen Reich:

Wilson: «Wir müssen es vermeiden, unseren Feinden auch nur den Anschein von Ungerechtigkeit zu geben. Ich fürchte für die Zukunft nicht die Kriege, die durch geheime Verschwörungen der Regierungen vorbereitet werden, sondern vielmehr die Konflikte, die aus der Unzufriedenheit der breiten Masse erwachsen. Wenn wir uns selbst der Ungerechtigkeit schuldig machen, dann ist diese Unzufriedenheit unvermeidbar – mit allen Folgen, die sie nach sich zieht. Daher unser Wunsch, mit Mässigung und Billigkeit* zu verhandeln! ...»

Clemenceau: «Ich glaube, wir können es fertigbringen, die Welt vor einem deutschen Angriff für lange Zeit zu schützen, aber der deutsche Geist wird sich nicht so schnell ändern ... Wir dürfen nicht die Verbrechen vergessen, die besonders Deutschland an Polen ... begangen hat ... Nach den grössten Anstrengungen und den gewaltigsten Blutopfern, die die Geschichte je gesehen hat, dürfen wir das Ergebnis unseres Sieges nicht in Frage stellen ... Ich möchte bemerken, dass diese Garantie zur See vorhanden ist: Deutschland hat keine Flotte mehr. Wir brauchen die gleiche Sicherheit zu Lande ... Amerika ist fern, geschützt durch den Ozean. England konnte nicht einmal von Napoleon getroffen werden. Sie sind alle beide geschützt: Wir sind es nicht! ...»

Lloyd George: «Der englische Arbeiter will das deutsche Volk nicht durch masslose Forderungen erdrücken ... Im Übrigen hat sich in dieser Hinsicht eine deutliche Meinungsänderung vollzogen, seitdem Deutschland auf sein altes politisches System verzichtet hat ... Jedenfalls sind wir dabei, Deutschland einen sehr harten Frieden aufzuerlegen: Es wird keine Kolonien mehr haben, keine Flotte; es wird 6 oder 7 Millionen Einwohner verlieren, einen grossen Teil seiner Kohle. Militärisch führen wir es zurück auf den Stand Griechenlands und zur See auf den von Argentinien. Und über alle diese Punkte sind wir uns vollkommen einig. Darüber hinaus wird es nach den Schätzungen 5 oder 10 Milliarden Pfund Sterling bezahlen. Auch wenn wir unsere Bedingungen so niedrig wie nur möglich halten – sie werden auf alle Fälle so sein, wie sie noch niemals eine Kulturnation annehmen musste. Wenn Sie nun dazu noch Bedingungen von geringerer Bedeutung hinzufügen, die als ungerecht angesehen werden könnten, so wird das vielleicht der Wassertropfen sein, der das Glas zum Überlaufen bringt ...»

Clemenceau: «Amerika hat die Schrecken dieses Krieges während der ersten drei Jahre nicht am eigenen Leibe erlebt, wir dagegen haben in dieser Zeit 1½ Millionen Menschen verloren. Wir haben keine Arbeitskräfte mehr. Unsere englischen Freunde, deren Verluste geringer, deren Leiden

* Das heisst: Gerechtigkeit

aber auch schwer genug gewesen sind, werden mich verstehen. Die Prüfungen, die wir zu bestehen hatten, haben in unserem Land ein tief empfundenes Gefühl nach Wiedergutmachung entstehen lassen, die man uns schuldet!»

Die Verhandlungen unter den Siegern fanden in Versailles bei Paris statt. Anschliessend wurden den Vertretern der Besiegten die Friedensbedingungen in verschiedenen Schlössern in den Vororten von Paris vorgelegt (Versailles: Deutsches Reich; Sèvres: Osmanisches Reich; Neuilly: Bulgarien; St-Germain: Österreich; Trianon: Ungarn). Einwände wurden nur in geringem Mass berücksichtigt. Man spricht von den **Pariser Vorortsverträgen, Pariser Friedensverträgen** oder auch einfacher vom **Frieden von Versailles,** weil der Friedensschluss mit dem Deutschen Reich unter diesen Verträgen der wichtigste war.

Vor dem Krieg – nach dem Krieg

Durch diese Friedensverträge wurde die politische Landkarte Europas im Vergleich zur Vorkriegszeit stark verändert. Das österreichisch-ungarische Kaiserreich bestand nicht mehr. Die Sowjetunion hatte die Westgebiete des früheren Zarenreiches eingebüsst. Das Deutsche Reich verlor definitiv 13 Prozent (70 000 Quadratkilometer) seines Territoriums und 10 Prozent (6,4 Millionen) seiner Einwohner, von denen gut die Hälfte deutschsprachig war. Das Saargebiet kam unter die Verwaltung des Völkerbundes; seine Bewohner sollten nach fünfzehn Jahren entscheiden, ob sie zu Deutschland oder zu Frankreich gehören wollten. Die deutschen Kolonien wurden unter Frankreich und Grossbritannien verteilt.

Ausser diesen Gebietsverlusten musste das Deutsche Reich noch weitere Beschränkungen hinnehmen: Sein Heer wurde auf 100 000 Mann mit beschränkter Bewaffnung (keine Flugzeuge, keine Panzer) reduziert, was gerade genügte, die Ordnung im eigenen Land aufrechtzuerhalten. Das Gebiet links des Rheins wurde für einige Jahre von französischen Truppen besetzt und sollte anschliessend entmilitarisiert werden, das heisst, für alle Heere, auch das deutsche, gesperrt bleiben. Vor allem aber hatte das Deutsche Reich die Hauptlast der Kriegsentschädigungen («Reparationen») zu tragen. 1921 wurde die Gesamtsumme für Deutschland auf 132 Milliarden Goldmark (1 Goldmark = 0,4 Gramm Gold) festgelegt, die in 66 Jahresraten zu bezahlen waren. Begründet wurde dies damit, dass das Deutsche Reich und seine Verbündeten den Krieg verursacht hätten.

Der Bestand der in den Pariser Vorortsverträgen geschaffenen Ordnung hing von zwei Fragen ab:

– **Würden die Besiegten diese Ordnung auf die Dauer hinnehmen?**
– **Wie würden sich die Sieger beim Versuch eines Besiegten, diese Ordnung zu ändern, verhalten?**

Die wichtigsten Ziele der Siegermächte:

1. Künftige Kriege sollen durch den Zusammenschluss aller Staaten in einem **Völkerbund** (siehe Seite 119f.) verhindert werden. Die Mitglieder bleiben zwar selbständig, schlichten aber ihre Konflikte im Rahmen dieses Bundes friedlich. Sitz des Völkerbundes wird Genf.

2. Die Siegerstaaten sind durch Zahlungen der Besiegten für die angerichteten Kriegsschäden zu entschädigen. Begünstigt werden dadurch vor allem Frankreich und Belgien.

3. Das Deutsche Reich soll so geschwächt werden, dass es nicht mehr imstande ist, einen Revanchekrieg zu führen. Die Friedensbedingungen dürfen aber auch nicht überhart sein, damit sich die Deutschen auf die Dauer mit ihrer Lage abfinden können.

4. Die Ausbreitung der kommunistischen Revolution von der Sowjetunion in andere Länder soll verhindert werden. Daher wird die Selbstständigkeit der zum Teil neu entstandenen, zum Teil vergrösserten Staaten in Osteuropa anerkannt und gefördert. Diese sollen einen Damm gegen eine sowjetisch-kommunistische Expansion bilden.

Kernthema 1:

1 Der Wunsch nach einem dauernden Frieden: Schweizer Briefmarke 1919

Die Entstehung neuer Staaten in Osteuropa im Spiegel ihrer Briefmarken:

2 Tschechoslowakei (1920; 20 Heller)
 Dargestellt ist die tschechoslowakische Republik, welche ihre Ketten – die Zugehörigkeit zum früheren österreichisch-ungarischen Kaiserreich – zerbricht.

3 Ungarn (1926/27; 8 Filler)
 Ungarn konnte den Verlust seiner früheren Stellung als Führungsnation in der österreichisch-ungarischen Monarchie nicht verwinden. Obwohl es keinen König mehr hatte, betrachtete es sich weiter als Monarchie; der Staatspräsident trug den Titel «Reichsverweser». Auch auf der Briefmarke erscheint die traditionelle Stephanskrone.

4 Estland (1920; 70 Penni)
 Ein Kriegsinvalider wird von zwei Estinnen in Nationaltracht empfangen. – Hier widerspiegeln sich die Kämpfe um die Unabhängigkeit und die neue Staatsordnung.

5 Jugoslawien (1921; 25 Para)
 Ein Serbe, ein Kroate und ein Slowene halten gemeinsam die Krone. – Aus dem früheren Königreich Serbien war der Vielvölkerstaat Jugoslawien geworden. Unter der Krone sollten die verschiedenen Völker, die sich in Sprache, Konfession, Tradition und Schrift unterschieden, geeinigt werden.

6 Finnland (1937; 2 Finnmark)
 Marke zum 70. Geburtstag Feldmarschalls Carl Gustav von Mannerheims. Unter der Führung Mannerheims erkämpfte sich Finnland 1919 die Unabhängigkeit von der Sowjetunion. Im Zweiten Weltkrieg übernahm Mannerheim erneut die Führung des finnischen Heeres, zeitweise auch die Staatsleitung.

7 Österreich (1½ Kronen)
 Der verbleibende Reststaat Österreich hätte sich 1919 am liebsten dem Deutschen Reich angeschlossen; daher die Bezeichnung «Deutsch Österreich». Auf der Marke der traditionelle Kaiseradler mit dem rotweissroten Wappen.

8 Freie Stadt Danzig (1921; 10 Mark)
 Da Danzig einerseits eine überwiegend deutsche Stadt war, anderseits aber Polen einen guten Ostseehafen brauchte, entschieden sich die Siegermächte – sehr zum Unwillen der Danziger – für einen Kompromiss: Danzig wurde ein selbständiger Staat, jedoch innerhalb des polnischen Zollgebietes. Die Oberaufsicht übernahm der Völkerbund.

9 Polen (1925; 15 Groschen)
 Polen war im Mittelalter ein mächtiges Reich gewesen, das jedoch am Ende des 18. Jahrhunderts unter seine Nachbarn Österreich, Russland und Preussen aufgeteilt wurde. Mit dem Bild des alten Krakauer Königsschlosses knüpfte das neue Polen an die alte Tradition an.

10 Lettland (1919; 10 Kopeken)
 Marke zum ersten Jahrestag der lettischen Unabhängigkeit, symbolisiert durch eine weibliche Figur. Noch war der Übergang von der russischen zu einer eigenen Währung nicht vollzogen.

11 Litauen (1920; 30 Skatiki)
 Die zum zweiten Jahrestag der litauischen Unabhängigkeit gedruckte Marke stellt die «Auferstehung Litauens» dar. Im Spätmittelalter hatte das Grossfürstentum Litauen eine bedeutende Rolle gespielt, bevor es sich mit dem Königreich Polen vereinigte. An diese Tradition wollte das neue Litauen anknüpfen.

Vom Frieden in die Krise

Europa nach dem Ersten Weltkrieg:

— Staatsgrenzen auf Grund der Pariser Vorortsverträge

Die Verlierer des Krieges (Farben: Gebiet 1914)

behaltene Gebiete	verlorene Gebiete	
		Deutsches Reich
		Österreich-Ungarn
		Sowjetunion (früher: Russland)
		Bulgarien
		Türkei (früher: Osmanisches Reich)

Gebiete, deren Staatszugehörigkeit wechselte:

- a Elsass-Lothringen
- b Saargebiet (provisorisch unter Verwaltung des Völkerbundes)
- c Eupen-Malmédy
- d Nordschleswig
- e Posen-Westpreussen
- f Süd-Oberschlesien
- g Memelgebiet
- h Russisch-Polen
- i Österreichisch-Polen
- k Siebenbürgen
- l Bukowina
- m Kroatien, Slowenien, Bosnien-Herzegowina, Banat
- n Südtirol
- o Triest
- p Bessarabien

1. Island (bis 1918 dänisch)
2. Grossbritannien
3. Irland (1922 selbständig)
4. Spanien
5. Frankreich
6. Luxemburg
7. Belgien
8. Niederlande
9. Schweiz
10. Italien
11. Dänemark
12. Norwegen
13. Schweden
14. Finnland
15. Deutsches Reich
15a. Deutsches Reich (Ostpreussen)
16. Republik Österreich
17. Tschechoslowakei
18. Ungarn
19. Rumänien
20. Jugoslawien (früher: Serbien)
21. Polen
22. Freie Stadt Danzig
23. Litauen
24. Lettland
25. Estland
26. Albanien
27. Bulgarien
28. Griechenland
29. Sowjetunion (früher: Russland)
30. Türkei (früher: Osmanisches Reich)
31. Armenien
32. Syrien und Libanon (von Frankreich verwaltet)
33. Irak (von Grossbritannien verwaltet)
34. Palästina (von Grossbritannien verwaltet)

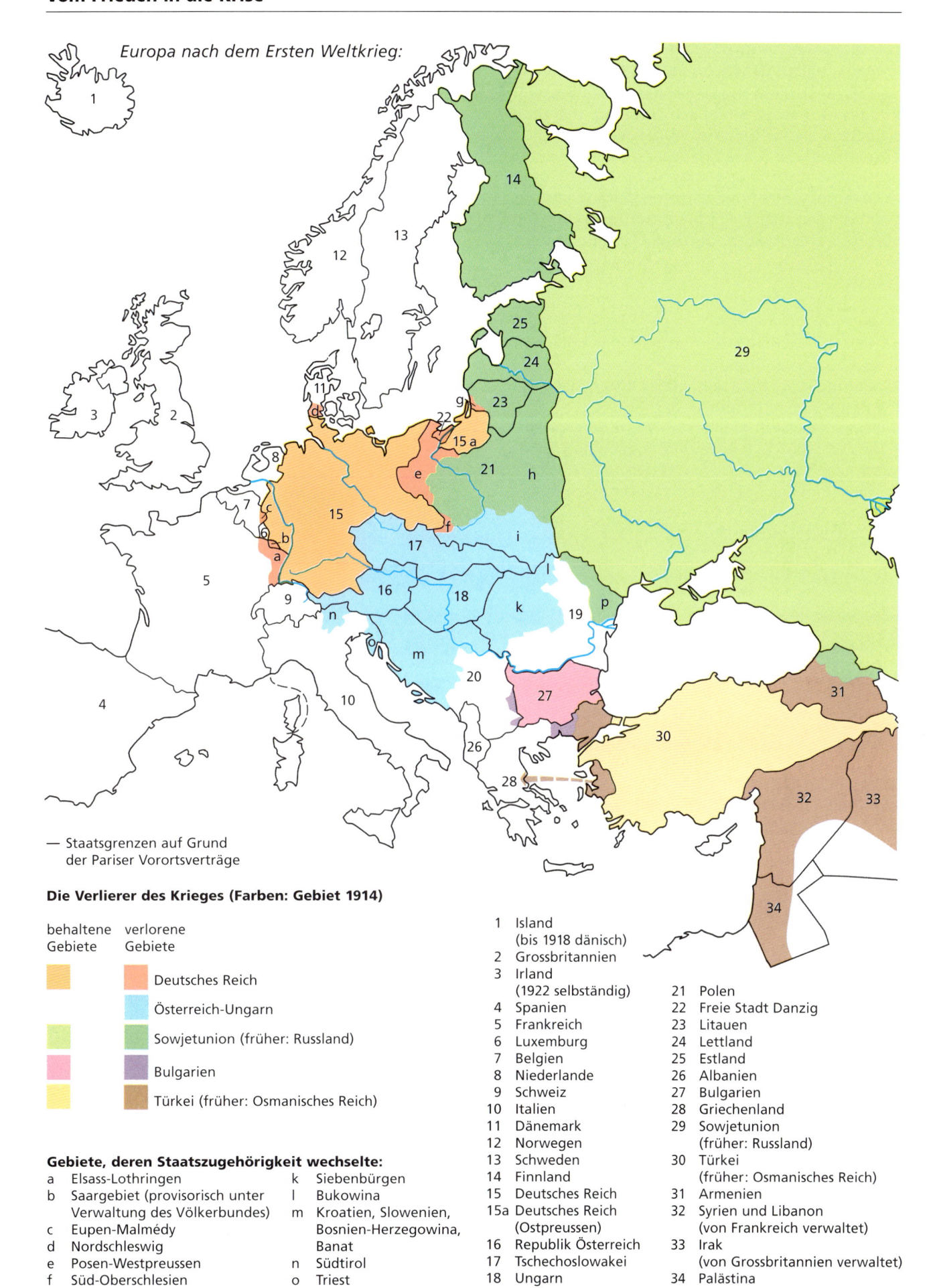

Das Wichtigste in Kürze:
  In den Pariser Vorortsverträgen (Friede von Versailles) schufen die Sieger des Ersten Weltkrieges für Europa eine neue Ordnung. Das Deutsche Reich verlor Gebiete, wurde weitgehend entwaffnet und hatte Kriegsentschädigungen zu entrichten. Österreich-Ungarn wurde aufgelöst. In Osteuropa entstand zwischen der Sowjetunion und dem Deutschen Reich ein Gürtel neuer oder vergrösserter Staaten. Durch die Gründung des Völkerbundes sollten künftige Kriege verhindert werden.

1 Welche Gebiete verlor das Deutsche Reich nach dem Ersten Weltkrieg?
2 Welches waren die Folgen des Ersten Weltkrieges für Österreich-Ungarn?
3 Wo wurde nach dem Ersten Weltkrieg Friede geschlossen? Wie bezeichnete man die Friedensschlüsse?
4 Welche neuen Staaten entstanden nach dem Ersten Weltkrieg in Europa? Welche Staaten wurden vergrössert?

5 Welche Folgen hatten die Versailler Bestimmungen für die Zukunft Deutschlands?
6 Vergleiche eine heutige Europakarte mit jener von 1919. Welche Unterschiede kannst du herausfinden?
7 Studiere die Argumente Wilsons, Lloyd Georges und Clemenceaus. Welche überzeugen dich am meisten?
8 Berechne das Gewicht der 1921 festgelegten Reparationen-Summe in Gold. Wie viel wäre diese Goldmenge heute wert?

Unzufriedenheit der Besiegten – Unsicherheit der Sieger

Die Unzufriedenheit der Türken

Die in Paris festgelegte Friedensordnung wurde von den Besiegten als ungerecht empfunden. Der erste und erfolgreiche Widerstand gegen sie erhob sich in der Türkei. Der Sultan in Istanbul musste zwar machtlos hinnehmen, wie sein Reich zerstückelt wurde (siehe Karte Seite 19) und wie griechische Truppen von der kleinasiatischen Küste ins Landesinnere vordrangen. Im Innern Kleinasiens aber sammelte General Mustafa Kemal ein Heer. Es gelang ihm, die griechische Invasionsarmee entscheidend zu schlagen; etwa eine Million Griechen, deren Vorfahren seit langem an der Westküste Kleinasiens oder in Istanbul gelebt hatten, musste überstürzt nach Griechenland fliehen. Gleichzeitig erklärte Kemal den Sultan für abgesetzt, rief die Republik aus, machte Ankara zur neuen Hauptstadt und wurde selbst Staatspräsident.

Mustafa Kemal, der später den Ehrennamen «Atatürk» (Vater der Türken) erhielt, wollte jedoch nicht das Osmanische Reich früherer Zeiten wieder aufrichten. Es ging ihm nur darum, die von Türken bewohnten Gebiete in einem Staat zu einigen; allerdings zählte er auch die Kurden und die Armenier im Osten Kleinasiens zum türkischen Volk. Wegen dieser Selbstbeschränkung waren die Siegermächte Grossbritannien und Frankreich ziemlich rasch bereit, im Vertrag von Lausanne (1923) die Friedensbedingungen für die Türkei zu verbessern (siehe Karte rechts).

Die Türkei nach dem Frieden von Lausanne (1923):

■ türkisches Gebiet (Friede von Sèvres)
■ 1920–1923 wieder erworbene Gebiete
■ 1938/1939 erworbene Gebiete

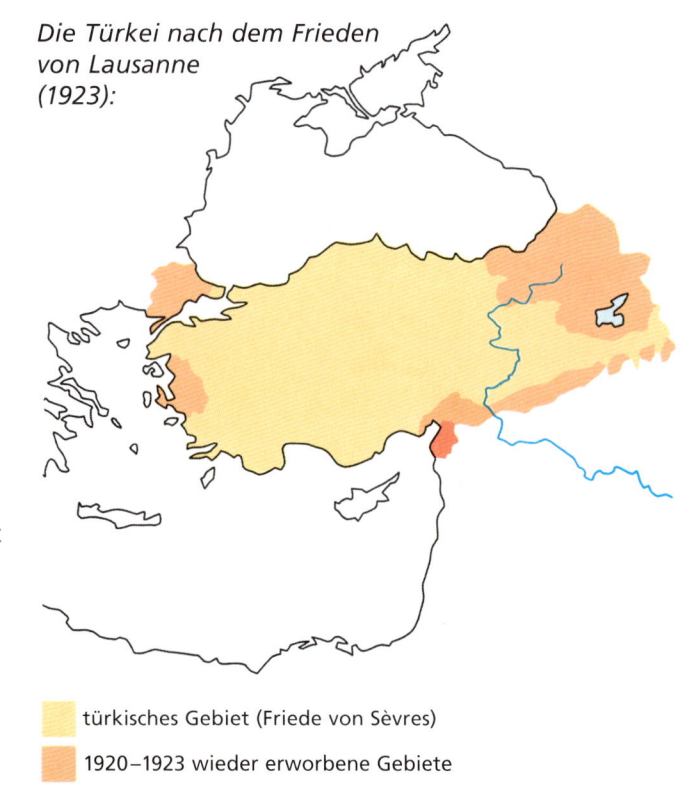

Nach diesem Erfolg ging es Kemal vor allem darum, die Türkei aus äusseren Konflikten herauszuhalten und im Innern zu modernisieren. Er führte

Vom Frieden in die Krise

die westeuropäische Schrift statt der arabischen ein. Er förderte die Schulen, bekämpfte so den Analphabetismus und gab auch den Frauen, die nicht mehr den traditionellen Schleier tragen mussten, eine selbständigere Stellung. Vor allem auf dem Land hatte die Bevölkerung oft Mühe, seine Massnahmen zu verstehen. Im Ganzen aber gelang es Kemal, einerseits die Folgen der Niederlage im Ersten Weltkrieg zu mildern, anderseits aus dieser Niederlage die Konsequenzen zu ziehen.

Kemal Atatürk erklärt das neu in die Türkei eingeführte westeuropäische Alphabet.

Aus einem Rückblick Kemal Atatürks (1927):

16 «Das Osmanische Reich, dessen Erben wir waren, hatte in den Augen der Welt keinen Wert, kein Verdienst, kein Ansehen ... Wir waren nicht schuld an den Versäumnissen und Fehlern der Vergangenheit ... Uns fiel jedoch die Aufgabe zu, der Welt gegenüber die Verantwortung zu tragen. Um dem Land und der Nation ihre wahre Unabhängigkeit und Souveränität zu verschaffen, mussten wir uns diesen Schwierigkeiten, diesen Opfern unterwerfen ... Ich zweifelte nicht, dass die ganze Welt schliesslich die Grundsätze anerkennen würde, die die türkische Nation für ihre Existenz, ihre Unabhängigkeit und Souveränität um jeden Preis durchsetzen und verwirklichen musste ... Wir nahmen nur unsere offenkundigen und natürlichen Rechte in Anspruch ... Unsere stärkste Kraft, unser sicherster Stützpunkt war, dass wir unsere nationale Souveränität verwirklicht und ... durch Taten bewiesen hatten, dass wir imstande waren, sie auch zu behalten.»

Die Unzufriedenheit der Deutschen

In Deutschland wurden die Versailler Friedensbedingungen mit grosser Bestürzung aufgenommen. Das galt sowohl für die Anhänger der alten Ordnung unter dem gestürzten Kaiser wie auch für die Befürworter der neu begründeten demokratischen Republik. Die einen wandten sich vor allem gegen die «Kriegsschuldlüge» – das Deutsche Reich habe den Krieg nicht gewollt, sondern sei von seinen Feinden eingekreist worden. Die andern klagten, die Bestimmungen stünden im Widerspruch zu dem vom amerikanischen Präsidenten versprochenen «gerechten Frieden» und verschlechterten die Startchancen der neuen deutschen Republik.

Aus einer Rede des sozialdemokratischen Reichskanzlers (Ministerpräsidenten) Philipp Scheidemann (12. Mai 1919) über die Friedensbedingungen der Siegermächte:

17 «Heute, wo jeder die erdrosselnde Hand an der Gurgel fühlt, lassen Sie mich ganz ohne taktisches Erwägen reden: Was unseren Beratungen zugrunde liegt, ist dies dicke Buch (das heisst, die Friedensbedingungen), in dem 100 Absätze beginnen: Deutschland verzichtet, verzichtet, verzichtet! Dieser schauerliche und mörderische Hexenhammer, mit dem einem grossen Volke das Bekenntnis der eigenen Unwürdigkeit, die Zustimmung zur erbarmungslosen Zerstückelung abgepresst werden soll, dies Buch darf nicht zum Gesetzbuch der Zukunft werden ... Ich frage Sie: wer kann als ehrlicher Mann – ich will gar nicht sagen als Deutscher – nur als ehrlicher, vertragstreuer Mann, solche Bedingungen eingehen? Welche Hand müsste nicht verdorren, die sich und uns in solche Fesseln legte?»

Besondere Erbitterung löste die Grenzziehung zwischen dem Deutschen Reich und Polen aus. Man hielt es für unerträglich, dass in Zukunft etwa zwei Millionen Deutsche unter polnischer Herrschaft leben sollten; allerdings hatten vor dem Krieg wesentlich mehr Polen unter deutscher Herrschaft gelebt. Kritisiert wurden auch die räumliche Trennung Ostpreussens vom übrigen Reich und die Verselbständigung der Stadt Danzig. So war die Meinung verbreitet, dass die Grenzen im Osten früher oder später verändert werden müssten.

Aus einem Brief General Hans von Seeckts, des Kommandanten der deutschen Reichswehr (1922):

18 «Polens Existenz ist unerträglich, unvereinbar mit den Lebensbedingungen Deutschlands. Es muss verschwinden und wird verschwinden durch eigene innere Schwäche und durch Russland – mit unserer Hilfe ... Gewiss besteht im deutschen Volk weitgehendes und erklärliches Friedensbedürfnis ..., aber Politik treiben heisst führen. Dem Führer* wird trotz allem das deutsche Volk in dem Kampf um seine Existenz folgen. Diesen Kampf vorzubereiten ist die Aufgabe; denn erspart wird er uns nicht.»

* Seeckt hat hier keinen konkreten Führer im Visier.

Der konservative deutsche Politiker Gottfried Treviranus (1930):
19 «Nun fordert der Osten Einheit und Einsatz des ganzen deutschen Volkes. Wir gedenken in der Tiefe unserer Seele des zerschnittenen Weichsellandes, der ungeheilten Wunde an unserer Ostflanke ... Unsere inneren Augen schweifen über die deutschen Gaue ... im Schmerz um die heute noch verlorenen, einst wieder zu gewinnenden deutschen Lande.»

Die wirtschaftliche Entwicklung nach dem Krieg steigerte die Empörung. Zunächst litt Deutschland unter der Wirtschaftsblockade, die bis zur Unterzeichnung des Friedensvertrages fortgesetzt wurde.

Ein amerikanischer Bericht über die Wirkungen der Wirtschaftsblockade gegen Deutschland (Februar 1919):
20 «Die Verhältnisse in den Krankenhäusern waren erschreckend. Während der Kriegsjahre waren von den Patienten ständig durchschnittlich ein Zehntel infolge Mangels an Fett, Milch und gutem Mehl gestorben ... Im Kinderkrankenhaus sahen wir schreckliche Bilder, so die ‹Hungerbabies› mit grässlich geschwollenen Köpfen ... Natürlich drängte unser Bericht auf sofortige Öffnung der Grenzen für Fett, Milch und Mehl ... aber die schreckliche Blockade wurde, weil die Franzosen darauf bestanden, aufrechterhalten.»

Die Deutsche Mark fällt ins Bodenlose
Bald setzte eine verheerende Geldentwertung ein. Der Krieg hatte das Deutsche Reich enorme Summen, etwa 100 Milliarden Goldmark, gekostet. Finanziert wurde er einerseits durch Darlehen der Bürger an den Staat («Kriegsanleihen»), andererseits dadurch, dass man mehr Geldscheine druckte. Nach dem Sieg, so hatte die Regierung gedacht, würden die Gegner genügend Entschädigungen leisten müssen, so dass der Staat die Darlehen zurückzahlen

200 Billionen Mark – der höchste Wert, der jemals auf eine Banknote gedruckt wurde. Da die Reichsbank auf dem Höhepunkt der Nachkriegsinflation in Deutschland mit dem Drucken neuer Geldscheine nicht nachkam, druckten einzelne Gemeinden ihr eigenes Geld.

und die Bürger mit dem vielen Geld etwas kaufen könnten. Nun hatte man aber den Krieg verloren und musste selbst Kriegsentschädigungen in Goldmark oder Gütern (Kohle, Stahl, landwirtschaftliche Produkte) entrichten. Um die sonstigen Ausgaben (Beamtenlöhne, Kriegsopferversorgung, Zinszahlungen usw.) zu begleichen, wurden einfach noch viel mehr Banknoten gedruckt. Eine enorme Geldentwertung setzte ein. Die Löhne holten die Preise nicht mehr ein. Wer Geld hatte, musste es sofort ausgeben, weil es tags darauf nur noch die Hälfte wert war.

Eine Mitteilung des Berliner Tageblattes an die Abonnenten (1923):
21 Der Bezugspreis des „Berliner Tageblattes" beträgt für die Woche vom 11. bis 17. November 500 Milliarden Mark bei freier Zustellung durch die Botenfrau.
Im Interesse der lückenlosen Weiterlieferung unseres Blattes bitten wir unsere Bezieher, den Abonnementsbetrag mit passenden, möglichst grossen Scheinen beim erstmaligen Vorzeigen der Quittung zu bezahlen.

Ende 1923 führte die Regierung eine neue Währung ein. Für eine Billion «alter Mark» erhielt man eine neue Mark. Das bedeutete, dass Ersparnisse in Geldform (Sparhefte, Darlehen usw.) aus der Vorkriegszeit völlig wertlos geworden waren. Betroffen waren vor allem Angehörige des Mittelstandes – Arbeiter besassen meist gar nichts, reiche Leute dagegen Grundbesitz oder Industriebetriebe. Wer jedoch Schulden hatte – vor allem der Staat selbst, aber auch geschickte Spekulanten –, hatte diese auf dem Höhepunkt der Geldentwertung leicht bezahlen können. Die Bevölkerung führte diese Katastrophe einerseits auf die Unfähigkeit der Regierung zurück, andererseits auf den Zwang, Kriegsentschädigungen an die Siegermächte zu zahlen. Die Aussicht, noch über sechzig Jahre lang solche Reparationen leisten zu müssen, war bedrückend. Da das Deutsche Reich aber militärisch machtlos war und keine Verbündeten hatte, konnte es an den bestehenden Verhältnissen nichts ändern.

Ungarn und Österreich – Restposten der Donaumonarchie
Unzufrieden waren auch Ungarn und Österreich, die als «Restposten» des aufgelösten Kaiserreiches Österreich-Ungarn übrig geblieben waren. Aus dem Grossteil von dessen deutschsprachigen Gebieten wurde die Republik Österreich mit der Hauptstadt Wien gebildet. Die Kriegsfolgen, eine enorme Inflation und eine ungünstige wirtschaftliche Lage sprachen nicht für die Lebensfähigkeit dieses Staates. Viele Österreicher hätten sich lieber dem Deutschen Reich angeschlossen, während das westliche Land Vorarlberg um Aufnahme in die Schweizerische Eidgenossenschaft ersuchte. Die Friedensverträge untersagten jedoch beides. Die Grenzen Ungarns waren so gezogen worden, dass nun viele

Vom Frieden in die Krise

Menschen ungarischer Sprache in Nachbarländern lebten (Tschechoslowakei, Rumänien, Jugoslawien) und dort als Minderheiten zweitklassig behandelt wurden.

Unsicherheit der Sieger: die USA

Der Unzufriedenheit der Besiegten stand die Unsicherheit der Sieger gegenüber, wie es nun weitergehen solle. In den Vereinigten Staaten verbreitete sich das Gefühl, man habe die Kriegsziele – Verbreitung der Demokratie, gerechter Friede, Selbstbestimmungsrecht aller Völker – nicht erreicht; die europäischen Verbündeten hätten die Amerikaner bei der Ausarbeitung der Friedensbedingungen überspielt. Der Senat (der wichtigere Teil des amerikanischen Parlaments, des Kongresses) verweigerte die Zustimmung zum Friedensvertrag und zum Eintritt in den Völkerbund. Von nun an distanzierten sich die Vereinigten Staaten von den Vorgängen in der europäischen Politik. Sie verzichteten jedoch nicht auf das Geld, das sie ihren europäischen Verbündeten zur Bestreitung der Kriegskosten geliehen hatten. Um diese Darlehen zurückzubezahlen, waren Grossbritannien und Frankreich wiederum auf die deutschen Entschädigungszahlungen angewiesen.

Der amerikanische Senator William E. Borah über die Pariser Friedensverträge (19. November 1919):

22 «Man sagt uns, dieser Vertrag bedeute den Frieden. Selbst wenn dem so wäre, würde ich den Preis nicht bezahlen ... Aber der Vertrag bedeutet nicht Frieden ... Mit einer Erbarmungslosigkeit sondergleichen geht der Vertrag gegen das göttliche Gesetz der Nationalität vor. Völker, die die gleiche Sprache sprechen ..., werden auseinander gerissen, in Stücke gebrochen, getrennt und an gegnerische Nationen verteilt ... Nein, der Vertrag bedeutet Ungerechtigkeit. Er bedeutet Sklaverei. Er bedeutet Krieg.»

Unsicherheit der Sieger: Grossbritannien

Für Grossbritannien brachte die Nachkriegszeit grosse Schwierigkeiten. Es lebte vom Export seiner Industrieprodukte und von seinem Kolonialreich. Nun fehlten ihm aber die Abnehmer: Frankreich war vom Krieg schwer mitgenommen, das Deutsche Reich hatte kein Geld, die Vereinigten Staaten hatten ihre eigene, modernere Industrie entwickelt. Die Arbeitslosigkeit lag nie unter zehn Prozent der Arbeitenden und stieg nach 1930 auf über zwanzig Prozent. In den Kolonien aber, vor allem in Indien, entwickelten sich Unabhängigkeitsbestrebungen. Mit solchen Sorgen im eigenen Reich beladen, wollte Grossbritannien möglichst wenig in die Probleme auf dem europäischen Kontinent verwickelt werden. Wenn sich die dortigen Staaten verständigten und Frieden hielten, so war dies wichtiger als die lupenreine Einhaltung der Pariser Friedensverträge in alle Ewigkeit. Die Bereitschaft der Briten, noch einmal grosse Opfer in einem europäischen Krieg zu bringen, war gering.

Aus internen Richtlinien der britischen Regierung (20. Februar 1925):

23 «Deutschland wird sich früher oder später erholen. Es wird sicherlich wünschen, die Bestimmungen hinsichtlich Polens abzuändern ... Es wäre falsch, Grossbritannien in Verantwortlichkeiten zu verstricken, die keine unmittelbaren Notwendigkeiten für seine Verteidigung bilden ... Wenn wir zur allgemeinen Sicherheit beitragen sollen, müssen wir vor allem zuerst ... Vertrauen herstellen.»

Unsicherheit der Sieger: Frankreich

Frankreich war zur stärksten Macht in Europa geworden. Diese Vorrangstellung beruhte auf der Schwäche des Deutschen Reiches. Wenn sich dieses erholte, konnte es wegen seiner grösseren Einwohnerzahl und der wirtschaftlichen Leistungsfähigkeit die französische Position wieder gefährden. Frankreich war nun unsicher, ob es auf seiner jetzigen Stellung beharren oder die Verständigung mit Deutschland anstreben sollte. Das Beharren erforderte einen hohen militärischen Aufwand und verewigte die Spannungen. Bei einem Entgegenkommen wusste man nicht, ob das Deutsche Reich dies nur benützen würde, um Frankreich zu überflügeln und Revanche für die Niederlage zu nehmen.

Aus einem Gespräch Georges Clemenceaus (französischer Ministerpräsident während des Ersten Weltkriegs) mit seinem Sekretär (1929):

24 *Clemenceau:* «Dann kam 1914. Die Deutschen haben sich auf Belgien gestürzt, und vier Jahre lang haben sie wie Banditen Krieg geführt; sie haben Zivilisten und Frauen niedergeknallt, sie haben sie verschleppt und Ortschaften in Asche gelegt ... Nun ist Deutschland Verpflichtungen eingegangen. Es muss sie einhalten. Es muss abrüsten. Deutschland hat diesen Krieg entfesselt; es muss die Kosten bezahlen ... Etwas anderes verlange ich von Deutschland nicht ... Auch Deutschland hat eine Existenzberechtigung in der Welt ... Ich kann Deutschland hassen, aber ich kann sein Verschwinden nicht wünschen, wenn es uns nur leben lässt.»

Sekretär: «Und glauben Sie denn, dass man dies von Deutschland erwarten kann?»

Clemenceau: «Nein, ich glaube es nicht.»

Befestigungswerke der «Maginot-Linie»

Da die französischen Regierungen häufig wechselten, änderte sich auch die politische Linie recht oft. In der Bevölkerung blieb das Misstrauen gegenüber dem deutschen Nachbarn gross. Man hoffte, dass der Bau einer gewaltigen Festungsanlage an der gesamten deutsch-französischen Grenze, der «Maginot-Linie», Frankreich davor bewahren werde, erneut Kriegsschauplatz zu werden.

Unsicherheit der Sieger: Italien

Italien hatte sich vom Kriegseintritt grosse Gebietsgewinne erhofft, etwa die Ostküste des Adriatischen Meeres oder deutsche Kolonien. Nun fand man, der Krieg habe viele Opfer gefordert, aber wenig eingebracht. Die einen zogen daraus den Schluss, die Kriegsteilnahme sei ein Fehler gewesen, die andern, man müsse das Entgangene nachträglich noch holen und Italien zur wahren Grossmacht erheben. Mit Benito Mussolini kam ein Vertreter dieser Richtung 1922 an die Macht (siehe Seite 55ff.).

Das Wichtigste in Kürze:
Die in den Pariser Friedensverträgen festgelegte Ordnung wurde von den Besiegten als ungerecht empfunden. Diese strebten eine Verbesserung ihrer Lage an. Die Siegermächte waren unsicher, ob und wie weit sie diesen Wünschen entgegenkommen sollten. Da jede von ihnen eine besondere Politik verfolgte, zerfiel die Einigkeit unter ihnen rasch.

1 Welcher Politiker modernisierte die Türkei und konnte einige Gebiete zurückgewinnen?
2 Welche Friedensbestimmungen wurden von den Deutschen als hart und ungerecht empfunden?
3 Warum verlor die Deutsche Mark in den Jahren nach dem Ersten Weltkrieg jeden Wert?
4 Warum waren viele Amerikaner mit dem Ergebnis der Friedensverhandlungen von Versailles nicht zufrieden?
5 Warum galt Frankreich nach dem Ersten Weltkrieg als stärkste Macht in Europa?
6 Boten die Pariser Friedensverträge die Chance für einen dauerhaften Frieden in Europa? Führe Argumente dafür und dagegen an.

Unzufriedenheit in der Schweiz: der Landesstreik 1918

Der Krieg schafft wirtschaftliche Probleme

Alle vier grossen Nachbarstaaten der Schweiz waren am Ersten Weltkrieg beteiligt: auf der einen Seite das Deutsche Reich und Österreich-Ungarn, auf der andern Frankreich und Italien. Daher bestand die Gefahr, die eine oder andere Kriegspartei könnte versuchen, ihren Gegner über schweizerisches Gebiet anzugreifen. Um dies zu verhindern, hatte die schweizerische Armee unter General **Ulrich Wille** während der ganzen Kriegszeit die Grenze zu schützen. Die Zahl der mobilisierten Soldaten betrug je nach Kriegslage 50 000 bis 100 000 Mann.

Wie in den übrigen europäischen Ländern hatte man auch in der Schweiz nicht mit einem jahrelangen Krieg gerechnet. Daher wurde die schweize-

General Ulrich Wille (1848–1925). Seine Vorfahren hiessen ursprünglich Vuille und stammten aus La Sagne im Kanton Neuenburg, wanderten jedoch im 18. Jahrhundert nach Deutschland aus, wo sie auch den Familiennamen abänderten. Willes Vater kehrte 1851 als vermögender Kaufmann und Anhänger des 1848/1849 unterlegenen Liberalismus in die Schweiz zurück. Nach abgeschlossenem Studium der Rechtswissenschaft wurde Wille 1869 Instruktionsoffizier in der schweizerischen Armee. Nach vorübergehendem Ausscheiden (1896–1900) ab 1900 Kommandant einer Division, ab 1904 eines Armeekorps. Eigenwillige Persönlichkeit, die sich kompromisslos für die Modernisierung und Kriegstauglichkeit der Armee einsetzte.

Vom Frieden in die Krise

«Zugschule im Laufschritt» während des militärischen Aktivdienstes im Ersten Weltkrieg. Der militärische Drill spielte in der Ausbildung eine zentrale Rolle und führte, zusammen mit der Eintönigkeit und dem geringen Sold, häufig zum «Dienstkoller».

rische Wirtschaft schwer und unvorbereitet getroffen. Der Import von Nahrungsmitteln und Rohstoffen, etwa Kohle, war schwierig, weil die Krieg führenden Staaten diese nun selbst benötigten. So ging die Getreideeinfuhr von 10,2 Millionen Zentner pro Jahr auf 2,8 Millionen Zentner zurück, während die landeseigene Getreideproduktion nur von 1,0 Millionen auf 1,9 Millionen erhöht werden konnte. Da der Staat erst ab 1917 einzelne Lebensmittel rationierte und Höchstpreise festsetzte, schnellten die Preise in die Höhe: jene für Lebensmittel um 140 Prozent, jene für Heizstoffe um 190 Prozent. Der durchschnittliche Preisanstieg aller Konsumgüter betrug 130 Prozent. Einzelne Bereiche der Wirtschaft, etwa der Fremdenverkehr, brachen völlig zusammen, während alle jene Unternehmen, welche die kriegführenden Staaten beliefern konnten, sehr gute Geschäfte machten. So wurde beispielsweise sehr viel Kondensmilch ins Ausland exportiert, während in der Schweiz Milch knapp war und der Milchpreis anstieg. Die Bauern profitierten von den steigenden Preisen, litten allerdings unter der militärischen Beanspruchung.

Die Löhne hielten mit den Preisen nicht Schritt; sie wurden im Verlauf des Krieges nur um 70 Prozent erhöht. Das reale Einkommen verschlechterte sich also, wodurch vor allem die Arbeiter, aber auch die unteren Angestellten betroffen wurden.

Obwohl die Arbeitslosigkeit gering war, fanden die Unternehmer genügend Personal zu niedrigen Löhnen, da nun auch viele verheiratete Frauen Arbeit suchen mussten. Am schlechtesten war die Lage der dienstleistenden Soldaten und ihrer Familien: Der Sold war niedrig, der Lohn fiel aus, und ein Recht auf eine Lohnausfallentschädigung bestand nicht. 1917 zählte man in der ganzen Schweiz – bei knapp 4 Millionen Einwohnern – 700 000 «Notstandsberechtigte» (davon 83 000 im Kanton Zürich), die Anrecht auf verbilligte Nahrungsmittel hatten und auch von privaten Hilfsorganisationen unterstützt wurden. Der Gesundheitszustand der Bevölkerung war so schlecht, dass im Herbst 1918 eine Grippewelle 21 500 Tote forderte; erstmals seit langem gab es in diesem Jahr mehr Todesfälle als Geburten.

Die Entwicklung von Preisen und Löhnen während des Ersten Weltkriegs in der Schweiz (in Franken):

Preise	April 1914	Dezember 1918
Schweinefleisch (1 kg)	2.40	9.—
Ruchbrot (1 kg)	–.70	1.46
Trinkeier (Stück)	–.10	–.50
Kartoffeln (1 kg)	–.10	–.28
Kohle (Koks, 100 kg)	4.80	25.—

Löhne	1913	1918

Durchschnittliche Taglöhne von gelernten oder angelernten Arbeitern:

– Männer	Fr. 6.07	Fr. 9.87
– Frauen	Fr. 3.22	Fr. 4.96

Verbilligte Kartoffelabgabe an die notleidende Bevölkerung in Zürich im Herbst 1917

Aus einem Artikel der «Neuen Zürcher Zeitung» (28. April 1918):
«Alles wird beständig teurer. Rohstoffe und Arbeitskräfte steigen im Preis ... Aber schlimmer als alle tatsächliche Teuerung wirkt jene rücksichtslose industrielle Gewinnsucht, die weiss, dass im Trüben gut fischen ist ... Wenn die einander jagenden Preisaufschläge auf den notwendigsten Bedarfs- und Gebrauchsartikeln wirklich nur daher rührten, dass Rohstoffe und Arbeitskräfte teurer geworden sind: wie wäre es dann möglich, dass in letzter Zeit zahlreiche Unternehmungen ihr Kapital vermehren und ihre Dividende immer höher ansetzen konnten ... Wir sind der Meinung, dass es ein soziales Verbrechen ist, wenn in Zeiten wachsender Not gewisse Gesellschaften höhere Gewinne als jemals einstreichen, statt dass der Überschuss über die Norm dazu verwendet wird, die Preise der Produkte wenn nicht herabzusetzen, so doch länger als bisher auf der gleichen Höhe zu halten ... Es ist nicht mehr zu früh, dass in den Herren Aktionären das soziale Schamgefühl erwache und ihnen verbiete, immer einzig und allein an ihre persönliche Bereicherung zu denken.»

Streit um das Wahlrecht

Schon vor dem Krieg war das Verhältnis zwischen der Arbeiterschaft und dem «Bürgertum» gespannt gewesen (siehe Band 2, Seite 98). Nun vertiefte sich der Graben. Die Arbeiter empfanden sich als die eigentlichen Kriegsopfer und suchten Hilfe bei den Gewerkschaften und der Sozialdemokratischen Partei, deren Mitgliederzahlen nun stark anstiegen (Schweizerischer Gewerkschaftsbund: von 65 000 auf 150 000; Sozialdemokratische Partei: von etwa 30 000 auf etwa 45 000). In der Mehrzahl der Kantone, im Nationalrat und im Ständerat hatte jedoch die Freisinnig-Demokratische Partei, welche auf die liberale Bewegung zur Zeit der Bundesstaatsgründung zurückging (siehe Band 2, Seite 171), die Mehrheit; sie stellte auch sechs von sieben Bundesräten. Zudem führte das bestehende Wahlsystem dazu, dass auch beträchtliche Stimmengewinne der Sozialdemokratischen Partei wenig nützten.

Die meisten kantonalen Parlamente und der schweizerische Nationalrat wurden nach dem **Majorzwahlrecht** gewählt. Dabei wurde jeder grössere Kanton in Wahlkreise eingeteilt; die Bewohner eines Wahlkreises hatten entsprechend ihrer Einwohnerzahl eine Anzahl Parlamentsmitglieder zu wählen. Gewählt waren dann jene Kandidaten, die am meisten Stimmen erhalten hatten. Erzielten beispielsweise in einem Wahlkreis fünf «bürgerliche» Kandidaten je 60 Prozent der Stimmen, fünf sozialdemokratische je 40 Prozent, so waren die fünf bürgerlichen gewählt, dagegen keiner der Sozialdemokraten. Die Sozialdemokraten forderten nun den Übergang zum **Proporzwahlrecht**: In jedem Wahlkreis sollten die Parteien Kandidatenlisten aufstellen, aus denen der Wähler eine auszuwählen hatte. Die Parlamentssitze sollten dann im Verhältnis zur erreichten Stimmenzahl auf die Kandidaten der einzelnen Parteienlisten verteilt werden. Dann hätte die Sozialdemokratische Partei bei 40 Prozent Stimmenanteil in einem Wahlkreis, der fünf Parlamentarier stellen durfte, zwei erhalten. Dass das Proporzwahlrecht tatsächlich den Sozialdemokraten nützte, zeigte der Übergang des Kantons Zürich zu diesem Wahlverfahren im Jahre 1917: Die Sozialdemokraten konnten die Zahl ihrer Vertreter im Kantonsrat (223 Mitglieder) von 46 auf 82 steigern.

Vom Frieden in die Krise

Die Ergebnisse der Nationalratswahlen im Kanton Zürich 1917 und 1919:

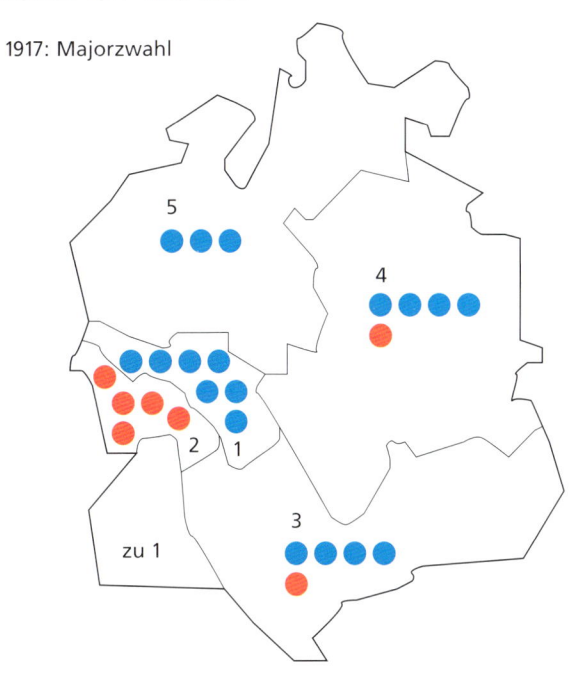

1917: Majorzwahl

Majorzwahlen 1917:
Der Kanton ist in fünf Wahlkreise eingeteilt:
1. Bezirk Zürich rechts der Limmat sowie gesamte Zürcher Altstadt, Bezirk Affoltern: 7 Sitze
2. Bezirk Zürich links der Limmat ohne Zürcher Altstadt: 5 Sitze
3. Bezirke Horgen, Meilen, Hinwil: 5 Sitze
4. Bezirke Uster, Pfäffikon, Winterthur: 5 Sitze
5. Bezirke Dielsdorf, Bülach, Andelfingen: 3 Sitze

● gewählte Kandidaten der «bürgerlichen» Parteien
● gewählte Kandidaten der Sozialdemokraten oder diesen nahestehender Gruppen

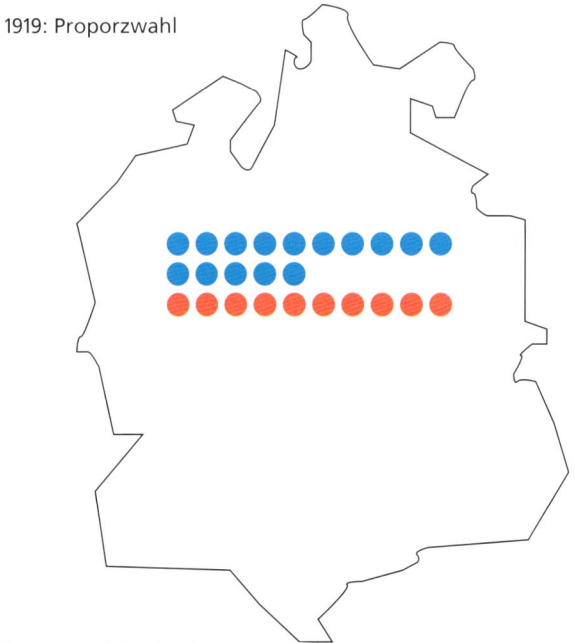

1919: Proporzwahl

Proporzwahlen 1919:
Der ganze Kanton bildet einen Wahlkreis. Die dem Kanton zustehenden Nationalratssitze werden den Kandidatenlisten im Verhältnis zu den von diesen erhaltenen Stimmen zugeteilt.

Spannungen und Tumulte

Solange das Proporzwahlrecht nicht eingeführt war, standen andere Kampfformen im Vordergrund. Je mehr sich die soziale Lage verschlechterte, desto häufiger kam es zu lokalen Streiks. Allmählich tauchte der Gedanke auf, die Forderungen der Arbeiterschaft durch einen landesweiten Generalstreik (Streik in allen Berufszweigen im ganzen Land) durchzusetzen. Zu dessen Planung und Leitung wurde aus Gewerkschaftsführern und sozialdemokratischen Politikern im Februar 1918 das «Oltener Aktionskomitee»* gegründet. Präsident und einflussreichster Politiker in diesem Komitee war **Robert Grimm**. Allerdings war ein solcher «Landesstreik» ein Risiko. Einmal musste man sicher sein, dass die meisten Arbeiter sich ihm anschliessen würden. Zudem war damit zu rechnen, dass zum Schutz von Streikbrechern Polizei und Armee eingesetzt würden, woraus ein bewaffneter Konflikt entstehen konnte (siehe Band 2, Seite 97).

Robert Grimm (1881–1958) bei einer Kundgebung in Winterthur. Sein Vater war Schlosser, seine Mutter Weberin in einer Fabrik in Wald ZH. Grimm absolvierte nach der Sekundarschule eine Buchdruckerlehre und erwarb durch persönliche Weiterbildung ein reiches Wissen. Nach Tätigkeit als Typograf war er 1907–1909 Sekretär des Verbandes der Handels- und Transportarbeiter, 1909–1918 Chefredaktor der «Berner Tagwacht», 1918–1938 Gemeinderat (Exekutive) der Stadt Bern, 1938–1946 Regierungsrat des Kantons Bern, 1946–1953 Direktor der Bern–Lötschberg–Simplon-Bahn. 1911–1919 und 1920–1955 gehörte er dem schweizerischen Nationalrat an, den er 1946 präsidierte. Energischer, macht- und zielbewusster Politiker, der es verstand, die verschiedenen Richtungen in der Sozialdemokratischen Partei hinter sich zu bringen.

* Seine Einsetzung war im Februar 1918 an einer Konferenz in Olten beschlossen worden – daher der Name. Die meisten Sitzungen hielt es jedoch in Bern ab.

Bereits lokale Streiks und Demonstrationen hatten immer wieder zum Einsatz von Truppen, Krawallen, Verletzten und Toten geführt.

Aus dem Bericht eines Polizeikommissärs über eine Demonstration in Zürich am 1. August 1916:

26 «Mann an Mann, die ganze Strassenbreite einnehmend, kam lärmend der Zug daher, voran zwei Fahnen und eine grosse Tafel mit der Aufschrift: ‹Nieder mit dem Militarismus – wir verlangen gänzliche Entwaffnung!› In der Absicht, die Leute oder einen ihrer Führer mahnend anzusprechen, trat ich ihnen entgegen; bevor ich aber sprechen konnte, fielen schon Hiebe auf meinen Kopf und Rücken ... Sobald die Menge der Polizeiuniformen ansichtig geworden war, war auch der Konflikt da; es brach ein fürchterliches Geheul los, und es begann ein Regen von Schlägen einzusetzen. Es wurde mit Fäusten und Stöcken dreingehauen, von beiden Strassenseiten kamen Stockhiebe, und Polizisten wurden über den Haufen geschlagen.»

Aus einem Bericht des Sozialdemokraten Willi Münzenberg über eine Demonstration im Zusammenhang mit einem Streik in Zürich (17. November 1917):

27 «Einige hundert Menschen, die noch von der Demonstration übrig geblieben waren, formierten sich zu einer festen Gruppe, die ... nach der Badener Strasse zurückeilte. Als wir dort ankamen, war der Strassenkampf in vollem Gang. Die Polizei schoss blindlings in die Menge ..., die Arbeiter suchten sich durch die Errichtung einer Barrikade aus Brettern, Balken, Steinen und einem Fuhrwerk zu schützen. Die Polizei wurde mit einem Steinbombardement zurückgetrieben. Die Strasse gehörte den Demonstranten. Da erbat der Polizeioberst militärische Hilfe. Mehrere Kompanien Infanterie erschienen gegen Mitternacht mit Maschinengewehren auf dem Kampfplatz. Die Barrikaden wurden genommen, die Strasse besetzt ... Hunderte waren leichtverletzt, achtundzwanzig schwer, darunter – ein Zeichen, dass sich die Arbeiter gewehrt hatten – zehn Polizisten. Tot waren vier, drei Arbeiter und ein Polizist.»

Ein Landesstreik – wozu?

Was sollte mit einem landesweiten Generalstreik erreicht werden? Im Vordergrund stand die Verbesserung der sozialen Lage:

Aus einer Eingabe des Oltener Aktionskomitees an den Bundesrat (8. März 1918):

28 «Das Aktionskomitee hat folgendes Programm aufgestellt:
- Festsetzung von Mindestlöhnen in den Gewerben und Industrien, in denen solche bisher nicht bestanden ...
- Festsetzung der Preise für alle Lebensmittel und Bedarfsartikel ... entsprechend den Interessen der Konsumenten.
- Verhinderung weiterer Milchpreisaufschläge oder Übernahme der Mehrkosten durch den Bund ...
- keine weiteren Brotpreiserhöhungen – Einschränkung der Erzeugung von Confiserie- und Patisseriewaren.
- Verpflichtung der grösseren Gemeinden zur Durchführung von Massenspeisungen ...
- Fussbekleidung: Abgabe eines Volksschuhs an Minderbemittelte zu reduzierten Preisen ...
- Wohnungsnot: Förderung des Kleinwohnungsbaus unter finanzieller Mithilfe des Bundes ...
- zeitweise Bauverbot für Luxuswohnbauten, Kirchen und Vergnügungsetablissements ...»

Ein Teil der Sozialdemokraten erhoffte sich jedoch mehr. Dieser «Linksflügel» lehnte die bestehende Staatsordnung, besonders das Wirtschaftssystem und die Armee, grundsätzlich ab. Die kommunistische Revolution in Russland im November 1917 schien zu zeigen, dass eine solche Umwälzung möglich war.

Aus den Erinnerungen des Arztes Fritz Brupbacher:

29 «Wir im Westen waren mit ganzer Seele mit den russischen Revolutionären ... Uns westlichen Revolutionären gab der Sieg der russischen Revolution die Sicherheit, dass die Revolution nicht nur ein Phantasiegespinst sei ..., sondern eine Wirklichkeit und damit auch für uns eine Möglichkeit ... Man begann auch bei uns von einem revolutionären Staatsstreich zu phantasieren ...»

Auch im Oltener Aktionskomitee diskutierte man über die Ziele, die man durch einen Landesstreik erreichen könnte. Einige Mitglieder dachten an die Möglichkeit, durch einen unbefristeten Generalstreik zum eigentlichen revolutionären Kampf überzugehen und den «bürgerlich-kapitalistischen Klassenstaat» durch eine «sozialistische Gesellschaft» zu ersetzen. Wie dieser Kampf geführt werden sollte, blieb allerdings unklar, so dass auch keine konkreten Vorbereitungen getroffen wurden. Obwohl die Mehrheit des Oltener Aktionskomitees diese Ziele ablehnte oder für unerreichbar hielt, steigerten die radikalen Töne in der sozialdemokratischen Presse sowie die Demonstrationen und Streiks die Revolutionsfurcht auf der gegnerischen, der «bürgerlichen» Seite.

Eine Revolution in der Schweiz?

Im Herbst 1918 spitzte sich die Lage zu. Der Krieg ging seinem Ende entgegen und drohte dabei überall Revolutionen auszulösen. In der Schweiz beschloss das Volk im Oktober gegen den Antrag der Bundesbehörden, den Nationalrat in Zukunft nach dem Proporzsystem zu wählen – die Sozialdemokraten verstanden dies als grundsätzliches Misstrauen gegenüber der bestehenden Regierung. Am hitzigsten war die Stimmung in Zürich. Hier führte Anfang Oktober ein Streik der Bankangestellten zu einem Solidaritätsstreik der gesamten Arbeiterschaft und schliesslich zum Erfolg: die Banken erhöhten die Löhne. Für die Führer der Zürcher Arbeiterschaft war dies ein Beweis dafür, dass

Vom Frieden in die Krise

auch ein landesweiter Generalstreik Erfolg haben müsse und nicht nur die Arbeiter, sondern auch die zurückhaltenderen Angestellten erfassen würde. Zum Jahrestag der russischen Revolution Anfang November wurden grosse Feiern vorbereitet.

Aus einem Aufruf der Sozialdemokratischen Partei der Schweiz (29. Oktober 1918):

30 «Genossen! Rüstet und werbet für die Feier des ersten Jahrestages der russischen sozialistischen Revolution ... Sie lebt und wir leben ... Schon rötet die nahende Revolution den Himmel über Zentraleuropa; der erlösende Brand wird das ganze morsche, blutdurchtränkte Gebäude der kapitalistischen Welt erfassen. Eine neue Geschichtsära eröffnet sich, die Ära des Kampfes um die Befreiung der Volksmassen von Druck und Ausbeutung, von Hunger und Krieg, die Ära des Sozialismus.»

General Wille, der Zürcher Regierungsrat und schliesslich auch der Bundesrat kamen zur Überzeugung, revolutionäre Unruhen stünden unmittelbar bevor.

Aus einer Eingabe General Willes an den Bundesrat (4. November 1918):

31 «Allgemein sieht man die Lage (in Zürich) seit den Ereignissen vom 1. Oktober (Bankangestelltenstreik) sehr düster an. Sozusagen alle waren überzeugt, dass bei der nächsten Wiederholung die Banken geplündert würden ... Allgemein lebt man in der Furcht vor einer plötzlich gänzlich unerwarteten Proklamierung des Generalstreiks, aus dem dann gleich die Revolution hervorginge ... Bei dieser Sachlage muss auch ich an die Möglichkeit eines plötzlichen, unerwarteten Ausbruchs einer Revolution glauben ... Wenn man Truppen erst aufbieten will, wenn sichere Anzeichen für Ausbrechen von Generalstreik und Revolution vorhanden sind, kommt man damit immer zu spät. Wenn man so denkt, zögert man so lange mit dem Aufbieten der Truppen, bis die Revolution in vollem Gange ist, die Truppen können nicht mehr verhindern oder im Keime ersticken, sondern müssen mit der Revolution um die Macht kämpfen ... Wir aber sollen keinen Kampf, keinen Bürgerkrieg wollen, sondern müssen als unsere Pflicht ansehen, ihn zu verhindern. Nach diesen Darlegungen wiederhole ich meinen Antrag an den Bundesrat, Truppen zum Schutze der Sicherheit im Innern aufzubieten, wobei meine Überzeugung ist, dass das blosse Aufbieten genügt, um jede Störung der Ordnung zu verhindern.»

Ein Truppenaufgebot löst den Landesstreik aus

Um die anscheinend drohende Revolution zu verhindern, wurden am 7. November Truppen aufgeboten und in die grösseren Städte verlegt. 95 000 Mann kamen zum Einsatz, davon 20 000 in Zürich. Gleichzeitig wies der Bundesrat die Gesandtschaft der Sowjetunion aus dem Land. Die Sozialdemokraten und die Gewerkschaften empfanden beides als schwere Provokation, zeigte es in ihren Augen doch, dass die Landesregierung auf all die sozialen Nöte nur mit dem Säbel zu reagieren wusste und

Generalstreik in Zürich: Truppen halten die Zugänge zum Paradeplatz und zu den Banken besetzt (9. November 1918).

sich auch in der Aussenpolitik einseitig verhielt. Als Zeichen des Protests löste das Oltener Aktionskomitee am 9. November, einem Samstag, einen eintägigen landesweiten Generalstreik aus. Die Zürcher Arbeiterführer gingen weiter und erklärten, in Zürich würde bis zum Abzug der Truppen gestreikt. Als der Bundesrat keine Miene machte, das Truppenaufgebot aufzuheben, schloss sich das Oltener Aktionskomitee den Zürchern an und rief am 11. November den unbefristeten, landesweiten Generalstreik aus.

Aus der Proklamation des Landesstreiks durch das Oltener Aktionskomitee (11. November 1918):

«In der grossen Zeit, da im Auslande der demokratische und freiheitliche Gedanke triumphiert, in dem geschichtlichen Augenblicke, da in bisherigen monarchischen Staaten die Throne wanken und die Kronen über die Strassen rollen ..., beeilt sich der Bundesrat, in der ‹ältesten Demokratie Europas› die wenigen Freiheiten des Landes zu erwürgen, den Belagerungszustand zu verhängen und das Volk unter die Fuchtel der Bajonette und der Maschinengewehre zu stellen. Eine solche Regierung beweist, dass sie unfähig ist, der Zeit und ihren Bedürfnissen gerecht zu werden ... In einer ihr nicht zukommenden Anmassung gibt sie sich als eine Regierung der Demokratie und des Volkes. In Wahrheit haben Demokratie und Volk in der denkwürdigen Abstimmung vom 13. Oktober 1918 (über das Proporzwahlrecht) den gegenwärtigen demokratischen Behörden des Landes das Vertrauen entzogen ... Wir fordern die ungesäumte Umbildung der bestehenden Landesregierung unter Anpassung an den vorhandenen Volkswillen. Wir fordern, dass die neue Regierung sich auf folgendes Minimalprogramm verpflichtet:
1. Sofortige Neuwahl des Nationalrates auf der Grundlage des Proporzes.
2. Aktives und passives Frauenwahlrecht.
3. Einführung der allgemeinen Arbeitspflicht.*
4. Einführung der 48-Stunden-Woche in allen öffentlichen und privaten Unternehmungen.
5. Reorganisation der Armee im Sinne eines Volksheeres.
6. Sicherung der Lebensmittelversorgung im Einvernehmen mit den landwirtschaftlichen Produzenten.
7. Alters- und Invalidenversicherung.
8. Staatsmonopole für Import und Export.**
9. Tilgung aller Staatsschulden durch die Besitzenden.

Die Erfahrungen haben gezeigt, dass auf dem Wege von Verhandlungen wirksame Zugeständnisse von den Behörden nicht zu erlangen sind ... Nachdem der Bundesrat die in dem befristeten Streik vom 9. November 1918 enthaltene Warnung mit neuen

* Gemeint: Verbot «des arbeitslosen Einkommens» durch Zinsen usw.
** Gemeint: Übernahme oder zumindest Kontrolle des Aussenhandels durch den Staat

An die Einwohnerschaft der Stadt Zürich.

Unsere Truppen sind mit Handgranaten ausgerüstet. Sie haben Befehl sie zu gebrauchen, wenn aus Fenstern und Kellerlöchern geschossen wird. Die Truppe weiss, dass auf blosse Vermutung hin, dass aus einem Fenster geschossen worden sei, keine Handgranate verwendet werden darf. Wo aber einwandfrei feststeht, dass aus Häusern geschossen worden ist, wird das Handgranatenwerfen zur befohlenen Pflicht.

Zürich, 11. November 1918.

Kommando der Ordnungstruppen für Zürich:
Oberstdivisionär Sonderegger.

Kommando der Ordnungstruppen für Zürich.

Tit. Präsidium der Arbeiterunion

Zürich.

Eine genaue Untersuchung der Vorfälle von gestern nachmittag auf dem Fraumünsterplatz hat folgendes ergeben:

Unsere Infanterie hat, als der Platz nicht geräumt werden wollte, und sie bedrängt war, in die Luft geschossen. Als Antwort darauf haben Zivilisten direkt auf die Truppe geschossen, mit dem Ergebnis, dass einer der Unsern mit einem Pistolenschuss durch den Leib, auf den Tod darniederliegt.

Daraufhin kann ich meinen Leuten nicht mehr zumuten, dass sie weiterhin die trotz Beschimpfungen und Drohungen bewiesene Langmut üben.

Die Truppen werden daher von 2.00 Uhr nachmittags an, von ihrem gesetzlichen Recht Gebrauch machend, nach vorausgegangener Warnung auf diejenigen feuern, die sich ihnen widersetzen.

Das unbeteiligte Publikum wird dringend ersucht, sich allen Konflikten zwischen Truppe und Aufrührern fern zu halten und sowenig als möglich auf die Strasse zu gehen.

Zürich, den 11. XI. 1918, 11.00 M.

Kommando der Ordnungstruppen für Zürich:
Oberstdivisionär **Sonderegger.**

Kriegsrecht in Zürich: Erlasse des Kommandanten der Ordnungstruppen in Zürich

Vom Frieden in die Krise

Herausforderungen beantwortet hat, ist der allgemeine Landesstreik bis zur Erfüllung unserer Forderungen fortzusetzen ... Und nun entschlossen vorwärts! Hoch die Solidarität! Es lebe die neue Zeit!»

Der Bundesrat erklärte nun, ein Teil der Forderungen des Komitees könne erfüllt werden, doch müsse zuerst der Streik abgebrochen werden.

Aus der Rede des Bundespräsidenten Felix Calonder vor der Vereinigten Bundesversammlung (12. November 1918; gekürzte Zusammenfassung):

33 «1. Das Truppenaufgebot richtet sich nicht gegen die Arbeiterschaft, sondern gegen revolutionäre Umtriebe.
2. Der Bundesrat befürwortet eine Erweiterung von sieben auf neun Mitglieder, wodurch die Wahl mindestens eines Sozialdemokraten ermöglicht wird.
3. Ein Gesetz über die Einführung des Proporzwahlrechtes wird demnächst vorgelegt.
4. Der Bundesrat befürwortet die Einführung einer Alters- und Invalidenversicherung und eine bessere Sicherung der Lebensmittelversorgung.
5. Auf die Forderung nach der Einführung des Frauenstimmrechts und einer allgemeinen Arbeitspflicht will der Bundesrat nicht eingehen.
6. Der Bundesrat befürwortet die Besserstellung der Arbeiterschaft, wendet sich aber gegen jedes revolutionäre Vorgehen.»

Das Resultat des Streiks

Der Streikaufruf wurde zwar in den deutschschweizerischen Grossstädten gut befolgt, nicht jedoch in den kleineren Orten und in der Westschweiz. Die Abhaltung von Versammlungen wurde von den Truppenkommandanten verboten; in Zürich wurde eine Demonstration durch Truppen aufgelöst, wobei in die Luft geschossen wurde. Die Hoffnung, die Armee würde auseinander brechen und die Soldaten würden zu den Streikenden übergehen, erfüllte sich nicht. Hingegen bildeten sich «Bürgerwehren», die schärfer gegen die Arbeiterschaft vorgehen wollten. Die Erfolglosigkeit, der Druck des Bundesrates und die Furcht, es könnte zum eigentlichen Bürgerkrieg, ja sogar zum Eingreifen des Auslandes kommen, führten nach drei Tagen dazu, dass das Oltener Aktionskomitee den Streik abbrach. Einen gewaltsamen Umsturz hatten die Arbeiterführer nicht vorbereitet – die einen nicht, weil sie gar keinen Umsturz wollten, die andern, weil sie glaubten, der Streik allein würde die bestehende Ordnung wie ein Kartenhaus zusammenbrechen lassen. Im Wesentlichen war der Landesstreik unblutig verlaufen; einzig in Grenchen wurden drei Demonstranten erschossen, während in Zürich ein Soldat umkam. Sehr viel mehr Opfer forderte die Grippe, die in den Truppenlagern besonders rasch um sich griff.

Von den Forderungen, welche beim Landesstreik erhoben worden waren, wurden zwei rasch erfüllt. 1919 wurde die 48-Stunden-Woche gesetzlich eingeführt. Gleichzeitig wurde die vorzeitige Neuwahl des Nationalrates nach dem neuen Proporzwahlrecht beschlossen. Die Zusammensetzung des Nationalrates veränderte sich erheblich. Hatte bisher die Freisinnig-Demokratische Partei dominiert, so standen sich nun vier grosse Parteien gegenüber, von denen keine die absolute Mehrheit erreichte (siehe Tabelle unten).

Die Verteilung der Sitze im Nationalrat auf die wichtigsten Parteien 1908–1943 (in Prozent):

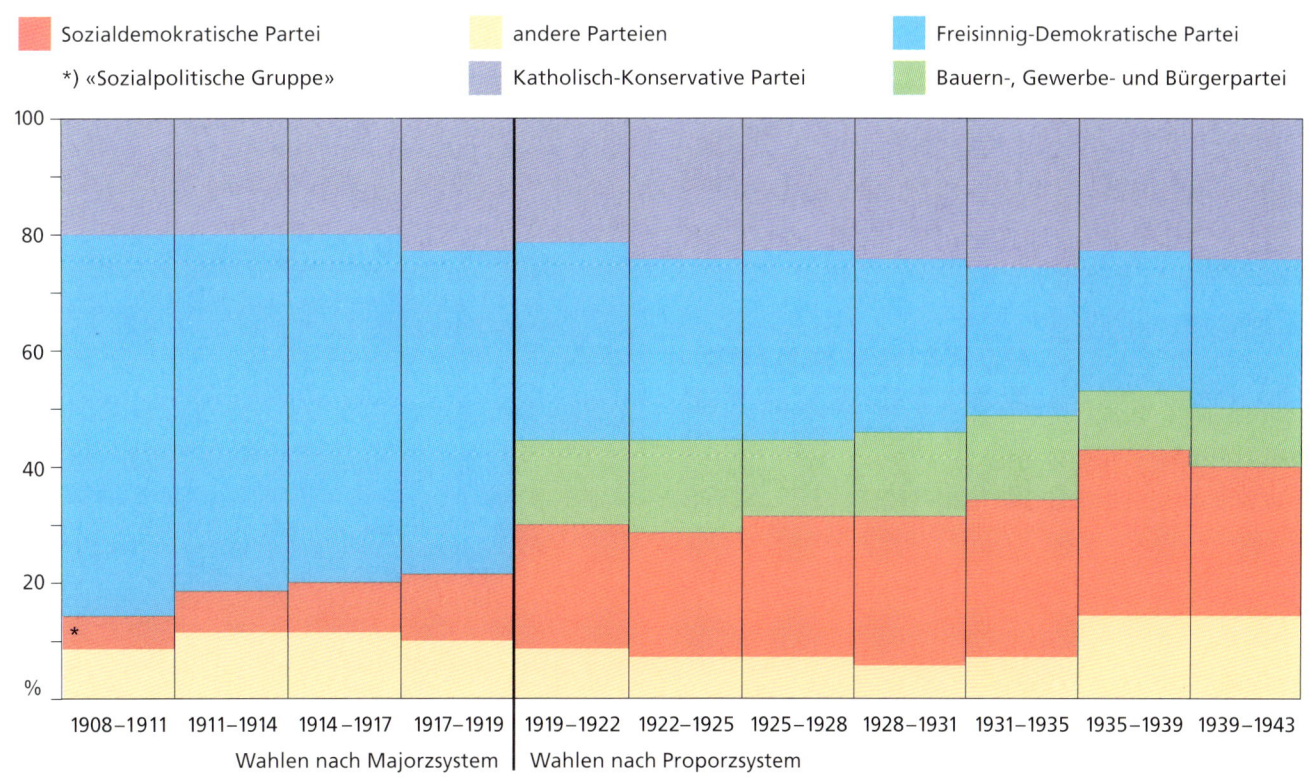

- Sozialdemokratische Partei
- andere Parteien
- Freisinnig-Demokratische Partei
- *) «Sozialpolitische Gruppe»
- Katholisch-Konservative Partei
- Bauern-, Gewerbe- und Bürgerpartei

Wahlen nach Majorzsystem: 1908–1911, 1911–1914, 1914–1917, 1917–1919
Wahlen nach Proporzsystem: 1919–1922, 1922–1925, 1925–1928, 1928–1931, 1931–1935, 1935–1939, 1939–1943

Die Aussöhnung fand nicht statt: die Schweiz in den Zwanzigerjahren

Der Ausgang des Landesstreiks versöhnte die beiden Lager jedoch keineswegs. Die Sozialdemokraten vergassen die Truppeneinsätze nicht, lehnten die Armee weiterhin als Instrument ihrer Feinde ab und forderten in ihren Programmen nach wie vor die tiefgreifende Umgestaltung der Wirtschaftsordnung. Sie wurden jedoch geschwächt, als sich von ihnen 1921 die Kommunistische Partei abspaltete, die ihre Politik ganz nach dem Vorbild der Sowjetunion gestaltete. Die «bürgerlichen» Parteien blickten mit einer Mischung von Schrecken und Triumph auf den Landesstreik zurück und bemühten sich, die Sozialdemokraten von der Macht fernzuhalten. Diese erhielten keinen Sitz im Bundesrat, in welchem nun fünf (ab 1929: vier) Freisinnige, zwei Katholisch-Konservative und (ab 1929) ein Vertreter der Bauern-, Gewerbe- und Bürgerpartei sassen. Zum Teil versuchte man auch, Zugeständnisse zurückzunehmen: 1923 beschlossen National- und Ständerat für gewisse Berufe die Rückkehr zur 54-Stunden-Woche, was in einer Volksabstimmung jedoch abgelehnt wurde. Die Einführung der Alters- und Hinterbliebenenversicherung wurde 1925 zwar im Prinzip beschlossen, doch liess das entsprechende Gesetz noch sechs Jahre auf sich warten und wurde dann erst noch in der Volksabstimmung abgelehnt. Da die bürgerlichen Parteien aber auch unter sich häufig zerstritten waren, kam es in der eidgenössischen Politik der Zwanzigerjahre kaum zu Fortschritten. Die Sozialdemokraten konzentrierten sich nun darauf, in einzelnen Städten die Mehrheit zu gewinnen und in diesem Rahmen ihre Ziele zu erreichen.

Aus einem politischen Stimmungsbericht in den «Schweizer Monatsheften» (1928):

«Die Fronten sind längst erstarrt. Man befindet sich im Stellungskrieg. Der kleinste Geländegewinn nach der einen oder andern Seite muss mit ungeheurem Aufwand und mit Opfern erkämpft werden, die in keinem Verhältnis zum Gewinn und zu dem stehen, was damit erreicht wird. Darum wirkt der politische Kampf von heute so zermürbend auf diejenigen, die daran teilnehmen, und abschreckend auf die, die ausserhalb stehen. Der Erfolg lohnt nicht den Einsatz. Das gilt nicht nur für die Wahlen, sondern in noch höherem Masse für die Arbeit, um derentwillen die Wahlen vorgenommen werden: für die Parlamentstätigkeit. Es ist immer der gleiche Eindruck, den man von den Verhandlungen in Bern nach Hause nimmt: niemand ist dort von der inneren Notwendigkeit von all dem, was da geredet und

1 Abstimmungskämpfe in den Zwanzigerjahren: Plakat gegen die Einführung des 8-Stunden-Tages in den öffentlichen Transportbetrieben. Das entsprechende Gesetz wurde jedoch in der Volksabstimmung vom 31. Oktober 1920 angenommen.
2 Abstimmungskämpfe in den Zwanzigerjahren: Plakat gegen die erneute Verlängerung der Arbeitszeit. Eine solche Verlängerung wurde in der Abstimmung vom 17. Februar 1924 abgelehnt.

Vom Frieden in die Krise

Sklaven wollen sie aus uns machen, die sozialistischen Bureaukraten. Wer nicht will, dass seinem Tatendrang, seiner Lebensfreude und seiner persönlichen Freiheit eiserne Fesseln angelegt werden **wählt freisinnig LISTE 6**

Arbeiter, Angestellte, Beamte!

Die kapitalistischen Parteien, und vorab der Zürcher Freisinn, arbeiten mit einem ungeheuren Aufwand von Geld!
Wähler Zürichs, bedenkt, daß die **kapitalistischen Hausbesitzer** und **Dividendenparteien dieses Geld zuvor euch abgenommen haben.** Keine Stimme für Blutsauger und Dividendenfresser!

Wählt bei den Wahlen für den Großen Stadtrat

sozialdemokratisch!

mit Liste **5**

verhandelt wird, wirklich überzeugt. Der Einzelne redet, weil er sich persönlich wichtig machen oder weil er seine Anwesenheit in Bern rechtfertigen oder weil er sich seinen Wählern empfehlen will. Von den zwei Dutzend Reden, die zur Staatshilfe an die Landwirtschaft während einer Woche gehalten worden sind, war keine einzige der Sache wegen erforderlich ... Im politischen Proporzparlament geht es eben nicht um die Sache, sondern um die Macht.»

1 Freisinniges Wahlinserat vor den Zürcher Gemeindewahlen (7. April 1928)
2 Sozialdemokratisches Inserat vor den Zürcher Gemeindewahlen (12. April 1928)

Das Wichtigste in Kürze:
Der Erste Weltkrieg führte in der Schweiz zu einer Verschärfung der politischen und sozialen Spannungen. Diese kamen im November 1918 im Landesstreik, einem landesweiten Generalstreik, zum Ausbruch. Auf «bürgerlicher» Seite befürchtete man eine Revolution. Das massive Truppenaufgebot schockierte die Arbeiterschaft. Daher bestand auch nach dem Krieg der Graben zwischen dem «bürgerlichen» und dem sozialdemokratischen Lager fort.

1 Welche Aufgabe musste die Schweizer Armee während des Ersten Weltkrieges erfüllen?
2 Wie hiess der General?
3 Nenne einen wichtigen Führer der Arbeiterschaft während des Ersten Weltkrieges.
4 Warum nahm die politische Spannung gegen das Ende des Ersten Weltkrieges zu?
5 Welche in der Proklamation des Landesstreiks enthaltenen Forderungen wurden bald erfüllt?
6 Welche in der Proklamation des Landesstreiks enthaltenen Forderungen wurden erst später erfüllt, welche sind bis heute nicht Wirklichkeit geworden?
7 Hat sich der Landesstreik gelohnt? Wie beurteilst du den Streik als Mittel zur Durchsetzung sozialer oder politischer Ziele?

Auf der Suche nach neuen Wegen: die «tollen Zwanzigerjahre»

Das Leben verändert sich

Während die politischen Verhältnisse für viele Menschen unbefriedigend waren, blieb die Entwicklung in anderen Bereichen nicht stehen. Technische Neuerungen veränderten das Leben. Um weniger von der ausländischen Kohlezufuhr abhängig zu sein und um die Luftverschmutzung zu verringern, wurde der Grossteil des schweizerischen Eisenbahnnetzes elektrifiziert. Neben die Bahn trat als Fernverkehrsmittel das Flugzeug. 1922 wurde die erste regelmässige Fluglinie der Schweiz (Genf–Zürich–Nürnberg) eröffnet. Ab 1923 konnte man bereits nach London fliegen. Allmählich überzog ein Flugnetz einerseits Europa, Asien und Afrika, andererseits Amerika. Immer öfter traf man nun in den Haushalten Grammophone, Kühlschränke und Staubsauger an, während die Dienstmädchen rar wurden. Vor allem in städtischen Verhältnissen erlernten nun auch die Mädchen immer häufiger einen Beruf oder besuchten weiterführende Schulen.
Die Senkung der Arbeitszeit (siehe Seite 31), die Einführung bezahlter Ferien (meist 1 oder 2 Wochen im Jahr) und die technischen Hilfsmittel verschafften den Menschen mehr Freizeit und gaben ihnen auch die Möglichkeit, ihr Leben individueller zu gestalten. Dies widerspiegelte sich etwa in der Mode, wo man von der möglichst vollständigen Verhüllung des Körpers abging und mehr Bequemlichkeit anstrebte. Immer mehr Menschen trieben Sport; Olympiasieger und Weltmeister wurden zu Berühmtheiten. Für die Schweiz war vor allem die Entwicklung des Wintersports wirtschaftlich von Bedeutung.

1 Ein neues Haushaltgerät: der Elektroblocher
2 Mode 1896
3 Mode um 1930
4 Mode um 1970

Vom Frieden in die Krise

1928 konnte St. Moritz die Olympischen Winterspiele durchführen (erstmals waren solche 1924 in Chamonix ausgetragen worden).

Neue Medien

Neben die Zeitungen trat als neues und schnelleres Informationsmittel das Radio. Zunächst eine technische Sensation, gewann es bald auch eine immer grössere politische Bedeutung: Einerseits versuchten die Regierungen, über das Radio die Meinung der Bürger zu beeinflussen, anderseits konnten sich diese durch ausländische Sender eine eigene Meinung bilden. Eine immer wichtigere Rolle spielte der Film. An die Stelle der als Kuriosität belächelten Kurzstreifen der Jahrhundertwende trat der – seit 1928 vertonte – Spielfilm. Damit war eine Kunstform entstanden, die im Gegensatz zum Theater oder zur Malerei ein sehr breites Publikum erfasste: Die Preise waren niedrig, das Angebot war weit gefächert von der kitschigen «Schnulze» über den problemlosen Unterhaltungsfilm bis zum anspruchsvollen und aufwühlenden Kunstwerk. Der Gang ins Kino wurde zu einer der beliebtesten Freizeitgestaltungen. In der Unterhaltungsmusik und im Tanz spielten die Elemente des in Nordamerika entstandenen Jazz eine immer grössere Rolle. Im Musiktheater trat das amerikanisch-englisch geprägte Musical an die Stelle der traditionellen Operette.

1 Traumwelt des Films: «Tarzan» Johnny Weissmüller/Maureen O'Sullivan)
2 1928 schuf Walt Disney den ersten Zeichentrickfilm mit der «Mickey Mouse»
3 Die «Creole Jazz Band» King Olivers; in der Mitte mit der Trompete der junge Louis Armstrong

Das Zürcher Unterhaltungsangebot (Dezember 1928)

Die Malerei sucht neue Wege

All diese Entwicklungen blieben auf die Kunst nicht ohne Einfluss. Welche Aufgabe blieb dem Maler in einer Zeit der Maschinen, der Fotografie, des Films?

Der Maler Fernand Léger (1881–1955):

«Machen Sie bitte einen Rundgang durch die Maschinenausstellungen, schauen Sie sich den Automobilsalon und die Pariser Messe an, etwas Schöneres gibt es gar nicht. Das Gemälde, wie ich es verstehe, muss die prächtigen Erzeugnisse des Maschinenzeitalters an Schönheit aufwiegen, ja übertreffen. Wir Maler stehen in Konkurrenz mit diesen prächtigen Dingen, die bisweilen künstlerische Vollendung erreichen.»

Seit der Zeit der Renaissance hatte ein Maler oder Bildhauer versucht, einen Gegenstand so abzubilden, wie er ihn in der Natur sah und wie ihn auch ein anderer Betrachter vom gleichen Standort aus sehen konnte. Seit der Jahrhundertwende setzte die Entwicklung zur «Abstraktion», zur Loslösung von der sichtbaren Wirklichkeit ein, wobei sich verschiedene Richtungen abzeichneten: Einige Maler benützten den Gegenstand, den sie malten, um ihre eigene seelische Stimmung auszudrücken («Expressionisten»). Anderen ging es darum, die «eigentlichen Wesenszüge», die «Struktur» des Gegenstandes, gelöst vom Eindruck des menschlichen Auges, darzustellen.

Der Maler Franz Marc (1880–1916):

«Wir werden nicht mehr den Wald oder das Pferd malen, wie sie uns gefallen oder scheinen, sondern wie sie wirklich sind, wie sich der Wald oder das Pferd selbst fühlen, ihr absolutes Wesen, das hinter dem Schein lebt, den wir nur sehen.»

Da diese Künstler das Dargestellte oft auf einfache geometrische Grundformen reduzierten, nannte man sie «Kubisten» (lateinisch cubus = Würfel). Eine weitere Gruppe verzichtete ganz auf die Wiedergabe räumlicher Formen und schuf statt dessen Kompositionen farbiger geometrischer Flächen (etwa Wassily Kandinsky); Farbkompositionen sollten in ähnlicher Weise auf das Auge wirken wie Tonkompositionen auf das Ohr.

Eine ausgesprochene Protestkunst vertraten die «Dadaisten». Diese Bewegung entwickelte sich in einer Gruppe junger Künstler aus verschiedenen Ländern, die sich 1916 in Zürich trafen; der Name «Dada» bedeutete «Holz- oder Steckenpferd» und wurde zufällig beim Herumblättern in einem französischen Wörterbuch gefunden. Die Dadaisten lehnten alle bisherige Kunst mit ihren Merkmalen – Schönheit, Ordnung usw. – ab und stellten ihr Gewöhnlichkeit, Unordnung, Zufall gegenüber. Alltagsgegenstände wurden zur Kunst erklärt, Gedichte aus unzusammenhängenden Wörtern und Lauten geschaffen und das Publikum an Veranstaltungen schockiert und provoziert.

Vom Frieden in die Krise

1 Traditionelle Malerei: Silvestro Lega, «Der Spaziergang» (Ausschnitt; um 1890)
2 Der Beginn des «Kubismus»: Pablo Picasso, «Les demoiselles d'Avignon» (1907)
3 «Kubismus»: Fernand Léger, «Drei Frauen» (1921)
4 «Expressionismus»: Emil Nolde, «Herbstwolken» (1910)
5 «Dadaismus»: Kurt Schwitters, «Ausgerenkte Kräfte» (1920)

Francis Picabia: «Manifest Cannibale Dada» (1920, Paris):

«Ihr seid alle in den Anklagezustand versetzt ... Was macht ihr hier, eingepfercht wie Schalentiere ... Man stirbt als Held oder als Idiot, was auf dasselbe herauskommt ... Ihr liebt den Tod, den die andern sterben ... Ihr alle mit eurer Ernsthaftigkeit stinkt schlimmer als Kuhdreck. Was Dada angeht: es riecht nicht, es bedeutet ja nichts, gar nichts. Dada ist wie eure Hoffnungen: nichts, wie euer

Kernthema 1:

1 Wassily Kandinsky, «Gelb-Rot-Blau» (1925)
2 Altes Bauen in Zürich: Villa Cramer-Frey (um 1890)
3 Neues Bauen: Villa Savoye in Poissy bei Paris (Le Corbusier, 1929–1931)

Paradies: nichts … Pfeift, schreit, zerschlagt mir die Fresse – und was bleibt dann? Ich werde euch immer sagen, dass ihr blöde Hammel seid, und euch unsere Bilder für einige Franken verkaufen.»

Die Dadaisten waren stark geprägt von den Schrecken des Krieges: Das Blutbad hatte ihrer Meinung nach alle überlieferten Anschauungen und Werte als nichtig entlarvt.

All diese neuen Richtungen machten es dem Betrachter nicht leicht. Er konnte nicht einfach vor ein Bild stehen und befriedigt feststellen, er «sehe es auch so», sondern musste das, was er sah, analysieren und in ihm einen Sinn finden.

Pablo Picasso (1881–1973) in einem Interview 1923:
«Man spricht immer vom Naturalismus als Gegensatz zur modernen Malerei. Ich möchte wohl wissen, ob irgendjemand schon ein natürliches Kunstwerk gesehen hat. Natur und Kunst sind verschiedene Dinge, können also nicht das Gleiche sein … Die Tatsache, dass der Kubismus lange Zeit nicht verstanden wurde und dass es heute noch Menschen gibt, die nichts darin sehen, bedeutet gar nichts. Ich kann nicht Englisch lesen, und für mich besteht ein englisches Buch aus leeren Blättern. Das bedeutet aber nicht, dass die englische Sprache nicht existiert, und warum sollte ich jemand anders als mir selbst die Schuld geben, wenn ich etwas nicht verstehen kann …»

Vom Frieden in die Krise

Architektur und Städtebau: Einheit von Kunst und Zweck

Wesentlich neue Wege beschritt auch die Architektur. Der Gegensatz zwischen «Zweck» (Wohnhaus, Fabrikbau, Kirche, Schulhaus) und «künstlerischer Form» (Proportionen, Dekorationen, Ornamente) sollte aufgehoben werden. Ausgangspunkt der Bauplanung war nun die Funktion, die das Gebäude haben sollte. Baute man ein Wohnhaus, so ging man von den Bedürfnissen aus, die die mutmasslichen Bewohner hatten: Bequemlichkeit, Licht usw. Aus den einzelnen Wohnungen wurde das Haus gewissermassen «komponiert»; der Architekt Le Corbusier (1887–1965) sprach von einer «Wohnmaschine». Die technischen Neuerungen wurden ausgenützt; Eisenbeton, Metall und Glas ersetzten nach und nach das tragende Mauerwerk. Die Konstruktionsweise des Gebäudes sollte nach aussen auch durchaus sichtbar sein (z.B. als Sichtbeton). Die konsequente und unverhüllte Zweckbestimmung sollte automatisch zu klaren, einfachen und überzeugenden Formen führen: darin sahen die modernen Architekten die Schönheit des «neuen Bauens». Eine ähnliche Entwicklung vollzog sich auch im Bereich der Innenarchitektur (etwa der Möbel) und des Kunsthandwerks.

1 Altes Bauen: Geschäftshaus in New York (um 1890)
2 Neues Bauen in Zürich: das «Zett-Haus» (Carl Hubacher, Rudolf Steiger um 1930)
3 Altes Bauen in Zürich: Schulhaus Hirschengraben (1893)
4 Neues Bauen in Zürich: Schulhaus Buhnrain (Roland Rohn, 1933/1934)

Kernthema 1:

1 Alte Möbel: Sessel mit Damastbezug um 1860
2 Neue Möbel: Marcel Breuer, «Wassily-Sessel» (1926)
3 Planmässiges Bauen: Siedlung der Gemeinnützigen Baugenossenschaft Neubühl in Zürich-Wollishofen (Häfeli, Moser und Steiger, 1930–1932)

Auf der Basis der ... durch die Landesplanung festgesetzten Bevölkerungsdichte wird das Verhältnis zwischen Wohnflächen, Sport- und Grünflächen und Verkehrsflächen bestimmt ... Die elementaren Grundsätze des Wohnens können in wirksamer Weise durch den Unterricht an den Erziehungsstätten verbreitet werden: Forderung der Reinlichkeit, Einfluss von Licht, Luft und Sonne, Grundsätze der Hygiene, praktische Anwendung des Hausgeräts. Ein solcher Unterricht hätte zur Folge, dass die heranwachsende Generation einen klaren und rationellen Begriff von den Aufgaben des Hauses erhielte und damit in der Lage wäre, als zukünftige Konsumenten die vernünftigen Anforderungen an das Haus selbst aufzustellen.»

Die Städte wachsen weiter: Zürich als Beispiel

Die Einwohnerzahl der Städte nahm weiter zu. Hatte Zürich 1910 190 000 Einwohner gezählt, so waren es 1930 schon 250 000. Die Stadtregierung, in welcher die Sozialdemokraten seit 1928 über eine Mehrheit verfügten, förderte den Ausbau des öffentlichen Verkehrswesens und den Wohnungsbau. Eine bedeutende Rolle spielten die von der Stadt unterstützten Wohnbaugenossenschaften, die es auch Bürgern mit einem geringen Einkommen ermöglichten, zu einer eigenen Wohnung oder zu einem kleinen Häuschen zu kommen. Die neuen Wohnungen waren auch komfortabler: Sie verfügten fast durchwegs über eine eigene Toilette und ein eigenes Bad; meistens hatten die neuen Häuser eine Waschküche und immer häufiger auch eine Zentralheizung. Da der Boden für die weitere Entwicklung der Stadt auf die Dauer nicht auszureichen schien, fasste man die Eingemeindung der Vororte ins Auge, die noch grosse Landreserven aufwiesen. Dies führte jedoch zur Befürchtung, die Stadt «Gross-Zürich» könnte ein zahlenmässiges Übergewicht über die Landschaft erlangen und diese wie einst vor 1798 beherrschen:

Der Bau eines Hauses wurde nicht mehr als isoliertes Unternehmen betrachtet. Er war Teil des Städtebaus. Daher musste er sich in die technischen, wirtschaftlichen und sozialen Bedürfnisse einordnen – der Architekt musste etwa die Verkehrslage, die Knappheit des Bodens und die Einkommenssituation der künftigen Bewohner berücksichtigen. Man erkannte allmählich die Notwendigkeit einer Stadt- und Raumplanung.

Aus der Erklärung einer Architektengruppe (1928):
«Die Aufgabe der Architekten ist es, sich in Übereinstimmung zu bringen mit den grossen Tatsachen der Zeit ... Stadtbau kann niemals durch ästhetische Überlegungen bestimmt werden, sondern ausschliesslich durch funktionelle Folgerungen.

Vom Frieden in die Krise

Aus einem Leitartikel der «Zürichsee-Zeitung» (1929):
«In der Epoche, da die Schweiz berufen ist, von der Zinne Europas das Banner der Demokratie flattern zu lassen ..., wollen wir hingehen, um an einem Sonntag zwölf Rekrutenschulen dieser Demokratie (das heisst, die 12 Gemeinden, die an Zürich angeschlossen werden sollten) zu unterdrücken, politisches Eigenleben zu ersticken, die grosse Landschaft in ein Abhängigkeitsverhältnis zu setzen. Wo bleibt da der alte Geist der Freiheit?»

1 Vom Dorf zum Stadtteil: Schwamendingen bei Zürich um 1920 ...
2 ... und 1967

Zudem wehrten sich die reichen und daher steuergünstigen Vororte gegen die Eingliederung in die Stadt. Nachdem ein erstes Eingemeindungsprojekt gescheitert war, beschränkte man sich auf acht grossteils arme Gemeinden, die Anfang 1934 zur Stadt geschlagen wurden. Dadurch erhöhte sich die Einwohnerzahl von 264 000 auf 313 000, was gerade die Hälfte der Kantonsbevölkerung ausmachte, während die Stadtfläche von 4500 auf 8800 Hektaren anwuchs. Die intensive Überbauung des neu gewonnenen Stadtgebietes setzte jedoch erst nach dem Zweiten Weltkrieg ein.

Die Stadt Winterthur, die 1860 noch 6500 Einwohner gezählt hatte, kam bereits 1910 auf 25 000; für mehr stand auf dem Stadtgebiet nicht mehr viel Platz zur Verfügung. Daher wurden 1922 fünf Vororte mit der Stadt vereinigt, wodurch sich die Einwohnerzahl auf 50 000 verdoppelte, während sich die Stadtfläche von 1550 auf 7000 Hektaren vervielfachte. Damit war die Grundlage zu künftigem Wachstum geschaffen. Auf weitere Eingemeindungen wurde im Kanton Zürich seither, trotz der Bildung grosser «Agglomerationen», verzichtet.

Die Stimmung in der Bevölkerung war am Ende der Zwanzigerjahre einigermassen optimistisch. Die weitere Entwicklung wurde jedoch von der **Weltwirtschaftskrise** überschattet.

Das Wichtigste in Kürze:
Die technische und die kulturelle Entwicklung schritt in den Zwanzigerjahren voran. Maler und Architekten suchten neue Wege. Radio und Film wurden zu wichtigen neuen Informations- und Unterhaltungsmitteln. Mehr Freizeit, Sport und eine bequemere Mode machten das Leben angenehmer. Die Städte wuchsen weiter. Durch die staatliche Förderung des Wohnungsbaus, die technischen Möglichkeiten und die neuen architektonischen Einsichten wurde der Wohnkomfort vergrössert.

1 Welches Fernverkehrsmittel trat in den Zwanzigerjahren neben der Bahn immer mehr in Erscheinung?
2 Welches Ereignis fand 1928 in St. Moritz statt?
3 Worin bestand die politische Bedeutung des Radios?
4 Was veränderte sich im Musikleben in den Zwanzigerjahren?
5 Wie bezeichnet man einen Malstil, mit welchem der Künstler die eigene seelische Stimmung im Bild ausdrücken will?

6 Worin unterschieden sich Ziele und Mittel der Architektur der Zwanzigerjahre von jenen der früheren Zeiten?
7 Versuche, die Absichten der Dadaisten zu erklären.
8 Üben künstlerische Entwicklungen der Zwanzigerjahre auch auf unsere Zeit noch einen Einfluss aus? Führe Beispiele an.

Die Weltwirtschaftskrise (von 1929 bis zum Ende der Dreissigerjahre)

Der Börsenkrach

Aus einem Bericht der Wiener «Neuen Freien Presse» über das Börsengeschehen in New York am 24. Oktober 1929:

«In den Büros der Börsenmakler löste eine aufregende Szene die andere ab. Zahlreiche Personen, besonders weibliche Spekulanten, fielen in Ohnmacht, als sie erfuhren, dass sie ihr Kapital verloren hatten. Verzweiflungs- und Wutausbrüche waren an der Tagesordnung. Auch im Inseratenteil der Zeitungen machte sich bereits der Börsenzusammenbruch bemerkbar. Zahlreiche Luxusautomobile der teuersten ausländischen Marken und wertvoller Schmuck werden zum Verkauf angeboten von Leuten, die noch gestern Millionäre waren… Sogar in den Strassen der Stadt ist der Eindruck der Börsenkatastrophe deutlich bemerkbar. Überall sieht man verzweifelte und niedergeschlagene Gesichter.»

Die Entwicklung des Durchschnittswertes der an der New Yorker Börse gehandelten Aktien:

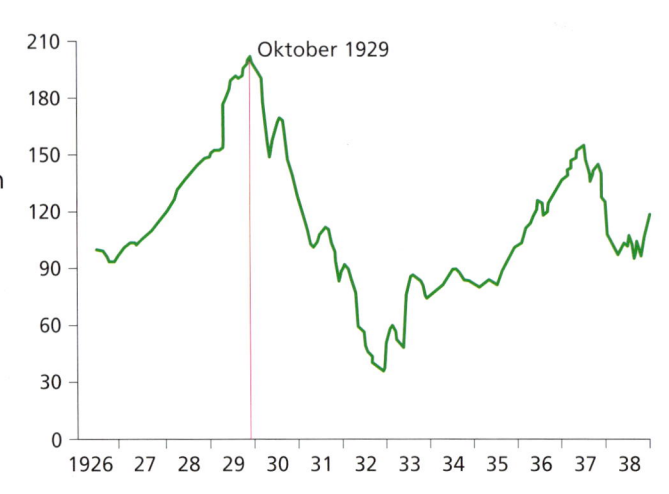

Vom Frieden in die Krise

Bankkrach in New York: erregtes Publikum vor der Trust Company of America in der Wall Street

Warum entstand die Panik unter den New Yorker Aktienhändlern? Viele hatten ihre Aktien mit Geld bezahlt, das sie von den Banken geliehen hatten. Da nun die Aktien ständig an Wert verloren, konnten sie diese Darlehen nicht mehr zurückzahlen. Viele mussten anderen Besitz verkaufen oder sogar den Konkurs anmelden.

Vom Börsenkrach zur Bankenkrise

Nun gerieten die Banken in Schwierigkeiten. Viele Kunden wurden unruhig und wollten oder mussten ihr Geld von ihrem Bankkonto oder Sparheft abheben. Weil aber die Banken ihr Geld von den Börsenspekulanten nicht zurückerhielten und zudem oft auch selbst an der Börse Verluste erlitten hatten, fiel ihnen die gewünschte Auszahlung schwer. Manche Bank schloss ihre Tore.

Von der Bankenkrise zur Industriekrise

Um die drängenden Kunden zu befriedigen, verlangten die Banken nun Darlehen (Kredite) zurück, die sie Unternehmern gewährt hatten. Die amerikanische Industrie hatte sich in den zwanziger Jahren stark entwickelt; 1929 produzierte sie 75 Prozent mehr als 1913. Die Amerikaner leisteten sich Kühlschränke, Autos, Radios und Einfamilienhäuser – oft allerdings auf Abzahlung. Die Konkurrenz zwischen den einzelnen Unternehmern war jedoch gross. Daher wurden die Preise so tief wie möglich gehalten. Viele Firmen konnten trotz eines guten Geschäftsgangs nur wenig ersparen und erweiterten ihren Betrieb vor allem durch Bankkredite. Als die Banken diese nun plötzlich zurückforderten, gerieten sie ebenfalls in Zahlungsschwierigkeiten.

Die Aktie – ein Wertpapier mit Risiko

Eine Aktie ist ein Besitzanteilschein an einem grösseren oder grossen Unternehmen. Erwirtschaftet ein Unternehmen einen Gewinn, so bezahlt es den Aktionären einen Gewinnanteil, die Dividende. Aktien können an den Börsen gekauft und verkauft werden. Dabei verändert sich der Preis (Kurs) der Aktien ständig. Nimmt man allgemein an, ein Unternehmen entwickle sich günstig und werde wohl regelmässig Dividenden zahlen können, beurteilt man zudem auch die allgemeine Wirtschaftslage positiv, dann steigt der Preis der Aktien. Sind die Prognosen dagegen ungünstig, so tritt ein Kurszerfall ein. Ein Besitzer von Aktien, deren Preis sinkt, erleidet einen Vermögensverlust.

Aktien werden nicht nur erworben, um regelmässig eine Dividende zu erhalten. Viele Leute kaufen Aktien in der Erwartung eines Kursanstiegs. Sie hoffen, zu einem späteren Zeitpunkt die Aktien zu einem höheren Preis verkaufen zu können und so einen Gewinn zu erzielen.

Ein «Börsenkrach», das heisst ein allgemeiner und rascher Kursrückgang, kann eintreten, wenn die Aktienkurse zuvor während längerer Zeit stark gestiegen sind und viele Aktionäre nun den Zeitpunkt für einen einträglichen Verkauf für gekommen halten. Sind nun plötzlich mehr Verkäufer da als Käufer, so sinken die Kurse. Dies bewegt wiederum weitere Aktionäre, ihre Aktien ebenfalls zum Verkauf anzubieten, wodurch die Kurse noch mehr sinken.

Aktienhandel an der Zürcher Börse vor Einführung des elektronischen Wertpapierhandels

43

Der Fall der Aktienkurse und die Konkurse vieler Börsenhändler, Banken und Unternehmen führten zu allgemeinem Pessimismus. Die Industriellen schränkten ihre Produktion ein. Sie verzichteten auf neue Maschinen und Fabriken: einerseits fehlte ihnen das Geld, anderseits hielten sie die Absatzmöglichkeiten für gering. Arbeiter und Angestellte wurden in Massen entlassen. Wer seine Stelle behielt, musste Lohneinbussen in Kauf nehmen. Arbeitslose waren aber schlechte Kunden; je mehr die Arbeitslosigkeit zunahm, desto mehr sanken die Produktion und der Verkauf der Waren. Auch die Preise sanken, doch nützte dies all jenen wenig, die gar kein Geld mehr hatten.

Von der amerikanischen Krise zur Weltwirtschaftskrise

Die Krise blieb nicht auf die Vereinigten Staaten beschränkt. Geriet die bedeutendste Wirtschaftsmacht der Welt – in den USA wurden damals 45 Prozent aller Industriegüter der Welt hergestellt – in Schwierigkeiten, so hatte dies auch für die übrigen Staaten Konsequenzen.

Aus einem Bericht der «Neuen Zürcher Zeitung» vom 29. Oktober 1929:

42 «Die ersten weltwirtschaftlichen Rückwirkungen der New Yorker Börsenkatastrophe sind mit unheimlicher Geschwindigkeit zutage getreten. Wall Street hatte das akute Stadium der Krise noch nicht einmal hinter sich, als schon Hunderte von Diamantenschleifern in Amsterdam sich von einem Tag auf den andern auf das Pflaster geworfen sahen … Ungefähr zur gleichen Zeit … liefen im schweizerischen Jura die Telegramme ein, die die üblichen hohen amerikanischen Aufträge bei unserer Uhrenindustrie beschnitten … Nicht weniger überraschend haben die New Yorker Ereignisse das Hotelgeschäft an der Riviera verdorben …»

Die wirtschaftliche Lage der europäischen Länder war schon vorher ungünstiger gewesen als in den USA. Vor allem in Grossbritannien und Deutschland bestand immer eine beträchtliche Arbeitslosigkeit. Die deutsche Wirtschaft hatte sich nach dem verlorenen Krieg und der katastrophalen Inflation vor allem mit Hilfe amerikanischer Darlehen wieder ein wenig entwickelt. Reserven für schlechtere Zeiten waren aber kaum vorhanden. Als nun die amerikanischen Geldgeber unter dem Druck der Krise diese Darlehen zurückforderten, gerieten viele Firmen und Stadtverwaltungen in grosse Zahlungsschwierigkeiten. Sehr rasch trat in Europa die gleiche Entwicklung wie in Amerika ein.

Aus dem Bericht des deutschen Konjunkturinstituts von Ende Februar 1930:

43 «Die Wirtschaftslage ist durch einen ausserordentlich hohen Stand der Arbeitslosigkeit gekennzeichnet. Die industrielle Produktion ist im Ganzen weiter zurückgegangen. Die Bautätigkeit ist beträchtlich eingeschränkt worden. Die schwierige Lage der Landwirtschaft hat sich noch verschärft … Die Wettbewerbsschwierigkeiten auf den Auslandmärkten haben zugenommen.»

In den Wintern 1931/1932 und 1932/1933 zählte man im Deutschen Reich über 6 Millionen Arbeitslose (Einwohnerzahl: 66 Millionen), in den Vereinigten Staaten zur gleichen Zeit 13 Millionen (Einwohnerzahl: 124 Millionen). Weitere Millionen leisteten Kurzarbeit. Zahlreiche Bauern und Gewerbetreibende standen wegen der sinkenden Preise und der geringen Kauflust vor dem Ruin.

Sehr stark betroffen wurden auch die südamerikanischen Staaten und die Kolonien in Afrika und Asien. Diese lebten von der Ausfuhr von Rohstoffen und Nahrungsmitteln. Die Krise in den Industriestaaten bewirkte, dass die Nachfrage nach solchen Gütern zurückging. Das führte zu einem Preiszusammenbruch. So deckte der Preis für brasilianischen Kaffee zeitweise nicht einmal mehr die Kosten des Transports nach Europa, so dass Schiffe und Dampflokomotiven mit Kaffee geheizt wurden.

Eine Zusammenarbeit zwischen den Staaten zur Lösung der Krise kam nicht zustande. Jeder versuchte, seine eigene Wirtschaft so gut wie möglich zu schützen, indem er Einfuhren verhinderte. Dies geschah vor allem durch die Erhöhung der Zölle. Daher ging der internationale Handel ganz besonders stark zurück.

Die Entwicklung der Arbeitslosigkeit:

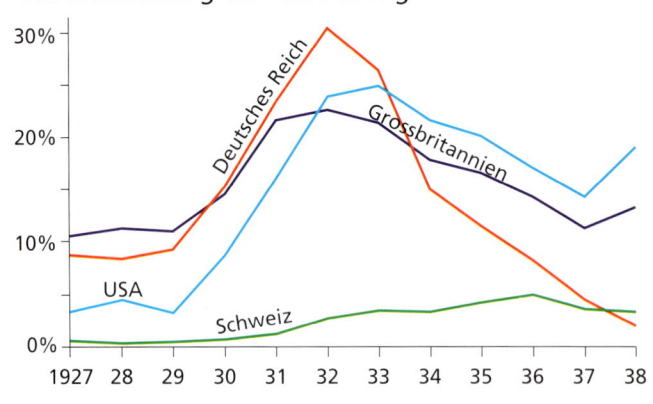

1. Die Arbeitslosigkeit war im Winter höher, im Sommer tiefer als im Jahresdurchschnitt.
2. Als arbeitslos werden Menschen bezeichnet, die sich um eine Arbeitsstelle bemühen und daher bei den Arbeitsämtern registriert sind. Nicht eingeschlossen sind Kinder, Hausfrauen, Rentner. Menschen, die mit der Zeit die Arbeitssuche aufgaben oder keine Unterstützung mehr bezogen (z. B. berufstätige Ehefrauen), sind meist statistisch nicht mehr erfasst. Die offiziellen Arbeitslosenzahlen sind also eher zu niedrig.
3. Die Menge der Arbeitslosen wird in Prozent der Erwerbstätigen wiedergegeben. Eine Arbeitslosigkeit von 30 Prozent bedeutet, dass auf zehn Arbeitstätige drei Arbeitslose kommen.

Die Schweiz in der Krise

Die überall wachsenden Handelsschranken trafen auch die Schweiz schwer. Als rohstoffarmes Land war sie auf Exportmöglichkeiten angewiesen. Der Rückgang der Nachfrage, die hohen Zölle und die relativ hohen Preise (der Schweizer Franken war im Verhältnis zu anderen Währungen «teuer») liessen

Vom Frieden in die Krise

die Ausfuhr schrumpfen und die Arbeitslosigkeit ansteigen. Auch die Bautätigkeit und der Tourismus gingen stark zurück. 1936 zählte man durchschnittlich 93 000 Arbeitslose (Einwohnerzahl: 4 Millionen).

Leben in der Krise

Die Krise liess viele Menschen verzweifeln; es schien kein Mittel gegen sie zu geben. Die Aussicht, Arbeit zu bekommen, war gering. Die Unterstützung der Arbeitslosen reichte kaum für das Allernötigste.

Aus einem Bericht des amerikanischen Journalisten Hubert Knickerbocker über die Lage der Arbeitslosen in Berlin (1932):

44 «Nach den Angaben des Arbeitsamtes in Berlin-Neukölln beträgt der Reichsdurchschnitt der Unterstützung, die ein beschäftigungsloser Arbeiter mit Frau und Kind bezieht, 51 Mark im Monat. Gemäss den Berechnungen dieser offiziellen Stelle kommen Miete, Beleuchtung, Beheizung und unvermeidliche Nebenausgaben auf ein Minimum von 32,50 Mark im Monat. Für die Ernährung dreier Menschen bleiben also 18,50 Mark im Monat übrig …
Auf Grund dieser Berechnung habe ich in meiner eigenen Küche die Tagesverpflegung einer Person ausgewogen. Das Rohmaterial für die drei Mahlzeiten findet auf einem Fleischteller bequem Platz. Es besteht aus sechs kleinen Kartoffeln, fünf mitteldicken Scheiben Brot, einem Stückchen Kohl, das ungefähr faustgross ist, und einem Stückchen Margarine von etwa 16 Kubikzentimetern. Das ist die Wochentagsration, und an drei Sonntagen im Monat kann jeder Erwachsene ausserdem noch einen Hering essen, während das Kind jeden Sonntag einen Hering essen und wohl täglich einen halben Liter Milch bekommen kann …»

Viele Menschen fragten sich, ob nicht die Wirtschafts- und Gesellschaftsordnung geändert werden müsse, um bessere Lebensbedingungen zu schaffen.

Aus einer Rede des deutschen Reichskanzlers Heinrich Brüning (1932):

45 «Sechs Millionen Arbeitslose, deren Geschick die gleiche Zahl von Angehörigen trifft, also rund ein Fünftel unseres Volkes! Unter diesen sechs Millionen Arbeitslosen zwei Millionen unter 25 Jahren. Von diesen zwei Millionen ist eine Million unter 21 Jahren. Eine Million junger Menschen also, die das Leben vor sich haben, ohne eine Arbeitsstätte zu finden … Wundert Sie, dass in den Herzen und Sinnen dieser Million Jugendlicher ein Radikalismus aufquillt, der nur vom Untergang und von der Zerschlagung alles Bestehenden Besserung erwartet und auf ihn seine Hoffnungen setzt?»

1 Überproduktion: Zwei holländische Bauern sitzen inmitten unverkäuflicher Kartoffeln.
2 Arbeitslose beim Stempeln im Zürcher Arbeitsamt
3 Versteigerung eines Bauernhofes in Buttisholz LU, 1934
4 «Hungermarsch» von Arbeitslosen aus Nordfrankreich in Paris

Kernthema 1:

So könnte es gewesen sein – die Story der Weltwirtschaftskrise:

46

Vom Frieden in die Krise

Kernthema 1: Vom Frieden in die Krise

Die wesentlichen Merkmale der Weltwirtschaftskrise:

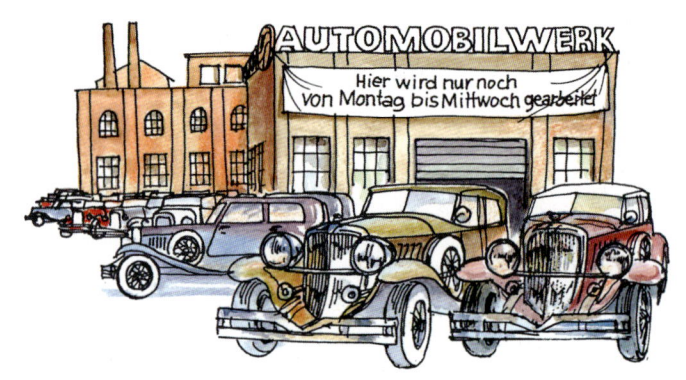

Produktionsüberschüsse und Produktionsrückgang

Zunahme der Handelsschranken

Arbeitslosigkeit

Sinkende Löhne, sinkende Preise

Betriebsschliessungen, Konkurse

Das Wichtigste in Kürze:
Die meisten Staaten der Welt befanden sich in den Dreissigerjahren in einer schweren wirtschaftlichen Krise. Produktion und Handel gingen zurück, Preise und Löhne sanken. Die Arbeitslosigkeit war gross, die Lage der Arbeitslosen schwierig. Eine Zusammenarbeit der Staaten zur Bewältigung der Krise fand nicht statt.

🦉

1. Warum kauft man Aktien?
2. Warum schränkten die Industriellen in der Weltwirtschaftskrise ihre Produktion ein?
3. Wie wirkte sich die Weltwirtschaftskrise für die Bevölkerung aus?
4. Wie machte sich die Weltwirtschaftskrise in der Schweiz bemerkbar?
5. Wie reagierten die Menschen, die von der Krise betroffen wurden? Wurde ihre politische Einstellung dadurch beeinflusst?

🦉🦉

6. Worin lagen die Gründe der Krise? Könnte deiner Meinung nach eine solche Krise auch heute wieder eintreten?
7. Sind derartige Krisen in unserer Wirtschaftsordnung unvermeidlich? Kann man etwas gegen sie unternehmen?

Kernthema 2:

Aus der Krise in die Diktatur: die faschistischen Bewegungen

Was heisst Faschismus?

Menschen in Krisen – wer löst die Probleme?

Die Menschen der Zwischenkriegszeit waren mit mancherlei unzufrieden. Viele haderten mit dem Ausgang des Ersten Weltkrieges und seinen Folgen. Manche beobachteten misstrauisch die Entwicklungen in der Wirtschaft und in der Gesellschaft: Der eine schimpfte über die Warenhäuser, welche die kleinen Läden verdrängten, der andere über die verrückten abstrakten Maler und die Negermusik aus Amerika, der dritte über die Jugend und die zunehmende Selbstständigkeit der Frauen. Andere, vor allem Jüngere, klagten über das Gegenteil: Nichts bewege sich, die Politiker würden leeres Stroh dreschen und sorgten sich nur um ihre Pöstchen, aber nicht um die Zukunft. Vor allem aber litten sehr viele unter der Weltwirtschaftskrise: Arbeiter und Angestellte waren arbeitslos oder bangten um ihre Stelle, Bauern und Gewerbetreibende fürchteten den finanziellen Zusammenbruch.

Viele Menschen führten all diese Mängel und Nöte auf die bestehende wirtschaftliche und gesellschaftliche Ordnung zurück: Die kapitalistische Wirtschaft, in der jeder mit seinem Eigentum machen konnte, was er wollte, habe zu den sozialen Gegensätzen und zur Krise geführt! Die Demokratie, seit dem Ersten Weltkrieg in fast allen Staaten die übliche Staatsform, werde mit den Problemen nicht fertig! Manche wandten sich der kommunistischen Bewegung zu, die seit langem eine ganz andere Wirtschafts- und Staatsorganisation forderte und diese in der Sowjetunion bereits durchgesetzt hatte. Viele andere aber fürchteten, der Kommunismus würde ihnen noch ihr letztes Hab und Gut wegnehmen und sie schliesslich unter die sowjetische Vorherrschaft führen. Sie schlossen sich daher Protestgruppen an, die einerseits die bestehende demokratische Ordnung überwinden wollten, anderseits auch die kommunistischen Bestrebungen erbittert bekämpften: den **faschistischen Bewegungen**.

Der Faschismus entsteht

Als «faschistisch» bezeichnete sich zuerst eine von **Benito Mussolini** gegründete Partei in Italien. Der Name geht auf die Rutenbündel zurück (lateinisch: fasces; italienisch: fasci; siehe Bild), welche die Wächter der altrömischen hohen Beamten trugen. Wie diese Rutenbündel wollten die Faschisten zusammenhalten, wie die römischen Beamten-

Mussolini spricht vom Palazzo Venezia in Rom aus zum Volk. Unter ihm und zu seiner Seite die Symbole des Faschismus, die altrömischen Rutenbündel.

wächter wollten sie ihre Feinde mit allen Mitteln bekämpfen, um schliesslich Italien dem Glanz und der Grösse des alten Römerreiches entgegenzuführen. Weil der Faschismus in Italien sehr rasch zum Erfolg gelangte, bezeichnet man heute auch zahlreiche Bewegungen in andern Staaten, die ähnliche Ziele verfolgten und ähnliche Mittel anwandten, als «faschistisch». Allerdings hatten diese von Land zu Land andere Namen und betonten ihre Eigenständigkeit. Die wichtigste unter diesen wesensverwandten Organisationen war die Nationalsozialistische Deutsche Arbeiterpartei (NSDAP) unter der Führung **Adolf Hitlers**. Die Programme dieser «faschistischen» Parteien waren nicht überall gleich und häufig auch nicht sehr klar. Trotzdem kann man gemeinsame Merkmale erkennen:

Merkmale des Faschismus

- Die Faschisten lehnten die demokratische Staatsform ab. Ein **allmächtiger Führer**, dem das Volk in Kundgebungen immer wieder das Vertrauen schenkte, sollte den Staat lenken. Er sollte jeden einzelnen Bürger nach seinen Fähigkeiten einsetzen und ihm die dazu nötigen Rechte und Pflichten einräumen. Die Idee der Gleichwertigkeit aller Menschen wurde abgelehnt.
- Die Faschisten bekämpften die liberale Auffassung, jeder Mensch solle vor allem sein persönliches Glück anstreben. Für sie hatte der Einzelne nur als Glied des Staates, der Nation eine Existenzberechtigung. **Einordnung** war wichtiger als persönliche Freiheit. Die Faschisten liebten Uniformen und Massenkundgebungen in militärisch auftretenden Formationen.
- Für die Faschisten war Politik in Vergangenheit und Gegenwart **Kampf der Nationen** um Existenz und Grösse. Staaten, in denen jeder Bürger seine eigenen Wege ging, hatten in diesem Überlebenskampf auf die Dauer keine Chance. Jene Staaten aber, deren Bürger sich bedingungslos einordneten und einsetzten, stiegen zur Gross-, ja Weltmacht auf oder erkämpften sich mindestens einen Platz an der Sonne.
- **Krieg** als Mittel der Politik war erlaubt, ja erwünscht. Viele andere hatten aus dem Ersten Weltkrieg den Schluss gezogen, man müsse Kriege unbedingt vermeiden. Die Faschisten fanden dagegen, erst im Krieg zeigten sich die wahren Qualitäten der Menschen. Der Tod im Kampf für die Nation war die höchste Vollendung des Lebens. Die Faschisten liebten daher prunkvolle Gedenkfeiern für jene, die für die faschistische Partei oder das Vaterland gefallen waren.
- Alles, was die **Grösse der eigenen Nation** in Frage stellte, musste bekämpft werden. Das galt einerseits für internationale Organisationen, welche die Selbständigkeit der Staaten einschränken wollten. Es galt anderseits für die sozialistischen und kommunistischen Bewegungen, welche die Arbeiter zum Klassenkampf anstifteten, Unfrieden in die Nation trugen und von der internationalen Solidarität der Arbeiter mehr hielten als vom eigenen Vaterland. Die Faschisten glaubten, der Gegensatz zwischen Arbeitgebern und Arbeitnehmern könne geschlichtet werden, wenn sich beide Seiten ganz dem Staatsinteresse unterordneten.

Die Faschisten priesen gerne die Vorzüge und Fähigkeiten des eigenen Volkes und stellten dessen glorreiche Geschichte in den Vordergrund. Noch weiter ging **Adolf Hitler**, der versuchte, die Einmaligkeit des deutschen Volkes biologisch, durch eine «Rassenlehre» zu begründen:

- Jeder Mensch, jedes Volk gehört einer bestimmten Menschenrasse an. Je nach den Fähigkeiten ihrer Angehörigen ist eine Rasse mehr oder weniger wertvoll. An der Spitze der «Rassenrangliste» steht die «nordische Rasse» (gekennzeichnet durch blonde Haare, blaue Augen, lange

1 Faschistische Propaganda: der Faschismus als Retter
2 Blatt zur Erinnerung an die Schulzeit aus der Zeit der nationalsozialistischen Herrschaft

Aus der Krise in die Diktatur: die faschistischen Bewegungen

Schädel, schlanken und hohen Wuchs), deren wichtigster Teil das deutsche Volk ist. Zuunterst stehen die Juden, die als Schmarotzer alle Völker, besonders die nordischen, heimsuchen, sich von ihnen ernähren und schliesslich ihren Untergang bewirken. Von solchen «Parasiten» muss man sich befreien, wenn man nicht untergehen will.

Diese Einstellung gegenüber den Juden nennt man **Antisemitismus** (die hebräische Sprache gehört der semitischen Sprachfamilie an). Hitlers Theorie war völlig unwissenschaftlich. Dennoch sollte sie die grösste Judenverfolgung und -vernichtung der Geschichte auslösen. Allerdings übernahmen nicht alle faschistischen Bewegungen die «Rassenlehre». Auch in der Einstellung zu den **christlichen Kirchen** verhielten sie sich unterschiedlich: Während die Nationalsozialisten diese im Wesentlichen bekämpften, suchte etwa Mussolini ein gutes Verhältnis zum Papst.

Eine Zusammenarbeit zwischen den faschistischen Bewegungen in den verschiedenen Staaten gab es kaum, weil jede das eigene Volk für das Grösste hielt und auch in einem faschistischen Nachbarland letztlich den Gegner sehen musste.

Die Zwischenkriegszeit wurde zu einer Zeit der Krise der demokratischen Staatsform. Viele Staaten gingen zur Diktatur oder doch zu einer «autoritären» Staatsform über, in welcher das Volk wenig zu sagen hatte. Zum Teil erfolgte der Umsturz durch faschistische Bewegungen, zum Teil übernahmen ehrgeizige Politiker oder Generäle die Macht und organisierten danach zur Abstützung ihrer Herrschaft eine mehr oder weniger faschistische Partei. Oft ging dem Übergang zur Diktatur eine Zeit der Unordnung voraus, in welcher die Demokratie nicht mehr gut funktionierte.

1 Faschismus in Grossbritannien: Aufmarsch der British Union of Fascists, im Vordergrund ihr Führer Oswald Mosley
2 Faschismus in Deutschland: Vorbeimarsch der nationalsozialistischen Sturmabteilungen (SA), 1931
3 Faschismus in Österreich: Formationen der «Heimwehr» auf dem Heldenplatz in Wien
4 Faschismus in Belgien: Aufmarsch der «Rex»-Bewegung in Brüssel (1936)
5 Faschismus in Frankreich: Marsch des Parti Populaire Français über die Champs-Elysées in Paris (1943)

Kernthema 2:

Was zieht die Menschen zum Faschismus?

Ständig diese Regierungswechsel!

Und das soll Kunst sein!

Diese Jugend – völlig weich geworden!

Unsereins bleibt nur die Pleite!

Was haben *die* eigentlich bei uns zu suchen?

Damals wurden wir noch gebraucht!

Je mehr Zeitungen, desto mehr Streit!

Mit *diesen* Grenzen hat unser Land keine Zukunft!

Ich muss wohl froh sein, wenn ich irgendeine Arbeit finde!

Das Parlament – diese Schwatzbude!

Diese Arbeitskämpfe – das sollte doch aufhören…

Das schadet unserem Volk nur!

Wir haben kein Vaterland.

Die Internationale kämpft für das Menschenrecht.

So geht es nicht weiter…

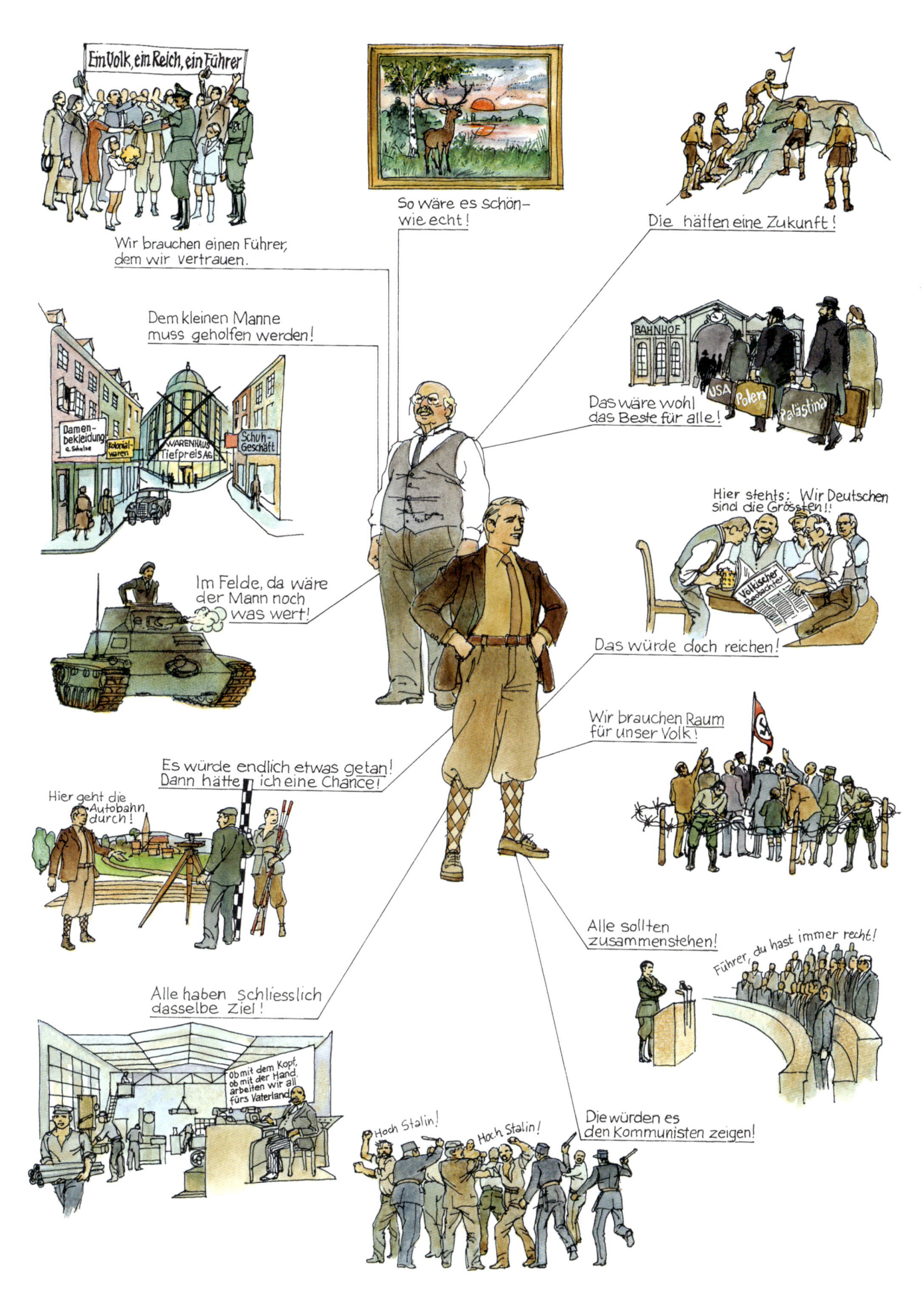

Aus der Krise in die Diktatur: die faschistischen Bewegungen

Wir brauchen einen Führer, dem wir vertrauen.

So wäre es schön – wie echt!

Die hätten eine Zukunft!

Dem kleinen Manne muss geholfen werden!

Das wäre wohl das Beste für alle!

Hier steht's: Wir Deutschen sind die Grössten!!

Im Felde, da wäre der Mann noch was wert!

Das würde doch reichen!

Wir brauchen Raum für unser Volk!

Hier geht die Autobahn durch!

Es würde endlich etwas getan! Dann hätte ich eine Chance!

Alle sollten zusammenstehen!

Führer, du hast immer recht!

Alle haben schliesslich dasselbe Ziel!

Ob mit dem Kopf, ob mit der Hand, arbeiten wir all fürs Vaterland.

Hoch Stalin! Hoch Stalin!

Die würden es den Kommunisten zeigen!

… nur der Faschismus bringt die Rettung!

53

Die Regierung Mussolini.

*** Rom, 30. Okt.**

Während ich diese Zeilen schreibe, erklettern die Scheiben von dem Getrotter in rasender Eile vorbeifausenden Autos und Camions, auf welchen zu malerischen Gruppen aufgetürmt, die Gewehre quer über den Knien, die dreieckigen Farbenzinken des Gagliardetti im Wind flattern lassend, die siegreichen Faszisten in Rom einziehen. Der Zug nach Rom ist dank der Kapitulation des Königs vor den Drohungen Mussolinis zu einem mühelosen Triumphzug geworden.

Wir haben also nicht ein neues Ministerium, sondern das auf revolutionärer Basis ruhende faszistische Regierung, oder vielmehr die Diktatur Mussolini, hinter dessen überragender Persönlichkeit alle übrigen Führer des Faszismus zurücktreten, denn wenn sich der Faszismus der Staatsgewalt auf illegalen Wege bemächtigt hat, so verfügt Mussolini innerhalb des Faszismus als oberste Spitze einer militärischen Hierarchie über eine absolute Gewalt. Dazu kommt das gewaltige persönliche Prestige, das Mussolini besitzt, nicht nur bei seinen Anhängern, sondern in ganz Italien dank seiner Energie und großartigen Organisationsfähigkeit, dem auch der Ausländer seine Bewunderung nicht versagen kann. Denn innerhalb zweier Jahre die gewaltige Organisation des Faszismus zu errichten und auszubauen, sie zu einem auf den geringsten Druck sicher funktionierenden Mechanismus zu gestalten und sie dann zum Sieg zu führen, ist trotz dem geringfügigen Widerstande des wurmstichigen parlamentarischen Regimes und trotz dem wohlvorbereiteten Boden, auf den die Saat fiel, ein Werk, das in der Geschichte Italiens, dieses jeder Disziplin refraktären Landes, einzig dasteht.

Schwere Wirren in Spanien

Erfolg der Militärrevolte in Marokko — Aufstände in zahlreichen Städten des Mutterlandes

Die Lage in Spanien bleibt unübersichtlich. Es steht fest, daß sich in ganz Spanisch-Marokko die Truppen gegen die Regierung erhoben haben. General Franco, der Führer des sozialistischen Aufstandes, vom Oktober 1934 hervorgeholt hatte...

General Sebastian Pozas, befehl. der Gemäßigten Republikaner, Felipe Sandez Roman, der als Staatsminister genannt war, bildet sein Kabinett ausgenommen. Augusta Barcia gehört gleichfalls dem Kabinett an.

Bewaffnung der Arbeiterschaft

Regierungsaufruf zum Bürgerkrieg

Madrid, 19. Juli. ag (Havas) Das Innenministerium ließ in einem Rundspruch mitteilen...

Die Persönlichkeit Pilsudskis.

Daß Pilsudski die Hauptrolle in Polen spielte, war...

Staatsstreich Pilsudskis in Polen.

Warschau, 12. Mai. (Tel. d. "United Press")

Im Polen ist eine Militärrevolte ausgebrochen. An der Spitze der meuternden Truppen steht Marschall Pilsudski, der gegen die Regierung Witos marschiert. Die Regierung Witos verschanzte sich in Warschau, das gleichfalls von der Revolte betroffen ist...

Pilsudski in Polen.

Warschau. Der Führer der meuternden Soldaten, Marschall Pilsudski hat an den Präsidenten der Republik einen Befehl erlassen, in dem er fordert, daß die Regierung demissioniere und sich den friedliebenden Elementen unterstelle...

Belgrad, 6. Jan. (Avala.) Das Amtsblatt veröffentlicht ein Gesetz des Königs über die oberste Staatsverwaltung, das der Minister des Innern, Dr. Ujunewitsch, in Gegenwart des Ministerpräsidenten Ladinowitsch...

Das neue Kabinett

Ministerpräsident: Uzunewitsch, Minister des Innern und interimistisch Minister für Handel und Gewerbe. Außenministerium: Dr. Morawitsch, früherer Minister in Rom. Kriegs- und Marineministerium: General Hadzitsch. Unterricht: Popowitsch, früherer Minister in Wien. Verkehr: Dr. Krulj, früherer Minister in Prag. Finanzen: Dr. Schwrlligga. Soziales: Wlajewitsch. Landwirtschaft: Dr. Kumanudi. Post und Telegraph: Sporawitsch. Handel und Gewerbe: Unbesetzt. Bauten: Unbesetzt.

Die neue Regierung ist bereits vereidigt worden.

Hitler ist Reichskanzler

Ein Kabinett der "Harzburger Front"

Berlin, 30. Jan. (Tel. unseres O.-Korr.) Am Montag kurz nach der Mittagsstunde hat Reichspräsident von Hindenburg dem Vorschlage von Papens, Hitler zum Reichskanzler zu ernennen, zugestimmt und sein Einverständnis mit der folgenden Zusammensetzung der neuen Regierung erklärt:

von Papen: Stellvertreter des Reichskanzlers und Reichskommissar für Preußen.

Freiherr von Neurath: Reichsaußenminister.

Dr. Frid, Staatsminister a. D.: Reichsinnenminister.

Generalleutnant Freiherr von Blomberg: Reichswehrminister.

Graf Schwerin von Krosigt: Reichsfinanzminister.

Dr. Hugenberg: Reichswirtschaftsminister und Reichsminister für Ernährung und Landwirtschaft.

Franz Seldte: Reichsarbeitsminister

Freiherr Elz zu Rübenach: Reichspostminister und Reichsverkehrsminister.

Reichstagspräsident Goering: Reichsminister ohne Geschäftsbereich und Reichskommissar für den Luftverkehr. Goering wurde gleichzeitig mit der Wahrnehmung der Geschäfte des preußischen Innenministers betraut.

Dr. Gereke: Reichskommissar für Arbeitsbeschaffung.

Das Justizministerium bleibt vorläufig offen.

Reichskanzler Hitler wird heute Verhandlungen mit dem Zentrum und der Bayrischen Volkspartei aufnehmen. Das neue Kabinett tritt zu seiner ersten Sitzung heute um 17 Uhr zusammen.

Es handelt sich um eine Regierung Hitler-Papen-Hugenberg, die also auf der Koalition der Nationalsozialisten und Deutschnationalen beruht und zugleich auf die Absicht Hindenburgs deutet, durch die Einbeziehung seines persönlichen Vertrauensmannes, von Papen, des "homo regius", mit präsidialen Direktiven auf den Regierungskurs Einfluß zu nehmen. Man steht also einer ganz neuen Kombination von Elementen einer parlamentarischen und einer autoritären Regierung gegenüber.

Welcher von diesen Ansätzen sich stärker entwickeln wird, hängt zunächst von den Verhandlungen mit dem Zentrum ab, die zur Stunde noch weitergeführt werden. Die Konstituierung des neuen Kabinetts wäre aber kaum so rasch zustande gekommen, wenn nicht gewisse Aussichten auf Tolerierung durch das Zentrum vorhanden wären, das damit von der Möglichkeit parlamentarischer Kontrolle zu verhalten, was zu retten ist. Ob der Regierung Hitler äußere Vollmachten zugesichert hat, ist nicht bekannt.

Hugenberg vereinigt auf sich die beiden wirtschaftlichen Ministerien, die unter der Braun verteilt waren, auf die beiden Antipoden weites Feld, um zu zeigen wie er als eingestellter Politiker sich ist sozialistischen Teil auseinanderzusetzen gedenkt. Seldtes in die Regierung helm" ist die neue Die Uebernahme des Kabinett Schleicher...

Die "kleine Diktatur" in Oesterreich

Wien, 8. März. (Tel. unseres O.-Korr.) Der österreichische Ministerrat, der am Dienstag mehrfach angekündigt wurde, hat endlich (wie bereits jeder Mitteilung) heute nachmittag um 5 Uhr stattgefunden. Im Sinne der innerpolitischen Entwicklung... hat das Parlament einen Schrittvor-...bekannt der Bundeskanzler Dollfuß der präsidiale Bundeskanzler Witlas seine Demission angeboten... des Parlamentsvorsitzes feststehend. Er interpretierte sie als Demission des Nationalrats in der "Reichspost" betitelte Leitartikel einen "neuen Aufbruch" und bezeichnet als "Tat-...

...Die clerofaschistische Interpretation der österreichischen Verfassung den Diktaturen Mussolinis, sympathische Hinweise mehrfach auf die Tatsache hingewiesen... und zwei. Man ersah daraus, daß sie in Parlamentsmitten feststellt und angeborenen nicht bloß im Sinne der gestern im Nationalrates in Aufhebung, den drittletzten Januar-...

Der Umsturz in Litauen

Riga, 17. Dez. ag (Letta.) Durch den Staatsstreich kam die volle Macht in die Hände der provisorischen Militärregierung, die in ganz Litauen den Kriegszustand ausrief und den ehemaligen Präsidenten der Republik Smetona, eingeladen hat, die Funktion des Staatsoberhauptes zu übernehmen. Smetona hat angenommen. Präsident Grinius wurde im Schloß eingesperrt. Alle Minister wurden verhaftet. Oberst Grigaitis Glocadis, der Führer der litauischen "Faszistenorganisation", wurde zum Kommandanten der Hauptstadt ernannt. Bei dem Staatsstreich wurde kein Blut vergossen. Gegenwärtig herrscht überall Ruhe.

Riga, 17. Dez. (Havas.) Aus Kowno wird gemeldet, daß der militärische Staatsstreich, der zum Sturz der Regierung führte, die Folge der Erbitterung über die Politik der gestürzten Regierung gegenüber Sowjetrußland ist. Ueber Kowno wurde der Belagerungszustand verhängt. Am Morgen wurden in den Straßen von Kowno Plakate angeschlagen, in denen die gestürzte Regierung beschuldigt wird, sie habe das Land an den ausländischen Bolschewisten verkauft. Deshalb habe die litauische Armee die Leitung des Landes in die Hand genommen.

Politischer Umschwung in Bulgarien

Autoritäres Regime des Königs Boris

Sofia, 19. Mai. ag (Havas.) Am Freitag abend gab der König Simon Gjorgjew und ein Dekret, in welchem er sein Vertrauen zu...

Die Lage in Lettland

Riga, 16. Mai. ag (Leta) Der Innenminister ein vorübergehendes Verbot aller Versammlungen und Kundgebungen Die Militärbehörden übernahmen unter Leitung des Oberkommandierenden von Riga, General Berkis, die Verantwortung für die Aufrechterhaltung der Ordnung. Truppenabteilungen bewachten seit Mitternacht die Regierungsgebäude. Sie trafen nirgends auf Widerstand. Es wurden Verhaftungen vorgenommen; darunter sich rechtsradikale Elemente, so wie mehrere Sozialdemokraten...

Ausführung des Generalstreiks des bewaffneten Widerstandes... Gewalt zu verhindern. In der...und Präsidenten der letti-...

Die "Diktatur" in Griechenland

Vor einigen Tagen hat der griechische Ministerpräsident General Metaras mit Zustimmung des Königs in Griechenland den Kriegszustand verhängt und das Parlament aufgelöst. Neuwahlen wurden nicht angesetzt, so daß Metaras auf unbestimmte Zeit gewissermaßen als Diktator Griechenlands angesehen werden kann. Die Errichtung einer Diktatur im üblichen Sinne hätte weder den Absichten...

Ausland.

Der Umsturz in Portugal.

Lissabon, 1. Juni. ag (United Pr.) Offiziell wird mitgeteilt, daß der Präsident der Republik von seinem Amt zurücktritt...

Lissabon, 1. Juni. ag (Havas.) Die Führer der Militärrevolution haben dem Staatschef den Wunsch geäußert, daß die Regierung schließlich aus Männern gebildet werde, die außerhalb der politischen Parteien stehen, da die...

...Reval, 13. März. ag (DNB) Die Regierung hat am Montagabend in einem überraschenden Schlag die öffentlichen Freiheit...sämtliche...verbände in Estland.

Kernthema 2: **Aus der Krise in die Diktatur: die faschistischen Bewegungen**

Das Wichtigste in Kürze:
Die faschistischen Bewegungen forderten eine straffe, auf einen Führer ausgerichtete Staatsordnung. Sinn des Lebens war für jeden der totale Einsatz für die Grösse der eigenen Nation. Sowohl die demokratische Staatsform wie auch die sozialistischen und kommunistischen Bestrebungen wurden abgelehnt und bekämpft. Die wichtigsten faschistischen Bewegungen waren die Faschistische Partei Mussolinis in Italien und die Nationalsozialistische Partei Hitlers in Deutschland. Diese war extrem judenfeindlich eingestellt.

Zeitungsausschnitte links: unruhige Zeiten

1 Warum waren viele Menschen in der Zwischenkriegszeit unzufrieden?
2 Welche Merkmale hatten die faschistischen Bewegungen der verschiedenen Länder gemeinsam?
3 Erkläre den Begriff «Antisemitismus».
4 Weshalb arbeiteten die verschiedenen faschistischen Bewegungen Europas kaum zusammen?
5 Wie hiessen die Führer der faschistischen Parteien in Italien und Deutschland?

6 Welche Menschen sind deiner Meinung nach besonders empfänglich für faschistische Ideen? Könnten faschistische Ideen auch heute wieder Anklang finden?
7 Worin siehst du die Ursachen des Antisemitismus? Kommt diese Einstellung auch heute noch vor?

Italien 1922:
die Faschisten ergreifen die Macht

Italien in der Krise

Italien befand sich nach dem Ersten Weltkrieg in grossen Schwierigkeiten. Die Industrie war noch weniger entwickelt als in West- und Mitteleuropa, die Arbeiterlöhne waren niedrig. Auf dem Land spielten in weiten Gebieten Grossgrundbesitzer die massgebende Rolle. Die nur zeitweise beschäftigten Landarbeiter, aber auch viele Pächter waren von ihnen abhängig. Die sozialen Gegensätze waren krass.

Politisch schien sich Italien auf dem Weg zur Demokratie zu befinden. Zwar stand an der Spitze ein König. Die von ihm eingesetzte Regierung brauchte jedoch eine Mehrheit im Parlament. Seit 1912 war fast jeder männliche Italiener wahlberechtigt. Während die Politik vorher die Sache der besser gestellten Bevölkerungskreise gewesen war, kümmerten sich nun zwei Parteien um die Anliegen der einfachen Volksmassen: die Sozialistische Partei (von der sich 1921 die Kommunisten abspalteten) und die Katholische Volkspartei (nach dem Zweiten Weltkrieg: Christlich-Demokratische Partei). Bei den Wahlen erzielten sie grosse Erfolge.

Der politische Kampf spielte sich jedoch nicht nur im Parlament ab. Auf dem Land entstanden Landarbeiterbünde. Diese verlangten von den Grundbesitzern Minimallöhne, regelmässige Beschäftigung und Verzicht auf Entlassungen. Wer sich den Forderungen nicht unterwarf, wurde bestreikt. Zum Teil wurden auch Ländereien der Grossgrundbesitzer, die nicht bebaut wurden, besetzt. In den Städten kam es häufig zu Streiks und Fabrikbesetzungen. So zählte man 1920 im ganzen Land 2000 Streiks mit 2 Millionen Beteiligten; allein im September wurden 120 Fabriken besetzt gehalten. Tatsächlich gestanden die Unternehmer Lohnverbesserungen zu; allerdings trat gleichzeitig auch eine Teuerung ein.

Mussolini – Retter in der Not?

Viele Grundbesitzer, Unternehmer und Angehörige des Mittelstandes hatten den Eindruck, unmittelbar vor der Zerstörung des Staates und vor einer Revolution zu stehen. Daher freuten sie sich über die Entstehung antisozialistischer Kampfbünde, der **fasci di combattimento** (Faschisten).
Deren Führer war Benito Mussolini (1883–1945). Er stammte aus einfachen Verhältnissen, war Redaktor einer sozialistischen Zeitung gewesen und hatte dann im Ersten Weltkrieg gekämpft. Seine hervorstechendsten Eigenschaften waren seine Gabe, in Reden seine Zuhörer mit einfachen, aber wirkungsvollen Schlagworten für sich einzunehmen, und sein Streben nach Macht.

Über den Verlauf einer faschistischen Volksversammlung in Mailand (3. Mai 1921):

Mussolini: «Man spricht viel von der faschistischen Gewalttätigkeit. Wohlan, wir verleugnen sie nicht ... Und solange es notwendig sein wird, werden wir weiterhin die Schädel unserer Gegner mehr oder weniger sanft streicheln, das heisst, bis die Wahrheit in ihre Hirne eingedrungen ist ... Das aussenpolitische Programm des Faschismus besteht in einem einzigen Wort: Expansionismus... Das Problem Südtirol wird diskutiert (die Zuteilung Südtirols an Italien nach dem Ersten Weltkrieg war vielerorts umstritten). Aber sagt mir, Mailänder, sind

55

wir nicht durch unermessliche Opfer und durch unser gutes Recht bis an den Brenner gelangt?»

Die Menge: «Und da bleiben wir!»

Mussolini: «Wir wollen unser Evangelium in alle Länder der Welt tragen, wo immer Italiener leben; wir wollen alle unsere entfernten Brüder an unserem Leben, dem Leben einer grossen Nation teilnehmen lassen, wir wollen in ihnen wieder den Stolz entstehen lassen, Italiener zu sein … Ins Parlament wird eine Gruppe von Faschisten gehen …, und diese werden den Sozialisten des ganzen zoologischen Gartens (das heisst des Parlaments) sagen: Wenn ihr versucht, unsere Arbeit und die Arbeit der Nation zu sabotieren, dann werden wir euch hier und anderswo auf faschistische Weise die Knochen zerbrechen. Wir sind die Vorhut der Nation …»

(Frenetischer Beifallslärm. Die Menge drängt sich an den Lastwagen, auf dem Mussolini steht, die vordersten Zuhörer umarmen ihn. Feuerwerkskörper zischen, bengalisches Feuer blitzt auf, überall wird «Evviva» und «Alalà» gerufen …)

Mussolini: der Weg zur Macht

Die faschistischen Bünde Mussolinis bestanden vor allem aus ehemaligen Soldaten und Studenten. Diese Leute hatten das Gefühl, Italien sei an den Pariser Friedensverträgen um die Früchte des Siegs betrogen worden und drohe jetzt im Strudel der Partei- und Arbeitskämpfe ganz unterzugehen. Einheitlich in schwarze Hemden gekleidet, gingen sie daran, die Sozialisten, die Katholische Volkspartei und die Organisationen der Arbeiter zu bekämpfen.

Aus dem Bericht des Faschisten Italo Balbo über die Kampftätigkeit der Faschisten in Ravenna (Sommer 1922):

47 «Heute Nacht führten die Abteilungen die Zerstörung der Gebäude des Provinzverbandes der sozialistischen Genossenschaften durch… Das alte Haus… ist vollständig zerstört… Leider duldet der Bürgerkrieg keine Halbheiten. Alle Tage setzen wir das Leben aufs Spiel… Unser höchstes Ziel ist die Rettung des Vaterlandes. Wir haben dieses Unternehmen mit dem gleichen Geist durchgeführt, mit dem man im Krieg die Depots des Feindes zerstört. Das Feuer des grossen Gebäudes warf einen Unheil verkündenden Lichtschein in die Nacht …»

(Im Anschluss daran setzt sich die Gruppe in den Besitz von Lastwagen:)

«Fast ununterbrochen 24 Stunden Fahrt, und während derselben hat niemand von uns sich auch nur einen Augenblick ausgeruht noch etwas gegessen. Wir fuhren… durch alle Städte und Dörfer der Provinzen Forlì und Ravenna und zerstörten und verbrannten alle Häuser der Roten, die Spitzen der sozialistischen und kommunistischen Organisationen … Unser Weg war gekennzeichnet durch hohe Feuer- und Rauchsäulen.»

Der Zulauf zu Mussolinis Organisation (ab 1921: Faschistische Partei Italiens) war beträchtlich. Ende

Benito Mussolini als Redner

1920 betrug die Mitgliederzahl 21 000, Ende 1921 220 000, Mitte 1922 320 000. Jedoch hatte er bei weitem keine Mehrheit im Volk hinter sich; bei den Wahlen von 1921 gewannen die Faschisten von über 500 Parlamentssitzen nur deren 35. An Kampfkraft und an der Bereitschaft, hemmungslos Gewalt anzuwenden, waren die Faschisten ihren Gegnern aber überlegen. Hinzu kam, dass sie bei vielen Vertretern der Regierung, der Polizei, der Armee, der Industrie und der Grossgrundbesitzer beträchtliche Sympathien genossen. Oft schritt die Polizei gegen faschistische Aktionen gar nicht oder viel zu spät ein. Viele sahen in den Faschisten ein nützliches Werkzeug, um die Arbeiterbewegung niederzuwerfen und die alte Ordnung wiederherzustellen.

Im Oktober 1922 befanden sich bereits weite Teile Italiens unter der Kontrolle der Faschisten. Nun forderte Mussolini den König auf, ihn zum Ministerpräsidenten zu ernennen. 30 000 Faschisten wurden an drei Orten in der Umgebung Roms versammelt, um nötigenfalls in die Stadt einzumarschieren («Marsch auf Rom»). Nur mit der Armee hätten der König und sein bisheriger Ministerpräsident dies verhindern können. Sie riskierten es nicht, weil die Armee nicht zuverlässig genug

Aus der Krise in die Diktatur: die faschistischen Bewegungen

erschien. Mussolini durfte nun die Regierung übernehmen. Auch das Parlament leistete keinen grossen Widerstand; viele Parlamentarier gingen zu Mussolini über, während andere sich zurückzogen oder ins Ausland flohen. Schliesslich wurden alle Parteien ausser der faschistischen verboten. Damit war Mussolini als «Duce» (deutsch: Führer) zum Diktator Italiens geworden. Wer sich ihm widersetzte, landete im Gefängnis oder fand sogar den Tod, wer sich aber anpasste, durfte seinen Posten behalten. Das galt für die meisten führenden Persönlichkeiten in der Armee, der Verwaltung und der Polizei und auch für den König selbst.

Das faschistische Italien

Mussolinis Machtübernahme erweckte in Europa Aufsehen und vielfach Zustimmung:

Aus den «Schweizer Monatsheften»,
Jahrgang 1923/1924, Seite 248:

48 «Vor einem Jahr noch ein durch Parteiwirtschaft und Parteikampf an den Rand des Abgrunds geführtes Land, steht heute schon, nach drei Viertel Jahren der neuen Herrschaft, Italien achtunggebietend nach aussen, im Innern geschlossen, wirtschaftlicher Gesundung entgegengehend, mit geordneter Verwaltung und geordneten öffentlichen Verhältnissen da. Taktisch geschmeidig, aber im Willen unbeugsam, zielt der Faschismus auf den parteilosen Staat, der nur für die Gemeinschaft, für die Ziele und Zwecke der ganzen Nation da ist, nicht für die Parteien und ihre Ziele ... Steht die Nation gross und Achtung gebietend da und ergeht es der Allgemeinheit wohl, dann stellt sich dabei auch der einzelne Bürger gut.»

Aus der englischen Tageszeitung «Times»
(31. Oktober 1923):

49 «Der Faschismus hat das parlamentarische Würfelspiel um Posten und Pöstchen abgeschafft, das Steuersystem vereinfacht ..., die Arbeit der öffentlichen Dienstleistungsbetriebe, vor allem die der Eisenbahnen, erheblich verbessert ... Die grössten Verdienste jedoch, die der Faschismus sich um Italien erworben hat, sind die Wiederherstellung von Ruhe und Ordnung im Innern des Landes ...»

Mussolinis Expansionsgelüste wurden als Grosssprecherei nicht sehr ernst genommen. Tatsächlich liess er zuerst seinen Worten keine Taten folgen. Hingegen hatten die Italiener wesentliche Freiheitsrechte eingebüsst. Sie durften ihre Meinung nicht mehr frei äussern, sie durften nicht mehr lesen und drucken lassen, was sie wollten, sie durften keine Vereine oder Parteien mehr begründen, sie konnten bei Wahlen nur noch die herrschende Partei mit fast hundertprozentiger Mehrheit bestätigen. In der Wirtschaft hatten die Arbeitgeber gegenüber den Arbeitnehmern das Übergewicht. Obwohl recht viel zur Förderung der Landwirtschaft und der Industrie unternommen wurde, blieb Italien von der Weltwirtschaftskrise der Dreissigerjahre so wenig verschont wie die meisten übrigen Länder. Am Ende der Dreissigerjahre ging es den meisten Italienern nicht wesentlich besser als vor dem Ersten Weltkrieg.

Faschistische Gruppen auf Kampf- und Propagandafahrt

Kernthema 2:

Der italienische Faschismus und seine Sympathisanten:

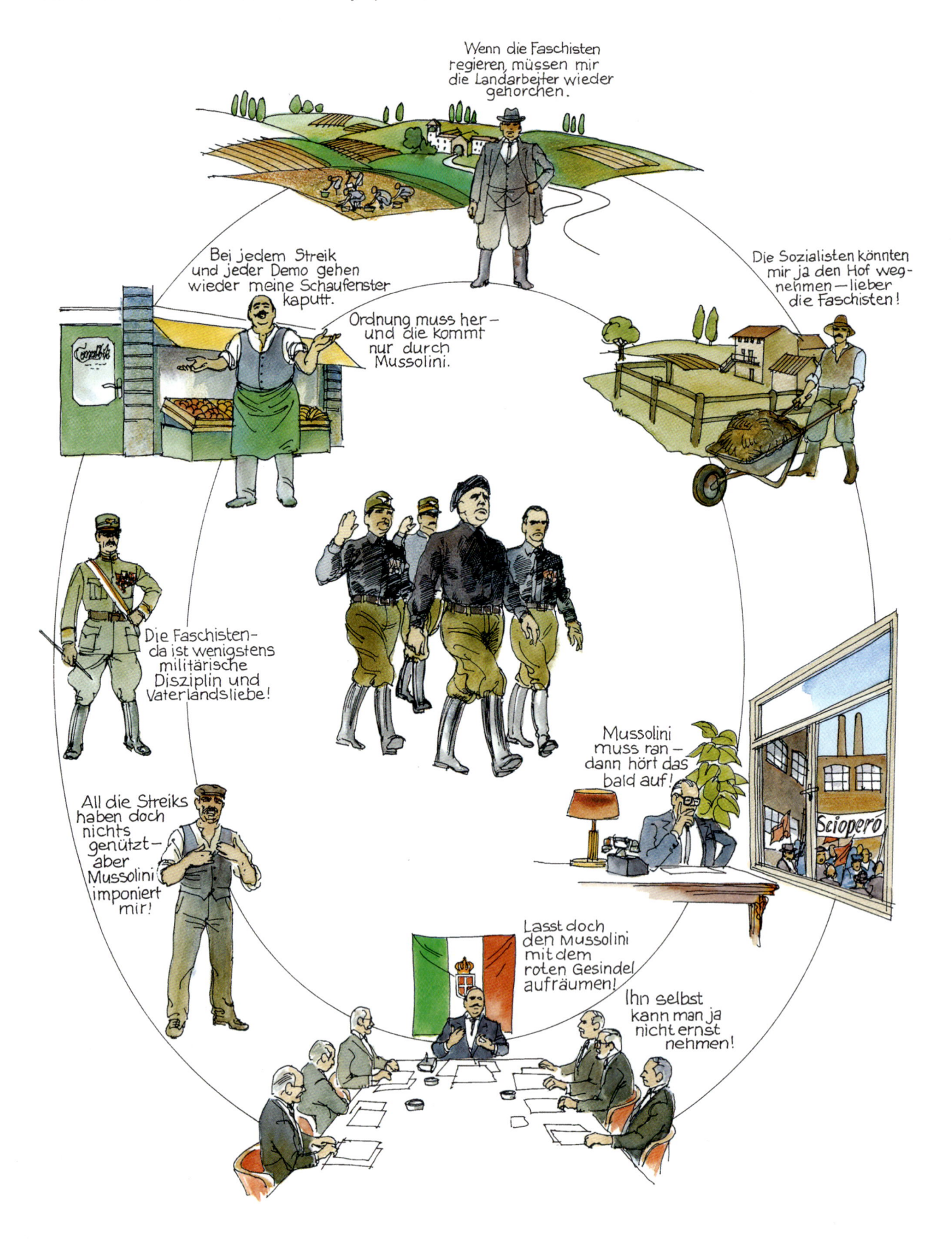

Wenn die Faschisten regieren, müssen mir die Landarbeiter wieder gehorchen.

Bei jedem Streik und jeder Demo gehen wieder meine Schaufenster kaputt.

Ordnung muss her – und die kommt nur durch Mussolini.

Die Sozialisten könnten mir ja den Hof wegnehmen – lieber die Faschisten!

Die Faschisten – da ist wenigstens militärische Disziplin und Vaterlandsliebe!

Mussolini muss ran – dann hört das bald auf!

All die Streiks haben doch nichts genützt – aber Mussolini imponiert mir!

Lasst doch den Mussolini mit dem roten Gesindel aufräumen! Ihn selbst kann man ja nicht ernst nehmen!

58

Aus der Krise in die Diktatur: die faschistischen Bewegungen

Das Wichtigste in Kürze:
In Italien herrschten nach dem Ersten Weltkrieg heftige soziale Auseinandersetzungen. Zum Kampf gegen die sozialistische Bewegung und zur Schaffung eines starken, straffgeführten Italiens begründete Benito Mussolini die faschistischen Kampfbünde. 1922 erreichte er es, vom König zum Ministerpräsidenten berufen zu werden. Innerhalb weniger Jahre baute er diese Stellung zur Diktatur aus.

1 Wie hiess der Führer der italienischen Faschisten? Welchen Titel führte er?
2 Aus welchen Volksgruppen schlossen sich ihm vor allem Anhänger an? In welchen Volksteilen genoss er Sympathien?
3 Wann gelangte er an die Macht? Warum ernannte ihn der König zum Ministerpräsidenten?

4 Mussolini wurde lange Zeit im Ausland vielerorts günstig beurteilt. Warum wohl? Wie beurteilst du ihn?
5 Mussolini war ein Diktator. Hat jede Diktatur, auch wenn sie gewisse Erfolge verzeichnet, Nachteile?

Deutschland 1933: die Nationalsozialisten ergreifen die Macht

Die Demokratie und ihre Gegner

Nach dem Sturz des Kaisers am Ende des Ersten Weltkrieges war das Deutsche Reich zu einer Republik geworden. Es erhielt eine demokratische Verfassung: Das Volk wählte ein Parlament – den «Reichstag» – sowie den Reichspräsidenten. Dieser ernannte die Regierung unter Leitung des Reichskanzlers, die jedoch von der Mehrheit des Reichstags unterstützt werden musste. Nur in Notzeiten sollten Reichspräsident und Regierung vorübergehend auch allein regieren können.

Von Anfang an gab es politische Gruppen, welche die neue demokratische Ordnung grundsätzlich ablehnten und bekämpften.

– Die **Kommunistische Partei** wollte die Alleinherrschaft erringen, um dann nach dem Muster der Sowjetunion die Wirtschaft zu verstaatlichen:

Die Kommunistin Clara Zetkin, die als älteste Abgeordnete den neu gewählten Reichstag eröffnen durfte (1932):
50 «Ich eröffne den Reichstag in Erfüllung meiner Pflicht als Alterspräsidentin und in der Hoffnung ..., das Glück zu erleben, als Alterspräsidentin den ersten Rätekongress Sowjetdeutschlands zu eröffnen.»

– Die **Konservativen** wollten zu den Verhältnissen vor 1914 zurückkehren und das Kaisertum wieder einführen. Sie strebten die Rückgewinnung der 1918 verlorenen Gebiete und den Wiederaufbau einer starken Armee an:

Aus einem Aufruf des Verbandes ehemaliger Frontkämpfer «Stahlhelm» (1928):
51 «Wir hassen mit ganzer Seele den augenblicklichen Staatsaufbau, seine Form und seinen Inhalt ..., weil er uns die Aussicht versperrt, unser geknechtetes Vaterland zu befreien und das deutsche Volk von der verlogenen Kriegsschuld zu reinigen ..., das deutsche Volk wieder wehrhaft zu machen.»

– Die **Nationalsozialisten** wollten ein einiges, straff geordnetes «Drittes Reich»* unter ihrem Führer Adolf Hitler, das an Macht das frühere Kaiserreich wesentlich übertreffen sollte (vergleiche Seite 50f.).

Nach der turbulenten Nachkriegszeit (vergleiche Seite 21) erlebte das Deutsche Reich 1924 bis 1929 einige ruhigere Jahre. Obwohl die Beziehungen zu Frankreich und Grossbritannien besser wurden, gelang es nicht, die Bestimmungen des Versailler Friedensvertrages wesentlich zu ändern.

Die Wirkungen der Weltwirtschaftskrise

Die Weltwirtschaftskrise traf Deutschland sehr hart (vergleiche Seite 44). Auch jene Parteien, welche für die demokratische Ordnung eintraten, waren sich nicht einig, welche Massnahmen ergriffen werden sollten. Die Regierung konnte nur noch mit Notmassnahmen regieren, weil sie im Reichstag keine Mehrheit hinter sich hatte. Umso mehr strömten die Wähler den Oppositionsgruppen zu (siehe Tabelle Seite 60). In den Wahlen von 1930 erreichten diese zusammen beinahe, in jenen von 1932 deutlich die Mehrheit. Zu diesem Zeitpunkt wollte also die Mehrzahl der Deutschen von der bestehenden demokratischen Ordnung nichts mehr wissen. Allerdings waren sich die Gegner der demokratischen Ordnung untereinander völlig uneinig. Die Frage war, wer von ihnen die Krise am besten ausnützen würde:

---
* Ein «erstes Kaiserreich» bestand 800–1806, ein «zweites» 1871–1918.

Kernthema 2:

Wahlen im Deutschen Reich. Stimmenanteil der wichtigsten Parteigruppen in Prozent:

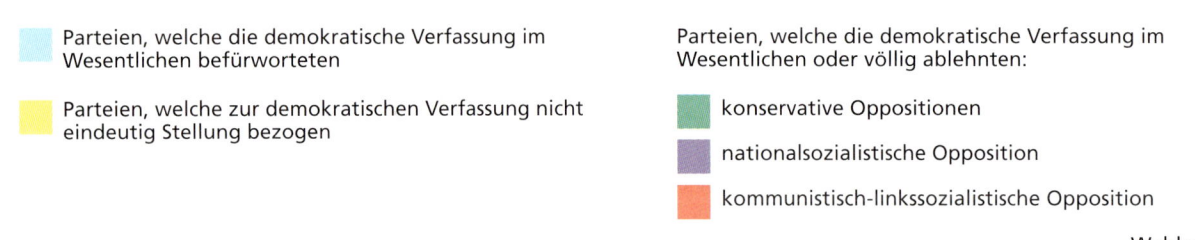

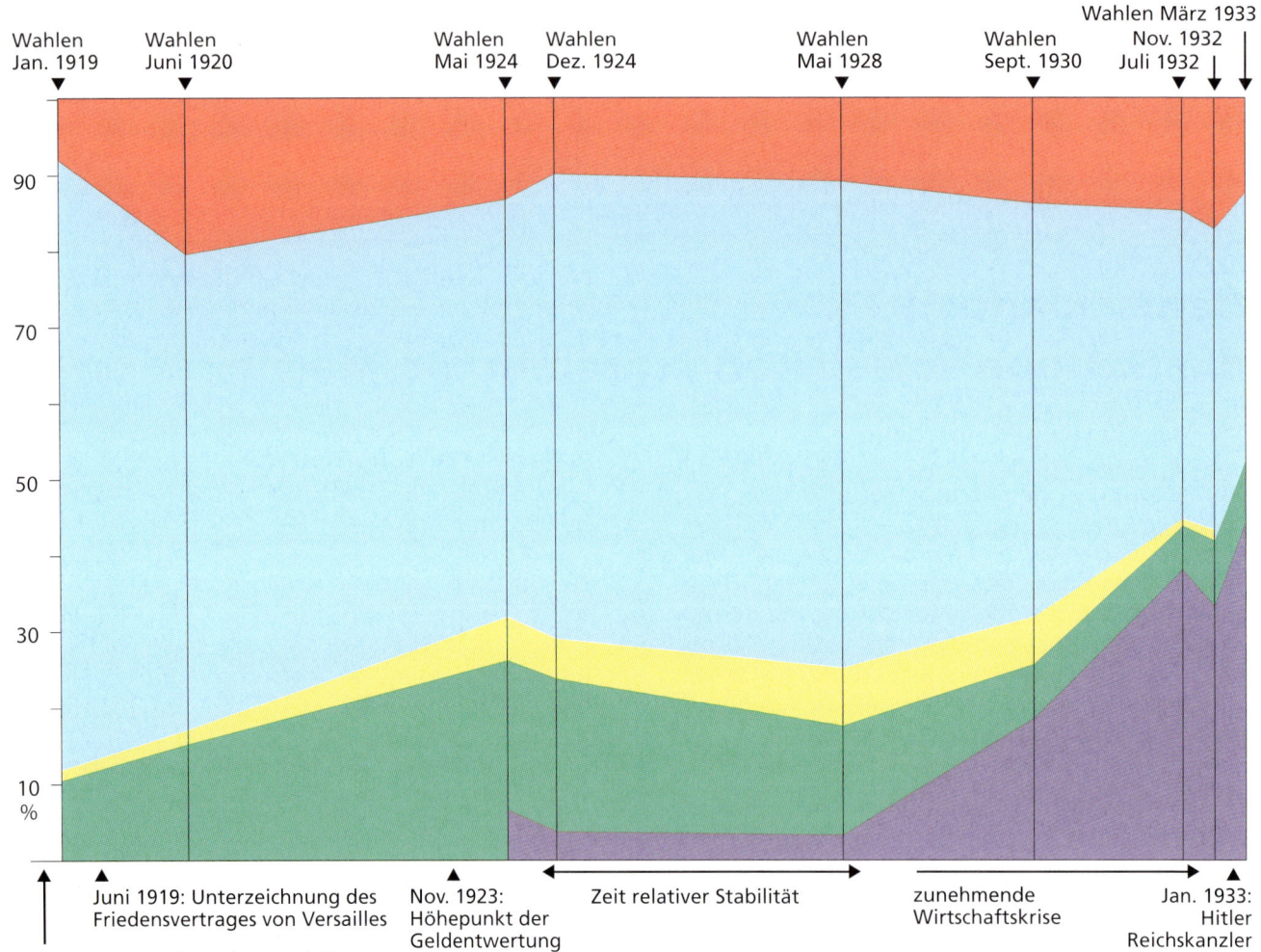

- Parteien, welche die demokratische Verfassung im Wesentlichen befürworteten
- Parteien, welche zur demokratischen Verfassung nicht eindeutig Stellung bezogen

Parteien, welche die demokratische Verfassung im Wesentlichen oder völlig ablehnten:
- konservative Oppositionen
- nationalsozialistische Opposition
- kommunistisch-linkssozialistische Opposition

Wahlen Jan. 1919 — Wahlen Juni 1920 — Wahlen Mai 1924 — Wahlen Dez. 1924 — Wahlen Mai 1928 — Wahlen Sept. 1930 — Wahlen Juli 1932 — Wahlen Nov. 1932 — Wahlen März 1933

Nov. 1918: Ausrufung der Republik
Juni 1919: Unterzeichnung des Friedensvertrages von Versailles
Nov. 1923: Höhepunkt der Geldentwertung
Zeit relativer Stabilität
zunehmende Wirtschaftskrise
Jan. 1933: Hitler Reichskanzler

- Die **Konservativen** verloren Stimmen. Sie galten als rückwärtsgewandte Vertreter der oberen Gesellschaftsschicht, die mit Rezepten der Vergangenheit die Probleme der Gegenwart lösen wollten.

- Die **Kommunisten** gewannen Stimmen, doch blieb ihr Anhang auf die Arbeiterschaft der grösseren Städte beschränkt. Wegen ihrer engen Bindung an die Sowjetunion galten sie vielerorts als «undeutsch». Da sie mit allen Parteien, namentlich auch den Sozialdemokraten, verfeindet waren, blieben sie isoliert.

Der Kommunistenführer Ernst Thälmann über die Sozialdemokratische Partei (1932):
«Wie steht es nun mit dem Verhältnis zwischen der Politik der Hitlerpartei und der Sozialdemokratie... Am klarsten hat Genosse Stalin schon im Jahre 1924 die Rolle dieser beiden Flügel gekennzeichnet, indem er von ihnen als Zwillingen sprach ... Unsere Strategie ... erfordert den Hauptstoss gegen die Sozialdemokratie. Sie ist ... die gefährlichste Stütze der Feinde der Revolution ... Nichts wäre verhängnisvoller als eine ... Überschätzung des Hitlerfaschismus.»

- Weitaus am meisten profitierte die **Nationalsozialistische Partei**. Sie stieg in wenigen Jahren von einer unbedeutenden Splittergruppe zur weitaus stärksten Partei Deutschlands auf. Von allen faschistischen Parteien Europas war sie die einzige, die vor ihrer Machtergreifung in demokratischen Verhältnissen eine sehr breite Anhängerschaft gewann.

Aus der Krise in die Diktatur: die faschistischen Bewegungen

Adolf Hitler: Person und Wirkung

Der Erfolg der «Nationalsozialistischen Deutschen Arbeiterpartei» (NSDAP) war stark an die Person ihres Führers gebunden. Adolf Hitler (1889–1945) war der Sohn eines österreichischen Zollbeamten und wollte ursprünglich Kunstmaler werden. Nachdem er jahrelang in Wien und München von Gelegenheitsarbeiten gelebt hatte, meldete er sich 1914 freiwillig zum Kriegsdienst im deutschen Heer, wo er sich bewährte und mehrmals verwundet wurde. 1919 schloss er sich der eben gegründeten, zunächst auf München beschränkten Partei an und wurde bald zu ihrem unangefochtenen Führer. Nachdem ein Umsturzversuch 1923 kläglich gescheitert war, versuchten die Nationalsozialisten durch Wahlerfolge die Mehrheit im Reichstag zu erringen und so in die Regierung zu gelangen. Sie leugneten aber keineswegs, dass sie dann den Staat völlig in ihrem Sinn umgestalten würden.

Adolf Hitler verdankte seinen politischen Erfolg vor allem seiner Rednergabe. Dabei überzeugte er nicht durch die Klarheit und Logik seiner Gedanken. Vielmehr gelang es ihm, die tief in den Seelen seiner Zuhörer ruhenden, oft gar nicht bewussten Gefühle – Hass, Neid, Angst, Einsamkeit, Machtgier – aufzunehmen, in Worte zu fassen und sich in eine eigentliche Ekstase hineinzusteigern. Diese übertrug sich dann wieder auf seine Zuhörer, die oft in einen Rausch der Begeisterung gerieten. Hitlers Auftritte waren jeweils der Höhepunkt der nationalsozialistischen Versammlungen.

Nationalsozialistische Kundgebung in Frankfurt am Main (1932)

Aus einem Bericht der Polizeidirektion München über den Verlauf einer nationalsozialistischen Veranstaltung im Zirkus «Krone» (1927):

«Der Zirkus ist bereits zehn Minuten nach 7 Uhr bis weit über die Hälfte angefüllt. Von der Bühne herunter hängt die rote Fahne mit dem Hakenkreuz im weissen Kreis … In der heissen, süsslichen Luft liegt Sensationsgier. Die Musik spielt einige klangreiche Militärmärsche … Da brausen vom Eingang her Heilrufe, Braunhemden marschieren herein, die Musik spielt, der Zirkus spendet lärmenden Jubel, Hitler erscheint im braunen Regenmantel … Die Leute gebärden sich froh erregt und winken, rufen andauernd Heil, stehen auf den Bänken. Getrampel donnert. Dann ein Posaunenstoss, wie im Theater. Plötzliche Stille. Unter der tosenden Begrüssung der Zuschauer marschieren nun Braunhemden in Reih und Glied herein, voran zwei Reihen Trommler, dann die Fahne. Die Leute grüssen … mit ausgestreckten Armen. Das Publikum jubelt ihnen zu. Auf der Bühne hat Hitler in gleicher Weise den Arm zum Gruss gestreckt. Die Musik rauscht. Fahnen ziehen vorüber, blitzende Standarten mit den Hakenkreuzen im Kranz und den Adlern … Es mögen ungefähr zweihundert Mann vorbeidefilieren. Sie füllen die Manege und stellen sich darin auf, während die Fahnen- und Standartenträger die Bühne bevölkern …

Hitler tritt rasch in den Vordergrund der Bühne. Er spricht frei, zuerst mit langsamer Betonung, später überstürzen sich die Worte … Er gestikuliert mit den Armen und Händen, springt erregt hin und her … Wenn der Beifall ihn unterbricht, streckt er theatralisch die Hände aus … Die Worte und

Ansichten werden mit einer diktatorischen Sicherheit hingeschleudert, als wären sie unabänderliche, feststehende Grundsätze und Tatsachen. Das Ganze ist auch in der Sprache als etwas Herausgetriebenes erkennbar, das nicht in Hitler steckt, als eine fanatische Kraftäusserung in Worten, Abrechnungen, Behauptungen und Plänen. Die Zuhörerschaft hat dieses Evangelium ... mit Beifall aufgenommen.»

Aus dem Bericht einer jungen Zuhörerin über einen Auftritt Hitlers (1923):

54 «Ich glaube, dass sich kein Mann in deutschen Landen mehr Mühe geben kann, uns allen diese Liebe und Treue zur Heimat, zum Vaterland beizubringen ... Adolf Hitler ist von einem solch festen Glauben an die Ehrlichkeit seiner nationalsozialistischen Anschauungen durchdrungen, dass er diesen Glauben unwillkürlich auf seine Zuhörer überträgt ... Es möchte mir manchmal fast scheinen, als ob sich Hitler mit einem Zaubermittel all das bedingungslose Vertrauen von Jung und Alt angeeignet hat, aber wenn man bedenkt, dass ein jeder Mensch in seiner jetzigen seelischen Not, die mit der wirtschaftlichen gleichen Schritt hält, nach einem Halt sucht und diesen Halt in einem Manne findet, der sie nicht enttäuschen wird, dann begreift man auch den Jubel ...»

Aus einem Bericht des Schriftstellers Carl Zuckmayer über einen Auftritt Hitlers (1923):

55 «Für unsereinen war der Mann ein heulender Derwisch*. Aber er verstand es, jene ... Mengen aufzuputschen und mitzureissen: nicht durch Argumente, die bei Hetzreden ja nie kontrollierbar sind, sondern durch den Fanatismus seines Auftretens, das Brüllen und Kreischen, mit biedermännischen Brusttönen gepaart, vor allem aber: durch das betäubende Hämmern der Wiederholungen, in einem bestimmten, ansteckenden Rhythmus ... Wenn er, nach einer in immer mehr gesteigertem Crescendo vorgetragenen Anprangerung von Missständen, existierenden und fiktiven, plötzlich die rhetorische Frage in den Saal schrie: ‹Und wer ist schuld daran?› – um sofort mit der scharf skandierten Antwort nachzuschnappen: ‹Daa-rann/sind die/ Juu-deen schuld!› –, dann schmetterten bald die Masskrüge im Takt auf die Holztische ... Es gelang ihm, die Menschen in eine Trance zu versetzen wie der Medizinmann eines wilden Völkerstammes.»

Aus dem Bericht des rumänischen Aussenministers Grigore Gafencu über eine Begegnung mit Hitler (1939):

56 «Er war kleiner, als ich gedacht hatte, und schmächtiger; auf den ersten Blick war seine Erscheinung erstaunlich blass ... Nichts an ihm schien den Rahmen des Gewöhnlichen zu sprengen ... Seine Umgangsformen waren indessen angenehm ... die Beziehungen, die er von Mensch zu Mensch herstellte, waren unmittelbar und natürlich und flössten jenes merkwürdige Vertrauen ein, dessen Opfer mehr als ein politischer Führer werden sollte. Erst im Laufe des Gesprächs, das sich sehr rasch in einen langen und erregten Monolog verwandelte, glaubte ich in das Geheimnis seiner wundersamen Macht über die Massen eindringen zu können. Wenn er sich in Verbindung mit einer Formulierung oder einer Idee genügend erhitzte, um etwas von sich selbst preiszugeben, so schienen sich der Ton seiner Stimme und noch mehr der Sinn seiner Worte ... in merkwürdiger Harmonie mit einer unsichtbaren Kraft zu befinden, die ihn umgab. Er wurde dann ein Demagoge im antiken Sinn des Wortes: der Mann, der der Masse seine Stimme leiht und durch den die Masse spricht ... Hinter ihm, man fühlte es, stand sein zweites Ich – ein kollektives zweites Ich: die Masse ... Wenn die Menge eine einzige Stimme gehabt hätte, um sich auszudrücken, hätte sie seine Argumente gewählt, seine Formulierungen gebraucht und so gesprochen wie er ... Er hatte die Gabe, denen, die ihm Widerstand leisteten, ein Gefühl der Isolierung einzuflössen. Vor dem Ansturm seiner stürmischen Worte ... fühlte man sich niemals klein – aber man fühlte sich allein. Man sprach nicht mit einem Menschen, sondern mit einer Million Menschen.»

Adolf Hitler: das Programm

Hitlers Denken wurde von einigen festen Überzeugungen beherrscht: Das Leben sei ein ewiger Kampf, das deutsche Volk müsse zur Weltmacht werden oder untergehen, an allem Übel sei die «Schmarotzerrasse» der Juden schuld (vergleiche Seite 50f.). Im Übrigen war er wendig und konnte sich geschickt den gegebenen Situationen und Stimmungen anpassen. Dementsprechend war auch das Parteiprogramm überwiegend schlagworthaft und unklar, so dass sich Menschen mit ganz verschiedenen Zielen und Hoffnungen der Partei anschliessen konnten.

Aus einer Rede Hitlers vom 21. März 1933:

57 «Wir wollen wiederherstellen die Einheit des Geistes und des Willens der deutschen Nation! Wir wollen wahren die ewigen Fundamente unseres Lebens: unser Volkstum und die ihm gegebenen Kräfte und Werte ... Wir wollen die grossen Traditionen unseres Volkes, seiner Geschichte und seiner Kultur in demütiger Ehrfurcht pflegen ... Aufbauen wollen wir eine wahre Gemeinschaft aus den deutschen Stämmen, aus den Ständen, den Berufen und den bisherigen Klassen ... Aus Bauern, Bürgern und Arbeitern muss wieder werden ein deutsches Volk!»

Adolf Hitler: die Propaganda

Viel wichtiger als das Parteiprogramm oder Hitlers viel gekauftes, aber meist ungelesenes Buch «Mein Kampf» war seine Propaganda. Dazu gehörten nicht nur Reden und Versammlungen, sondern

---

* D. bezeichnet an sich Angehörige eines islamischen Ordens, wird jedoch umgangssprachlich für «wirre Schreier» verwendet.

Aus der Krise in die Diktatur: die faschistischen Bewegungen

der grossen Masse ist nur sehr beschränkt ... Aus diesen Tatsachen heraus hat sich jede wirkungsvolle Propaganda auf nur sehr wenige Punkte zu beschränken und diese schlagwortartig so lange zu verwerten, bis auch bestimmt der Letzte ... das Gewollte sich vorzustellen vermag ... die Beharrlichkeit ist hier wie bei so vielem auf der Welt die erste und wichtigste Voraussetzung zum Erfolg.»

In dieser Propaganda spielte die Judenfeindschaft, der Antisemitismus, eine wichtige Rolle. Zwar war von den über 60 Millionen Deutschen nur eine halbe Million ihrem Glauben und ihrer Herkunft nach jüdisch, doch hatten es viele Juden zu angesehenen Stellungen in der Wirtschaft oder der Wissenschaft gebracht. Die meisten fühlten sich wie alle anderen Bürger als Deutsche. Viele übten ihren Glauben nicht mehr streng oder gar nicht mehr aus, so dass sie höchstens auf Grund ihres Namens oder ihrer Abstammung als Juden betrachtet werden konnten. Auf viele Bürger wirkte der nationalsozialistische Antisemitismus abstossend. Anderseits gab es seit dem Spätmittelalter (siehe Seite 13) eine traditionelle Judenfeindschaft, vor allem bei jenen Leuten, die sich dem Ideenreichtum und der Gewandtheit mancher jüdischer Kaufleute nicht gewachsen fühlten. Vor allem aber boten sich die Juden als teilweise erfolgreiche Minderheit in schweren Zeiten als Prügelknabe an: Wenn sie an allem schuld waren, dann waren die übrigen Bürger schuldlose Opfer, die zudem auch nicht mehr über die wirklichen Ursachen der Missstände nachzudenken brauchten.

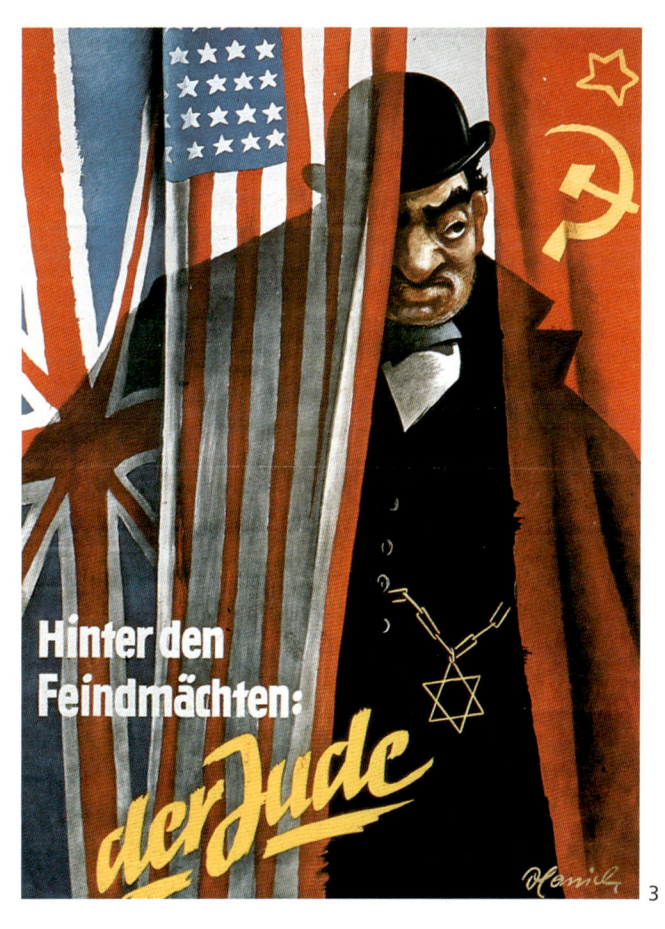

1 Propagandafahrt der nationalsozialistischen SA
2 Kampf um die Arbeiterschaft – ein Berliner Hinterhof 1932
3 Antijüdische Propaganda von nationalsozialistischer Seite

auch Demonstrationszüge, Plakat- und Flugblattaktionen sowie das Stören von Versammlungen anderer Parteien. Die Hauptrolle spielte dabei die «Sturmabteilung» (SA), eine uniformierte Parteiarmee, die es bis 1933 auf eine halbe Million Mitglieder brachte, darunter viele Arbeitslose. Schon früh entstand auch eine Jugendgruppe, die «Hitler-Jugend» (HJ).

Hitler in seinem Buch «Mein Kampf» über die Propaganda:
«Überhaupt besteht die Kunst aller wahrhaft grossen Volksführer zu allen Zeiten in erster Linie darin, die Aufmerksamkeit des Volkes nicht zu zersplittern, sondern immer auf einen einzigen Gegner zu konzentrieren ... Die Aufnahmefähigkeit

Der Weg zur Macht:
die Wahlerfolge und die Helfer

Die Wählerschaft, die seit 1930 der NSDAP zuströmte, war vielfältig. Viele wollten mit ihrer Stimme einfach gegen die bestehenden Verhältnisse protestieren. Manche waren früher gar nie zur Urne gegangen. Zudem gewann die Partei besonders viel Anhang unter den jungen Wählern, die nur noch durch eine völlige Umwälzung für sich und Deutschland eine Zukunft erwarteten.

Der Journalist Helmut von Gerlach: «Woher kommen Hitlers 6,5 Millionen Stimmen?» (6. Oktober 1930):

59 «Die Hitlerwähler setzen sich aus zwei Kategorien zusammen: einer kleinen Minderheit von Nationalsozialisten, die auf das Hakenkreuz eingeschworen sind, und einer riesigen Mehrheit von Mitläufern ... Dabei soll nicht verkannt werden, dass Hitler, der ein ausgezeichneter Organisator mit Suggestivkraft ist, über eine ihm blind ergebene Kerntruppe von einigen hunderttausend Mann meist recht jugendlicher Truppen verfügt ..., Idealisten mit verwirrtem Kopf und Landsknechte ohne Kopf ... Die Millionen der Wähler, die er diesmal mustern konnte ... dank der Ungunst der Wirtschaftslage, rekrutieren sich aus den verschiedensten Schichten. Da sind Arbeiter, relativ genommen nicht sehr viele, aber eine Million wird es doch wohl gewesen sein ... Da ist die Masse der Studenten und sonstigen jungen Akademiker ..., sie sind fanatisch nationalistisch. Den Krieg kennen sie nicht. Darum begeistern sie sich für ihn ... Da ist vor allem der grosse Block des so genannten selbständigen Mittelstandes. Diese Millionen von Handwerkern, Gewerbetreibenden und Kleinkaufleuten führen ... einen verzweifelten Kampf um ihre Existenz. Es fehlt ihnen an wirtschaftlicher Einsicht. Darum fallen sie auf jeden Schwätzer herein, der ihnen die Wiederherstellung des ‹goldenen Bodens› durch Kampf gegen Juden und Warenhäuser ... verspricht ... Heute ist Hitler ihr Prophet.»

Den ersten grossen Wahlerfolg 1930 benützten die Nationalsozialisten vor allem dazu, jede konstruktive Arbeit im Reichstag zu verhindern und so zu beweisen, dass die demokratische Staatsform nicht mehr lebensfähig war. Immer wieder kam es zu Tumulten.

Der nationalsozialistische Politiker Joseph Goebbels in seinem Tagebuch (28. Mai 1932):

60 «Im Reichstag kommt es zum Ausbruch der bis zur Siedehitze angespannten Erregung. Einer von uns wird von den Kommunisten als Mörder beschimpft ... Das ist das Signal zur Abrechnung. Sie ist kurz, aber bündig und wird mit Tintenfässern und Stühlen ausgefochten. In drei Minuten sind wir allein im Saal. Die Kommunisten sind herausgeprügelt, während die Mittelparteien in der vorzeitigen Flucht ihr Heil gesucht haben. Unsere Fraktion singt das ‹Horst-Wessel-Lied›. Acht Schwerverletzte aus verschiedenen Parteien ... So allein kann man sich Respekt verschaffen. Der Plenarsaal bietet den Anblick einer grandiosen Verwüstung. Wir stehen als Sieger auf den Trümmern.»

Agitation auf den Strassen: der Führer der Berliner Nationalsozialisten und spätere Propagandaminister Joseph Goebbels

Vor allem die Kommunistische Partei trat den Nationalsozialisten mit ähnlichen Methoden entgegen. Auf den Strassen der Grossstädte kam es immer wieder zu Schlachten zwischen der SA und der kommunistischen «Roten Front». Allein zwischen Mitte Juni und Mitte Juli 1932 gab es in Preussen, dem grössten Reichsland (das heisst: Kanton), 99 Tote und 1125 Verletzte. Viele Bürger zogen daraus den Schluss, man könne ohnehin nur noch zwischen der nationalsozialistischen und der kommunistischen Lösung wählen.

Als die demokratischen Parteien keine Lösung der Wirtschaftskrise fanden, geriet der alte Reichspräsident Paul von Hindenburg (1847–1934) immer stärker unter den Einfluss der Konservativen. Diese wollten die Gelegenheit nützen, um die Entwicklung wieder in die Zustände der Kaiserzeit vor dem Ersten Weltkrieg – starke Regierung, schwaches Parlament – zu lenken. Die Wahlen zeigten jedoch 1932, dass ihr Anhang gering war, Hitler dagegen ein Drittel der Bevölkerung hinter sich hatte. Daher verbündeten sie sich mit den Nationalsozialisten. Sie glaubten, Hitler als Regierungsmitglied würde sich entweder ihnen anpassen oder aber

Aus der Krise in die Diktatur: die faschistischen Bewegungen

rasch abwirtschaften; die Bürger würden bald einmal sehen, dass er zwar reden, aber nicht regieren könne. Dann würde sich der Anhang der Nationalsozialisten verlaufen, und die Konservativen wären die lachenden Dritten. Am 30. Januar 1933 wurde Hitler zum Reichskanzler ernannt. Die meisten seiner Minister waren Konservative. Mit dieser «Umrahmung», glaubte man, würde Hitler nicht gefährlich sein.

Hitler an der Macht: das Ende der Demokratie

Sehr bald zeigte es sich, dass die Konservativen die Machtverhältnisse falsch eingeschätzt hatten. Der nationalsozialistische Minister Hermann Göring stellte Zehntausende von SA-Leuten als «Hilfspolizisten» ein und ging massiv gegen Kommunisten und Sozialdemokraten vor. Dies steigerte sich noch, als am 27. Februar das Reichstagsgebäude in Brand gesteckt wurde. Die Regierung erklärte sofort, dies sei das Zeichen eines kommunistischen Umsturzversuches, zu dessen Verhinderung alle Mittel eingesetzt werden müssten. Wichtige persönliche Freiheitsrechte wurden aufgehoben. Die ersten Konzentrationslager entstanden, in welche Menschen ohne Gerichtsurteil eingewiesen werden konnten.

Aus einer Rede Hermann Görings vor Berliner Polizeibeamten (20. Februar 1933):

61 «Mit einer Polizei, die Disziplinarverfahren zu fürchten hat, wenn sie ihre Pflicht tut, kann ich gegen den roten Mob nicht vorgehen. Die Verantwortung muss wieder richtig gestellt werden. Sie liegt nicht bei dem kleinen Beamten auf der Strasse, sondern ich muss in euer Hirn einhämmern, dass die Verantwortung bei mir allein liegt. Ihr müsst euch klar machen: Wenn ihr schiesst, so schiesse ich. Wenn dort einer tot liegt, habe ich ihn erschossen, wenn ich auch oben im Ministerium sitze, denn das ist meine Verantwortung allein.»

Aus einer Rede Hermann Görings in Essen (11. März 1933):

62 «Ich habe erst angefangen zu säubern, es ist noch längst nicht fertig. Für uns gibt es zwei Teile des Volkes: einen, der sich zum Volk bekennt, ein anderer Teil, der zersetzen und zerstören will. Ich danke meinem Schöpfer, dass ich nicht weiss, was objektiv ist. Ich bin subjektiv … Ich lehne es ab, dass die Polizei eine Schutztruppe jüdischer Warenhäuser ist. Es muss endlich einmal der Unfug aufhören, dass jeder Gauner nach der Polizei schreit … Wenn sie sagen, da und dort sei einer abgeholt und misshandelt worden, so kann man nur erwidern: Wo gehobelt wird, fallen Späne … Man klagt über die Unterdrückung von Zeitungen. Wundert euch das?

1 Agitation auf den Strassen (1932): der kommunistische Parteiführer Ernst Thälmann, der 1944 in einem Konzentrationslager umkam.
2 Kommunistisches Plakat (1932)

Mich wundert, dass sie noch existieren ... Wenn wir auch vieles falsch machen, wir werden jedenfalls handeln und die Nerven behalten. Lieber schiesse ich ein paarmal zu kurz oder zu weit, aber ich schiesse wenigstens.»

Aus dem Bericht eines sozialdemokratischen Stadtrates von Reutlingen, der in ein Konzentrationslager der SA eingeliefert wurde (1933):

63 «Mein Freund, Geschäftsführer des Metallarbeiterverbandes, wurde geschlagen, weil er die Treppe, die er putzen sollte, nicht sauber brachte. Man hatte ihm befohlen, die Steinstufen von unten nach oben zu reinigen. Dabei schüttete man immer Wasser nach, so dass er nicht fertig wurde. Am Ende bekam er Prügel, weil er ein faules Schwein sei ... Befehl: Sofort alle Betten der Mannschaften zu bauen! Nachdem ich fertig war, wurden die Betten sofort wieder zerwühlt, und ich konnte von vorn anfangen. Das wiederholte sich zweimal. Alles Stroh von den Strohsäcken zusammenlesen und auf einen Haufen legen! Ich kroch unter die Latten und holte jedes Strohhälmchen mit den Händen heran. Aber der SA-Führer trat die Strohhalme mit dem Fuss wieder unter die Betten. Darauf begann das Spiel von neuem ... Als ich entlassen wurde, musste ich mich verpflichten, draussen kein Wort über meine Internierung zu sprechen, andernfalls hätte ich mit verschärfter Haft zu rechnen.»

In den Wahlen vom 5. März 1933 (siehe Tabelle Seite 60) errangen die Nationalsozialisten mit den Konservativen zusammen eine knappe Mehrheit. Hitler hätte nun mit der Unterstützung des Reichstages regieren können. Das aber war nicht sein Ziel. Am 23. März 1933 beschloss der Reichstag unter starkem Druck das «Ermächtigungsgesetz». Danach durfte die Regierung während vier Jahren ohne Zustimmung des Reichstages Gesetze erlassen. Diese Gesetze konnten von der – immer noch bestehenden – demokratischen Verfassung abweichen. Eine Garantie, dass nach diesen vier Jahren die alte Ordnung wieder eingeführt würde, gab es nicht. Praktisch hob der Reichstag mit dem Ermächtigungsgesetz die demokratische Verfassung und seine eigene Existenzberechtigung auf.

Nur die Sozialdemokraten wagten es, gegen dieses Gesetz zu stimmen, während sich die Kommunisten bereits hinter Schloss und Riegel oder auf der Flucht befanden. Damit war Hitler mit der Unterstützung eines grossen Teils des Volkes und der Zustimmung des Reichstags zum Diktator geworden.

Der Dichter Bert Brecht:
«Wie kam Hitler zur Macht?»:

64 «Der Anstreicher kam zur Macht nicht durch einen Staatsstreich, sondern auf gesetzmässige Weise. Seine Partei war plötzlich die grösste aller Parteien, so dass ihm die Bildung der Regierung nach dem Gesetz zustand. Im Volk herrschte grösste Verwirrung ... Es gab die vielen Unzufrie-

Kommunistische (1) und nationalsozialistische Presse (2) – sechs Tage vor der nationalsozialistischen Machtergreifung

Aus der Krise in die Diktatur: die faschistischen Bewegungen

denen, die mit bestimmten Parteien unzufrieden waren, nämlich den vorhandenen, und auf die Partei des Anstreichers blickten als auf eine, die noch nicht regiert, also noch nicht versagt hatte. Die Kälber, unzufrieden mit ihren Scherern und Futtermeistern und Hütern, entschieden, nun einmal den Metzger ausprobieren zu wollen.»

Das Wichtigste in Kürze:
Die Weltwirtschaftskrise führte in Deutschland zum Aufstieg der Nationalsozialistischen Partei zur stärksten politischen Kraft. Wesentlich für den Erfolg waren die Rednergabe Adolf Hitlers, die geschickte Propaganda, die Fähigkeit, ganz verschiedene soziale Gruppen vor allem auf der gefühlsmässigen Ebene anzusprechen, und die verbreitete Unzufriedenheit und Angst. Ein Bündnis mit den Konservativen erlaubte es Hitler, 1933 die Regierungsgewalt zu übernehmen und zur Diktatur auszubauen.

1 Welche politischen Gruppen in Deutschland lehnten die nach dem Ersten Weltkrieg geschaffene demokratische Ordnung ab?
2 Welche Parteien erhielten während der Weltwirtschaftskrise mehr Stimmen als früher?
3 Was heisst «NSDAP»? Welche Ziele verfolgten die Nationalsozialisten?
4 Welche persönliche Fähigkeit verhalf Hitler wesentlich zu seinem politischen Erfolg?
5 Welches Buch verfasste Hitler?

6 Stelle die wesentlichen Gründe zusammen, die zur Vergrösserung der nationalsozialistischen Anhängerschaft führten.
7 Beschreibe das Verhalten der übrigen politischen Parteien gegenüber dem Nationalsozialismus. Welche Gründe hatten sie für ihr Verhalten?
8 Wäre die nationalsozialistische Machtübernahme zu verhindern gewesen?

Das nationalsozialistische Deutschland: so wurde regiert

Die Diktatur
Durch das «Ermächtigungsgesetz» vom 23. März 1933 (siehe Seite 66) hatte die Regierung Adolf Hitlers das Recht erhalten, allein Gesetze zu erlassen. Hitler benützte dies, um seine Stellung als uneingeschränkter Führer des Reiches aufzubauen und zu festigen.

Aus einem Gesetz vom 14. Juli 1933:
65 «1. In Deutschland besteht als einzige politische Partei die Nationalsozialistische Deutsche Arbeiter-Partei.
2. Wer es unternimmt, den organisatorischen Zusammenhalt einer andern Partei aufrechtzuerhalten oder eine neue politische Partei zu bilden, wird ... mit Zuchthaus bis zu drei Jahren bestraft.»

Aus einem Gesetz vom 30. Januar 1934:
66 «1. Die Volksvertretungen (Parlamente) der Länder werden aufgehoben.
2. Die Hoheitsrechte der Länder gehen auf das Reich über. Die Landesregierungen unterstehen der Reichsregierung.»

Aus einem Gesetz vom 2. August 1934*:
67 «1. Das Amt des Reichspräsidenten wird mit dem des Reichskanzlers vereinigt. Infolgedessen gehen die bisherigen Befugnisse des Reichspräsidenten auf den Führer und Reichskanzler Adolf Hitler über.»

* An diesem Tag starb Reichspräsident von Hindenburg.

Aus einer Verordnung vom 21. März 1933:
68 «Wer vorsätzlich eine unwahre ... Behauptung ... aufstellt oder verbreitet, die geeignet ist, das Wohl des Reiches ... schwer zu schädigen, wird ... mit Gefängnis bis zu zwei Jahren ... bestraft.»

Aus einer Verordnung vom 24. Oktober 1934:
69 «Die Deutsche Arbeitsfront ist die Organisation der schaffenden Deutschen der Stirn und der Faust. In ihr sind insbesondere die Angehörigen der *ehemaligen* Gewerkschaften, der *ehemaligen* Angestelltenverbände und der *ehemaligen* Unternehmervereinigungen zusammengeschlossen.»

Ergebnisse der Reichstagswahlen vom 29. März 1936:
70
Stimmberechtigte	45 453 691
Abgegebene Stimmen	45 001 489 = 99,0%
Stimmen für die NSDAP	44 461 278 = 98,8%
Nein-Stimmen und Ungültige	540 211 = 1,2%

Gewählt sind die von der NSDAP vorgeschlagenen Kandidaten.

Aus dem Tagebuch des Propagandaministers Joseph Goebbels (22. April 1933):
71 «Im Kabinett (dem Rat der Reichsminister) ist die Autorität des Führers nun ganz durchgesetzt. Abgestimmt wird nicht mehr. Der Führer entscheidet ...»

Kernthema 2:

Hitlers Herrschaftssystem:

als **Staatsoberhaupt**
(Nachfolger des Reichspräsidenten)

als **Reichskanzler**

Regierungen der Länder

zahlreiche Reichsministerien darunter:
Ministerium für Volksaufklärung und Propaganda

als **Parteiführer**

«**Parteiarmeen**»

SA
(«Sturm-
abteilung»)

SS
(«Schutz-
staffel»)

**Nationalsozialistische
Deutsche Arbeiter-Partei**
(1939: etwa 5–6 Millionen Mitglieder)
gegliedert in Gaue, Kreise,
Ortsgruppen, Zellen und Blocks

mit entsprechenden lokalen Führern

**Nebenorganisationen
der Partei und angeschlossene Verbände,**
beispielsweise:
Deutsche Arbeitsfront DAF

NS-Frauenschaft mit
NS-Frauenhilfswerk

NS-Lehrerbund

Hitler-Jugend
(HJ)

Wehrmacht

Aus der Krise in die Diktatur: die faschistischen Bewegungen

Aus einer Rede des Propagandaministers Joseph Goebbels (1933):

72 «Neue Zeiten bedingen neue Männer und damit neue Ideen ... Ich habe mich ... entschlossen ..., die Schlüsselstellungen beim Rundfunk mit 100-prozentigen Nationalsozialisten zu besetzen.»

So regierte Hitler

Hitler war kein systematisch arbeitender Herrscher. Zeitweise schreckte er vor Beschlüssen zurück, dann wiederum fasste er ohne gründliche Beratung rasche Entscheidungen. Sehr oft änderte er die Zuständigkeiten der hohen Regierungsbeamten und Parteiführer ab oder richtete neue Amtsstellen ein, deren Befugnisse sich mit bestehenden überschnitten. So gab es unter seinen unmittelbaren Untergebenen ständig Streitigkeiten und Eifersüchteleien. Gerade das aber bewirkte, dass Hitlers eigene Stellung ungefährdet blieb. Da **er** letztlich entschied, waren die Streithähne auf sein Wohlwollen angewiesen.

Versuchte ein Unterführer sich aufzulehnen, so konnte Hitler mit den übrigen ihm unterstellten Organisationen (siehe Tabelle Seite 68) gegen ihn vorgehen. Dies zeigte sich, als er 1934 einen Aufstand der SA, deren Führer mit der erreichten Stellung unzufrieden waren, befürchtete. Er liess die gesamte SA-Führung durch Einheiten der SS gefangennehmen und ohne Prozess erschiessen.

Der Glaube an den Führer – eine neue Religion?

Von Anfang an hatte die Nationalsozialistische Partei weniger mit ihrem Programm als vielmehr mit der Person ihres Führers geworben. Nun setzte in Wort und Bild eine geradezu gottähnliche Verehrung ein. Die Bevölkerung sollte lernen, dass das Schicksal des deutschen Volkes allein von seinem Führer abhing, dort aber in guten Händen lag. Hitler selbst sah sich als «Werkzeug der Vorsehung» und erklärte daraus auch seinen erstaunlichen Aufstieg vom unbekannten Soldaten zum Diktator.

Aus einer Rede von Joseph Goebbels zum 44. Geburtstag Hitlers (20. April 1933):

73 «Mein Führer! Millionen und Millionen der besten Deutschen senden dir in dieser Stunde ihre Grüsse und halten dir auf offenen Händen ihr Herz dankerfüllt entgegen. Du hast Deutschland aus seiner tiefsten Erniedrigung wieder emporgeführt zu Ehre und Geltung! Heute sollst du wissen, dass hinter dir und, wenn es Not tut, auch vor dir eine geschlossene und entschlossene Kämpferschar steht, die jederzeit bereit ist, für dich und deine Idee ihr Letztes hinzugeben. Dir gehört unser ganzes Herz ... Wir reichen dir dabei unsere Hände und geloben, dass du für uns immer das sein wirst, was du uns heute bist: unser Hitler!»

Ein nationalsozialistisches Kindergebet:

74 «Führer, mein Führer, von Gott mir gegeben,
Beschütz und erhalte noch lange mein Leben!
Hast Deutschland gerettet aus tiefster Not,
Dir dank ich heute mein täglich Brot.
Bleib lange noch bei mir, verlass mich nicht,
Führer, mein Führer, mein Glaube, mein Licht!
Heil, mein Führer!»

«Der Führer als Kinderfreund» – eine Propaganda-Postkarte

Kernthema 2:

Aus einer Besprechung Adolf Hitlers mit hohen militärischen Führern am 23. November 1939:
«Als letzten Faktor muss ich in aller Bescheidenheit meine eigene Person nennen: unersetzbar. Weder eine militärische noch eine zivile Persönlichkeit könnte mich ersetzen ... Ich bin überzeugt von der Kraft meines Gehirns und von meiner Entschlusskraft ... Das Schicksal des Reiches hängt nur von mir ab.»

Die unter der nationalsozialistischen Herrschaft errichteten **Bauten** zeichneten sich durch gewaltige Dimensionen aus. Sie sollten den einzelnen Menschen beeindrucken und die Grösse und Bedeutung des Deutschen Reiches verkörpern. Die grössten Projekte konnten allerdings wegen des Kriegsausbruchs gar nie ausgeführt werden, so etwa eine Kuppelhalle von 350 Meter Höhe und mit einem Fassungsvermögen von 180 000 Menschen in Berlin oder ein Stadion für 500 000 Besucher in Nürnberg.

1 Haupteingang der 1939 vollendeten «Neuen Reichskanzlei» in Berlin (Architekt: Albert Speer)
2 Modell einer geplanten Kuppelhalle in Berlin. Zum Vergleich: das Brandenburger Tor, nach 1945 an der Grenze zwischen Ost- und West-Berlin, im Bild ganz links, ist 26 Meter hoch.

Aus der Krise in die Diktatur: die faschistischen Bewegungen

Adolf Hitler über seine architektonischen Pläne (1937):
76 «Weil wir an die Ewigkeit dieses Reiches ... glauben, sollen auch diese Werke ewige sein ... Deshalb sollen diese Bauwerke nicht gedacht sein für das Jahr 1940, auch nicht für das Jahr 2000, sondern sie sollen hineinragen gleich den Domen unserer Vergangenheit in die Jahrtausende der Zukunft.»

Der Weg aus der Wirtschaftskrise

Die nationalsozialistische Regierung konnte sich jedoch nicht auf Propaganda beschränken. Sie hatte der Bevölkerung versprochen, die Arbeitslosigkeit zu beseitigen. Da sie für ihre weiteren Pläne auf eine positive Einstellung der Bürger angewiesen war, musste sie dieses Versprechen einlösen.

Die nationalsozialistische Wirtschaftspolitik verfolgte drei Ziele:

1. Verringerung der Zahl der Arbeitslosen durch staatliche Unternehmungen (etwa Autobahnbau, Trockenlegung von Sümpfen) und Staatshilfen (etwa Wohnbauförderung). Für solche Zwecke wurden 1933–1936 5,2 Milliarden Mark ausgegeben.

2. Aufrüstung im Hinblick auf einen Krieg. Die Rüstungsausgaben des Staates stiegen von 1,9 Milliarden (1933) auf 17 Milliarden jährlich (1938); bis zum Kriegsausbruch 1939 wurden total etwa 60 Milliarden ausgegeben. Durch die Aufrüstung wurden viele Arbeitsplätze geschaffen.

3. Möglichst grosse Selbstversorgung mit lebensnotwendigen Gütern, vor allem Rohstoffen («Autarkie»), um im Kriegsfall wirtschaftlich unabhängig zu sein. So wurde beispielsweise die Herstellung von synthetischem Benzin aus Kohle gefördert.

Mit diesen Massnahmen gelang es, die Wirtschaftskrise zu überwinden. Die Unternehmer wurden wieder aktiv, produzierten mehr und bauten ihre Betriebe aus. Sie erhielten Staatsaufträge, hatten es mit einer stabilen Regierung zu tun und konnten auf lange Sicht planen. Sie hatten weder Streiks noch gewerkschaftliche Forderungen zu befürchten.

1 Arbeitsbeschaffung durch Autobahnbau: Hitler eröffnet im September 1933 in der Nähe von Frankfurt den Bau der Reichsautobahnen.
2 Aufrüstung: Truppendefilee vor Adolf Hitler zu dessen 50. Geburtstag (20. April 1939)

Sie konnten, da wieder mehr Leute Arbeit hatten, mit mehr Kunden rechnen. 1938 wurde praktisch die Vollbeschäftigung erreicht. In manchen Bereichen herrschte sogar ein Mangel an Arbeitskräften. Allerdings kostete diese Wirtschaftspolitik sehr viel Geld. Die Staatsausgaben wuchsen stärker als die Einnahmen. Der Staat deckte diese Differenz, indem er mehr Geld produzierte. In einer freien Wirtschaft hätte dies zur Geldentwertung und zur Teuerung geführt. Im nationalsozialistischen Deutschland wurde dies durch strenge Preis- und Lohnvorschriften verhindert. Es war auch nicht erlaubt, deutsches Geld gegen ausländische Währungen frei auszutauschen, was für fremde Kaufleute ungünstig war. Daher konnte der Handel mit dem Ausland nicht wesentlich verbessert werden.

1938 produzierte die deutsche Wirtschaft fast doppelt so viel wie 1932. Ein grosser Teil der Mehrproduktion bestand jedoch aus Gütern, die von den Konsumenten nicht gekauft werden konnten (Waffen aller Art, staatliche Bauten, neue Fabrikbetriebe). Hätte man die Löhne entsprechend erhöht, so hätten die Leute für ihr Geld gar nicht genügend Waren vorgefunden. Daher liess man die Löhne im gleichen Zeitraum nur um 21 Prozent* ansteigen. Der Wohlstand der Arbeitnehmer nahm daher nur bescheiden zu. Immerhin hatten nun fast alle Bürger wieder regelmässige Arbeit gefunden.

* Unter Einbezug der Teuerung, doch mussten zum Teil längere Arbeitszeiten in Kauf genommen werden.

Die Staatsausgaben des Deutschen Reiches 1933–1939 (in Reichsmark):

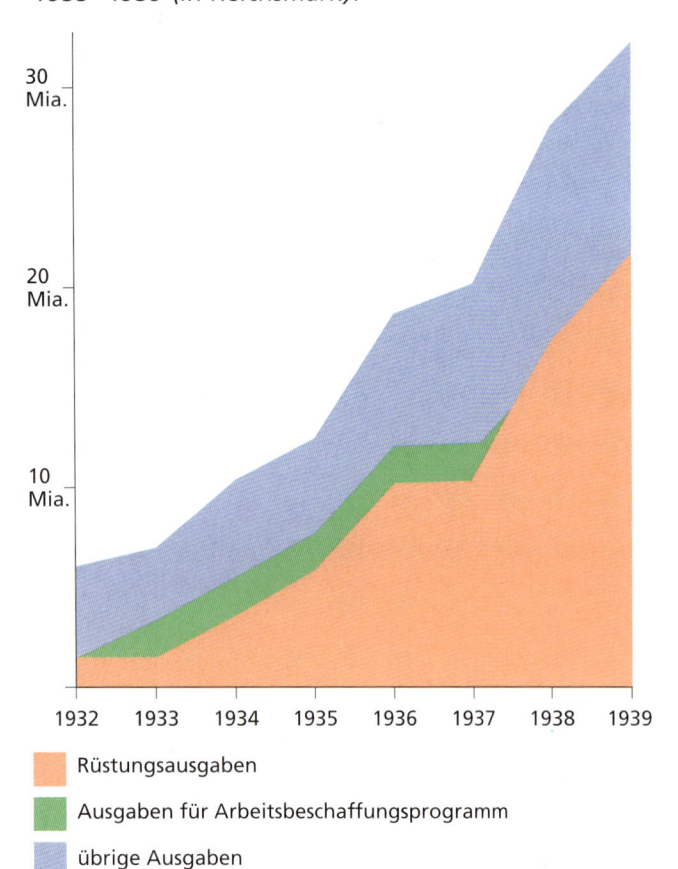

- Rüstungsausgaben
- Ausgaben für Arbeitsbeschaffungsprogramm
- übrige Ausgaben

Die Entwicklung des deutschen Aussenhandels 1928–1939 (Exporte und Importe, in Reichsmark):

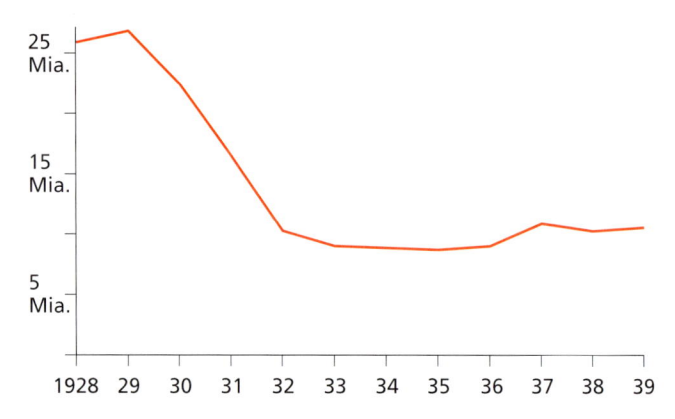

Das Wichtigste in Kürze:
Durch zahlreiche Gesetze und eine geschickte Personalpolitik wurde die Stellung Hitlers zur kaum angreifbaren Diktatur ausgebaut. Um ihn entstand ein «Führerkult». Durch Arbeitsbeschaffungsprogramme und eine massive Aufrüstung gelang es, die Wirtschaft anzukurbeln und die Arbeitslosigkeit zu beseitigen.

1 Welche Partei war nach 1933 in Deutschland noch zugelassen?
2 Welches Amt ging 1934 auch noch auf Hitler über?
3 In welcher Organisation wurden die ehemaligen Gewerkschaften, Angestelltenorganisationen und Unternehmervereinigungen zusammengeschlossen?
4 Warum nahm die Zahl der Arbeitslosen unter der nationalsozialistischen Herrschaft ab?

5 Hitler sah sich als «Werkzeug der Vorsehung». Was meinte er damit?
6 Wie wirken die Texte über den «Führer» (Quellentexte 73–75) auf dich?
7 In Deutschland wurde eine möglichst grosse Selbstversorgung mit lebensnotwendigen Gütern angestrebt. Wie lautet das Fremdwort dafür? Welcher Zweck wurde mit dieser Politik verfolgt?
8 Worin siehst du die Vor- und Nachteile der nationalsozialistischen Wirtschaftspolitik?

Aus der Krise in die Diktatur: die faschistischen Bewegungen

Das nationalsozialistische Deutschland: die Regierten

Die nationalsozialistische Regierung war bestrebt, die Bevölkerung zu kontrollieren und Gegner zu erkennen und auszuschalten. Sie wollte aber auch möglichst viele Bürger dazu bewegen, sie gutzuheissen und zu unterstützen.

Im ganzen Land bestand eine grosse Zahl nationalsozialistischer Organisationen. Wer überhaupt keiner von diesen beitrat, galt als verdächtig und musste mit Schwierigkeiten rechnen, wenn er staatliche Unterstützung oder gar eine Staatsstelle anstrebte. Daher wurden viele Deutsche Mitglied der «Deutschen Arbeitsfront», die an die Stelle der Gewerkschaften getreten war. Diese hatte bei der Festsetzung der Löhne und Arbeitszeiten zwar nicht mitzureden, organisierte aber preisgünstige Ferienreisen – für viele Deutsche ein neues Erlebnis.

Ausschnitt aus dem Reiseangebot des Amtes «Kraft durch Freude» der «Deutschen Arbeitsfront»:

77
14 Tage	Berlin–Bodensee	65,50 Mark
7 Tage	Berlin–Oberbayern	43,— Mark
7 Tage	Ruhrgebiet–Nordsee	39,— Mark
14 Tage	Rundreise durch Italien	155,— Mark

(In den Preisen waren die Kosten für Fahrt, Unterkunft, Verpflegung und Führungen inbegriffen. Die Monatslöhne der Arbeiter betrugen knapp 200 Mark, jene der Angestellten 200–300 Mark.)

Ein Funktionär der «Deutschen Arbeitsfront» über den Sinn der «Kraft durch Freude»-Aktionen (1940):

78 «Wir schickten unsere Arbeiter nicht auf eigenen Schiffen auf Urlaub oder bauten ihnen gewaltige Seebäder, weil uns das Spass machte oder zumindest dem Einzelnen, der von diesen Einrichtungen Gebrauch machen kann. Wir taten das nur, um die Arbeitskraft des Einzelnen zu erhalten und um ihn gestärkt … an seinen Arbeitsplatz zurückkehren zu lassen … Betriebssport, Schönheit der Arbeit, Werkkonzerte sind alles keine Dinge an sich, sondern sie dienen immer wieder dem grossen Gesamtziel, die Leistungen des deutschen Volkes auf allen Gebieten zu steigern.»

Wer eine höhere berufliche Laufbahn anstrebte, wurde mit Vorteil auch Mitglied der Nationalsozialistischen Partei. Wer sich für einen ganz besonders überzeugten und auserwählten Kämpfer für das Deutsche Reich und seinen Führer hielt, trat der SS bei. Für Ärzte, Lehrer, Rechtsanwälte und viele andere Berufe bestanden besondere Berufsverbände; der Beitritt war beinahe obligatorisch. Über all diese Organisationen konnte die Bevölkerung beeinflusst und kontrolliert werden.

Aus der Zeitschrift «Signal» (1941):

79 «Die Organisation der Partei … ist von den Anfängen an auf die Idee ausgerichtet gewesen, jeden Einzelnen zu erfassen, um ihn für das Gemeinwohl einzusetzen … Die kleinste Einheit ist der Block (etwa 30 bis 40 Haushaltungen), es folgen der Grösse nach die Zelle, die Ortsgruppe, der Kreis und der Gau. Im Block wird die Familie erfasst, die Zelle umschliesst schon das Leben einer oder mehrerer Strassen, die Ortsgruppe zieht ihre Grenzen um ganze Ortschaften … Der Gau ist die grösste Verwaltungseinheit … In die Gaue strömt unmittelbar die Initiative, die von der Reichsleitung ausgeht. Hier wird die politische Kraft – um den Vorgang in ein Beispiel zu kleiden – aus der Starkstromleitung genommen und auf die den Gauen unterstellten Kreise verteilt. Die Kreise wiederum formen den Strom nach örtlichen Bedürfnissen um und leiten ihn an die Ortsgruppen weiter… Im Block aber fliesst die Kraft in jedes einzelne Haus, so dass zuletzt jedermann … seinen Anschluss hat …»

Aus den Erinnerungen von Hans-Günter Zmarzlik (geboren 1922):

80 «Mein Vater, Sekretär einer Angestelltengewerkschaft, wurde bei der handstreichartigen Besetzung der Gewerkschaftshäuser durch die SA am 2. Mai 1933 auf die Strasse gesetzt. Einige Zeit lief sein Gehalt noch weiter, dann ging es uns wirtschaftlich schlecht. Bald war das Schulgeld für die Kinder … kaum noch zu erschwingen. Eine existenzsichere berufliche Position fand der politisch doppelt belastete Gewerkschaftler und SPD-Mann nicht. Ein Ende des Dritten Reiches, zunächst sicher erwartet, war nicht abzusehen. So entschloss er sich 1937, von den Demütigungen der Stellungssuche zermürbt, in die NSDAP einzutreten. Er hatte sich arrangiert. Aber Hitler blieb für ihn ein Demagoge und Gewaltmensch: ein Unglück für Deutschland …»

Wahlkämpfe und politische Diskussionen gab es nicht mehr. Der Inhalt der Zeitungen war einheitlich und eintönig, denn Kritik an den bestehenden Verhältnissen war weder mündlich noch schriftlich gestattet (siehe Quellentext 68, Seite 67). In den Vordergrund traten dagegen Massenveranstaltungen mit militärischen Aufmärschen, Reden und Zeremonien, an denen aber auch Musik, Tanz und Festfreude nicht fehlten. Zu den jährlich abgehaltenen Feierlichkeiten – «Führers Geburtstag» (20. April), 1. Mai, Reichsparteitag, Erntedankfest usw. – kamen ausserordentliche Anlässe wie Staatsbesuche oder die Olympischen Spiele 1936. Radio und Kinowochenschau sorgten dafür, dass auch jene von den Ereignissen erfuhren, die nicht dabei sein konnten. Auf diese Weise versuchte man den Bürgern ein Zusammengehörigkeitsgefühl, aber auch einen Eindruck von der Grösse und Macht des Reiches und seiner Regierung zu vermitteln. Zwischen solchen Festtagen liefen die verschiedensten Unternehmungen, welche die Bevölkerung zum Mitmachen aufforderten und ihr zeigen sollten, dass es vorwärts und aufwärts ging. Dazu gehörten etwa die «Reichsverkehrserziehungswoche», die Kampagne «Besseres Licht – bessere Arbeit» oder die «Reichsaktion Mottenbekämpfung». Besonders häufig waren Spenden- und Sammelaktionen für wohltätige Zwecke, wobei registriert wurde, wer viel, wenig oder gar nichts spendete.

Aus dem «Göttinger Tageblatt» (6. November 1933) über den Verlauf der Winterhilfsaktion:

81 «In der Schlacht gegen die Wintersnot war gestern Grosskampftag. Auf allen Herden Göttingens schmorte und duftete der Eintopf ... Das ‹Zusammengekochte› ..., aus der Not geboren, ist zum Ehrengericht des deutschen Volkes geworden ...

1 Das Radio wurde zu einem wichtigen politischen Beeinflussungsmittel. Über den billigen «Volksempfänger» konnten nur deutsche Sender empfangen werden.
2 BDM-Mädchen sammeln im Herbst 1936 für den Bau von Jugendherbergen.
3 Massenkundgebung beim Berliner Olympia-Stadion anlässlich des Besuchs Mussolinis im September 1937

Und noch mehr freut sich die Hausfrau ..., so dass sie freudig den Preisunterschied (zum traditionellen Sonntagsbraten) für die Winterhilfe hergibt ... Im Jugendheim, wo sich das Hauptquartier des Winterhilfswerks ... niedergelassen hatte, war grosser Betrieb. Rund 100 SS-Männer erhielten hier ihren Befehl zum Angriff auf die Haushaltungen, und ebenso viele NS-Studentinnen ... und andere freiwillige Helferinnen empfingen die weissen Sammelbüchsen ... für die Strassensammlung. Schon um 10.30 Uhr morgens waren die Stellungen besetzt. Die Kirchgänger waren die ersten, die von der Angriffswelle erfasst wurden. Die Spitzen der Behörden hatten sich ebenfalls als Sammler gemeldet ...: Oberbürgermeister Professor Dr. Jung, der Rektor der Uni-

Aus der Krise in die Diktatur: die faschistischen Bewegungen

versität Prof. Dr. Neumann … Sie wollten der Einwohnerschaft ein Beispiel der Gefolgstreue dem Führer gegenüber geben … Der Eintopf-Sonntag war für die Göttinger Winterhilfe ein ganz grosser Erfolg. Die Haushaltungen lieferten nicht weniger als 4892,01 Mark an die SS-Sammler ab, und die Strassensammlung erbrachte noch einen Betrag von 1980,80 Mark … Heute Morgen begann die grosse Kleider- und Lebensmittelsammlung.»

Aus den Aufzeichnungen von Hans Schlange-Schöningen (veröffentlicht 1946):

82 «Man weiss meisterhaft, dem Volk das Geld aus der Tasche zu ziehen. Steuern aller Art, Kassenbeiträge, Beiträge für die Arbeitsfront, ‹freiwillige Spenden› – und wehe dem, der nicht … gibt! Tag der Wehrmacht, Tag der Polizei, Tag der Feuerwehr … Tag der Mütter, Tag der Väter, Tag der Kinder, Eintopf, Winterhilfe: man könnte ein Buch schreiben allein über die schier unendliche Fülle dieser Erpressermethoden. Nur nicht darüber, wo diese ungeheuren Summen bleiben, denn das weiss kein Mensch.»

Wohl die grosse Mehrheit der Deutschen war der Meinung, die nationalsozialistische Regierung habe ihr Sicherheit, Ordnung und Arbeit gebracht. Die aussenpolitischen Erfolge (siehe Seite 129f.) vermittelten das Gefühl, dass das Deutsche Reich endlich wieder ernst genommen werde. Anderseits registrierte die Geheime Staatspolizei auch Unzufriedenheit. Kritisiert wurden vor allem die nach wie vor niedrigen Löhne, Versorgungsschwierigkeiten und die Bestechlichkeit und Unfähigkeit vieler Parteifunktionäre.

Aus einem Bericht des Oberpräsidenten der Rheinprovinz an den Innenminister (11. Februar 1935):

83 «Die Auswahl der Amtswalter (Funktionäre) der NSDAP und ihrer Nebenorganisationen ist zum Teil unbestreitbar fehlerhaft … Es muss bedauerlicherweise festgestellt werden, dass die strafrechtlichen Verfehlungen … unter den Amtswaltern der Partei … in der letzten Zeit erschreckend hoch gewesen sind. Bei vielen deutschen Volksgenossen werden alle grossen Verdienste des Führers und der NSDAP, die freudig und rückhaltlos anerkannt werden, verdunkelt und überschattet durch diese Verfehlungen lokaler Unterführer … Man weist in der Bevölkerung ferner darauf hin, dass dieser Amtswalter-Apparat bereits ungewöhnlich aufgebläht ist und trotzdem immer weiter durch neue Nebenorganisationen ergänzt wird und dass dies der Grund ist für die zahllosen Sammlungen und … Beiträge.»

Der Regierung war klar, dass man ältere Leute zwar zur Anpassung bewegen, aber nur beschränkt von ihren bisherigen religiösen und politischen Ansichten abbringen konnte. Daher legte sie das Schwergewicht darauf, die **jungen** Menschen zu überzeugten Nationalsozialisten zu erziehen.

Eine wichtige Rolle spielte dabei die Schule. An der Organisation des Schulwesens wurde wenig geändert, die Lehrpläne und Lehrmittel dagegen wurden im nationalsozialistischen Geist überarbeitet. Lehrer, die als Gegner des Nationalsozialismus bekannt waren, mussten ihre Stelle räumen.

Adolf Hitler: «Mein Kampf»:

84 «Der … Staat hat … seine gesamte Erziehungsarbeit in erster Linie nicht auf das Einpumpen blossen Wissens einzustellen, sondern auf die Heranzüchtung kerngesunder Körper. Erst in zweiter Linie kommt dann die Ausbildung der geistigen Fähigkeiten.»

Der Schriftsteller Horst Krüger (1919–1999) erinnert sich an seine Schulzeit an einem Gymnasium in Berlin-Grunewald:

85 «1930: Kurz vor acht klingelte es … Damals, als ich als Sextaner hier begann, wurde jeder Wochenanfang noch mit einer Morgenandacht eingeleitet … Wir waren etwa fünfhundert Schüler. Wir hockten auf hartem Gestühl. Eine Bibellesung begann. Wir hatten dann einen Choral zu singen … Dann stand der Chef auf: Oberstudiendirektor Wilhelm Vilmar. Steif, streng, gravitätisch ging er zum Pult, wo die Bibel lag. Es wurde ganz still. Er faltete die Hände und sprach uns das Unservater vor. An jedem Montagmorgen um acht wurde gebetet …

Nach 1933: Es muss im Sommer 1933 gewesen sein. Eines Tages war Dr. Vilmar, unser Direktor, einfach verschwunden. Man hatte diesen unbestechlichen Mann … etwas vorzeitig in Pension geschickt … Da kam eines Tages der neue Direktor. Er hiess Wilhelm Waldvogel … Er war jedenfalls ein Nazi, wie er im Buche steht: dümmlich, aber sehr stramm; etwas gewöhnlich, aber treu, ein kurzgeschorener Quadratschädel, Anfang vierzig … Der Mann roch nach Schweiss.

Montagmorgen: Ich besinne mich genau, dass wir uns jetzt statt in der Aula draussen vor dem Schulhaus um den weissen Fahnenmast zu versammeln hatten. Plötzlich ging es nicht mehr evangelisch, sondern militärisch zu. Beim Morgenappell wurden kernige Sprüche von Schlageter oder Alfred Rosenberg zitiert. Waldvogel erklärte einmal programmatisch, dass es nun vorbei sei mit der humanistischen Gefühlsduselei … jetzt, da die neue Zeit gesiegt habe, werde hier soldatischer Geist einziehen. Und das erlebten wir auch: Es wurde die schwarzweissrote, dann die Hakenkreuzfahne gehisst. Wir grüssten mit dem rechten Arm. Dann sangen wir das Deutschlandlied, danach das Horst-Wessel-Lied. Kommandos ertönten: Rührt euch … Das Komische ist: Wir Dreizehnjährigen empfanden dies … damals keineswegs als bedrückend. Im Gegenteil: Vieles wurde jetzt leichter. Der Lehrplan wurde einfacher … Turnen und Sport waren jetzt wichtig … Luthers Choräle verstummten; anheimelnde Volkslieder wurden geübt … Später wurde uns sogar ein Schuljahr geschenkt: Die Unter- und die Oberprima wurden zu einem Jahr vereint … Kurt

Simon, Fritz Goldstrom, Hans Leiser, Gerhard Dreifuss: Das waren jüdische Schüler ... Sie verschwanden in den Jahren 1933 und 34 langsam, wie auch Dr. Vilmar verschwunden war ... Sie wurden von ihren Eltern gelegentlich abgemeldet: der eine in eine jüdische Schule in Charlottenburg, der andere in ein Internat bei Lausanne. Fritz Goldstrom, so hiess es, würde mit seinen Eltern nach Palästina auswandern ... Viele Fächer liefen fast unverändert weiter. Physik und Chemie, aber auch Musik, Zeichnen, der Religionsunterricht wurden nicht anders als früher erteilt. In der Geschichte sind wir nie über Bismarck hinausgekommen ... Es liegt ein Photo vor mir: unsere Obertertia 1935 ... Es sitzen einundzwanzig Pennäler auf den hölzernen Bänken ... Von einundzwanzig, die damals hier sassen, lernten, grinsten, manchmal sich mokierten, sich eben so durchmogelten, sind heute (1981) noch vier am Leben ... Wilhelm Waldvogel, der uns den Nationalsozialismus lehrte, ist nicht für seinen Führer gefallen wie die anderen. Er siedelte nach dem Krieg in die Bundesrepublik über. Ab 1948 war er wieder als Lehrer am Mädchen-Gymnasium in Bad Homburg tätig ... Er ist 1973 ... in allen Ehren gestorben.»

Aus Rechenbüchern des nationalsozialistischen Deutschland:

86 «1. Ein Bombenflugzeug kann mit sich führen: eine Explosiv-Bombe à 350 kg, drei Bomben à 100 kg, vier Gasbomben à 150 kg und 200 Brandbomben à 1 kg.
a) Wie gross ist das Fassungsvermögen?
b) Welchen Prozentsatz der Ladung stellt jede einzelne Bombenart dar?
c) Wie viele Brandbomben à 0,5 kg könnten hinzugefügt werden, wenn das Fassungsvermögen um 50 Prozent gesteigert würde?
2. Eine Panzerabteilung bricht um 6 Uhr früh aus ihrem Quartier auf und legt 45 km/h zurück. Gleichzeitig mit ihr bricht aus einem an derselben Strasse 22 km weiter rückwärts gelegenen Orte in derselben Richtung eine Kraftrad-Schützenabteilung auf, die 65 km in der Stunde fährt.
a) Wie weit muss sie fahren, bis sie die Panzerabteilung einholt?
b) Um welche Uhrzeit findet dies statt?»

Aus dem Lesebuch «Ich will Dir was erzählen», Erstes Lesebuch für Kinder des Hessenlandes:

87 **«Adolf Hitler im Krieg:**
Der Hauptmann will einen Brief zu den Soldaten ganz vorne schicken. – ‹Hitler, können Sie das machen?›, fragt er. ‹Jawohl, Herr Hauptmann.› Und fort rennt er mit dem Brief. Das ist aber ein böser Weg! Da sind grosse, tiefe Löcher und breite Gräben. Da sind Eisengitter mit Stacheldraht. Da schiessen die Franzosen mit Gewehren und Kanonen. Keine Angst. Fort geht es über Gräben und Löcher. Hinein in den Unterstand!
Aber – da sind lauter Franzosen, fünfzehn Mann und ein Offizier. ‹Ihr seid alle gefangen›, schreit Hitler. Und weil sie meinen, es kämen noch mehr Deutsche, strecken sie alle die Hände hoch. ‹Hitler, Sie sind ein Held›, spricht der General, als er die Gefangenen bringt. ‹Dafür bekommen Sie das Eiserne Kreuz.›»

Ein grosser Teil der Freizeit wurde durch die Tätigkeit in der «Hitler-Jugend» ausgefüllt. Seit 1936 war die Zugehörigkeit für alle 10- bis 18-jährigen Deutschen vorgeschrieben, während die übrigen Jugendorganisationen nicht mehr bestehen durften. Die «HJ» umfasste schliesslich über acht Millionen Mitglieder, die nach Geschlecht, Alter und Wohnort in immer kleinere Einheiten gegliedert waren (siehe Tabelle Seite 79). Die höheren Führer und Führerinnen, etwa 8000, standen im Alter zwischen 21 und 30 Jahren und übten ihr Amt vollberuflich aus, während die unteren ihre Aufgabe neben der Ausbildung versahen. Die HJ-Übungen wurden regelmässig am Samstag, häufig auch an weiteren schul-

Freie Jugendgruppe des «Wandervogels» (1932)

Aus der Krise in die Diktatur: die faschistischen Bewegungen

Hitler-Jugend am «Tag der deutschen Jugend» 1936

freien Nachmittagen oder an Abenden abgehalten. Auf dem Programm standen Sport, militärisches Exerzieren, Kartenlesen, Naturbeobachtung, Teilnahme an Sammelaktionen, politische Ausbildung, umrahmt von viel Gesang. Besonders wichtig waren die Ferienlager und die Beteiligung an den grossen Massenveranstaltungen.

Das Lied der Hitler-Jugend:
88 «Vorwärts! Vorwärts!, schmettern die hellen Fanfaren.
Vorwärts! Vorwärts!, Jugend kennt keine Gefahren.
Deutschland, du wirst leuchtend stehn,
Mögen wir auch untergehn.
Vorwärts! Vorwärts!, schmettern die hellen Fanfaren.
Vorwärts! Vorwärts!, Jugend kennt keine Gefahren.
Ist das Ziel auch noch so hoch,
Jugend zwingt es doch.
   Refrain: Unsre Fahne flattert uns voran.
In die Zukunft ziehn wir Mann für Mann.
Wir marschieren für Hitler durch Nacht und durch Not,
Mit der Fahne der Jugend für Freiheit und Brot.
Unsre Fahne flattert uns voran.
Unsre Fahne ist die neue Zeit.
Und die Fahne führt uns in die Ewigkeit!
Ja, die Fahne ist mehr als der Tod!
   Jugend! Jugend!, wir sind der Zukunft Soldaten.
Jugend! Jugend!, Träger der kommenden Taten.
Ja, durch unsre Fäuste fällt,
Wer sich uns entgegenstellt.

Jugend! Jugend!, wir sind der Zukunft Soldaten.
Jugend! Jugend!, Träger der kommenden Taten.
Führer, dir gehören wir. Wir Kameraden, dir!»

Der Anklang, den der HJ-Betrieb bei den Jugendlichen fand, war unterschiedlich. Er hing von den Fähigkeiten der Führerinnen und Führer, aber auch von der Einstellung der Eltern zum Nationalsozialismus ab. Je länger, je mehr trat bei den HJ-Veranstaltungen, vor allem bei den 14 bis 18 Jahre alten Knaben, das militärische Element in den Vordergrund.

Aus dem Aufsatz eines Maturanden über seine Zeit in der Hitler-Jugend (1946 verfasst):
89 «Diese Kameradschaft, das war es auch, was ich an der Hitler-Jugend liebte. Als ich mit zehn Jahren in die Reihen des Jungvolkes eintrat, war ich begeistert. Denn welcher Junge ist nicht entflammt, wenn ihm Ideale, hohe Ideale wie Kameradschaft, Treue und Ehre entgegengehalten werden ... Und dann die Fahrten! Gibt es etwas Schöneres, als im Kreis von Kameraden die Herrlichkeiten der Heimat zu geniessen? Welche Freude empfanden wir, wenn wir an irgendeinem blauen See Holz sammelten, Feuer machten und darauf dann eine Erbsensuppe kochten! ... Und es ist immer wieder ein tiefer Eindruck, abends in der freien Natur im Kreis um ein kleines Feuer zu sitzen und Lieder zu singen oder Erlebnisse zu erzählen ... Hier sassen dann Lehrlinge und Schüler, Arbeitersöhne und Beamtensöhne zusammen und lernten sich gegenseitig verstehen und schätzen. – Daneben freute es mich, dass auch der Sport beachtet wurde ... Später allerdings, als ich Führer im Jungvolk wurde, da traten

auch die Schattenseiten stark hervor. Der Zwang und der unbedingte Gehorsam berührten mich unangenehm. Ich sah wohl ein, dass Disziplin und Ordnung herrschen mussten bei dieser Anzahl von Jungen, aber es wurde übertrieben. Am liebsten wurde gesehen, wenn man keinen eigenen Willen hatte und sich unbedingt unterordnete.»

Aus den Erinnerungen von Karl-Heinz Janssen:
90 «In unserem Fähnlein bestanden die Jungvolk-Stunden fast nur aus ‹Ordnungsdienst›, das heisst aus sturem militärischem Drill. Auch wenn der Sport oder Schiessen oder Singen auf dem Plan stand, gab es immer erst ‹Ordnungsdienst›, endloses Exerzieren mit ‹Stillgestanden›, ‹Rührt euch›, ‹Links um›, ‹Rechts um›, ‹Ganze Abteilung – kehrt› ... Zwölfjährige Hordenführer brüllten zehnjährige Pimpfe zusammen und jagten sie kreuz und quer über Schulhöfe, Wiesen ... Die kleinsten Aufsässigkeiten, die harmlosesten Mängel an der Uniform, die geringste Verspätung wurden sogleich mit Strafexerzieren geahndet ... Uns wurde von Kindesbeinen an Härte und blinder Gehorsam eingedrillt ... Wie haben wir das nur vier Jahre ertragen? ... Ich kann es mir nur so erklären: Wir alle waren vom Ehrgeiz gepackt ... Denn wer tüchtig war, wurde befördert, durfte selbst kommandieren.»

Stand bei den Knaben die Erziehung zum Soldaten im Vordergrund, so bei den Mädchen jene zur künftigen Frau und Mutter. Um das deutsche Volk möglichst gross und stark zu machen, sollten möglichst viele Kinder geboren werden. Die nationalsozialistische Frauenorganisation wies zwar darauf hin, dass eine gute Ausbildung auch für die Frauen wichtig sei. Ihr Einfluss war jedoch sehr gering. Der Anteil der Mädchen an den höheren Schulen und Universitäten ging zurück.

Aus einem Lehrbuch für Biologie (1943):
91 «Die Berufstätigkeit der Frau, vor allem der verheirateten Frau, ist also volksbiologisch meist sehr nachteilig ... die deutsche Frau muss sich wieder daran erinnern, dass ihr ureigener Wirkungskreis nicht das Büro, der Fabriksaal oder das Laboratorium ist, sondern einzig und allein die Familie!»

Eine Vertreterin der NS-Frauenschaft (Lore Bauer; 1937):
92 «Dass jede Frau bestrebt ist, eine eigene Familie zu gründen, ist naturbedingt und selbstverständlich ... Eine der besten Vorbereitungen dazu aber ist, ausser dem Erwerb der selbstverständlichen Hausfrauenkenntnisse, Arbeits- und Berufsdisziplin. Einmal im Leben eine Sache von Grund auf gelernt zu haben ..., einmal in der Gemeinschaft eines Betriebes gearbeitet zu haben, das ist eine wichtige Schulung ... Das gilt erst recht für die höheren Berufe, die aus einer besonderen Begabung heraus ergriffen werden. Es gibt keine Nation, die so reich an Talenten wäre, dass sie ein einziges davon entbehren könnte, auch wenn ihr Träger eine Frau ist.»

1 Jungmädel beim «Heimabend»
2 Nationalsozialistischer Wochenspruch (1941)

Aus dem Programm eines Ferienlagers des «Bundes Deutscher Mädel» (1936):

2. Tag:	
6.30	Wecken
6.30 – 7.00	Frühsport (Waldlauf, Körperschule, Leichtathletik)
7.00 – 8.00	Waschen, Anziehen, Aufräumen
8.00	Fahne hissen
8.10 – 8.30	Frühstück
8.30 – 9.30	Singen: Bekenntnis- und Fahnenlieder
9.30	Zeitungsbericht
9.45 –10.45	Politische Schulung: Führer und Gefolgschaft
11.00 –12.00	Schwimmen
12.15	Mittagessen
12.45 –14.30	Freizeit
14.30 –17.00	Werkarbeit: Lagereinrichtung, Briefkasten, Wegweiser, Zeltschilder, Kochgeschirr- und Handtuchständer, Unterstand für Lebensmittel, Einrichtung eines behelfsmässigen Sportplatzes
17.15 –19.00	Ball- und Laufspiele
19.15	Abendbrot
19.45 –20.45	Heimabend: unser Führer
20.45	Fahne einholen
21.30	Bettruhe

Aus der Krise in die Diktatur: die faschistischen Bewegungen

Junge Menschen im nationalsozialistischen Deutschland:

Mädchen:
- Politische Erfassung (Mädchen): Hitler-Jugend/BDM — Jungmädel, Bund Deutscher Mädel, NS-Frauenschaft der NSDAP, NS-Berufsverband
- Lebensjahr: 6 — 10 — 14 — 18 — 21
- Haupttätigkeit: Volksschule, Gymnasium, Lehre/Anlehre, 6 Monate Arbeitsdienst, Berufstätigkeit oder Hausfrau/Mutter, Studium

Knaben:
- Politische Erfassung (Knaben): Hitler-Jugend/BDM — Jungvolk, Hitler-Jugend, Reserve der Wehrmacht, NSDAP, NS-Nebenorganisationen, NS-Berufsverband, SS
- Lebensjahr: 6 — 10 — 14 — 18 — 21
- Volksschule, Gymnasium, Lehre/Anlehre, 6 Monate Arbeitsdienst, 2 Jahre Wehrdienst, Studium, Berufstätigkeit

Kernthema 2:

Das Wichtigste in Kürze:
Durch zahlreiche nationalsozialistische Organisationen wurde der einzelne Bürger erfasst und kontrolliert, aber auch gefördert und begünstigt. Die Mehrheit passte sich, in unterschiedlicher Stärke und Überzeugung, den neuen Verhältnissen an. Besondere Anstrengungen wurden unternommen, um die Jugend für den Nationalsozialismus zu begeistern.

1 Was bot das Unternehmen «Kraft durch Freude»? Welches war der Zweck dieses Unternehmens?
2 Welche Gründe gab es, der Nationalsozialistischen Deutschen Arbeiterpartei beizutreten?
3 Wie wirkte sich die nationalsozialistische Machtübernahme auf den Schulbetrieb aus?
4 Welchen Organisationen traten die jugendlichen Deutschen bei? Was gefiel ihnen daran, was weniger?
5 Welche Rolle fiel der Frau im nationalsozialistischen Deutschland zu?

6 Vergleiche den Betrieb in der Hitler-Jugend mit jenem in einer heutigen Jugendorganisation.
7 Was gefiel wohl vielen Deutschen am nationalsozialistischen System, was missfiel ihnen wohl eher?

Das nationalsozialistische Deutschland: die Opfer

Kontrolle und Unterdrückung

Obwohl sich ein grosser Teil der deutschen Bevölkerung mit der nationalsozialistischen Herrschaft abfand, blieben Gegner übrig. Zu ihnen gehörten zunächst Anhänger jener Parteien, welche den Nationalsozialismus bekämpft hatten, vor allem Sozialdemokraten und Kommunisten. Von den Letzteren kamen während der Zeit des Nationalsozialismus etwa 20 000 ums Leben. Aber auch viele Künstler galten wegen ihrer Werke oder ihrer politischen Haltung als «undeutsch». Endlich gab es manche, die sich enttäuscht vom Nationalsozialismus abwandten.

Die Regierung war bestrebt, jede Opposition im Keim zu ersticken. So wurden die Werke vieler Künstler mit einem Verkaufs-, Ausstell- oder Aufführungsverbot belegt. Man führte öffentliche Bücherverbrennungen durch. Das wichtigste Instrument war jedoch die Polizei, darunter besonders

Öffentliche Verbrennung von Büchern antinationalsozialistischer Schriftsteller in Berlin (10. Mai 1933)

Aus der Krise in die Diktatur: die faschistischen Bewegungen

die Geheime Staatspolizei (Gestapo). Diese war technisch und personell sehr gut ausgebaut und wurde zudem von vielen Parteifunktionären mit Informationen versorgt.

Die Partei überwacht die Bürger: Wilhelm B. hatte um ein Stipendium für seinen Sohn, der studieren wollte, ersucht. Ausschlaggebend für den Entscheid war die Beurteilung seiner politischen Einstellung durch die Partei. Sein Gesuch wurde abgelehnt.

Der ehemalige Rüstungsminister Albert Speer (1946):

93 «Die Diktatur Hitlers war die erste Diktatur eines Industriestaates, die sich zur Beherrschung des eigenen Volkes der technischen Mittel in vollkommener Weise bediente ... Durch Mittel der Technik, wie Rundfunk und Lautsprecher, konnten achtzig Millionen Menschen dem Willen eines Einzelnen hörig gemacht werden. Telefon, Fernschreiber und Funk ermöglichten, Befehle höchster Instanzen unmittelbar bis in die untersten Gliederungen weiterzuleiten ... Sie ermöglichten eine weit verzweigte Überwachung der Staatsbürger und den hohen Grad der Geheimhaltung verbrecherischer Vorgänge ... Der Alptraum vieler Menschen, ... dass einmal die Völker durch die Technik beherrscht werden könnten – er war im autoritären System Hitlers nahezu verwirklicht ... Daher: Je technischer die Welt wird, umso notwendiger ist als Gegengewicht die Forderung der individuellen Freiheit und des Selbstbewusstseins des einzelnen Menschen.»

Konzentrationslager

Alle wichtigen Polizeiämter wurden mit Angehörigen der SS besetzt, die Hitler zu bedingungslosem Gehorsam verpflichtet war. Die Gestapo hatte das Recht, politisch Verdächtige wie Kommunisten oder Sozialdemokraten, Angehörige besonderer Religionsgemeinschaften und Zigeuner ohne Gerichtsurteil auf unbestimmte Zeit in Konzentrationslager einzuweisen. Auch diese wurden von SS-Einheiten bewacht und verwaltet. Die Behandlung der Insassen war schlecht; oft wurden sie gefoltert.

Aus dem Verhör mit dem ehemaligen KZ-Aufseher Kurt Eccarius (1947):

94 «Staatsanwalt:
Welche Art von Strafen gab es im Zellenbau?
Eccarius:
Es gab alle im Lager gebräuchlichen Strafen: Prügeln auf dem Bock, Aufhängen am Pfahl, verschiedene Arreststrafen, Hinrichtungen.
Staatsanwalt:
Erklären Sie dem Gericht die einzelnen Strafen.
Eccarius:
Bei mir war zweimal in der Woche, am Dienstag und Freitag, Gerichtstag. Häftlinge, die sich irgendetwas zuschulden kommen liessen, wurden verprügelt oder am Pfahl aufgehängt. Bei Prügelstrafen wurden sie auf dem Bock angeschnallt und bekamen bis zu 25 Schläge mit einem Haselnussstecken.
Staatsanwalt:
Gab es nicht mitunter mehr Schläge?
Eccarius:
Nein.
Staatsanwalt:
Kam es nicht vor, dass Häftlinge mitzählen mussten, und wenn sie sich verzählten, dass sie mit dem Zählen von vorn beginnen mussten?
Eccarius:
Das war allerdings üblich ...
Staatsanwalt:
Was war das Aufhängen am Pfahl?
Eccarius:
Den Leuten wurden die Arme auf dem Rücken zusammengeschnürt, und dann wurden sie an einem Pfahl, den sie vorher selber in den Boden hatten schlagen müssen, aufgehängt, wodurch ihnen die Arme ausgerenkt wurden.
Staatsanwalt:
Wie lange wurden Häftlinge so aufgehängt?
Eccarius:
Gewöhnlich eine halbe Stunde. Um Geständnisse zu bekommen, bis zu zwei Stunden ...
Staatsanwalt:
Gab es noch andere Misshandlungen?
Eccarius:
Von der Lagerleitung waren keine befohlen.
Staatsanwalt:
Aber wurden nicht welche verübt?
Eccarius:
Das haben die Blockführer von sich aus gemacht: die Häftlinge mit Händen und Füssen getreten und geschlagen, mit kaltem Wasser begossen, im Winter

Häftlingsappell im Konzentrationslager Sachsenhausen

nachts mit nackten Füssen um den Zellenbau getrieben und so weiter ...
Staatsanwalt:
Stimmt es, dass die Bedingungen im Zellenbau so unmenschlich waren, dass sich Häftlinge freiwillig das Leben nahmen, weil sie die Strafen nicht ertragen konnten?
Eccarius:
Jawohl!»

Die Kirchen

In vielen Punkten, vor allem in seiner Rassentheorie, widersprach der Nationalsozialismus der christlichen Lehre. Trotzdem versuchte die katholische Kirche, durch einen Vertrag (1933) ihre Position so gut wie möglich zu sichern. Sie war bereit, die neue Ordnung anzuerkennen und sich aus der Politik herauszuhalten, wenn sie ihre religiöse Aufgabe fortsetzen konnte. Die Regierung hielt sich in der Folge immer weniger an den Vertrag und verbot etwa die katholischen Jugendgruppen. Nun nahmen verschiedene Bischöfe in ihren Predigten gegen nationalsozialistische Massnahmen Stellung, so gegen die Allmacht der Polizei oder die planmässige Tötung geisteskranker Menschen.

Aus einer Predigt des Bischofs von Münster, Clemens Graf von Galen (13. Juli 1941):
95 «Der physischen Übermacht der Gestapo steht jeder deutsche Volksbürger völlig schutzlos und wehrlos gegenüber ... Keiner von uns ist sicher, und mag er sich bewusst sein, der treueste und gewissenhafteste Staatsbürger zu sein, mag er sich völliger Schuldlosigkeit bewusst sein – dass er nicht eines Tages aus seiner Wohnung geholt, seiner Freiheit beraubt, in den Kellern des Konzentrationslagers der Gestapo eingesperrt wird ... Das Recht auf Leben, auf Unverletzlichkeit, auf Freiheit ist ein unentbehrlicher Grundteil jeder sittlichen Gemeinschaftsordnung. Der Staat, der die von Gott gewollte Grenze überschreitet, untergräbt seine eigene Autorität und die Achtung vor seiner Hoheit in den Gewissen der Staatsbürger.»

Unter den protestantischen Kirchen und Pfarrern herrschte keine Einigkeit. Ein Teil sympathisierte mit der nationalsozialistischen Herrschaft, eine mutige Minderheit wandte sich dagegen, viele versuchten, durch Anpassung zu überleben.

Sehr viele Deutsche waren stark in ihrer Kirche verwurzelt. Daher verzichtete die Regierung vorläufig auf einen totalen Kampf gegen die Kirchen, um nicht eine allgemeine Missstimmung heraufzubeschwören. Viele einzelne protestantische und katholische Geistliche landeten jedoch im Konzentrationslager; manche von ihnen überstanden die Haft nicht.

Die Unterdrückung der Juden

Die Juden galten ausnahmslos als Feinde des Nationalsozialismus und des deutschen Volkes (siehe Seite 50f.). Zur Überraschung vieler Deutscher setzte die Regierung ihre antisemitische Propaganda in die Tat um. Die zahlreichen Massnahmen gegen die Juden können in drei Gruppen zusammengefasst werden:

Aus der Krise in die Diktatur: die faschistischen Bewegungen

1. Zwischen den Juden und den übrigen Deutschen sollten möglichst deutliche Unterschiede geschaffen werden:
   - Zwischen Juden und Nichtjuden durften keine Ehen mehr geschlossen werden (ab 1935).
   - Juden mussten den Zweitvornamen «Sara» oder «Israel» führen und erhielten in ihrem Pass den Stempelaufdruck «J» (ab 1938).
   - Juden durften nur besondere jüdische Schulen besuchen (ab 1938).
   - Juden mussten einen gelben Stern tragen (ab 1941).
2. Die Rechtsstellung der Juden wurde ständig verschlechtert:
   - Juden durften nicht mehr als Beamte tätig sein (ab 1933/1935).
   - Jüdische Ärzte und Rechtsanwälte durften nur noch jüdische Klienten annehmen (ab 1938).
   - Juden durften nicht mehr an Hochschulen studieren (schrittweise ab 1934).
   - Juden wurde die Tätigkeit im Grundstückhandel und an der Börse untersagt (ab 1938).
   - Juden durften keine Einzelhandelsgeschäfte und Handwerksbetriebe mehr führen (ab 1939).
3. Gewalttätige Massnahmen gegen die Juden:
   - Die Bevölkerung wurde davon abgehalten, in jüdischen Geschäften einzukaufen (erstmals 1933).
   - Als ein Jude in Paris einen deutschen Botschaftsangestellten getötet hatte, wurden von der SA und der SS umfassende «Vergeltungsaktionen» durchgeführt. Zahlreiche jüdische Geschäfte und Wohnhäuser sowie Synagogen wurden zerstört (9./10. November 1938; siehe Quellentext 96).
   - Zunehmend wurden Juden in Konzentrationslager eingeliefert (ab 1938).

Boykottaktion gegen ein jüdisches Geschäft (1933)

Aus den Erinnerungen Kurt Witzenbachers an die Zerstörungsaktion vom 9. und 10. November 1938 «Reichskristallnacht»):

96 «Am nächsten Morgen nach der Schule ... lief ich voller Neugier und auch voller Angst durch die Zähringerstrasse. Für einen kleinen Jungen gab es da mehr als genug zu sehen; in unserer Gegend lebten viele jüdische Familien, und es gab eine Menge Ladengeschäfte, die Juden gehörten. Die Schaufenster waren eingeschlagen, überall standen SA-Männer herum ... So gelangte ich in die Kronenstrasse zur Synagoge. Eine grosse Menschenmenge drängte sich vor, SA-Männer trugen Thorarollen und einen noch schwelenden Polstersessel heraus und warfen alles auf einen Haufen ... Für die meisten gab es allerdings bei der Synagoge bald nicht mehr allzu viel zu sehen. Ich hörte einige sich zurufen: ‹Auf dem Adolf-Hitler-Platz ist was los!› Und schon war ich mittendrin im Strom der Menge ... Mit ein paar anderen Jungen kletterte ich auf den Brunnen vor dem Rathaus. Und da sah ich, wie mehrere Lastwagen, auf denen dichtgedrängt Menschen standen, ... heranfuhren. Die Menschen, es waren alles Juden, wie ich später erfuhr, wurden von den Wagen gestossen und durch die johlende Menschenmenge bis zum Polizeipräsidium hindurchgetrieben. Ich wusste damals natürlich nicht, was Spiessrutenlaufen ist. Ich sollte es aber in jenen Augenblicken von erwachsenen Menschen ... demonstriert bekommen. Mit Taschen, Stöcken und Schirmen schlugen sie auf die Juden ein und bespuckten sie. Ich werde ein Bild nie vergessen: Dicht an mir vorbei ging ein grossgewachsener, alter Herr mit Glatze und einem langen grauen Vollbart. Mit stolzer und zugleich verachtender Haltung schritt er aufrecht durch die prügelnde Menge, obwohl ihm aus unzähligen Platzwunden das Blut über das Gesicht lief.»

Auswanderung war für die Juden möglich und wurde von der Regierung zeitweise sogar gefördert. Die Auswanderer mussten jedoch den grössten Teil ihres Vermögens dem Staat abliefern oder in Deutschland zurücklassen. Auch waren sie im Ausland oft nicht willkommen. Zudem waren die meisten in Deutschland verwurzelt; der Entschluss, ihre Heimat zu verlassen, fiel ihnen schwer.

Aus dem Bericht von Hans Winterfeldt (geboren 1926):

97 «Mein Vater, so wie die meisten anderen Juden, hatte die Nazis noch immer nicht erkannt ... ‹Weshalb soll ich auswandern?›, sagte mein Vater und mit ihm viele Tausend andere Juden. ‹Es wird nicht alles so heiss gegessen, wie es gekocht wird›, fuhr er fort. ‹Wir leben schliesslich in einem Rechtsstaat. Was kann mir schon passieren, ich bin Frontkämpfer, habe vier Jahre für mein Vaterland an der Westfront gekämpft ...› Die meisten Übergriffe auf die jüdische Bevölkerung, besonders an kleineren Orten, wurden als ‹Einzelaktionen› bezeichnet, von denen man in Berlin angeblich nichts wusste ... Hatte Hitler doch bestimmt etwas anderes zu tun, als sich um die paar Juden zu kümmern!»

Von den 500 000 deutschen Juden wanderten bis 1941 270 000 aus, 90 000 davon in die USA, 50 000 in das heutige Israel. (Zum Schicksal der Juden während des Zweiten Weltkrieges siehe Seite 173ff.)

Die Opfer und die Durchschnittsbürger

Die Existenz der Konzentrationslager und die Massnahmen gegen die Juden in Deutschland waren der Bevölkerung bekannt. Die meisten Deutschen wurden dadurch jedoch, solange sie sich ruhig verhielten, nicht direkt betroffen.

Aus den Erinnerungen von Inge Scholl an ein Lager des Bundes Deutscher Mädel:

98 «Einmal sagte eine fünfzehnjährige Kameradin im Zelt, als wir uns nach einer langen Radtour unter einem weiten Sternenhimmel zur Ruhe gelegt hatten, ziemlich unvermittelt: ‹Alles wäre so schön – nur die Sache mit den Juden, die will mir nicht hinunter.› Die Führerin sagte, dass Hitler schon wisse, was er tue, und man müsse um der grossen Sache willen manches Schwere und Unbegreifliche akzeptieren. Das Mädchen jedoch war mit dieser Antwort nicht ganz zufrieden, andre stimmten ihr bei … Es war eine unruhige Zeltnacht – aber schliesslich waren wir doch zu müde. Und der nächste Tag war unbeschreiblich herrlich und voller Erlebnisse!»

Aus den Erinnerungen von Hans Günter Zmarzlik (geboren 1922):

99 «Nun gab es zwar Konzentrationslager, und in Oranienburg eines der ersten. Es wurde bald nach Sachsenhausen verlegt, in die Nähe unseres Dorfes … Unser früherer Dorfbürgermeister, ein Sozialdemokrat, verschwand … 1933 in diesem Lager. Die offizielle Lesart lautete: die KZs seien für unbelehrbare Kriminelle eingerichtet …, politische Häftlinge würden nur vorübergehend dort festgehalten, zur eigenen Belehrung … Tatsächlich kehrte unser Mann nach etwa eineinhalb Jahren zurück. Er sprach nicht über die Zeit, die hinter ihm lag, und niemand fragte danach. Ich bin manchmal in der Schule zu spät gekommen, weil die Strasse abgesperrt war, die vom Bahnhof zum Lager Sachsenhausen führte. Ich sah dann aus der Ferne, wie ein langer Zug von kahlgeschorenen Menschen über das Kopfsteinpflaster marschierte, alle in gestreifter Gewandung, auf der auffällig farbige Flecken erkennbar waren. Die Leute meinten, das gebe ein besseres Ziel bei Fluchtversuchen …

An Kritik fehlte es nicht. Manches geschah, was schlechthin verurteilt wurde, so die ‹Reichskristallnacht› im November 1938. Man schämte sich, dass dies in Deutschland möglich war. Man sagte sich: ‹So etwas bei uns! Das ist eine Schande!› und dann: ‹Aber was soll man machen?› … Kritik richtete sich vor allem gegen die alteingesessene höhere Führerschaft, gegen die Kreisleiter und Gauleiter … Viele von ihnen hielten sich ohne Bedenken für das kümmerliche Dasein schadlos, das sie im Jahrzehnt nach dem Weltkrieg durchgemacht hatten … So entstand ein Zwiespalt zwischen dem Wunschbild des Staates … und einer oftmals hässlichen Alltagswirklichkeit. Wir lösten das Dilemma mit der Formel: ‹Der Führer weiss offenbar nicht, was unter ihm geschieht! …› Der Führer stand über jeder Kritik.»

Die Bemühungen der nationalsozialistischen Regierung, mögliche Gegner auszuschalten, das Volk zu kontrollieren und zu einer positiven Einstellung zu führen, waren im Ganzen ziemlich erfolgreich. Kritik richtete sich mehr gegen einzelne Missstände als gegen das ganze System. Zudem waren die Machtmittel des Staates gegenüber dem Bürger überwältigend. So wurde der nationalsozialistischen Herrschaft nicht durch die deutsche Bevölkerung, sondern durch die Niederlage im Zweiten Weltkrieg ein Ende bereitet.

Das Wichtigste in Kürze:

Durch die Geheime Staatspolizei wurde die deutsche Bevölkerung intensiv überwacht. Die Widerstandsmöglichkeiten waren beschränkt. Gegner des Nationalsozialismus waren rechtlos und konnten in Konzentrationslager eingeliefert werden. Die Juden wurden entrechtet und waren gewalttätigen Aktionen ausgesetzt.

1 Was ist ein Konzentrationslager?
2 Warum mussten die Juden einen gelben Stern tragen?
3 Nenne Berufe, welche von den Juden nicht mehr ausgeübt werden durften.
4 Was hielt viele Juden von der Auswanderung ab?
5 Wie reagierte der «Durchschnittsdeutsche» auf die Existenz der Konzentrationslager und auf die Massnahmen gegen die Juden?
6 Kennst du Beispiele heutiger benachteiligter Minderheiten? Wie verhalten wir uns ihnen gegenüber?

Aus der Krise in die Diktatur: die faschistischen Bewegungen

Die Schweiz wird zum Igel

Die Schweiz in der Krise

Als 1933 das Deutsche Reich nationalsozialistisch wurde, befand sich auch die Schweiz in einer Krise. Die wirtschaftliche Lage verschlechterte sich ständig (siehe Seite 44). Die Stadt Zürich musste beispielsweise mehr als die Hälfte ihrer Steuereinnahmen für Fürsorgezwecke ausgeben. Der Gegensatz zwischen den «bürgerlich-vaterländischen» (Freisinnige, Katholisch-Konservative, Bauernpartei) und den «marxistischen» Parteien (Sozialdemokraten, Kommunisten) schien starr und unüberbrückbar. In Genf führte eine verbotene und dennoch abgehaltene sozialdemokratisch-kommunistische Demonstration am 9. November 1932 zum Einsatz der Armee. Dreizehn Tote und über sechzig Verletzte waren das Ergebnis. In Zürich kam es am 15. Juni 1932 als Folge eines Streiks im Baugewerbe zu einer Strassenschlacht in Aussersihl zwischen Kommunisten und der Polizei; hier gab es einen Toten und dreissig Verletzte. Viele Leute hatten das Gefühl, mit der bestehenden Ordnung könne man die grossen Probleme nicht lösen.

Truppen bewachen die öffentlichen Gebäude in Genf nach den Zusammenstössen vom 9. November 1932.

Der Nationalsozialismus und die Schweiz

Die nationalsozialistische Herrschaft in Deutschland wurde von den schweizerischen Sozialdemokraten von Anfang an abgelehnt und kritisiert. Diese bekämpften allerdings zu dieser Zeit auch noch wichtige Elemente der bestehenden Staatsordnung in der Schweiz, vor allem das Wirtschaftssystem und die Armee. Die «bürgerlichen» Parteien erblickten im Nationalsozialismus zunächst auch positive Elemente: Immerhin hatte Hitler mit den verhassten Gewerkschaften und «marxistischen» Parteien gründlich aufgeräumt. Er schien auch die Wirtschaftskrise erfolgreicher zu meistern als die in alle möglichen Parteien und Gruppen zersplitterte Eidgenossenschaft. Zudem war das Deutsche Reich für die Schweiz der wichtigste Handelspartner, mit dem man möglichst wenig Streitigkeiten haben wollte.

Bundesrat Rudolf Minger (Bauernpartei) in einer Rede am 9. Juli 1933 in Windisch:

100 «Nachdem die marxistische Weltauffassung zuerst in Italien und nun auch in Deutschland kläglich zusammengebrochen ist …, wäre es wirklich ein Zeichen der Schwäche unseres Schweizervolkes, wenn nicht auch wir mit Kommunismus und Marxismus fertig würden … Die schweizerische sozialdemokratische Partei war zu einem guten Teil Ableger der deutschen Sozialdemokratie. Nachdem der marxistische Wurzelstock in Deutschland ausgerottet ist, hängt die schweizerische sozialdemokratische Partei in ihrer bisherigen Form vollständig in der Luft … Solange der Geist Nicoles (Léon Nicole war Führer der Genfer Sozialdemokraten) in unserem Land spukt, gibt es nichts anderes, als mit starker Hand zuzugreifen. Diesen Geist auszurotten, muss unser Ziel sein.»

Aus einem Artikel von Karl von Schumacher (Chefredaktor) in der «Weltwoche» vom 12. Januar 1934:

101 «Wir sind überzeugt, dass Mussolini und Hitler ihren Völkern Werte geschenkt, eine innere Bereicherung gebracht haben, die ihnen liberale Systeme umsonst zu geben versuchten. Wir sind auch überzeugt, dass das Tatsachen sind, mit denen wir uns auch in der Schweiz abzufinden haben. Dass die meisten bei uns jeder Abänderung abhold sind …, ändert an diesen Dingen gar nichts. Das wird sicher weder für Hitler noch für Mussolini gefährlich werden, wohl aber für uns selber, wenn wir uns gegen sie mit den zum Tode verurteilten Mächten der liberalen und marxistischen Reaktion verbinden.»

Die «Fronten»

Die Entwicklung in Deutschland beflügelte eine Gruppe neuer politischer Bewegungen, die «Fronten» oder «Erneuerungsbewegungen». Diese forderten eine straffe Regierung und eine starke Armee, einen intensiven Kampf gegen die Sozialdemokraten und Kommunisten und eine Wirtschaftsordnung, in welcher die gerechten Ansprüche aller sozialer Gruppen berücksichtigt werden sollten. Die meisten «Fronten» waren mehr oder weniger stark judenfeindlich. Anhang fanden sie vor allem im wirtschaftlich bedrohten selbständigen Mittelstand (Gewerbetreibende, Ladenbesitzer) und bei Studenten, deren Zukunftschancen damals sehr schlecht waren. Vor allem im Auftreten nahmen sie sich den Nationalsozialismus oder den italienischen

Kernthema 2:

1 Aufmarsch der «Nationalen Front», der wichtigsten unter den «Fronten» im Jahr 1935. Die Parteifahne war das durchgezogene Schweizerkreuz im roten Feld. Parteiuniformen durften zu diesem Zeitpunkt auf Grund eines bundesrätlichen Verbots nicht mehr getragen werden.
2 Flugblatt der «Nationalen Front» vom Dezember 1932
3 Flugblatt der «bürgerlichen» Parteien und der «Erneuerungsbewegungen» anlässlich der Zürcher Gemeindewahlen vom 24. September 1933

Faschismus zum Vorbild: Uniformen und Fahnen, Aufmärsche, faschistischer Gruss, Leitung durch «Führer», die freilich oft miteinander im Streit lagen. Obwohl sie die Eigenständigkeit der Schweiz betonten, setzten sie sich dadurch dem Verdacht aus, letztlich den Anschluss an das Deutsche Reich anzustreben.

Robert Tobler: «Die neue Front» (Schweizer Monatshefte, 1930):

«Eine starke antidemokratische, antiparlamentarische, autokratische Bewegung geht durch die Welt. Bereits hat sie Einzelne unter uns erfasst ... Eine Neugestaltung unserer Staatsorganisation ist notwendig geworden ... Die Mitarbeit am Staat fordert vom Mitarbeiter höchste Qualität. Sie ist kein Tummelfeld für jedermann ... Das Amt des politischen Führers muss wieder zur höchsten menschlichen Stellung werden ... Seine Entfaltungsmöglichkeit darf nicht durch die Weisungen irgendeiner Interessengruppe beschränkt werden. Rechenschaft schuldet er nur der Volksgemeinschaft ...»

Gewisse Erfolge erzielten die «Fronten» in Städten mit sozialdemokratischer Regierung, vor allem in Zürich und Schaffhausen. Manche «bürgerliche» Politiker hielten die neuen Bewegungen für geeignete Bündnispartner im Kampf gegen die verhassten «Linken». Dagegen fanden die Fronten in der Arbeiterschaft wenig Anhang. Sie erzielten ihre Stimmengewinne bei Wählern, denen ihre radikalere Haltung imponierte, auf Kosten der «bürgerlichen» Parteien. Dies führte bei den Letzteren zur Ernüchterung. Sie grenzten sich nun von den Fronten zunehmend ab. Von 1935 an nahm der Anhang

Aus der Krise in die Diktatur: die faschistischen Bewegungen

der Fronten rasch ab; diese selbst zerfielen in zahlreiche Grüppchen, von denen sich einige nun ganz dem deutschen Nationalsozialismus verschrieben.

Der «Landesring der Unabhängigen»

Bedeutend erfolgreicher war der 1935/1936 gegründete «Landesring der Unabhängigen» unter der Führung des «Migros»-Gründers Gottlieb Duttweiler. Dieser stellte die demokratische Verfassung nicht in Frage. Er kritisierte aber die an der Regierung beteiligten Parteien und die Wirtschaftsverbände, die zu stark an der Erhaltung ihrer Positionen und zu wenig an der Gestaltung der Zukunft interessiert seien. Besonders bekämpfte er wirtschaftliche Schranken, die strebsamen Unternehmern auferlegt wurden, etwa das damals bestehende Hotelbauverbot.

Die Parteien rücken zusammen

Seit 1933 grenzte die Schweiz an drei Staaten, in welchen die Demokratie abgeschafft worden war. (In Österreich hielt seit dem März 1933 eine katholisch-konservative Partei die Macht allein inne.) Der vierte Nachbar, Frankreich, wurde von ständigen Regierungswechseln erschüttert. Die Ausdehnungsabsichten des Deutschen Reiches und Italiens wurden immer deutlicher. Die Furcht, die schweizerische Demokratie, ja sogar der schweizerische Staat könnten von aussen her zerstört werden, nahm zu. Gleichzeitig hielt die Wirtschaftkrise an. Unter diesen Umständen begannen die politischen Lager zusammenzurücken. Die Sozialdemokratische Partei änderte ihre Haltung gegenüber der Armee allmählich und bejahte schliesslich die Landesverteidigung.

Die Schweiz als Igel:

Die Diskussion, ob man die militärische Landesverteidigung weiterhin ablehnen solle, setzte in der Sozialdemokratischen Partei 1933 ein. Nationalrat Friedrich Schneider schrieb im «Volksrecht» vom 10. Januar 1934:

103 «Alle Handlungen der Bourgeoisie (das heisst der ‹bürgerlichen› Regierungen) im Frieden und im Krieg haben den Zweck, die kapitalistische Klassenherrschaft zu erhalten und zu festigen. Aus diesem Grunde lehnt die Sozialdemokratische Partei der Schweiz die Verantwortung für die militärische Landesverteidigung auch in der faschistischen Epoche der kapitalistischen Entwicklung ab. Ein kommender Krieg wird wieder imperialistisch sein, er ist also nicht eine ‹Notwehr› gegen einen faschistischen Überfall ... Im Frieden und im Krieg verweigert die SPS alle Mittel zu militärischen Rüstungszwecken.»

Aus der sozialdemokratischen Tageszeitung «Volksrecht» vom 15. Juli 1939 über die «Waffenschau» an der Schweizerischen Landesausstellung:

104 «Mit Gut und Blut werden wir unsere Unabhängigkeit und Freiheit verteidigen ... Wir rechnen mit einem eventuellen Ernstfall und stehen dabei Gewehr bei Fuss. Vielleicht wäre es noch besser, wenn wir Gewehr im Anschlag stehen würden. Dass wir verteidigungsbereit sind, beweist unsere Waffenschau ... Stolz sind wir darauf, dass wir unsere eigenen Waffenschmiede sind. Das Material und seine Bearbeitung kann sich sehen lassen. Wir würden es auch verwenden ... Demokratie, Freiheit und Unabhängigkeit sind uns alles wert.»

Arbeitgeber und Arbeitnehmer der Metallindustrie schlossen 1937 ein auf zwei Jahre befristetes «Friedensabkommen». Sie verzichteten für diese Zeit auf Kampfmassnahmen wie Streiks oder Aussperrungen (Schliessung aller Betriebe durch die Unternehmer, wenn ein Teil der Arbeiter streikt). Konflikte sollten durch Verhandlungen oder ein Schiedsgericht gelöst werden. Das Abkommen wurde immer wieder verlängert und bald auch für andere Berufszweige vorbildlich. Seither sind Streiks und Arbeitskämpfe in der Schweiz selten geworden.

Aus einer Broschüre des Schweizerischen Metall- und Uhrenarbeiterverbandes über das «Friedensabkommen» (1937):

105 «Das grosse Ziel der Besserstellung der Arbeiterschaft durch gewerkschaftliche Organisationen hat durch die Aufrichtung des Faschismus in grossen Industrieländern eine schwere Störung erfahren. Mit der Zerstörung der gewerkschaftlichen Organisation in Deutschland und Italien ging eine Entrechtung dieser Arbeiterschaft Hand in Hand ... In dieser Situation müssen bei uns andere Methoden der Auseinandersetzung zwischen Kapital und Arbeit, Unternehmer und Arbeiter Platz greifen ... Indem wir die Hand reichen zur friedlichen Austragung der Arbeitsstreitigkeiten, hoffen wir, auch einen Beitrag zur Befriedung unseres Landes und damit zur Sicherung der Demokratie zu leisten. Wir sind überzeugt, dass beide Teile damit dem Bestand und der Zukunft unseres Landes und sich selbst den grössten Dienst leisten: Die Arbeitgeber durch Gewährung gerechter Arbeitsbedingungen, indem sie so zur Erhaltung eines tüchtigen Arbeiterstandes beitragen, ohne den die schweizerische Maschinenindustrie untergehen müsste, die Arbeiterschaft, indem sie die Industrie vor Erschütterungen und Verlusten verschont.»

Die parteipolitischen Auseinandersetzungen wurden gemässigter. Je bedrohlicher sich die Weltlage gestaltete, desto enger wurde der «nationale Schulterschluss» zwischen Rechts und Links. Trotzdem waren die «bürgerlichen» Parteien noch nicht bereit, den Sozialdemokraten einen Sitz im Bundesrat einzuräumen. Erst 1943, während des Zweiten Weltkrieges, wurde mit Ernst Nobs der erste Sozialdemokrat in den Bundesrat gewählt.

Der Igel sträubt die Stacheln: Landesverteidigung auf allen Ebenen

Durch grosse Rüstungsaufwendungen, etwa den Kauf von Flugzeugen und Panzern und den Ausbau der Befestigungen, wurde die Modernisierung der Armee angestrebt. Die Dauer der Rekrutenschule wurde 1935 von 65 auf 88 Tage, 1939 auf 116 verlängert, während jene der militärischen Wiederholungskurse von zwei auf drei Wochen erhöht wurde. Zur Bekämpfung der Wirtschaftskrise wurde 1936 der Wert des Schweizer Frankens gegenüber ausländischen Währungen um 30 Prozent herabgesetzt. Dadurch wurden die Einfuhren zwar teurer, die Ausfuhren für die ausländischen Kunden aber billiger, wodurch der Export gefördert wurde. Die Arbeitslosenzahl ging von 1936 bis 1939 von 93 000 auf 50 000 zurück.

Die Bevölkerung musste überzeugt werden, dass die Schweiz auch in den jetzigen ungünstigen Verhältnissen eine Existenzberechtigung und eine Überlebenschance hatte. Man sprach von der «geistigen Landesverteidigung». Diese Bemühungen fanden ihren Höhepunkt in der Schweizerischen Landesausstellung in Zürich 1939, an welcher die Leistungen und Besonderheiten der Schweiz hervorgehoben wurden. In manchen Bereichen war diese Darstellung einseitig. So wurde das Leben auf dem Land sehr ausführlich, jenes in der Stadt praktisch nicht behandelt. Von Problemen und offenen Fragen, etwa der Lage der berufstätigen Frauen – immerhin 611 000 oder 31,5 Prozent aller Erwerbstätigen –, war wenig die Rede. Anderseits waren Zustandekommen und Gestaltung der «Landi» eine Leistung, die man unter den schwierigen Umständen nicht erwartet hatte. Der psychologische Erfolg war gross. Die verbesserte wirtschaftliche und innenpolitische Lage auf der einen, die zunehmende aussenpolitische Bedrohung auf der andern Seite vermittelten das Gefühl, man gehe zwar schweren Zeiten entgegen, werde diese aber meistern können.

Aus der Krise in die Diktatur: die faschistischen Bewegungen

Der «Landi-Geist»:
Wie sahen sich die Schweizer vor dem Ausbruch des Zweiten Weltkrieges?

Philipp Etter, Bundespräsident 1939, im Vorwort zum 1. Band «Die Schweiz im Spiegel der Landesausstellung»:

106 «Die umfassende Schau schweizerischen Wesens, schweizerischen Lebens und schweizerischen Schaffens, wie die Landesausstellung sie in wuchtigem Wurfe aufgebaut hatte, soll in diesem Werke neuerstehen und weiterleben. Möge dieses Werk dazu beitragen, dass auch die Erhebung des nationalen Geistes, die von der Landesausstellung ausgegangen ist, anhalte und sich immer wieder erneuere! ... Dass die heilige Inbrunst des eidgenössisch-schweizerischen Geistes Tag für Tag aufs Neue seine Auferstehung feiere! Damit wir uns in diesen ernsten Zeiten immer wieder der Wahrheit jenes Wortes erinnern: Herrgott, ist es schön, Schweizer zu sein!»

Edgar Bonjour (Historiker in Basel): «Werden und Wachsen der schweizerischen Demokratie» (1939):

107 «Heute ist auf weiten Strecken in Europa die demokratische Staatsform zerschlagen ... Wir erleben heute die seit der Französischen Revolution schwerste äussere und innere Bedrohung der demokratischen Idee ... Was in unsern gegenwärtigen Zeiten alles gegen die westeuropäischen Demokratien eingewendet wird, trifft ... nicht unbedingt auch unsere Staatsform. Denn die eidgenössische Demokratie hat sich zu einer Sonderart ausgebildet: Sie besitzt einen älteren, verzweigteren Stammbaum, ist natürlicher und volksnaher geblieben ...»

Aus einer Radioansprache des Bundespräsidenten Philipp Etter an die Schuljugend vom 23. Februar 1939:

108 «Wie cha si die schwizerisch Schueljuged i Dienst vom Vatterland stelle? ... Was chönd ehr, mini liebä Schwizerbuebe und Schwizermeitschi, jetzt scho für d Heimat und fürs Vatterland tue? ... Ich weiss, dass under eu Buebe e keine isch, au nöd en einzige, wo sich nöd freut druf, spöter einisch Soldat z wärde und als Soldat mit dr Waffe i dr Hand d Heimat und s Vatterland z verteidige! ... Und jetzt, mini liebe Schwizermeitschi, möcht i au a eu no es bsunders Wort richte. Ehr wärdid einisch nöd, wie d Buebe, em Land als Soldate chönne diene. Aber eu wartet en Ufgab, die nöd weniger stolz und schön isch als die vom ene Soldat. Ehr wärdid einisch Fraue und Müettere si. Gueti Müettere sind s gröschti Glück, wo nes Volch cha ha ... Tüend eu, mini liebä jungä Schwizerinnä, jetzt scho

1 Offizielles Plakat der Schweizerischen Landesausstellung 1939
2 Der Eingang zur «Höhenstrasse» (auch: Höhenweg) der Landesausstellung 1939, an welcher Existenzberechtigung und Wesenszüge der Schweiz dargestellt wurden.
3 «Der achte Schweizer» – An der Höhenstrasse der Landesausstellung wurde angeprangert, dass jeder achte Schweizer eine Ausländerin heirate.

89

vorbereite druf, einisch gueti Fraue und Müettere z wärde. Lehrid alles, was nötig isch für d Füehrig vom ene Hushalt: lisme, büeze, choche, Chinderpfläg und Chrankepfläg!»

Eugen Th. Rimli über die «Höhenstrasse» der Landesausstellung, auf welcher die geschichtliche Entwicklung und die aktuelle kulturelle und politische Lage dargestellt wurden (in: «Heimat und Volk»):

109 «Es geht um die Ablehnung des Unschweizerischen in allen unseren Lebensäusserungen, sei es im Bauen, im Wohnen, in Reklame, in Lebensart und Geschmacksrichtung. An den Schandpfahl gehörte noch mancherlei: alle die Tea-Rooms und American-Bars …, die fremdtönenden Warenbezeichnungen …, die Kino-Allüren und die übermodernen Abgeschmacktheiten …»

Karl Meyer (Historiker in Zürich) in «Wehr und Waffen, die Kriegsbereitschaft der schweizerischen Armee» (1939, dieses Werk diente als Unterlage des militärischen Bereichs an der Landesausstellung):

110 «Wir schöpfen unser Vertrauen aus der Geschichte von sieben Jahrhunderten … Nicht der Ehrgeiz und Machtwille eines Gewaltherrschers hat damals unsere Talschaften und Städte vereint, vielmehr eine unvergängliche sittliche Idee, der Wille zur Freiheit … Und heute, wo der Geist der Unduldsamkeit, der Gewalt und der Verknechtung aufs Neue umgeht auf Erden, heute fühlt der letzte Eidgenosse in tiefer Seele, was die Freiheit … ist … Der Schweizer Soldat ist noch in der Todesnot seines Sieges gewiss: den Kämpen der Freiheit, nicht dem Schergen der Gewalt, wird die Nachwelt die Siegespalme reichen …»

1 Aus dem Armeepavillon der Landesausstellung 1939: «Wehrbereitschaft» von Hans Brandenberger
2 Wandbild von Otto Baumberger in der «Höhenstrasse» der Landesausstellung 1939 (Schluss der von rechts nach links führenden Darstellung der Schweizer Geschichte). Das Werk zeigt, worin man das Wesentliche der Schweiz sah.

Aus der Krise in die Diktatur: die faschistischen Bewegungen

Philipp Etter (Bundesrat 1934–1959) über das Flüchtlingsproblem (1933):

111 «Eine Judenverfolgung, wie sie das neue Deutschland anbahnt, lehnen wir aus grundsätzlichen Erwägungen ab ... Dagegen ist nicht in Abrede zu stellen, dass heute im Hinblick auf die Judenfrage für unser Land ohne Zweifel eine gewisse Gefahr besteht. Insofern nämlich, als die Juden, die in Deutschland massenweise aus ihren Betrieben und freien Berufen hinausgeworfen wurden, zu Tausenden in die Schweiz hineingeflüchtet sind und nun ohne Zweifel Anstrengungen machen, sich hier dauernd niederzulassen und sich in der freien Schweizer Luft eine neue Existenz zu gründen. Diese Art der Invasion muss selbstverständlich als unerwünscht bezeichnet und unterbunden werden... Wir nehmen jedoch an, die schweizerische Fremdenpolizei werde in Verbindung mit den zuständigen kantonalen Behörden mit aller Entschiedenheit zum Rechten sehen.»

Aus dem Schluss des «Eidgenössischen Wettspiels» von Edwin Arnet, des offiziellen Festspiels an der Landesausstellung 1939. In diesem Schauspiel droht ein junger «Schweizergesell» immer wieder auf Abwege zu geraten, etwa in fremde Kriege oder in soziale Konflikte. Der «Schweizermann» führt ihn jeweils wieder auf den rechten Weg und stellt die Einigkeit wieder her. Der Schluss des Stücks lautet:

112 «*Schweizermann:*
Jetzt lasst mich mit dem ganzen Volke schwören.
Wie's mich der Wächter unsres Lands geheissen.
Der erste Schwur – er sei wie Bergquell rein –,
Kann nur der Schwur des Kindes sein.
(**Kinder** strömen in jubelnden Scharen von allen Seiten herbei und umringen in engem Kreis das Podium mit dem Schweizermann.)
Schweizermann:
Wir wollen unsre Heimat lieben! Schwört es!
Kinder (mit hellem Jubel):
Wir wollen unsre Heimat lieben! Wir schwören es!
Schweizermann:
Und jetzt das Volk aus Hunderten Gemeinden!
(Das **Volk** – in Trachten – strömt von allen Seiten herbei, darunter die vier Hauptgruppen der Deutschschweizer, Welschschweizer, Tessiner und Romanen. Sie schliessen um das Podium des Schweizermannes den zweiten Kreis.)
Schweizermann:
Der Heimat Vielfalt wollen wir bewahren!
Schwört es!
Das Volk:
Der Heimat Vielfalt wollen wir bewahren!
Wir schwören es!
Schweizermann:
Naht jetzt, durch Glück und Not getrennte Brüder, eint euch im neuen Schwure wieder!
(**Bürger** und **Arbeitslose** strömen herbei und schliessen um das Podium des Schweizermannes den dritten Kreis.)
Schweizermann:
Wir wollen Brüder sein! Schwört es!

Bürger und Arbeitslose:
Wir wollen Brüder sein! Wir schwören es!
Schweizermann:
Und um das Feuer unsrer Menschengüte
Schliess' der Soldat den Ring, der es behüte!
(Zuletzt marschieren von allen Seiten die **Wehrmänner** in Feldgrau und Helm herbei. Sie schliessen um die drei Kreise der Kinder, des Trachtenvolkes, der Bürger und Arbeitslosen den vierten Kreis, den machtvollen Schutzring.)
Schweizermann:
Unser Schwert beschütze den Menschen!
Schwört es!
Wehrmänner:
Unser Schwert beschütze den Menschen!
Wir schwören es!
Schweizermann:
Nun kreise über uns zwiefacher Geist:
Des Tellen Mut und Pestalozzis Güte,
Und dräng euch zu dem mutig-frommen Schwur:
Wir wollen stark und gütig sein.
Im Namen des Allmächtigen:
Schwört alle, alle diesen Schweizerschwur!
Alle:
Wir wollen stark und gütig sein!
Im Namen des Allmächtigen: Wir schwören es!»

Die Schweiz ist einmalig – warum?
(Das Bild der Schweiz in und um die Landesausstellung 1939)

1. Die Schweizer haben sich, obwohl verschiedener Sprache, aus freiem Willen zu einem Staat zusammengeschlossen. Theorien, dass ein Staat vor allem Menschen gleicher Sprache oder Rasse umfassen solle, sind auf sie nicht anwendbar.

2. In der Schweiz ist die Selbstständigkeit der Kantone und Gemeinden gross. Deshalb lässt sie sich nicht von einem mächtigen Staatsführer regieren.

Kernthema 2: Aus der Krise in die Diktatur: die faschistischen Bewegungen

Bundesbrief

3. Die schweizerische Demokratie ist etwas ganz anderes als die Demokratie in andern Ländern. Sie ist viel älter, viel ausgebauter und daher viel stabiler.

4. Wie sich andere Staaten regieren, kümmert die Schweiz nicht. Sie mischt sich nicht in Angelegenheiten anderer ein. Dafür sollen sich die andern auch nicht in die schweizerischen Verhältnisse einmischen.

5. Die Schweiz kann, will und muss sich verteidigen. Jeder männliche Schweizer ist Soldat. Schliesslich ist die Schweiz auch durch Freiheitskämpfe begründet worden.

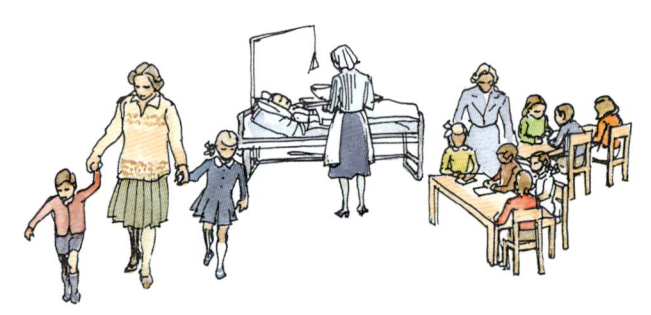

6. Schweizerinnen sind vor allem Hausfrauen und Mütter. Geeignet sind für sie auch Pflege- und Lehrberufe.

7. Grundlage der Schweiz ist das Bauerntum. Zwar ist die Schweiz ein moderner Industriestaat mit hochwertigen Exportgütern, aber dennoch sind die Schweizer im Herzen Bauern geblieben.

8. Allem Fremden, seien es nun Filme, Flüchtlinge oder ausländische Frauen, soll man mit grösster Zurückhaltung begegnen.

Das Wichtigste in Kürze:
Die schwierige Wirtschaftslage und das Gefühl der Bedrohung durch die diktatorisch regierten Nachbarstaaten führten in der Schweiz allmählich zu einem Zusammenrücken der «bürgerlichen» Parteien und der Sozialdemokratie, der Unternehmer und der Gewerkschaften. Existenzberechtigung, Unabhängigkeitswille und Besonderheit der Schweiz wurden betont. Die Landesausstellung 1939 hob das «Schweizertum» hervor und förderte das Zusammengehörigkeitsgefühl.

🦉

1 Welche schweizerische Partei lehnte die nationalsozialistische Herrschaft in Deutschland von Anfang an scharf ab?
2 Weshalb erblickten die «bürgerlichen» Parteien zuerst im Nationalsozialismus auch positive Elemente?
3 Wie nannte man die schweizerischen Bewegungen, welche mit dem Nationalsozialismus oder dem italienischen Faschismus sympathisierten?
4 Welches Abkommen wurde 1937 von Arbeitnehmern und Arbeitgebern der Metallindustrie abgeschlossen? Welche Folgen hatte es?
5 Welche politische Partei begründete Gottlieb Duttweiler?
6 Wie lange dauerte die Rekrutenschule vor 1935, wie lange nach 1939?

🦉🦉

7 Welche Bedeutung hatte die Landesausstellung von 1939 für die Schweizer Bevölkerung?
8 Wie war die Einstellung der Bevölkerung zur Armee 1939? Wie ist sie heute?
9 Erkläre den Ausdruck «geistige Landesverteidigung». Was verstand man darunter? Ist eine solche heute auch noch erforderlich?

Ausblick:

Krisen in unserer Zeit

Aus der Krise zur Neuordnung: General de Gaulle

Frankreichs «Vierte Republik»

Seit der Französischen Revolution (siehe Band 1, Seite 166ff.) war in Frankreich immer wieder über die beste Staatsordnung gekämpft und diskutiert worden. Während des Zweiten Weltkriegs war das Land während Jahren von deutschen Truppen besetzt. Nach dem Kriegsende wurde eine neue Verfassung angenommen. Dieser zufolge verfügte das vom Volk gewählte Parlament über die grösste Macht. Es wählte die Regierung (Ministerpräsident und Minister) und konnte diese jederzeit wieder absetzen. Da im Parlament viele miteinander zerstrittene Parteien und Gruppen vertreten waren, war die Bildung der Regierung meistens schwer, die Absetzung dagegen leicht. Zwischen 1945 und 1958 hatte Frankreich 25 Regierungen; die kürzeste von ihnen kam auf eine Lebensdauer von drei Tagen. Der ebenfalls vom Parlament gewählte Staatspräsident hatte fast nur zeremonielle Aufgaben und keine wirkliche Macht.

Der französische Politologe André Siegfried über den Zustand der «Vierten Republik» (1952):

113 «Das Übel rührt vor allem von der Vorstellung her, die sich das Parlament von seiner Rolle macht: Es hat die Gewohnheit angenommen, die Regierung nur als seine Beauftragte anzusehen, und dies erst noch auf Grund einer knickerigen Beauftragung, die unaufhörlich in Frage gestellt wird … Daher muss sich die Regierung unaufhörlich umbilden, sich neu bilden, bei jeder Gelegenheit, wegen jeder zu lösenden Frage … Frankreich hat es nicht verstanden, das Régime zu finden, das ihm eine stabile und starke Regierung verschafft … Es scheint eine Halb-Anarchie vorzuziehen …»

Frankreich stand vor grossen Problemen. Die Wirtschaft entwickelte sich nur langsam, der Franc verlor ständig an Wert. Die schwierigste Frage war die Zukunft der französischen Kolonien in Asien und Afrika. In vielen von diesen entstanden unter den Einheimischen Unabhängigkeitsbewegungen. So musste Frankreich nach einem verlustreichen Krieg 1954 auf Indochina (Vietnam, Kambodscha, Laos) verzichten (siehe Band 4).

Der Aufstand der arabischen Algerier

Im gleichen Jahr brach in Algerien, das schon seit über 100 Jahren französisch war, ein Aufstand aus. Hier lebten neben den neun Millionen arabischer Bewohner auch eine Million französische Siedler. Während langer Zeit waren die arabischen Bewohner minderberechtigt gewesen. Nun fürchteten die französischen Siedler, nach einem Erfolg des Aufstandes müssten sie Algerien verlassen. Auch die französische Regierung erklärte, Algerien würde niemals preisgegeben. Ebenso war die Armee entschlossen, nach Indochina nicht gleich noch einen Krieg mit einer Niederlage abzuschliessen.

Der damalige französische Innenminister François Mitterrand (Staatspräsident 1981–1995) vor dem Parlament am 5. November 1954:

114 «Algerien ist Frankreich; von Flandern bis zum Kongo gibt es nur ein Gesetz, nur eine Nation, nur ein Parlament. So will es die Verfassung, so wollen wir es … Wir werden allen entgegentreten, die die Ruhe stören und einem Abfall den Boden bereiten wollen … Die einzige Verhandlung ist der Krieg.»

Der Aufstand der französischen Algerier

Die aufständische Unabhängigkeitsbewegung, die in den Nachbarländern Tunesien und Marokko sichere Schlupfwinkel hatte, führte den Krieg in kleinen Gruppen, welche französische Siedler, aber auch frankreichfreundliche arabische Algerier umbrachten. Die Armee, eine halbe Million Mann stark, antwortete mit Vergeltungsaktionen und der Folterung gefangener Unabhängigkeitskämpfer. Der Krieg zog sich in die Länge, die Kosten wurden immer höher. Die Befürchtung bei der Armee und bei den französischen Algeriern wuchs, die Regierung in Paris könnte den Kampf aufgeben. Daher kam es am 13. Mai 1958 zu einem Aufruhr der Siedler und der Armeekommandanten in Algier, der nach einigen Tagen auch auf Korsika übergriff.

Massendemonstration in Algier gegen die Regierung der «Vierten Republik» im Mai 1958

Ausblick:

Der Schweizer Journalist Hans O. Staub über die Motive der aufständischen europäischen Siedler («Tages-Anzeiger» vom 21. Mai 1958):

115 «Ich fragte Dutzende, Hunderte jener erregten Männer und Frauen, die singend und rufend in den Strassen und Gassen umherkeuchten ... nach einem Programm. Die Antwort war stets dieselbe: ‹L'Algérie française.› ‹Wir wollen, dass Algerien französisch bleibe, wollen das behalten, was wir ... erarbeitet haben ...› – ‹Wir haben all das da gebaut, haben es verschönert, und da wollen Sie, dass wir es aufgeben?› Ein anderer weist nach einem über der Stadt liegenden Friedhof: ‹Drei Generationen meiner Familie sind dort begraben. Algerien ist unser Vaterland ...› Und hier scheint das echte algerische Drama verborgen, das Drama des kleinen Mannes, der an dieser nordafrikanischen Erde mit leidenschaftlicher Inbrunst hängt und der nun um seine Existenz bangt.»

Regierung und Parlament in Paris waren machtlos. Die Gefahr bestand, dass der Aufstand auf das französische Mutterland übergreifen und zu einem Bürgerkrieg führen könnte. In dieser Notlage bot sich nur ein Retter an: General Charles de Gaulle.

General de Gaulle

Charles de Gaulle (1890–1970) war Berufsoffizier gewesen. Im Zweiten Weltkrieg hatte er von London aus die Franzosen zum Widerstand gegen die deutsche Besatzungsmacht aufgerufen. Die von ihm geführten «freifranzösischen Kräfte» hatten auf der Seite der Briten und Amerikaner gekämpft (siehe Seiten 142 und 177). Dadurch war er für die Franzosen zum Symbol der Selbstständigkeit und Grösse ihres Landes geworden. Nach dem Krieg hatte er sich für eine straffe Staatsführung eingesetzt, war damit aber nicht durchgedrungen. Daher hatte er sich in den Hintergrund zurückgezogen und auf seine Stunde gewartet.

Aus den Erinnerungen General de Gaulles (1954):
116 «Zeit meines Lebens begleitete mich eine bestimmte Vorstellung vom Wesen Frankreichs. Das Gefühl hat sie mir ebenso eingegeben wie der Verstand ... Mein Instinkt sagte mir, die Vorsehung habe Frankreich zu vollkommenen Erfolgen oder zu vorbildlichen Leiden erschaffen ... Auch sagte mir mein Verstand, dass Frankreich nicht Frankreich ist, wenn es nicht an erster Stelle steht, dass nur grossartige Unternehmungen den Hang unseres Volkes zur Zersplitterung auszugleichen vermögen ... Kurz, ich glaube, ohne Grösse kann Frankreich nicht Frankreich sein.»

In der zweiten Maihälfte 1958 setzte sich immer mehr die Meinung durch, nur de Gaulle könne Frankreich vor Zerfall und Bürgerkrieg bewahren. Die französischen Algerier und die Armee, die sich sehr rasch auf seine Seite schlugen, hofften, er würde die algerische Unabhängigkeitsbewegung niederwerfen und dafür sorgen, dass Algerien für immer französisch bliebe. Anderseits befürchteten viele Franzosen, de Gaulle würde sich zum Diktator erheben. Dennoch ernannte ihn das Parlament zum Ministerpräsidenten und gab ihm den Auftrag, für Frankreich eine neue Ordnung zu schaffen.

General de Gaulle an einer Pressekonferenz vom 19. Mai 1958:
117 «Der Augenblick schien mir gekommen, da es mir möglich sein könnte, Frankreich noch einmal nützlich zu sein ... Nützlich, weil es eine Tatsache ist, dass das alleinige Regime der Parteien die enor-

Karikatur in der Zeitschrift «L'Express» vom 22. Mai 1958. Ungeachtet der entsetzten Politiker erhebt sich General de Gaulle und sprengt seine Fesseln. Auf dem rechten Knie sitzt der ratlose Präsident Coty mit einer Liste von Politikern und weiss nicht recht, was er tun soll.

Krisen in unserer Zeit

1 De Gaulle auf einer Algerienreise kurz nach seiner Machtübernahme. Rechts neben de Gaulle der Oberbefehlshaber der französischen Truppen in Algerien, General Salan, links von de Gaulle sein enger Mitarbeiter Jacques Soustelle. Beide waren bedingungslose Anhänger der «Algérie française» und erhoben sich später gegen de Gaulle, als dieser bereit war, Algerien die Unabhängigkeit zu gewähren. Zu diesem Zeitpunkt war auch de Gaulle noch der Meinung, Algerien müsse französisch bleiben.
2 Der Redner de Gaulle in seiner typischen Pose am Schluss seiner Ausführungen: «Vive la France!»

men Probleme, denen wir gegenüberstehen, nicht gelöst hat ..., schliesslich, weil ich ein Mann ohne Bindungen bin, weil ich mit keiner Partei gemeinsame Sache mache ... Habe ich je der Freiheit Gewalt angetan? Im Gegenteil: Ich habe sie wiederhergestellt, wenn sie verschwunden war. Glaubt man wirklich, dass ich mit siebenundsechzig Jahren die Karriere eines Diktators beginnen will?»

Aus einer Erklärung General de Gaulles bei seiner Ernennung zum Ministerpräsidenten am 1. Juni 1958:
118 «Die Einheit Frankreichs ist unmittelbar bedroht. Algerien ist einem Sturm der Prüfungen und Erschütterungen ausgesetzt ... Im Mutterland verstärken einander bekämpfende Bewegungen von Stunde zu Stunde ihre Leidenschaft ... die Armee, in blutigen und verdienstvollen Kämpfen seit langem bewährt, ist aufgebracht durch das Fehlen der Staatsgewalt. Unsere internationale Position ist erschüttert ... Unter solchen Bedingungen habe ich mich anerboten, einmal mehr zu versuchen, das Land ... zum Heil zu führen.»

Die «Fünfte Republik» entsteht

In kurzer Zeit wurde die Verfassung der «Fünften Republik» ausgearbeitet. Das Volk nahm sie an; seither ist sie in Kraft geblieben. Im Vergleich zu früher erhielt der Präsident eine starke Stellung, während die Rechte des Parlamentes reduziert wurden. War der Präsident mit dem Parlament nicht zufrieden, so konnte er es auflösen und Neuwahlen ansetzen oder aber Gesetze direkt dem Volk zur Annahme vorlegen. Eine solche Abstimmung galt, wenn sie positiv ausfiel, als Vertrauensbeweis.

General de Gaulle in seinen Erinnerungen (1954):
119 «Nach meiner Meinung braucht der Staat eine Spitze, das heisst einen Führer, in dem die Nation über alle Schwankungen hinweg den für das Wesentliche verantwortlichen Mann ... erblicken kann. Es ist auch notwendig, dass die Exekutive ... nicht vom Parlament herkommt, das in sich die Vertretung von Einzelinteressen vereinigt. Das bedeutet, dass der Staatschef ... vom Volk bestimmt wird, die Minister ernennt, das Recht hat, ... das Land zu befragen, und schliesslich befugt ist, im Fall einer Gefahr die Integrität und Unabhängigkeit Frankreichs sicherzustellen.»

Erster Präsident im Rahmen der neuen Ordnung wurde de Gaulle selbst und blieb es, nach einer Wiederwahl 1965, elf Jahre lang. Er liebte es, die wichtigen politischen Fragen über das Fernsehen direkt dem Volk zu erklären («Télécratie») und auf Reisen durch das Land seine Beliebtheit zu erhalten. Trotz diesen Veränderungen blieb Frankreich eine demokratische Republik: Der Bürger verfügt über persönliche Freiheitsrechte und kann bei Wahlen und Abstimmungen seinen Willen kundtun. Anderseits ist der Präsident stark genug, eine klare und beständige politische Linie zu verfolgen.

Ausblick:

Das Ende des Algerienkrieges

Auch de Gaulle musste sich zunächst mit dem Problem der Kolonien beschäftigen. Er kam zur Erkenntnis, dass in der modernen Welt die Verteidigung eines Kolonialreiches mehr Lasten als Nutzen mit sich bringe. Die meisten Kolonien erhielten die Selbstständigkeit, blieben aber durch Wirtschafts- und Militärhilfe häufig mit Frankreich eng verbunden. Allmählich rang er sich auch dazu durch, Algerien die Unabhängigkeit zu gewähren. Damit enttäuschte er weite Kreise der Armee und die französischen Algerier, die alle Hoffnungen in ihn gesetzt hatten. Ein Putschversuch von vier Generälen in Algier (April 1961) sowie ein Attentat auf de Gaulle (August 1962) scheiterten jedoch. 1962 schloss Frankreich mit den algerischen Aufständischen Frieden und übergab ihnen die Macht. Die französischen Algerier mussten ihre Heimat verlassen und in Frankreich eine neue Existenz suchen; Tausende von arabischen Algeriern, die auf französischer Seite gestanden hatten, wurden von den Siegern getötet. In Frankreich war man aber froh, die «algerische Bürde», die jedes Jahr vielen französischen Soldaten das Leben gekostet hatte, los zu sein.

Der Rücktritt de Gaulles

Mit der Zeit nahm die Kritik an de Gaulle zu; vor allem warf man ihm vor, soziale Probleme zuwenig ernst zu nehmen. Als das Volk 1969 zwei von ihm vorgelegte Gesetze in einer Volksabstimmung ablehnte, empfand er dies als Misstrauenskundgebung und trat, wie vorher angekündigt, sofort zurück. Die von ihm geschaffene Ordnung blieb jedoch bestehen. Seine Nachfolger wurden Georges Pompidou (1969–1974), Valéry Giscard d'Estaing (1974–1981), François Mitterrand (1981–1995) und Jacques Chirac (seit 1995).

Das Wichtigste in Kürze:
Frankreich war seit dem Zweiten Weltkrieg ein wenig stabiles Land; die Regierungen wechselten häufig. Durch das Algerienproblem geriet es in eine schwere Krise. General de Gaulle gelang es, Frankreich aus dieser herauszuführen und stabile Verhältnisse zu schaffen, ohne die Demokratie zu beseitigen.

1 Zu welchem Staat gehörte Algerien um 1950? Wie lange schon?
2 Wer kämpfte für die Unabhängigkeit Algeriens, wer dagegen?
3 Warum kam es 1958 zu einem Aufstand der französischen Siedler in Algerien?
4 Mit welchen Argumenten wehrte sich de Gaulle gegen die Behauptung, er wolle Diktator werden? War, rückblickend gesehen, der Vorwurf gerechtfertigt?
5 Welche Lösung fand de Gaulle für die Kolonien? Wie begründete er diese Lösung?
6 Hat de Gaulle die Hoffnungen der französischen Siedler in Algerien erfüllt?

7 Vergleiche Caesar und de Gaulle. Stelle das Gemeinsame und die Unterschiede zusammen.
8 Vergleiche die Verfassung der «Fünften Republik» Frankreichs mit jener der Schweiz. Welche Vor- und Nachteile hat die schweizerische deiner Meinung nach?

1 Die schwerste Krise in der Regierungszeit de Gaulles verursachte der Putschversuch von vier Generälen in Algier im April 1961. Man fürchtete, diese würden mit Fallschirmjägern in Paris landen. Panzer sicherten die Hauptstadt. Nach einigen Tagen brach der Putsch jedoch zusammen, da die Mehrheit der Truppen in Algerien sich ihm nicht anschloss.
2 Das Ende des französischen Algerien: Eine Familie französischer Algerier verlässt das Schiff in Marseille.

Krise im Wohlstand: rebellische Jugend

Die «goldenen» Sechzigerjahre

In den Fünfziger- und Sechzigerjahren nahm der Wohlstand in der Schweiz wie auch im übrigen Europa ständig zu. 1950 besassen in der Schweiz erst 11 Prozent der Familien einen Kühlschrank und ebenso viele ein Auto, während das Fernsehen noch gar nicht eingeführt war. 1968 stand fast in jeder Küche ein «Eiskasten», jede zweite Familie hatte ihren Wagen, für eine Million Fernsehapparate war eine Konzession gelöst worden. Arbeitslosigkeit war seit langem unbekannt; die Zahl der ausländischen Arbeitskräfte hatte 600 000 überschritten. Die Schweizer verdienten im Durchschnitt, unter Berücksichtigung der Teuerung, doppelt so viel wie 1945, genossen mindestens zwei, oft auch drei oder vier Wochen Ferien im Jahr und nutzten diese für Reisen in die Berge oder ans Meer. Die alten Gegensätze zwischen den «bürgerlichen» Parteien und den Sozialdemokraten und Gewerkschaften waren geglättet; Arbeitskämpfe und Streiks gehörten der Vergangenheit an. Auch die internationale Lage schien klar: Die Schweiz gehörte, trotz ihrer Neutralität, zum Lager der demokratischen «freien Welt» unter der Führung der Vereinigten Staaten von Amerika.

Ohnmacht im Wohlstand?

Dennoch entwickelte sich eine Oppositionsbewegung, die fast ausschliesslich aus jungen Menschen – Studenten, Mittelschülern, zum Teil auch Lehrlingen – bestand. Diese hatten das Gefühl, als kleine Rädchen in einen unüberschaubaren und unveränderbaren Apparat eingebaut zu werden, in das «herrschende System».

Aus der «Zürcher Mittelschul-Zeitung» (Juli 1968):
120 «Es ist erwiesen, dass der Mensch in der heutigen Gesellschaft unglücklich ist ... Dies rührt daher, dass der Mensch sich nicht selbst bestimmen kann und somit überspielt, manipuliert, verplant, verwaltet und vergewaltigt wird. Selbstbestimmung des Menschen wäre wahre Demokratie!»

Aus der «Zürcher Mittelschul-Zeitung» (Juli 1966):
121 «Betrachte ich heute unsere vielgelobte Schweiz, so entsteht folgendes Bild: ... die Kompliziertheit eines Verwaltungsbetriebes, der Unsummen von Menschlichkeit und Geld verschlingt ... Reformpläne für unsere Schulen, die an Kommissionen und Subkommissionen scheitern. Familiengemeinschaften, die nach aussen mit Stolz ihren Namen vertreten, inwendig hohl und zerbrochen sind ... Dieses Getriebe läuft, läuft gleich einer Vernichtungsmaschine, die augenblicklich jede auftauchende Entwicklung erstickt.»

Kritik am «herrschenden System»

Dieses «System» wurde nun von einer aktiven Minderheit scharf kritisiert:

1 Kritik an der «Konsumgesellschaft»: Die bestehende Wirtschaftsordnung ist darauf ausgerichtet, dass die Menschen ständig noch mehr Waren produzieren, kaufen und verbrauchen. Die allgegenwärtige Werbung verstärkt diese Entwicklung. Nach dem **Sinn** des Lebens und Arbeitens wird gar nicht gefragt. Die Menschen können das Leben nicht mehr **geniessen**.

2 Kritik an der Wirtschaftsordnung: Die bestehende Wirtschaftsordnung ist undemokratisch. In den Betrieben regiert allein der Chef; Arbeiter und Angestellte haben nichts zu sagen. Sie ist zudem ungerecht. Während es uns materiell gut geht, leiden in der «Dritten Welt» viele Menschen bittere Not.

3 Kritik an der Staatsordnung: Der Staat ist nur der Form nach demokratisch. Wahl- und Abstimmungsresultate sind durch Werbung manipulierbar. Die wahre Macht liegt bei den Wirtschaftsführern, den Bankiers und Unternehmern. Unsere Ordnung ist autoritär, beruht auf Zwang: Überall muss man gehorchen, zuhause, in der Schule, im Betrieb, in der Armee. Sie ist ungerecht: Je nach Herkunft hat man bessere oder geringere Lebenschancen. Sie ist fortschrittsfeindlich: Die Lehrlingsausbildung ist schlecht, Schulen und Universitäten platzen aus den Nähten, aber nichts geschieht.

4 Kritik an der «freien Welt»: Die Vereinigten Staaten streben nicht die Freiheit aller Völker an, sondern ihren eigenen Nutzen. Sie unterstützen in Vietnam eine unbeliebte Regierung (siehe Band 4) und bekämpfen deren Gegner mit massiven Bombenabwürfen, ja sogar Napalm. Sie sind mit einer Reihe von Alleinherrschern und Diktatoren verbündet.

5 Kritik an der «herrschenden Moral»: Die ältere Generation führt ein spiessbürgerliches, unfreies Leben. Sie lässt sich von der Werbung, den Massenmedien und der Mode leiten. Sie vertritt Moralvorschriften, an die sie nicht mehr wirklich glaubt.

Verteidigung des «Systems»

Die Angehörigen der mittleren und der älteren Generation ertrugen diese Kritik nur schwer und argumentierten:

zu 1 «Konsumgesellschaft»: Wir haben die Not der Zwischenkriegszeit und des Zweiten Weltkriegs mitgemacht. Den heutigen Wohlstand haben wir erarbeitet. Er wird auch in Zukunft nicht selbstverständlich sein, sondern erarbeitet werden müssen.

Ausblick:

1 Flugblatt, das nach einem Krawall im Anschluss an ein Konzert der «Rolling Stones» im Zürcher Hallenstadion am 14. April 1967 erschien. Das Flugblatt wurde von der «Jungen Sektion der Partei der Arbeit» – die sich bald darauf mit ihrer Mutterpartei zerstritt – herausgegeben. Es zeigt sehr deutlich Kritik und Forderungen eines Teils der Jugendlichen. Musik und Text der Songs der «Rolling Stones» hatten eine gewisse Katalysator-Funktion.
2 Die «alternative Mode»

zu 2 Wirtschaftsordnung: Unser Wohlstand beruht auf dem heutigen Wirtschaftssystem. Dass es anders nur schlechter gehen kann, zeigt ein Blick auf die kommunistischen Staaten.

zu 3 Staatsordnung: Nirgends ist die Demokratie so weit entwickelt wie bei uns; vielleicht sollte man noch das Frauenstimmrecht einführen. Im Übrigen können Demokratie und Freiheit nur im Rahmen einer gewissen Ordnung funktionieren.

zu 4 «Freie Welt»: Wir sind nach wie vor von der Sowjetunion bedroht. Daher muss man den Kommunismus überall bekämpfen. Dabei muss man über jeden Verbündeten froh sein!

zu 5 «Herrschende Moral»: Wenn Burschen und Mädchen, Männer und Frauen abwechslungsweise so zusammenleben, wie es ihnen gerade passt: Was wird dann aus der Familie? Im Übrigen sollen sich die Jungen zuerst einmal auf ihre Ausbildung konzentrieren!

Ungewohnte Lebensformen

Viele junge Menschen entwickelten nun eine eigene, «alternative» Lebensweise. Sie liessen sich die Haare lang wachsen, ohne sie zu pflegen, trugen Nickelbrillen, ausgewaschene Leibchen und ausgefranste Jeans – noch zu Beginn der Sechzigerjahre war den Mädchen an vielen Schulen das Tragen von Hosen verboten! Sie legten ihrem Bedürfnis nach körperlicher Liebe keine Zurückhaltung auf und benützten die eben eingeführte «Anti-Baby-Pille» noch verbot das Gesetz in vielen Kantonen grundsätzlich das Zusammenleben unverheirateter Paare! Sie arbeiteten nur so viel wie nötig und gammelten per Anhalter durch die Welt – die Eltern waren höchstens bis zur Adria oder Riviera gekommen. Sie hörten Rock- oder Beatmusik in höchster Lautstärke – die Eltern zogen Volksmusik vor. Sie glaubten, durch den Konsum von Haschisch oder des gefährlicheren Halluzinogens LSD «das Bewusstsein

Krisen in unserer Zeit

zu erweitern» – ein Problem, das die Eltern völlig unvorbereitet traf. All diese Unterschiede erschwerten die Diskussion zwischen den Generationen.

Agitation und Provokation

Manche Jugendliche traten auch aktiv für umwälzende Veränderungen der Gesellschaftsordnung ein. Die Staatsgewalt sollte abgebaut oder abgeschafft werden, die Grossbetriebe sollten den darin Beschäftigten gehören.

Der amerikanische Studentenführer Mario Savio:
122 «Es ist nicht so wichtig, einen Platz in der Gesellschaft zu finden, als die Gesellschaft so zu gestalten, dass man in ihr einen Platz haben möchte.»

Der deutsche Studentenführer Rudi Dutschke:
123 «Ja, der biblische Garten Eden ist die fantastische Erfüllung des uralten Traums der Menschheit. Aber noch nie in der Geschichte war die Möglichkeit der Realisierung so gross.»

Aus der «Zürcher Mittelschul-Zeitung» (Juli 1966):
124 «Sabotiert und beschädigt dieses Getriebe des ewigen Kreislaufes, vielleicht wird es dann eines Tages eher einer gründlichen Reinigung und Renovation unterzogen.»

Allerdings entstand nirgends eine grosse, geschlossene Jugendorganisation mit einem einheitlichen und klaren Programm. Vielmehr operierten die verschiedensten Gruppen und Grüppchen mit oft verschwommenen Zielen. Umso auffallender waren die Methoden. Man demonstrierte in Umzügen, die den Verkehr lahm legten und gelegentlich in Krawalle ausarteten, man ging in Betriebe, Amtshäuser, Schulen und Universitäten, verkündete Parolen durch Megafone, verteilte Flugblätter und setzte sich auf den Boden, wodurch jede Tätigkeit vorübergehend lahm gelegt wurde. Extreme Gruppen forderten massive Gewaltanwendung.

Aus einem Berliner Flugblatt vom 24. Mai 1967 (der Text nimmt Stellung zu einem Warenhausbrand in Brüssel):
125 «Wann brennen die Berliner Kaufhäuser? ... Unsere belgischen Freunde haben endlich den Dreh heraus, die Bevölkerung am lustigen Treiben in Vietnam wirklich zu beteiligen: sie zünden ein Kaufhaus an, dreihundert saturierte Bürger beenden ihr

1 Jugendliche in einem Park in Washington. Hier wurde demonstriert, dass die traditionellen Sittlichkeitsvorstellungen für die junge Generation nicht mehr galten.
2 Zeitgenössische Fotomontage. Unten: Demonstrationszug um 1967. Die Bilder zeigen Ernesto «Che» Guevara (Mitarbeiter des kubanischen Präsidenten Fidel Castro, der in Bolivien einen Aufstand anzetteln wollte, dabei aber 1967 umkam), Karl Marx (Mitte hinten; siehe Band 2, Seite 88ff.), Ho Chi Minh (Mitte vorne; politischer Führer des kommunistischen Nordvietnam) und den deutschen Studentenführer Rudi Dutschke (rechts).

aufregendes Leben und Brüssel wird Hanoi*. Keiner von uns braucht mehr Tränen über das arme vietnamesische Volk bei der Frühstückszeitung zu vergiessen. Ab heute geht er in die Konfektionsabteilung von KaDeWe, Hertie, Woolworth, Bilka oder Neckermann und zündet sich diskret eine Zigarette in der Ankleidekabine an ... Wenn es irgendwo brennt in der nächsten Zeit, wenn irgendwo eine Kaserne in die Luft geht, wenn irgendwo in einem Stadion die Tribüne einstürzt, seid bitte nicht überrascht ...»

Reaktionen

Das Auftreten und die Aktionen der Jugendlichen – auch wenn diese nicht bis zur Brandstiftung gingen – provozierten die ältere Generation. Teilweise befürwortete diese eine gewisse Toleranz und suchte das Gespräch, teilweise witterte sie höchste Gefahr und forderte ein hartes Durchgreifen, besonders durch die Polizei.

Aus der Berner Tageszeitung «Der Bund» vom 7. Juli 1968:

126 «Teils ratlos, teils verärgert, teils indifferent stehen die älteren ... Generationen dieser Erscheinung gegenüber. Das Tragische ist, dass man vielfach aneinander vorbeiredet, aneinander vorbeisieht, aneinander vorbeilebt und damit Gräben aufreisst, die immer breiter und tiefer werden ... Die Jugend weiss und ängstigt sich weit mehr als wir um die Gefahren, die der Menschheit ... drohen ... Sie hat den Glauben an unsere Welt verloren und sucht nach einer neuen ... Welt. Dieses Suchen versetzt sie in Unruhe, treibt sie zur Revolte und teilweise zu einem für uns unverständlichen Schwärmertum. Unsere Aufgabe wäre es deshalb, nicht den Kampf, sondern das Gespräch mit der Jugend aufzunehmen ...»

Aus einem Leserbrief an die «Neue Zürcher Zeitung» (25. Oktober 1968):

127 «Als Vater eines Schülers am kantonalen Gymnasium sehe ich mich ... veranlasst, an die Eltern der Mittelschüler eine ernste Warnung zu erlassen. Schon vor den Juni-Unruhen brachte mein Sohn Flugblätter ... nach Hause, welche ausschliesslich das Ziel verfolgten, die staatliche Autorität zu untergraben ... Kaum hatte die Schule wieder begonnen, wurde die Hetze unvermindert fortgesetzt ... aber nicht genug damit, das Rektorat ... gestattet der Schülerorganisation das Aufstellen einer sogenannten Wandzeitung ... An diesem schwarzen Brett kann jeder Schüler seine Meinung kundtun ... Leider wird diese Gelegenheit vor allem von Agitatoren missbraucht ... Es ist äusserst gefährlich, unsere noch unreife Jugend täglich mit linksextremistischen Parolen und Phrasen berieseln zu lassen ... Leider tun weder die zuständigen Stellen noch die anders denkenden Schüler etwas dagegen.

Ja selbst gewisse Erscheinungen im Lehrkörper sind dazu angetan, unsere Jugend zu verwirren, altbewährte demokratische Einrichtungen in Zweifel zu ziehen und die geistige Landesverteidigung zu schwächen ... So müssen wir Eltern uns nicht wundern, dass unsere Kinder sukzessive von diesem roten Bazillus infiziert werden ... Ich fordere daher die Eltern von Mittelschülern auf, wachsam zu sein ...»

Die «Jugendrevolte»

In den Jahren 1967/1968 erreichte die Jugendbewegung in den meisten Ländern Europas ihren Höhepunkt. In Frankreich wurde teilweise auch die Arbeiterschaft mitgerissen; Massenstreiks brachten die Regierung General de Gaulles (siehe Seite 96) in Gefahr. In Deutschland gerieten viele Universitäten und Schulen ausser Kontrolle. Wichtigster Konfliktpunkt in der Schweiz war die Forderung nach «autonomen Jugendzentren», die von den Jugendlichen selbst verwaltet werden sollten. So wurde in Zürich die Überlassung eines leerstehenden Warenhauses, des «Globus-Provisoriums» an der Bahnhofbrücke, gefordert. Als der Zürcher Stadtrat dies

Demonstrationszug auf dem Höhepunkt der Pariser Studentenunruhen im Mai 1968

* Hanoi: Hauptstadt von Nordvietnam, die damals durch die amerikanische Luftwaffe bombardiert wurde

Krisen in unserer Zeit

Der «Globus-Krawall» in Zürich am 29./30. Juni 1968. Es gab 169 Verhaftungen, 15 Polizisten wurden verletzt, 19 Demonstranten benötigten Spitalpflege.

nach längerem Schwanken ablehnte, kam es zu einem unkontrollierten Demonstrationszug, wobei gefährliche Wurfgeschosse gegen die Wache haltenden Polizisten geworfen wurden. Diese lösten die Ansammlung mit Wasser und Gummiknüppeln auf, verhafteten viele Demonstranten und verprügelten etliche. Das politische Klima in Zürich war nun während Jahren gespannt.

Direkte politische Folgen hatte die «Jugendrevolte» nicht. Immerhin wurden nun vielerorts Reformen, etwa im Bildungswesen oder im sozialen Bereich, in Angriff genommen und alte Begehren, etwa das Frauenstimmrecht, endlich verwirklicht. Manche der neuen jugendlichen Gewohnheiten wurden mit der Zeit nicht mehr als schockierend empfunden. Die Bewegung selbst ebbte ab, besonders als sich ab 1974 die wirtschaftliche Lage verschlechterte. Die «Aktivisten» unter den Jugendlichen schlossen sich politischen Parteien an oder gründeten eigene – etwa die «Progressiven Organisationen der Schweiz» (POCH). Einige wenige bildeten eigentliche Terrororganisationen, die vor allem in Italien und Deutschland aktiv waren.

Die meisten Jugendlichen gliederten sich in die bestehende Gesellschaftsordnung ein und versuchten, ihre Ideale im privaten und im beruflichen Bereich zu verwirklichen.

Das Wichtigste in Kürze:

In den Sechzigerjahren, einer Zeit steigenden Wohlstandes, entwickelte sich unter einem Teil der Jugendlichen eine zunehmende Opposition gegen die bestehenden Verhältnisse. Viele junge Menschen suchten von der Norm abweichende eigene Lebensformen und stellten Autorität, Ordnung und Wirtschaftssystem radikal in Frage. Neue Formen des Auftretens – Demonstrationen, zum Teil auch Gewaltanwendung – führten vielerorts zu Zusammenstössen mit der Polizei.

1 Worin zeigte sich der wachsende Wohlstand der Bevölkerung in den Sechzigerjahren?
2 Nenne Zustände, welche die Jugendlichen am Ende der Sechzigerjahre kritisierten.
3 Setze dazu die Gegenargumente der älteren Generation.
4 Worin zeigten die Jugendlichen ihren Willen, anders zu leben als die ältere Generation?

5 Scheint dir die Kritik, welche die Jugendlichen am Ende der Sechzigerjahre vorbrachten, heute noch aktuell?
6 Beurteile die Methoden der Jugendbewegung. Welche scheinen dir angemessen, welche nicht?
7 Hatte die Jugendbewegung bleibende Wirkungen?

Ausblick:

Rohstoff als Waffe: die Erdölkrise von 1973

König Erdöl

Seit dem Zweiten Weltkrieg nahm der Wohlstand in Westeuropa und in Nordamerika dauernd zu. Immer mehr Waren wurden produziert, gekauft und verbraucht. Dementsprechend stieg der Bedarf an Energie sowohl in der Industrie wie auch in den Privathaushalten an.

Bis in die Fünfzigerjahre war die Kohle der wichtigste Energiespender. Nun trat das Erdöl an ihre Stelle. Es war leichter und billiger ans Tageslicht zu befördern, benötigte wesentlich weniger Platz und konnte durch entsprechende Verarbeitung für alle möglichen Zwecke verwendet werden: für das Heizen, für die Elektrizitätsproduktion in Wärmekraftwerken, für das Fahren mit dem Schiff, der Eisenbahn, dem Auto oder dem Motorrad, für das Fliegen und als Rohmaterial für die chemische Industrie. Vor allem Staaten wie die Schweiz, die nicht über eigene Kohlevorkommen verfügten, deckten ihren Energiebedarf allmählich überwiegend mit Erdöl (siehe Tabelle Seite 103).

Allerdings befanden sich die grossen Erdölvorkommen ausserhalb der westlichen Industriestaaten. So deckte etwa Westeuropa 1970 61 Prozent seines Energiebedarfs mit Erdöl, obwohl es fast keines produzierte. Die bedeutendsten Erdölförderungsländer waren die arabischen Staaten im «Nahen Osten» und Nordafrika sowie der Iran. Die Förderung, der Transport und die Verarbeitung des Erdöls erfolgten jedoch durch internationale Ölgesellschaften. Vom Preis für das geförderte Rohöl erhielten die Erdölstaaten im Allgemeinen die Hälfte. Da trotz des zunehmenden Bedarfs gesamthaft genug Erdöl vorhanden war – laufend wurden neue Vorkommen entdeckt –, blieb der Rohölpreis niedrig. Erdöl galt als sehr billiger Energielieferant, mit dem man nicht sparsam umgehen musste.

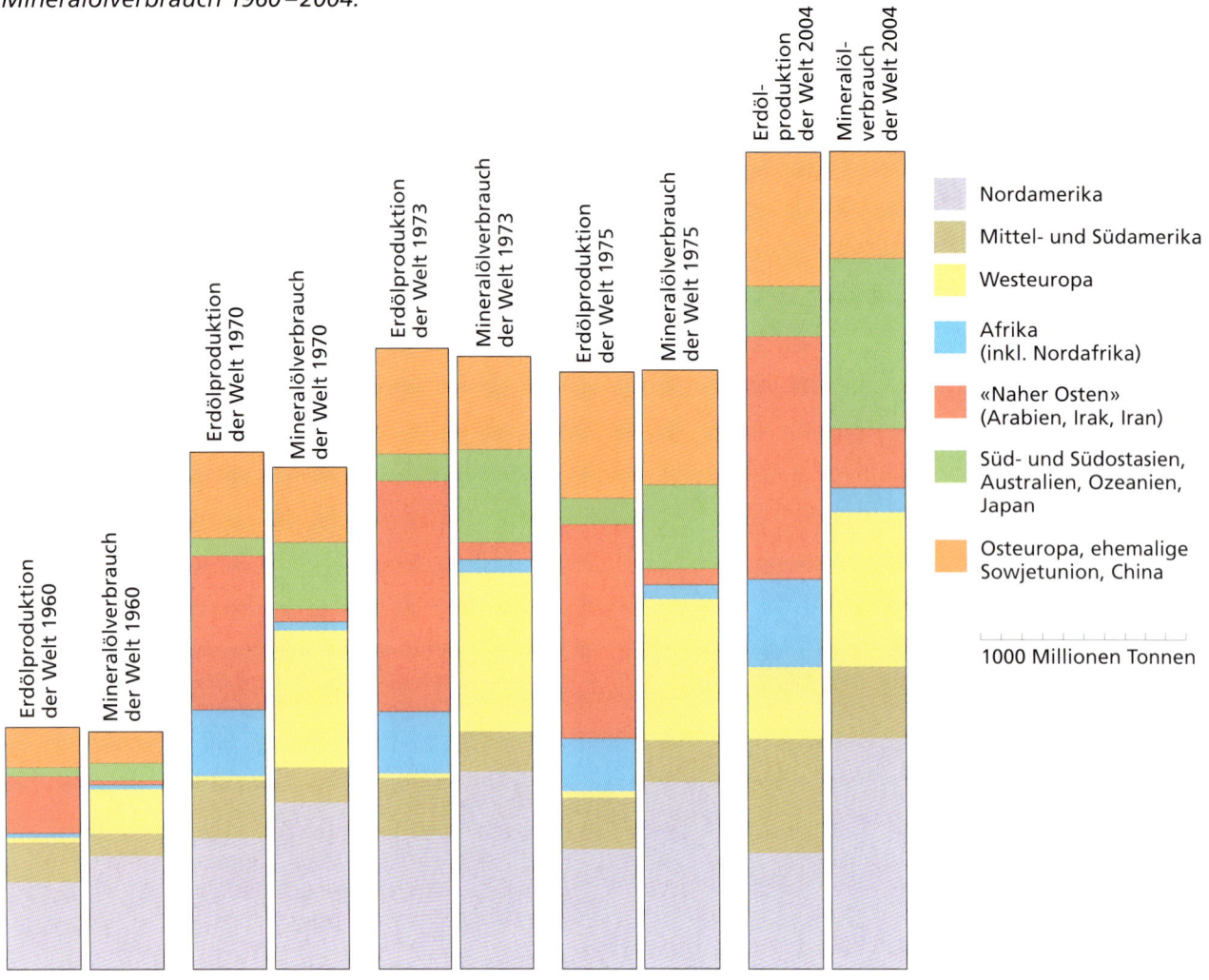

Erdölproduktion und Mineralölverbrauch 1960–2004:

Krisen in unserer Zeit

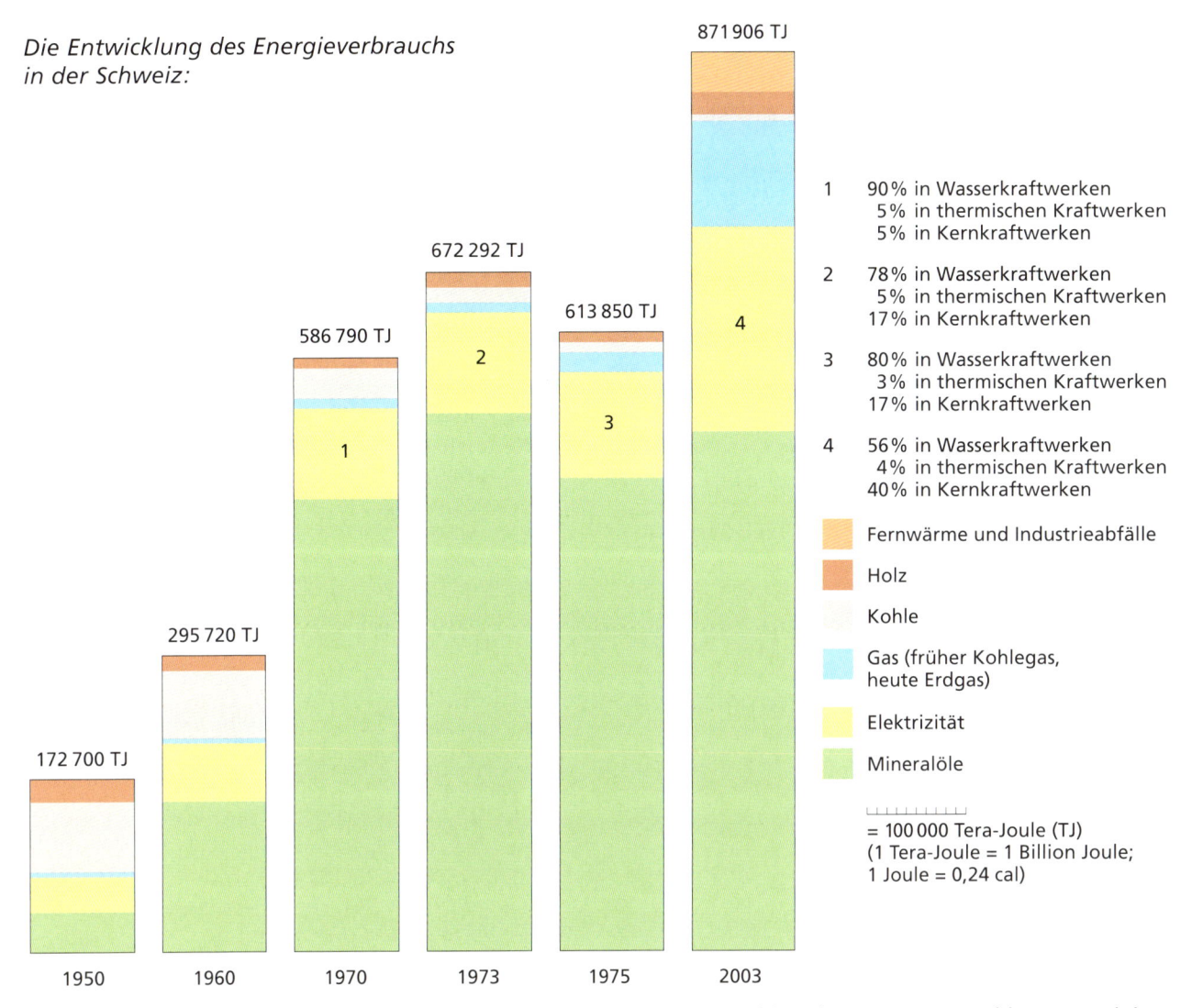

Die Entwicklung des Energieverbrauchs in der Schweiz:

871 906 TJ
672 292 TJ
586 790 TJ
613 850 TJ
295 720 TJ
172 700 TJ

1950 – 1960 – 1970 – 1973 – 1975 – 2003

1 90 % in Wasserkraftwerken
   5 % in thermischen Kraftwerken
   5 % in Kernkraftwerken

2 78 % in Wasserkraftwerken
   5 % in thermischen Kraftwerken
   17 % in Kernkraftwerken

3 80 % in Wasserkraftwerken
   3 % in thermischen Kraftwerken
   17 % in Kernkraftwerken

4 56 % in Wasserkraftwerken
   4 % in thermischen Kraftwerken
   40 % in Kernkraftwerken

- Fernwärme und Industrieabfälle
- Holz
- Kohle
- Gas (früher Kohlegas, heute Erdgas)
- Elektrizität
- Mineralöle

= 100 000 Tera-Joule (TJ)
(1 Tera-Joule = 1 Billion Joule;
1 Joule = 0,24 cal)

Erdölpreis und Politik

Die Staaten, in welchen Erdöl gefördert wurde, hätten den Rohölpreis gerne erhöht. Um dies zu erreichen, schlossen sie sich 1960 zur «Organisation erdölexportierender Staaten» (OPEC, englisch «Organization of Petroleum Exporting Countries») zusammen. Mitglieder wurden die Erdölförderungsländer des Nahen Ostens, Afrikas, Südostasiens, Mittel- und Südamerikas. Ihr Ziel erreichten sie aber erst, als sich die allgemeine politische Lage verschlechterte.

Seit dem Ende des Zweiten Weltkriegs bestanden zwischen dem Staat Israel und seinen arabischen Nachbarn schwere Gegensätze (siehe Band 4). Die Letzteren anerkannten die Existenzberechtigung Israels nicht und wollten es zerstören. In mehreren Kriegen konnte sich Israel jedoch behaupten und 1967 sogar Gebiete Jordaniens, Ägyptens und Syriens erobern. Ägypten und Syrien versuchten im Oktober 1973 eine Rückeroberung, die jedoch scheiterte. Nun ersuchten sie die arabischen Staaten, welche Erdöl produzierten, um Hilfe. Sie waren nämlich der Meinung, Israel sei nur deshalb so erfolgreich, weil es von den Vereinigten Staaten von Amerika und Westeuropa unterstützt werde.

Nun griffen die OPEC-Staaten zur «Erdölwaffe». Sie hatten in den vorangegangenen Jahren die Kontrolle über die Erdölförderungsgesellschaften in ihrem Gebiet übernommen und konnten daher Preis und Fördermenge bestimmen. Das nützten sie aus:

Der «Tritt auf den Ölschlauch»

1. Alle OPEC-Staaten erhöhten den Rohölpreis auf das Vierfache.

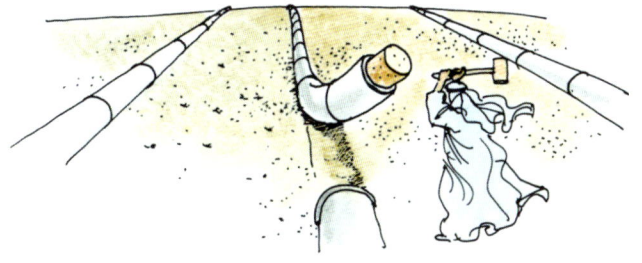

2. Die arabischen OPEC-Staaten drosselten ihre Erdölproduktion vom Oktober bis zum Dezember 1973 stufenweise um etwa 30 Prozent.

Ausblick:

3. Die arabischen OPEC-Staaten belieferten «Freunde Israels» (vor allem die USA und die Niederlande) überhaupt nicht mehr, «Neutrale» – die meisten übrigen europäischen Staaten – nur noch reduziert, «Freunde der Araber» dagegen unbeschränkt.

Mit diesen Massnahmen wollten die OPEC-Staaten Druck auf Israel ausüben und dank erhöhter Erdöleinnahmen die eigene Wirtschaft ausbauen.

Aus einer Erklärung König Feisals von Saudi-Arabien (1973):

128 «Wir behandeln jedes Land so, wie es uns behandelt. Unterstützt ein Land Israel, drehen wir ihm den Ölhahn zu. Erklärt ein Land, dass es auf unserer Seite steht, so kann es sicher sein, auch weiterhin Öl geliefert zu bekommen ... Bis zur Befreiung von Jerusalem erhalten die Vereinigten Staaten kein Öl aus Saudi-Arabien!»

Karikatur in der englischen Zeitung «Sunday Express» im Herbst 1973

Aus einem Interview des persischen Schahs Mohammed Reza Pahlewi mit der deutschen Zeitschrift «Der Spiegel» im Januar 1974:

129 «*Spiegel:* Majestät, Sie haben das Ende der Ära proklamiert, in der die Industrienationen durch billiges Erdöl zu enormem Wohlstand gelangten ... Welche Grundhaltung sollten die Industriestaaten Ihres Erachtens einnehmen?

Schah: Andere Energiequellen nutzbar zu machen. Warum beuten Sie nicht ihre Kohlevorkommen aus? ... Sie sollten Öl als Brennstoff zum Heizen, zur Erzeugung von Licht oder elektrischer Kraft ersetzen ... das sollte man mit einer neuen Art von Energie tun, zum Beispiel mit Atomenergie. Ich hoffe auch, dass man Sonnenenergie oder eine andere Art der Energie sehr bald für diese Zwecke erschliessen kann ...

Spiegel: Sind Sie der Ansicht, dass der Preis für Rohöl ... noch weiter angehoben werden sollte?

Schah: Nun, das hängt von der Teuerung ab. Warum sollten wir an Kaufkraft unseres Öls einbüssen, das in dreissig Jahren erschöpft ist, wenn wir es weiterhin auf diese Weise verbrauchen wie bisher? Ich bin der Meinung, wir sollten es vielmehr für petrochemische Zwecke verwenden, für medizinische Zwecke ..., so dass dieses Zeug erst in 300 Jahren versiegt.

Spiegel: Aber dennoch, die Preise werden steigen, und als Folge davon werden riesige Mengen westlicher Gelder in die Öl fördernden Länder strömen ... wie können Sie dieses Geld absorbieren?

Schah: Wir werden investieren und alles in unserem Land ausgeben ... dies müssen wir sorgsam tun ..., wenn die Infrastruktur so weit gediehen ist, dass sie weitere Industrien aufzunehmen vermag ... Kein Land in der Welt kann Stahl zum selben Preis wie wir produzieren, denn wir haben Eisenerz und Erdgas, womit wir Stahl zur Hälfte des Preises herstellen können, für den Sie ihn produzieren ...

Spiegel: Aber nun verkaufen Sie Ihr Öl, das zu Kosten von 10 oder 20 Cent pro Barrel gefördert wird, zu einem Preis von sieben Dollar oder mehr. Das ist eine in westlichen Ländern ganz unübliche Gewinnspanne.

Schah: Aber Sie wissen doch, dass diese Vorräte in dreissig Jahren zu Ende gehen. Was sollen wir nach dreissig Jahren tun, wenn wir so wie bisher weitermachen?»

Das Öl bleibt aus

Die Beschlüsse der OPEC-Staaten riefen in Europa grossen Schrecken hervor. Die Preise für Benzin und Heizöl stiegen rasch an. Man wurde sich bewusst, wie stark man vom Erdöl abhängig war. Eilig wurden Sparmassnahmen beschlossen:

Aus Berichten der «Neuen Zürcher Zeitung» (November 1973):

130 «Bern, 14. November: Zunehmende Schwierigkeiten in der Versorgung mit flüssigen Treib- und Brennstoffen haben den Bundesrat zu zwei Massnahmen veranlasst. Durch eine Verordnung, die

Krisen in unserer Zeit

am kommenden Samstag in Kraft tritt, wird die Höchstgeschwindigkeit auf allen Strassen ausserorts sowie insbesondere neu für Autobahnen auf 100 Kilometer pro Stunde festgesetzt ... Auf Verstösse stehen gemäss Kriegsvorsorgegesetz empfindliche Strafen.

Bern, 21. November: Der Bundesrat hat am Mittwoch beschlossen, mit Wirkung ab 26. November die Abgabe von flüssigen Treib- und Brennstoffen sowie von Flüssiggas zu kontingentieren. Gleichzeitig ist für die nächsten drei Sonntage ein Sonntagsfahr- und Flugverbot für treibstoffabhängige Strassen-, Luft- und Wasserfahrzeuge erlassen worden ... An diesen Sonntagen ist der Verkehr mit privaten Fahrzeugen von 3 Uhr bis Montag 3 Uhr verboten (Es folgen Ausnahmen für Ärzte usw.) ... Auf dem Sektor Treibstoffe sind bis Ende Jahr 20 Prozent des Verbrauchs einzusparen. Bundesrat Brugger rechnet damit, dass davon 10 Prozent durch das Sonntagsfahrverbot sowie die Begrenzung der Höchstgeschwindigkeiten erreicht werden können. Die übrigen 10 Prozent werden jedoch weitere Einschränkungen des Verbrauchers erfordern ...

26. November: Der erste autofreie Sonntag. Das Sonntagsfahrverbot für Motorfahrzeuge ist in der Schweiz mit Gelassenheit, teilweise gar mit Behagen aufgenommen worden ... All jene, die vom kaum je aussetzenden Motorlärm nachgerade genug haben oder allergisch geworden sind auf die Abgase, haben die Vorzüge eines autofreien Sonntags ausgekostet ... Auf zahlreichen Strassen tummelten sich Radfahrer jeden Alters, Spaziergänger mit und ohne Rucksäcke, mit und ohne Kinderwagen. Ganze Familien oder auch Einzelgänger genossen es sichtlich, sich einmal ungehindert auf der Strasse bewegen und reinere Luft als sonst einatmen zu können. Vor den Restaurants standen für einmal statt der üblichen Personenwagen Velos und Pferde, und das Hotel Löwen in Sihlbrugg hatte sich einen Abholdienst eigener Art einfallen lassen: von zwei Pferden gezogene Brückenwagen brachten die Ausfluggäste von der Endstation der Sihltalbahn zum Restaurant ... Von den Bahnen wird zwar überall eine leichte bis mittlere Verkehrszunahme gemeldet ..., jedoch sind diese Mehrfrequenzen nicht so gross, dass sie Probleme hervorgerufen hätten.»

1 Die Werbung entdeckt den autofreien Sonntag
2 Autobahn bei Würenlos AG an einem autofreien Sonntag während der Erdölkrise 1973

Ausblick: **Krisen in unserer Zeit**

In der Folge erklärten die europäischen Staaten, Israel solle sich aus den seit 1967 besetzten Gebieten zurückziehen. Nun floss das Erdöl aus Arabien wieder. Der vervierfachte Rohölpreis aber blieb. Benzin und Heizöl kosteten den Konsumenten im Durchschnitt etwa doppelt so viel wie früher.

Teures Öl – kränkelnde Wirtschaft

Diese Verteuerung des Erdöls löste einen schweren wirtschaftlichen Rückschlag («Rezession») aus. Weil nun mehr Geld für den Erdölkauf aufgewendet werden musste, stand weniger für anderes zur Verfügung. Der höhere Erdölpreis und die unsichere Lage führten dazu, dass viele geplante wirtschaftliche Unternehmungen (Bauten, Firmenerweiterungen usw.) nicht durchgeführt werden konnten. In vielen Staaten machte die Teuerung jährlich über zehn Prozent aus.

Die OPEC-Staaten erkannten, dass sie den Rohölpreis nicht ins Unermessliche steigen lassen durften. Eine Wirtschaftskrise in den Industrieländern nützte ihnen nichts, denn schliesslich wollten sie ja ihr Öl irgendjemandem verkaufen. Daher warteten sie mit der nächsten Preissteigerung, bis sich die wirtschaftliche Lage etwas beruhigt hatte. 1978 bis 1981 verdreifachten sie jedoch den Rohölpreis, was in Westeuropa prompt zu neuen wirtschaftlichen Schwierigkeiten führte.

Was zeigte die Ölkrise?

Die Ölkrise von 1973 war eine entscheidende Wende in der wirtschaftlichen Entwicklung seit dem Zweiten Weltkrieg. Die Zeit des ständigen und raschen wirtschaftlichen Wachstums, gestützt auf billige Energie, erreichte ihr Ende.

Aus der «Neuen Zürcher Zeitung» vom 22. November 1973:

131 «Eines ist jedoch gewiss. Die Erdölkrise und vor allem ihre Auswirkungen in der Treibstoffversorgung könnten uns noch auf sehr unangenehme Weise bewusst werden lassen, in welchem Ausmass wir von einem einzigen Energieträger abhängig geworden sind, wie sehr unsere Siedlungsstruktur, unsere wirtschaftliche Produktion und unsere Verbrauchergewohnheiten darauf abstellen, dass das Erdöl stets so problemlos fliesst wie in den Jahren seit dem Zweiten Weltkrieg. Was weit blickende Ökonomen und beunruhigte Ökologen bisher in den Wind gepredigt haben, was allzu leichtfertig als Problem einer ferneren Zukunft beiseite geschoben wurde, bricht nun plötzlich in den Alltag herein. Wir sind mit der Tatsache konfrontiert, dass eine Ressource, mit der man verschwenderisch umzugehen gewohnt war, knapp und teuer wird.»

Bemühungen, statt Erdöl vermehrt andere Energiespender zu benützen, blieben nicht aus (siehe Tabelle Seite 103). In den Vordergrund trat vor allem die Kernenergie. Sie erwies sich aber als relativ teuer und zudem umstritten, weil viele Menschen die Gefährlichkeit der Kernkraftwerke für zu hoch hielten. Die Entwicklung von «Alternativenergien» (Sonnenenergie usw.) wurde wenig gefördert. Daher nahm die Abhängigkeit der Schweiz vom Erdölpreis und von den Erdölerzeugern nicht wesentlich ab. Von den schweizerischen Ausgaben für Einfuhrprodukte aller Art entfielen nun zehn Prozent auf das Erdöl.

Das Wichtigste in Kürze:

Der wachsende Wohlstand nach dem Zweiten Weltkrieg führte zu einem steigenden Energieverbrauch. Das billige und scheinbar unbegrenzt vorhandene Erdöl wurde zum wichtigsten Energieträger. Der Wunsch nach höheren Rohölpreisen und der Konflikt zwischen den arabischen Staaten und Israel führten 1973 zu einer vorübergehenden Drosselung der Erdölexporte und zu einer massiven Preissteigerung. Dies löste einen wirtschaftlichen Rückschlag aus. Gleichzeitig zeigte sich dabei die Abhängigkeit der westeuropäischen Staaten von den erdölexportierenden Ländern.

1 Wie wirkte sich der zunehmende Wohlstand in Westeuropa und Nordamerika auf den Energiebedarf aus?
2 Welche Vorteile hat das Erdöl als Energiespender gegenüber der Kohle?
3 Welches waren und sind die wichtigsten Erdölförderungsländer?
4 Was heisst OPEC? Welches Ziel verfolgte diese Organisation?
5 Wie wirkte sich die Erhöhung des Erdölpreises für die Industrieländer aus?

6 Aus welchem Anlass und mit welchen Zielen setzten die Erdölförderländer zum ersten Mal die «Erdölwaffe» ein?
7 Welche Konsequenzen zogen die Industriestaaten und die Erdölförderländer aus der Ölkrise von 1973?
8 Soll man wieder autofreie Sonntage einführen?

Der Zweite Weltkrieg

Otto Dix, «Der Krieg» (1929–1932)

Rückblick:

Krieg und Frieden

Der Krieg

Der römische Dichter Horaz (1. Jahrhundert v. Chr.):
1 «Süss ists und ruhmvoll zu sterben
fürs Vaterland.
Der Tod ereilet auch flüchtige Männer
Und schonet nicht wehrloser Jugend
Bebendes Knie und verzagter Rücken.»

Der griechische Dichter Pindar (um 520–445 v. Chr.):
2 «Nur wer den Krieg nicht aus Erfahrung kennt, dem ist er süss; wer ihn aber erlebt hat, der fürchtet gar sehr im Herzen sein Nahen.»

Vom Konflikt zum Krieg

Seit es überhaupt Menschen gibt, hat es vermutlich auch Konflikte unter Menschen gegeben. Oft ging es dabei um das Überleben: man stritt um Jagdreviere, um ein Stück Ackerland, um eine Viehherde. Aber auch andere Gründe konnten mitspielen: das persönliche Ansehen, die Rivalität um eine Frau, Hass und Eifersucht.

Siegesstele des Königs Naramsin von Akkad
(Irak, um 2350 v. Chr.), Höhe 2 Meter

Aus dem 1. Buch Mose, Kapitel 4:
3 «Abel wurde ein Schäfer, Kain aber wurde ein Ackerbauer. Es begab sich aber nach geraumer Zeit, dass Kain von den Früchten des Ackers Gott ein Opfer brachte. Und auch Abel brachte von den Erstlingen seiner Schafe und ihrem Fette ein Opfer. Und Gott sah wohlgefällig auf Abel und sein Opfer, auf Kain aber und sein Opfer sah er nicht. Das ergrimmte Kain gar sehr ..., und er sprach zu seinem Bruder: Lass uns aufs Feld gehen! Und als sie auf dem Felde waren, erhob sich Kain wider seinen Bruder Abel und schlug ihn tot.»

Konflikte können auf verschiedene Arten gelöst werden:

Die Gegner kommen durch Verhandlungen zu einem Kompromiss, der beide befriedigt.

Die Gegner legen ihre Streitfrage einem Dritten – Herrscher, Schiedsrichter, Gesetzesausleger – vor und akzeptieren dessen Entscheid.

Die Gegner tragen den Konflikt gewaltsam aus, bis einer von ihnen umkommt oder sich geschlagen gibt.

Aus einem Brief des Psychiaters Sigmund Freud an den Physiker Albert Einstein (September 1932):
4 «Interessenkonflikte unter den Menschen werden im Prinzip durch Gewalt entschieden. So ist es im ganzen Tierreich, von dem sich der Mensch nicht ausnehmen sollte ... Anfänglich, in einer kleinen Menschenhorde, entschied die stärkere Muskelkraft, wem etwas gehören oder wessen Wille zur Ausführung gebracht werden sollte. Die Muskelkraft wurde bald verstärkt und ersetzt durch den Gebrauch von Werkzeugen: es siegt, wer die besseren Waffen hat oder sie geschickter verwendet ... Die Endabsicht des Kampfes bleibt aber die gleiche: der eine Teil soll durch die Schädigungen, die er erfährt, und durch die Lähmung seiner Kräfte gezwungen werden, seinen Anspruch oder Widerspruch aufzugeben. Dies wird am gründlichsten erreicht, wenn die Gewalt den Gegner dauernd beseitigt, also tötet.»

Kriegsursachen

Schon die frühen Menschen lebten in Gruppen. Später entstanden Dörfer, noch später Städte, Fürstentümer und Grossreiche. **Innerhalb** dieser Dörfer, Städte, Fürstentümer und Grossreiche wurden nun Konflikte häufig friedlich gelöst: Herrscher, Gesetz und Richter regelten die Streitfälle. Dagegen kam es, je mehr die Menschen ihre Weltkenntnis ausweiteten, zu Konflikten **zwischen** den Städten, Fürstentümern oder Grossreichen. Dazu konnten verschiedene Ursachen führen:

1 Besitz- und Erwerbsprobleme: Man stritt sich um Land, um Weide- und Siedlungsplätze, um Abgaben und Steuern, um Handelsmöglichkeiten. Man wollte Beute machen, etwas erwerben, ohne zu bezahlen.

Im 9. Jahrhundert wurde Westeuropa von den Normannen (aus Skandinavien) und den Arabern (aus Spanien) angegriffen.
Die Chronisten berichten darüber:
5 «842: Um diese Zeit erschien plötzlich mit Tagesanbruch eine Flotte der Normannen vor dem Handelsplatz Quentovic (bei Calais), und diese wüteten so furchtbar, indem sie alles verwüsteten ... Auch die arabischen Piraten, die auf der Rhone bis Arles gelangten, verwüsteten alles ringsumher und zogen darauf mit beutebeladenen Schiffen ungestraft wieder fort.
886: Die Normannen aber, welche von Paris aus zu Schiff die Seine aufwärts gezogen waren, fuhren mit aller Mannschaft ... in die Yonne ein und belagerten die Stadt Sens. Sofort aber trat der Erzbischof dieser Stadt ... mit den Normannen um den Loskauf der Stadt in Unterhandlung.»

Gaius Julius Caesar berichtet über die Ursache des Krieges zwischen den Helvetiern und den Römern:
6 «Bei den Helvetiern war (um 60 v. Chr.) der bei weitem vornehmste und begütertste Mann Orgetorix. Er ... überredete seine Stammesgenossen, mit all ihrer Habe auszuwandern. Da sie alle anderen an Tapferkeit überträfen, sei es ganz leicht, die Herrschaft über das gesamte Gallien (Frankreich) an sich zu reissen. Dazu überredete er sie umso leichter, als die Helvetier auf allen Seiten durch natürliche Grenzen eingeengt sind ... Im Verhältnis zu ihrer starken Bevölkerung, zu ihrem Kriegs- und Heldenruhm hatten sie ihrer Meinung nach ein zu kleines Land.»

2 Probleme der Machtausdehnung und der Staatsordnung: Ehrgeizige Herrscher oder herrschende Gruppen wollten ihr Ansehen oder ihre Macht steigern. Vielfach glaubte man, man sei dem eigenen Gott oder den eigenen Göttern eine solche Machterweiterung schuldig. Oftmals wollte man die eigene Staats- und Gesellschaftsordnung bewahren oder diese einem Gegner aufzwingen.

Alexander der Grosse eroberte zwischen 334 und 324 v. Chr. ein riesiges Reich, das von Griechenland bis Indien reichte. Nach dem Bericht des Geschichtsschreibers Arrian erklärte er seinen Soldaten:
7 «Wenn aber einer zu hören wünscht, was denn für das Kriegführen selbst das Endziel ist, so mag er wissen ...: Von Gibraltar an wird ganz Afrika ... unser Eigentum und so auch ganz Asien. Dann werden die Grenzen dieses Reiches erst die sein, welche die Gottheit als Grenzen der Erde überhaupt gesetzt hat!»

Im 11. und im 12. Jahrhundert versuchten westeuropäische Ritter, durch «Kreuzzüge» in arabischem Besitz befindliche, früher christliche Gebiete zurückzuerobern. Dazu erklärte Papst Urban II. (1095):
8 «Wir aber erlassen durch die Barmherzigkeit Gottes ... allen gläubigen Christen, die gegen die Heiden die Waffen ergreifen ..., all die Strafen, welche die Kirche für ihre Sünden über sie verhängt hat. Und wenn einer dort in wahrer Busse fällt, so darf er fest glauben, dass ihm Vergebung seiner Sünden und die Frucht des ewigen Lebens zuteil werden wird.»

Der Ausbruch der Französischen Revolution führte bald dazu, dass Frankreich mit seinen Nachbarstaaten in Krieg geriet. Der französische Politiker Jacques Brissot erklärte dazu (1791):
9 «Ich bin überzeugt, dass ein Volk, das nach zehn Jahrhunderten der Sklaverei die Freiheit errungen hat, des Krieges bedarf. Es braucht den Krieg, um die Freiheit zu befestigen ...»

Pierre-Victurnien Vergniaud rechtfertigte den revolutionären Krieg (1792):
«Besingt einen Sieg, der ein Sieg der Menschlichkeit sein wird. Er hat Menschenleben gekostet, aber nur, auf dass keine mehr umkommen müssen. Ich schwöre es im Namen der allgemeinen Verbrüderung, die ihr errichtet werdet, dass jeder eurer Kämpfe ein Schritt zum Frieden, zur Menschlichkeit und zum Glück der Völker sein soll.»

Krieg und Frieden

Die Konflikte zwischen den Städten, Fürsten und Reichen wurden oft mit Gewalt ausgetragen. Auf beiden Seiten wurden möglichst viele und möglichst tüchtige Leute, möglichst gut bewaffnet und möglichst gut organisiert, aufgeboten: Man führte Krieg gegeneinander. Ob der einzelne Krieger durch diesen Konflikt persönlich betroffen war oder nicht, spielte dabei oft eine geringe Rolle: Man appellierte an seine Solidarität, seinen Ehrgeiz, seine Berufspflicht als Söldner, seine Beutegier, oder man zwang ihn einfach zum Kampf. Nicht selten führte die Furcht vor einem möglichen Angriff des Gegners zum Krieg: In der Hoffnung, den günstigsten Augenblick zu wählen, schritt man selbst zum Angriff.

Waffen des Altertums

Die ältesten Waffen der Menschen waren Wurfhölzer, Steinkeulen, hölzerne Lanzen mit Steinspitzen und Pfeilbogen. Entscheidende Verbesserungen wurden durch die Verwendung der Metalle (siehe Band 2, Seite 22ff.) möglich. Schwert und Lanze erhielten nun eine solche Durchschlagskraft, dass sich der Krieger durch Helm, Brustpanzer, Schild und Beinschienen schützen musste. Daher spielten sowohl in den Heeren der Griechen wie der Römer die schwer bewaffneten Fusssoldaten die Hauptrolle. Diese konnten sich allerdings nur langsam bewegen. Um sich gegen feindliche Reiter oder Leichtbewaffnete zu schützen, mussten sie – in rechteckige Blöcke eingereiht – die Schlachtordnung peinlich genau einhalten. Diese Disziplin war vor allem für die grossen militärischen Erfolge der Römer entscheidend.

Schon im 2. Jahrtausend v. Chr. wurden im Orient auch Streitwagen eingesetzt, die zuerst von Ochsen, später von Pferden gezogen wurden. Von diesen Wagen herab schossen Krieger Wurflanzen oder Pfeile unter die Feinde und erschreckten sie zudem durch das Tempo der Fahrt.

Im 4. Jahrhundert v. Chr. begann man, aus Indien Kriegselefanten einzuführen, welche zu Beginn der Schlacht auf die feindlichen Schlachtreihen losgelassen wurden. Sie bewährten sich jedoch auf die Dauer nicht. Die Reiterei spielte bei den Griechen und Römern eine bescheidene Rolle. Da die Reiter nur mit Wurflanzen bewaffnet und kaum geschützt waren, verwendete man sie vor allem am Rand des Schlachtfeldes oder zur Verfolgung des fliehenden Gegners.

Waffen des Mittelalters

Eine entscheidende Veränderung erfolgte durch die Einführung des Sattels und des Steigbügels. Beide wurden in Indien und Persien entwickelt und in Westeuropa zwischen 400 und 800 n. Chr. bekannt. Nun war es möglich, einen schwer gepanzerten Reiter mit Lanze und Schild auf ein Pferd zu setzen, ohne dass er herunterfiel.

Gleichzeitig waren die mittelalterlichen Herrscher, im Unterschied zu den Römern, nicht mehr in der Lage, ein grosses, diszipliniertes Heer von Fusssoldaten aufzustellen und zusammenzuhalten.

1 Römische Schwerbewaffnete mit Feldzeichen (Relief, 2. Jahrhundert n. Chr.)
2 Teller mit Darstellung eines Kriegselefanten (Unteritalien, um 270 v. Chr.)

111

Rückblick:

1 Kampf zwischen christlichen und arabischen Reitertruppen im 11. Jahrhundert (Holzschnitt nach einem Fenster in der Kathedrale von St. Denis bei Paris)
2 Fusstruppen gegen Ritterheer: Die Schlacht bei Laupen (1339) in der Darstellung von Bendicht Tschachtlan (1470)
3 Befestigung und Belagerung im 12. Jahrhundert:
   A «Katze» zur Herstellung eines Grabenüberganges
   B Maschine zur Bewegung der «Katze»
   C Wurfmaschinen
   D fahrbare Blenden
   E Wandelturm mit Fallbrücken

Daher konzentrierten sie sich auf die Bildung kleiner Reiterheere. In den mittelalterlichen Schlachten standen sich jeweils tausend bis zweitausend schwer bewaffnete Reiter, von einigen tausend Fusssoldaten ergänzt, gegenüber. Eine Reiterrüstung war teuer, so dass nur Adelige sie sich leisten konnten. Der Kampf zu Pferd, und somit der wichtigste Teil des Kampfes überhaupt, wurde dadurch zu einem Vorrecht der Adeligen, die sich dementsprechend als «Ritter» bezeichneten.

Vom 14. Jahrhundert an gerieten die Ritter auf dem Schlachtfeld gegenüber rein infanteristischen Heeren zunehmend in Bedrängnis. Unter den Letzteren taten sich besonders die eidgenössischen Krieger hervor. Ihre wichtigsten Waffen waren die Halbarte (auch Hellebarde) und (seit dem 15. Jahrhundert) der Langspiess. Sie schützten ihren Körper zwar mit Helm und Brustpanzer, verzichteten aber auf einen Schild. Ihre ganz auf Angriff ausgerichtete, oft tollkühne Kampfweise enthüllte die Unbeweglichkeit der Ritter, besonders dort, wo auch das Gelände für diese ungeeignet war. Durch eine lange Reihe militärischer Erfolge qualifizierten sich die eidgenössischen Krieger als die besten ihrer Zeit. Daher wurden sie auch gerne von fremden Herrschern als Söldner angeworben.

Belagerungen

Um sich vor Feinden zu schützen, hatte man schon in früheren Zeiten Befestigungen errichtet. Städte umgaben sich mit Stadtmauern, Adelige

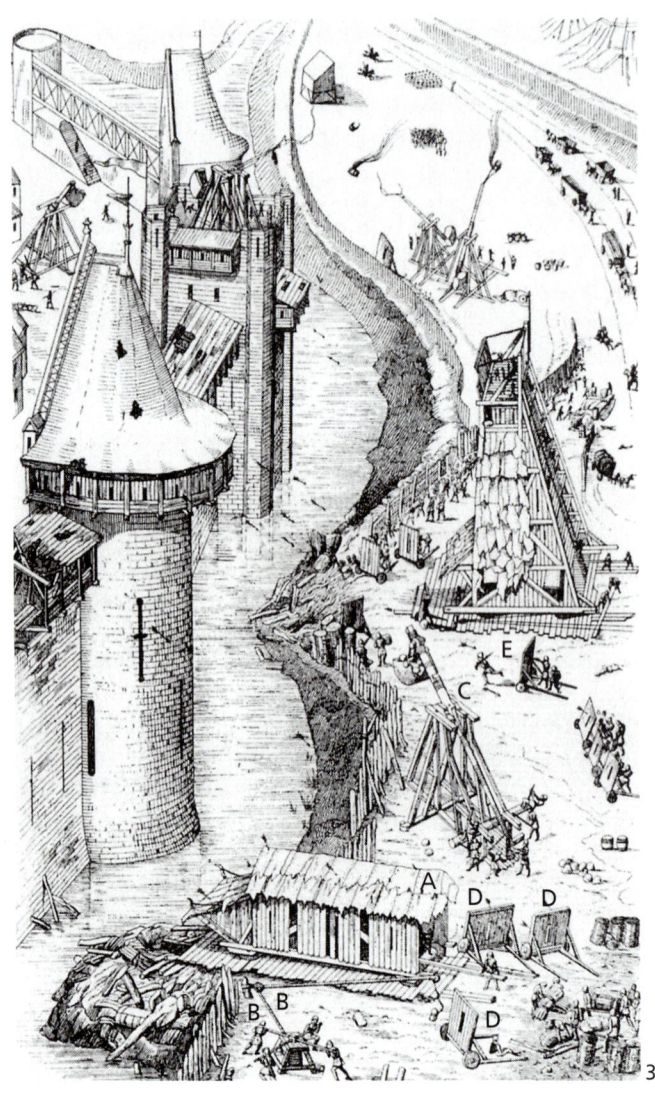

Krieg und Frieden

wohnten in Burgen. Im Krieg wurden Städte und Burgen oft belagert. Die Gegner versuchten, die Mauern zu stürmen oder durch Rammböcke zum Einsturz zu bringen. Sie bombardierten auch die Verteidiger mit Steinen oder Feuerbränden, welche durch Wurfmaschinen geschleudert wurden. Die dazu nötige Kraft wurde mechanisch gewonnen, indem der Träger des Geschosses durch Sehnen- oder Haarbündel oder durch ein Gegengewicht gespannt wurde und bei der Befreiung aus dieser Spannung losschnellte. Wucht und Zielgenauigkeit solcher Geschosse waren beschränkt.

Kanonen und Gewehre

In der Mitte des 13. Jahrhunderts hielt der Mönch Roger Bacon erstmals das Rezept für Schiesspulver schriftlich fest: 75 Prozent Kalisalpeter, 15 Prozent Holzkohle, 10 Prozent Schwefel. Woher er es kannte, ist ungewiss. Diese Erfindung führte zum Gedanken, Belagerungsgeschosse durch die Explosion von Schiesspulver aus eigenen «Feuertöpfen» anzutreiben. Bald erkannte man, dass die Zielgenauigkeit grösser war, wenn man statt der «Feuertöpfe» Rohre verwendete: die Kanone war erfunden. Als Geschosse dienten zunächst Eisenkugeln, aber auch mit Bleikugeln gefüllte Säcke oder Blechbüchsen, die nach dem Aufprall ähnlich wie Schrot wirkten. Seit dem 16. Jahrhundert verschoss man auch mit Pulver gefüllte Granaten, die durch eine vor dem Abschuss entflammte Zündschnur möglichst nahe beim Aufschlag explodieren sollten.

Aus der Kanone wurde das Gewehr entwickelt. Am Ende des 14. Jahrhunderts tauchten die ersten «Handbüchsen» auf – «Kleinkanonen», die von einem Mann getragen werden konnten. In den folgenden Jahren bemühte man sich vor allem, Treffsicherheit und Schusskadenz zu erhöhen. Seit dem 16. Jahrhundert dominierten Gewehre und Kanonen das Kampfgeschehen. Wer seine Truppen in die günstigste Schussposition brachte und sie so erzog, dass sie trotz des gegnerischen Feuers nicht flohen, gewann im Allgemeinen die Schlacht.

Kriegsopfer

Die Kriege forderten immer Opfer, aber nicht zu allen Zeiten gleich viele. In der griechisch-römischen Zeit wurde zum Teil mit grossen Heeren bis zu 100 000 Mann gefochten. In der Schlacht entschied der blutige Nahkampf. Da zudem die besiegten Gegner nicht geschont und das feindliche Gebiet oft systematisch verwüstet wurden, war die Zahl der Toten vor allem bei den Besiegten hoch.

1 Die älteste bildliche Darstellung eines Pulvergeschützes (1326). Ein Kugelpfeil wird aus einem «Feuertopf» abgeschossen.
2 Belagerung einer Stadt in der Mitte des 16. Jahrhunderts.
3 Handbüchsen um 1500. Oben eine zweiläufige Büchse, zu deren Bedienung zwei Mann erforderlich sind: Der eine führt die Lunte ein, der andere zielt. Die untere, dreiläufige Büchse ist bereits mit einem Luntenschloss ausgerüstet: Der Schütze führt die Lunte über einen Hebel (im Bild nicht sichtbar) in die Pulverkammer.

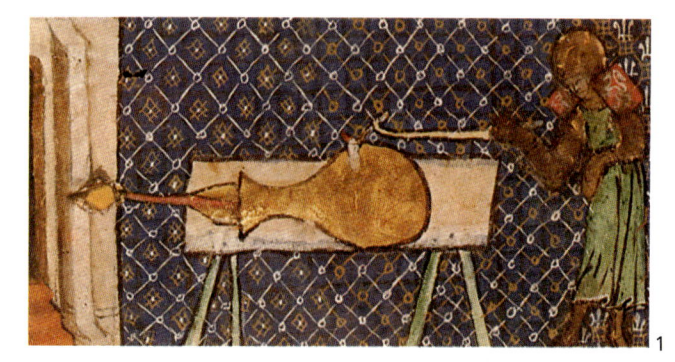

Rückblick:

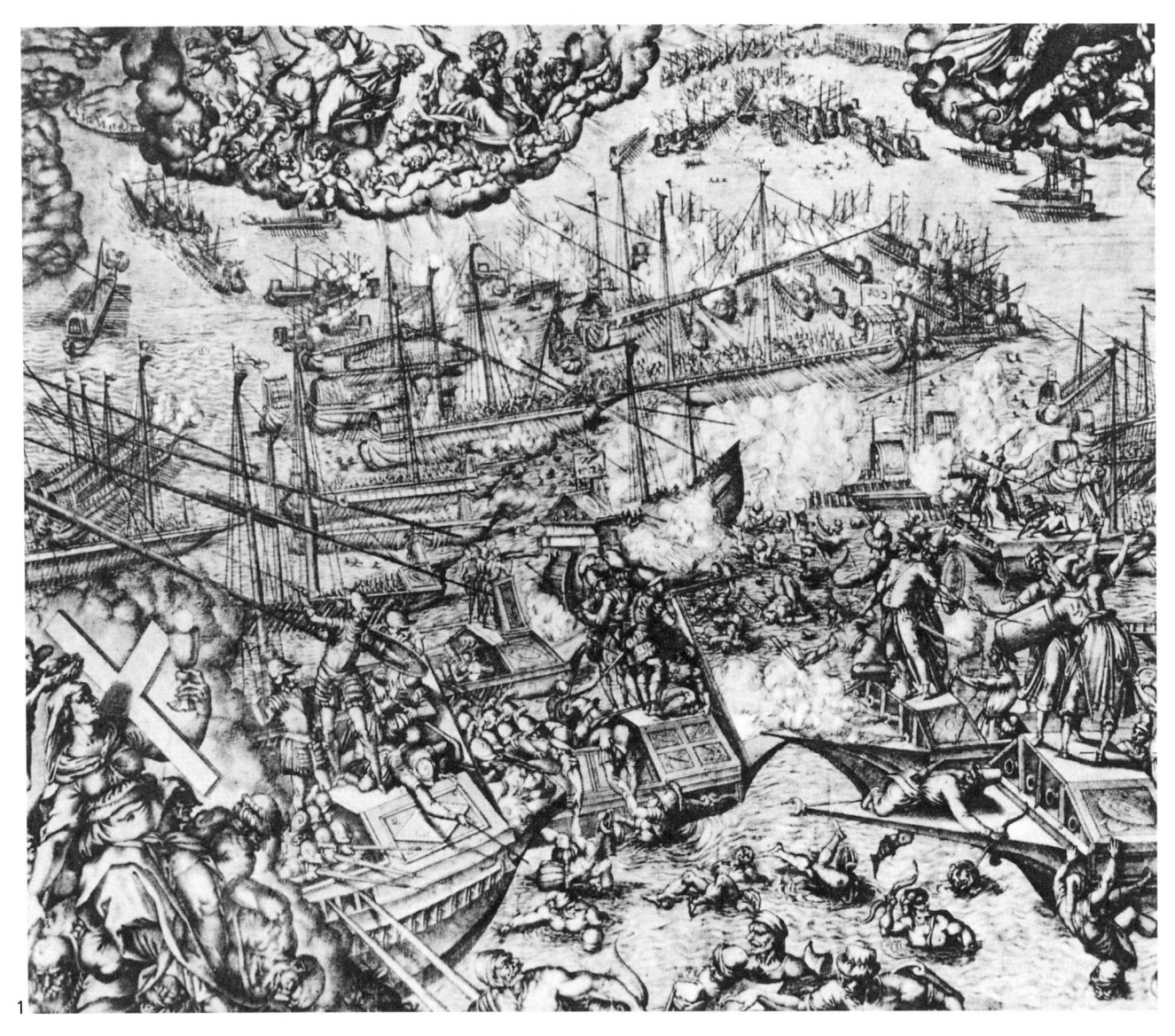

1 Die Seeschlacht von Lepanto (1571) zwischen den Türken einerseits, den Spaniern und Venezianern anderseits. Beide Seiten waren mit Buggeschützen ausgerüstet.
2 Deutsches Geschütz im Ersten Weltkrieg auf Eisenbahnlafette mit einer Reichweite von 48 Kilometern

in dieser Jahreszeit zugrunde. Selbst wer sich im Augenblick hatte verbergen können, musste nach dem Abmarsch der Soldaten aller Wahrscheinlichkeit nach verhungern.»

Die Auswirkungen der mit kleinen Reiterheeren geführten Kriege des Mittelalters waren dagegen wesentlich geringer. Vom 15. Jahrhundert an nahm die Grösse der eingesetzten Heere und die Wirksamkeit der eingesetzten Waffen ständig zu. Dadurch erhöhte sich die Zahl der Gefallenen (das heisst durch Waffenwirkung direkt Getöteten) und Verwundeten in den Kriegen. Diese Entwicklung verstärkte sich im 19. und im 20. Jahrhundert. Die allgemeine Wehrpflicht ermöglichte die Bildung eigentlicher Massenheere, die moderne Technik schuf zuvor unbekannte Vernichtungsmöglichkeiten.

Aus dem Bericht Gaius Julius Caesars über die Eroberung Galliens (1. Jahrhundert v. Chr.; Caesar schreibt über sich in der 3. Person):

«Caesar marschierte wieder los, um das Gebiet der Feinde zu verwüsten ... jedes Dorf und jedes Gehöft, das in Sichtweite kam, wurde niedergebrannt, das Vieh abgeschlachtet und die Beute davongeschleppt. Was an Getreide nicht durch eine solche Menge von Menschen und Tieren verbraucht oder vernichtet wurde, ging durch die Regenfälle

Krieg und Frieden

Die Opfer des Krieges:

Gefallene (durch Waffeneinwirkung direkt getötete Soldaten)

ihren Verwundungen Erlegene

Opfer von Krankheiten. In allen grossen Heeren grassierten Epidemien: bis zum Ersten Weltkrieg gab es meist mehr Krankheitsopfer als Gefallene.

Invalide

Kriegsgefangene: Tötung, Versklavung oder schlechte Behandlung durch den Gegner

Zivilbevölkerung: Tötungen, Plünderungen, Vergewaltigungen, kriegsbedingte Hungersnöte, Verluste des Ernährers (Witwen und Waisen)

Immer mehr Gefallene – die Entwicklung des modernen Krieges (bis 1918):

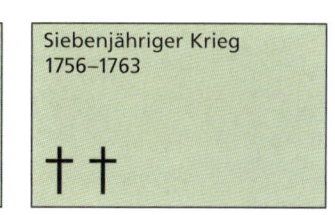

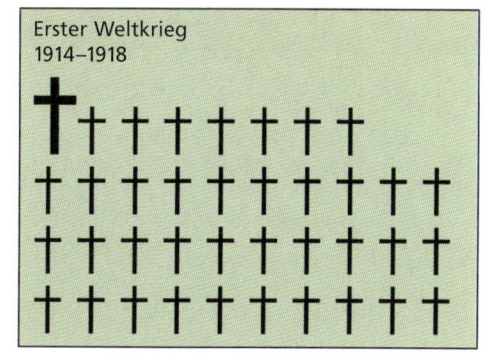

Dreissigjähriger Krieg 1618–1648	Spanischer Erbfolgekrieg 1701–1713	Siebenjähriger Krieg 1756–1763	Französische Revolutionskriege 1792–1801
†	† †	† †	† † † †

Napoleonische Kriege 1805–1815	Deutsch-Französischer Krieg Juli 1870–Januar 1871	Erster Weltkrieg 1914–1918
† † † † †	† † † † † † † † † †	**†** † † † † † † † † † † † † † † † † † † † † † † † † † † † † † † †

† 10 000 gefallene Soldaten pro Kriegsjahr (ohne Verwundete, Krankheitsopfer und Zivilisten)

† 1 Million gefallene Soldaten pro Kriegsjahr (ohne Verwundete, Krankheitsopfer und Zivilisten)

Rückblick:

Wie viele Opfer fordert ein Krieg? Wovon hängt es ab?

Dauer des Krieges

Grösse der eingesetzten Heere

Wirksamkeit der eingesetzten Waffen

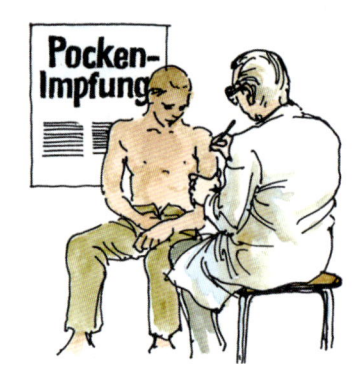

Qualität der Gesundheitspflege

medizinische Fähigkeiten

Einstellung und Verhalten gegenüber der Zivilbevölkerung, den Kriegsgefangenen und gegnerischen Verwundeten

Die Opfer des Ersten Weltkrieges (ohne Zivilbevölkerung):

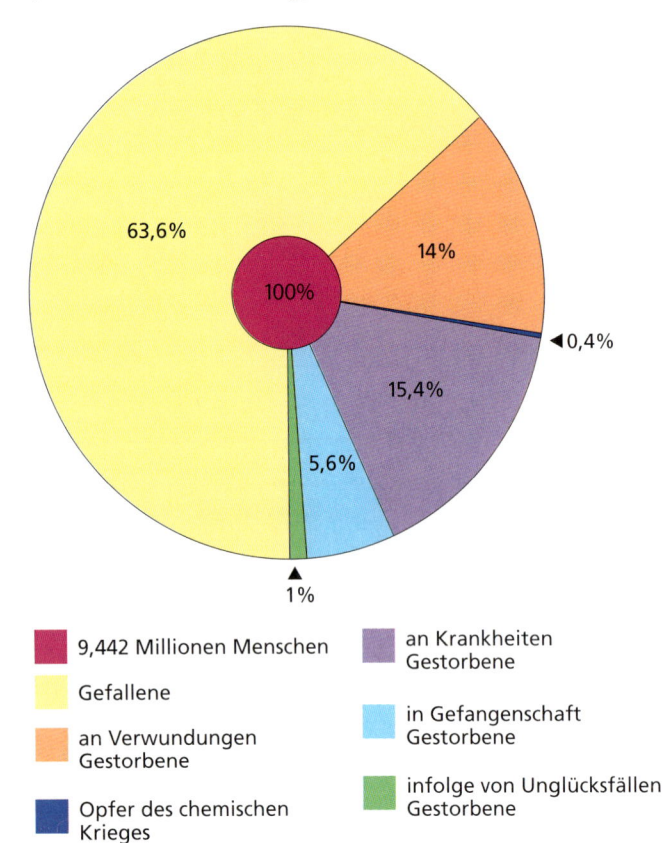

- 63,6 %
- 14 %
- 100 %
- 0,4 %
- 15,4 %
- 5,6 %
- 1 %

- 9,442 Millionen Menschen
- Gefallene
- an Verwundungen Gestorbene
- Opfer des chemischen Krieges
- an Krankheiten Gestorbene
- in Gefangenschaft Gestorbene
- infolge von Unglücksfällen Gestorbene

Das Wichtigste in Kürze:

In der Geschichte der Menschen sind, mit unterschiedlichen Gründen und Rechtfertigungen, immer wieder Kriege geführt worden. Durch die Erfindung und Weiterentwicklung der Feuerwaffen sowie durch die Möglichkeit, immer grössere Heere aufzubieten, nahm die Zahl der Kriegsopfer vom Ende des Mittelalters bis zum 20. Jahrhundert in der Tendenz zu.

1 Nenne einige Ursachen, die zu Konflikten zwischen Völkern oder Staaten führen können.
2 Auf welche Arten können Konflikte gelöst werden?
3 Wie bereiten sich Kriegsparteien auf einen Krieg vor?
4 Auf welche Weise werden Menschen zu Kriegsopfern? Warum nahm die Zahl der Kriegsopfer seit dem 15. Jahrhundert eher zu?
5 Ein Sprichwort sagt: «Der Krieg ist der Vater aller Dinge.» Erkläre es und äussere deine Meinung dazu.
6 Viele Schweizer sind überzeugt, dass die Schweiz eine möglichst starke Armee brauche. Welche Gründe führen sie dafür an? Was ist deine Meinung?

116

Krieg und Frieden

Ein Beispiel:
der Dreissigjährige Krieg (1618–1648/1659)

Eine Serie von Kriegen

Als Folge der Kirchenspaltung (siehe Band 1, Seite 88ff.) gab es in Deutschland protestantische und katholische Fürstentümer, die sich feindselig gegenüberstanden. Der katholische Kaiser, ein Habsburger, herrschte über eine grosse Zahl von Ländern (Böhmen, Österreich usw.) als Familienbesitz, hatte aber auf das übrige Deutschland nur noch geringen Einfluss. Als er mit dem protestantischen Adel in Böhmen in Streit geriet, erhielt dieser von den protestantischen deutschen Fürsten Unterstützung. Der Kaiser aber unterdrückte den böhmischen Aufstand, schwor den deutschen Protestanten Rache und versuchte, seine Macht über das übrige Deutschland wieder zu vergrössern.

Alte Feinde waren auch der spanische und der französische König, obwohl beide katholisch waren. Sie stritten um Macht und Gebiete. Nun verbündete sich der deutsche Kaiser mit dem König von Spanien, mit dem er verwandt war. Mit spanischer Unterstützung ging er erfolgreich gegen die protestantischen Fürsten in Deutschland vor. Als diese zu unterliegen drohten, eilten ihnen der König von Schweden und später auch jener von Frankreich zu Hilfe. Sie fürchteten, Spanien und der Kaiser würden zu mächtig. So kam es zu einer ganzen Reihe von Kriegen, die hauptsächlich in Deutschland, aber auch in Belgien, Oberitalien und Spanien ausgetragen wurden und zusammen etwa vierzig Jahre währten. Erst später sprach man rückblickend von einem «Dreissigjährigen Krieg», weil diese Kriege fast lückenlos aufeinander gefolgt waren.

Graubünden als Kriegsschauplatz

Die Schweizerische Eidgenossenschaft verhielt sich neutral und wurde mit Ausnahme von Graubünden vom Kriegsgeschehen nicht erfasst.
In Graubünden war der Gegensatz zwischen der katholischen und der protestantischen Partei, die beide von einigen vornehmen Familien angeführt wurden, besonders gross. Es gab keine handlungsfähige Regierung. Die in drei Bünden locker zusammengeschlossenen Talgemeinden waren weitgehend selbständig. Politisch und konfessionell begründete Überfälle, Zusammenstösse und Morde waren häufig. Graubünden beherrschte aber das Veltlin und trennte dadurch das Herzogtum Mailand, das dem König von Spanien gehörte, vom kaiserlich-habsburgischen Österreich. Daher war es als Verbindungsland für diese beiden befreundeten Herrscher

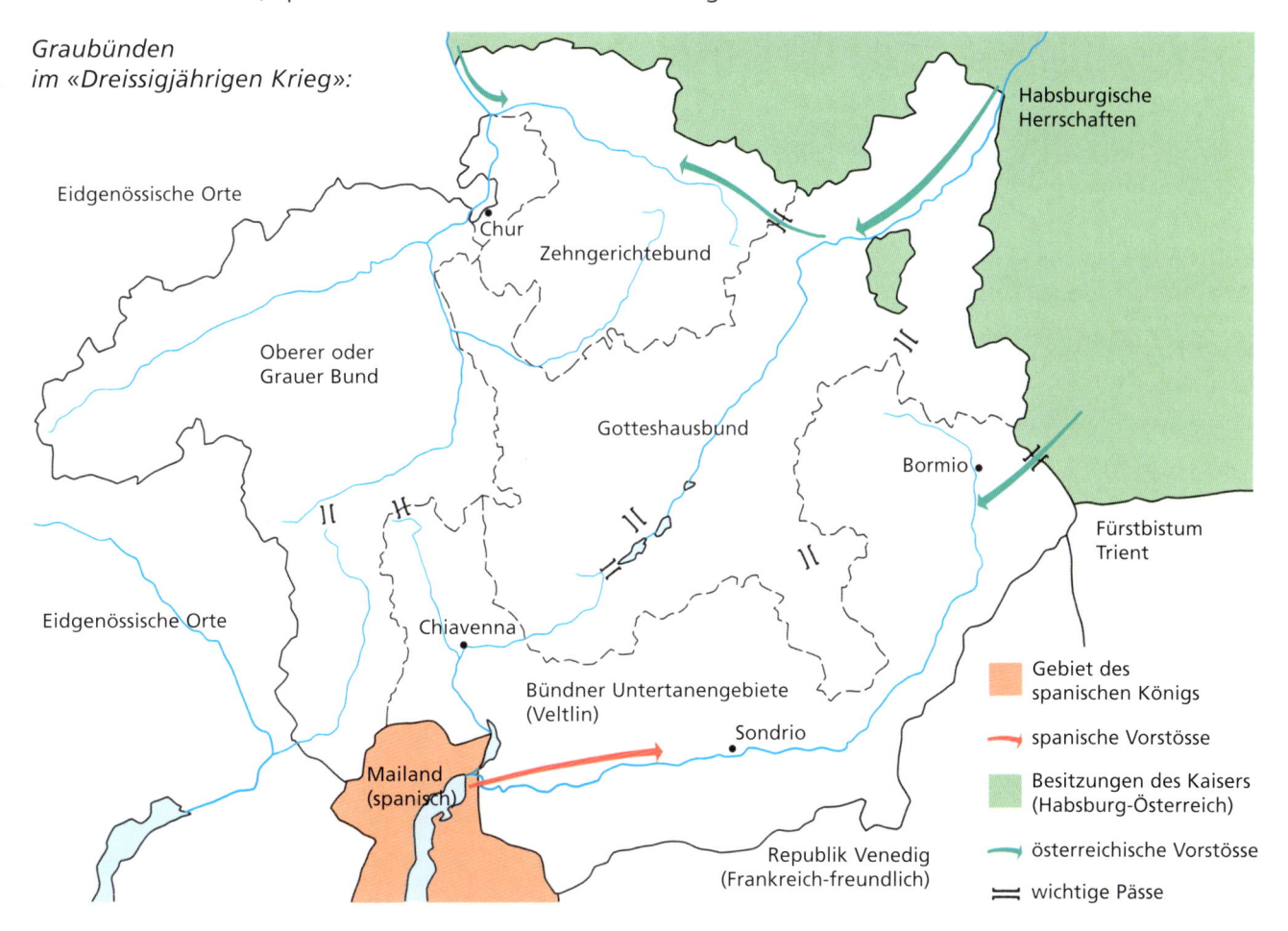

Graubünden im «Dreissigjährigen Krieg»:

militärisch wichtig, ebenso aber auch für Frankreich, das diese Verbindung unterbrechen wollte. Während fast zwanzig Jahren war Graubünden daher abwechselnd von spanisch-österreichischen und von französischen Truppen besetzt (1621–1637).

Die Leiden des Volkes: die Soldaten kommen

Der Krieg wurde ausschliesslich mit Söldnerheeren geführt. Die Herrscher stellten Heerführer an, welche als militärische Unternehmer Soldaten sammelten und Bekleidung, Ausrüstung und Sold finanzierten. Waren sie erfolgreich, so wurden sie reich belohnt. Ihre Kosten glichen die Heerführer dadurch aus, dass sie die Bevölkerung – in Freundes- und Feindesland – zur Abgabe von Geld und Nahrungsmitteln zwangen.

Aus einem Bericht des Pfarrers Johann Daniel Minck über die Lage im Odenwaldgebiet (südlich von Frankfurt am Main), 1635:

11 «Da rüstete sich jedermann zur Ernte ... Aber die Hoffnung war vergebens ... Gott verhängte es, dass in diesem Jahr gerade zur Erntezeit der kaiserliche General Gallas in das Land zwischen Rhein und Main fiel. Seine Soldaten verbreiteten sich über das ganze Land, droschen die gesamte Getreidefrucht – die schon geschnitten und gebunden, aber wegen Mangels an Pferden noch nicht in die Scheunen gebracht worden war – auf Feldern und Dörfern und verkauften, was sie nicht selbst brauchten, an die Städte am Main und am Rhein ..., so dass nach wenigen Tagen kein Getreide mehr im Land zu bekommen war. Darauf folgte eine sehr grosse Teuerung.»

Der Krieg, der nun überwiegend mit Feuerwaffen ausgetragen wurde, forderte unter den Söldnern viele Opfer. Die ständige Gefahr, die grossen Strapazen und Entbehrungen, die zahlreichen Krankheiten stumpften ihre Gefühle ab. Grausamkeiten gegen die Zivilbevölkerung waren häufig. Besonders betroffen war die ungeschützte Landschaft, aber auch den Bewohnern einer Stadt erging es schlecht, wenn diese nach langer Belagerung erobert wurde.

Aus dem Bericht des Pfarrers Johann Daniel Minck (siehe Quellentext 11), 1634:

12 «Bald fielen die Schweden über den Rhein und jagten die Kaiserlichen aus ihrem Quartier, bald jagten diese wiederum jene hinaus ... Kein Mensch durfte sich auf dem Land blicken lassen, denn ihm wurde nachgejagt wie einem Vieh. Wurde er ergriffen, so schlug man ihn zusammen, damit er angebe, wo er Geld, Vieh oder Pferde habe, knebelte ihn, band ihn nackt an einen heissen Ofen, hängte ihn auf, dämpfte ihn mit Rauch und schüttete ihm Wasser und Jauche in den Hals ... Viele verkrochen und versteckten sich zwar in den Wäldern, Höhlen und Felsen, wurden aber ausfindig gemacht, denn die

1 Der Bauer im Dreissigjährigen Krieg. Der Bauer steht hilflos einem herrisch fordernden Offizier gegenüber. Die Soldaten brennen die Lehm- und Holzbauten des Dorfes nieder.
2 Soldaten plündern einen Bauernhof (Kupferstich von Jacques Callot). Einige Soldaten suchen nach Wertgegenständen, andere bedrohen die Bewohner, vergewaltigen die Frauen. Rechts hinten soll offenbar der Bauer auf dem eigenen Feuer geröstet werden.

Krieg und Frieden

Soldaten hatten Menschen spürende Hunde, welche, wenn sie in die Nähe von Menschen oder Vieh kamen, mit ihrem Bellen die Leute verrieten ...»

Otto von Guericke über die Zerstörung Magdeburgs durch kaiserliche Truppen (20. Mai 1631):

13 «Da ist es geschehen, dass die Stadt mit allen ihren Einwohnern in die Hände und Gewaltsamkeit ihrer Feinde geraten ist. Besonders hat jeder von den Feinden nach vieler und grosser Beute gefragt. Wenn dann eine solche Gruppe in ein Haus kam und der Hausherr etwas geben konnte, konnte er so sich und die Seinigen am Leben erhalten, bis wieder eine andere kam. Endlich aber, wenn alles hingegeben und nichts mehr vorhanden war, begann die eigentliche Not. Da fing es an mit Prügeln, Ängstigen, Erschiessungsdrohungen, Aufspiessen, Hängen usw., so dass, wenn auch etwas unter der Erde vergraben war oder mit tausend Schlössern verschlossen, die Leute es doch hervorsuchen und herausgeben mussten. Unter solcher Wüterei ... wurden mit gräulichem, ängstlichem Mord- und Zetergeschrei viele tausend unschuldige Menschen, Weiber und Kinder ermordet.»

Die Leiden des Volkes: Hunger und Krankheit

Neben die Bedrohung durch Krieg und Gewalt traten Hunger und Epidemien. Oft wurde die Ernte zerstört, oft kamen die Bauern gar nicht dazu, ihre Felder zu bebauen, weil sie fliehen mussten oder die Zugtiere fehlten. Der Getreidepreis stieg gelegentlich bis auf das Zwanzigfache der Vorkriegszeit. Durch die herumziehenden Soldaten und Landstreicher wurden Krankheiten rasch verbreitet.

Aus dem Bericht von Hans Guler über die Lage im bündnerischen Zehngerichtebund nach der Besetzung durch österreichische Truppen (1621/1622):

14 «Da starb eine grosse Zahl der Leute, die Eltern in den Armen der Kinder, die Kinder in den Armen der Eltern ... Andere griffen zu ungewöhnlichen Speisen, sotten Heu und Emdgras in Milch und Wasser und behalfen sich ... mit dieser viehischen Nahrung. Die Soldaten aber raubten den Reichen das Vieh, armen Witwen und Waisen den einzigen Besitz, etwa eine armselige Kuh oder eine Ziege, allen aber das Brot. Das Vieh schlachteten sie und verprassten es im Angesicht der hungernden Seelen ...»

Aus dem Bericht des Pfarrers Johann Daniel Minck (siehe Quellentext 11), 1635:

15 «Inzwischen und neben der Kriegsrute schickte Gott uns auch die Pestilenz ... Allein im Dorf Bieberau lebten vor der Pest ... über 300 Seelen. Nach der Pest blieben noch 25 übrig, von denen vier darauf bald Hungers starben.»

Die Leiden des Volkes: Widerstand und Unterdrückung

Die Menschen hatten keinen Überblick über das Kriegsgeschehen. Sie konnten auch keinen Sinn darin erkennen. Manche schlossen sich Räuber- oder Vagantenbanden an. Andere versuchten verzweifelt, sich zu wehren.

Aus dem Bericht von Bartholomäus Anhorn über den Aufstand der Prättigauer (Graubünden) gegen die österreichische Besatzung (1622):

16 «Als die Prättigauer merkten, dass der österreichische Befehlshaber ... auch ihr Seelenheil beeinträchtigen wollte ..., erklärten sie, in Religions- und Glaubenssachen liessen sie sich zu nichts zwingen ... Weil sie aber ihrer Seitenwaffen, Hellebarden, Spiesse und Büchsen beraubt waren, gingen sie ... in die Tannen- und Buchenwälder, schlugen darin Sparren und Stangen und brachten sie mit grosser Vorsicht zu ihren Häusern ... Am 14. April (Julian. Kalender), dem Palmsonntag, trieb man die Leute aus den Häusern in die Kirchen, wo sie beichten und die Messe hören sollten ... Da ergrimmten

Invalide bitten vor einem Armenkrankenhaus um Einlass (Kupferstich von Jacques Callot)

Männer und Frauen, nahmen Steine und warfen sie unter die Landsknechte. Als diese erzürnten und zu den Waffen griffen, liefen die Prättigauer zu ihren Waffen, nämlich den Sparren, Stangen, Zaunstecken, Mist- und Heugabeln, und schlugen auf die Landsknechte los … Die Soldaten wurden zur Landquart hinab gejagt, und als sie in die Ebene kamen, kamen auch die Leute von Schiers und Grüsch … dahergeeilt, warfen und schlugen mit den Sparren und Stangen auf sie ein, so dass viele ihre Waffen verloren und … 300 Landsknechte erschlagen und viele dazu ertränkt wurden.»

(Nach einigen Monaten gelang es frischen österreichischen Truppen, das Prättigau erneut zu besetzen.)

Jede Ordnung, jede Hoffnung schien verloren. Unsicherheit und Angst führten zu Grausamkeit und zur Missachtung des menschlichen Lebens. Hexenglaube und Hexenverfolgung erreichten ihren Höhepunkt.

Das Resultat der Kriege

In Graubünden gelang es dem ehemaligen Pfarrer und Söldnerführer Georg Jenatsch schliesslich, Österreicher, Spanier und Franzosen gegeneinander auszuspielen, sodass schliesslich alle fremden Truppen abgezogen wurden. In Deutschland wurde 1648 der «Westfälische Friede» (in den westfälischen Städten Münster und Osnabrück) abgeschlossen, die Könige von Frankreich und Spanien begruben ihr Kriegsbeil 1659. Im Ganzen verloren Spanien und der deutsche Kaiser an Macht, während Frankreich und Schweden dazugewannen. Die Schweizerische Eidgenossenschaft wurde nun auch der Form nach aus dem Länderverband des Deutschen Reiches entlassen. Sie hatte sich allerdings schon seit der Zeit der Reformation kaum mehr um die Reichsangelegenheiten gekümmert.

Die Bevölkerungsverluste waren sehr hoch, wenn auch von Region zu Region verschieden. Die Gesamtbevölkerung Deutschlands ging von etwa 17 auf 12 Millionen Einwohner zurück. Ungefähr jedes dritte Haus war zerstört oder schwer beschädigt. Manche Gegenden, etwa in Südwestdeutschland, waren fast menschenleer. Sie wurden zum Teil von auswandernden Schweizer Bauern neu besiedelt. Es dauerte Jahrzehnte, bis sich Deutschland von den Kriegsfolgen einigermassen erholt hatte.

Martin Opitz: «Trostgedicht in den Widerwärtigkeiten des Krieges»:

17 «Das edle deutsche Land, mit unerschöpften Gaben,
Von Gott und der Natur auf Erden hoch erhaben,
Dem niemand vor der Zeit an Krieges Taten gleich
Und das viel Jahre her, an Friedenskünsten reich
In voller Blüte stand, ward und ist auch noch heute
Ein Widerpart sich selbst und fremder Völker Beute.
Der arme Bauersmann hat alles lassen liegen,
Wie, wann die Taube sieht, den Habicht auf sich fliegen,
Und gibet Fersengeld; er selbst lief in das Land,
Sein Gut ist fortgeraubt, sein Hof hinweggebrannt,
Sein Vieh hindurch gebracht, die Scheunen umgeschmissen,
Der edle Rebenstock tyrannisch ausgerissen,
Die Bäume stehn nicht mehr, die Gärten sind verheert;
Die Sichel und der Pflug sind jetzt ein scharfes Schwert.»

Das Wichtigste in Kürze:

Vom Dreissigjährigen Krieg wurden vor allem Deutschland, aber auch angrenzende Gebiete wie Graubünden betroffen. Die Bevölkerungsverluste durch Gewalt, Hunger und Seuchen waren sehr hoch. Die unabsehbare Kriegsdauer, die Unsicherheit und das Elend führten zum weitgehenden Zusammenbruch der menschlichen Ordnung, zu Grausamkeiten und zur Geringschätzung des menschlichen Lebens.

Kriegsende (Radierung von Ulrich Franck)

1 Welche Staaten und Herrscher waren am «Dreissigjährigen Krieg» beteiligt?
2 Welches Gebiet der heutigen Schweiz war vom Krieg betroffen?
3 Mit was für Heeren wurde gekämpft?
4 Wie wirkte sich das Kriegsgeschehen auf die Zivilbevölkerung aus?
5 Wie reagierte die Zivilbevölkerung auf das Kriegsgeschehen?

6 Beurteile die Bedeutung des Westfälischen Friedens für die Schweiz.
7 Versetze dich in die Lage eines Bauern, der den Dreissigjährigen Krieg erlebt hat. Berichte über das Geschehen.
8 Vergleiche die Auswirkungen des Dreissigjährigen Krieges mit den Folgen eines Krieges im 20. Jahrhundert.

Krieg und Frieden

Kriegsverhinderung – Kriegslinderung

Gegen den Krieg

Zu allen Zeiten hat der Krieg Tod, Leid und Schaden verursacht. Immer wieder sehnten sich die Menschen nach Frieden. Oft stellten sie sich vor, es hätte in ferner Vergangenheit ein «goldenes Zeitalter», ein Paradies ohne Krieg und Waffen gegeben.

Aus den «Metamorphosen» des römischen Dichters Ovid (43 v. Chr. bis etwa 17 n. Chr.):

18 «Und es entstand die erste, die goldene Zeit: ohne Rächer,
Ohne Gesetz, von selber bewahrte man Treue und Anstand.
Strafe und Angst waren fern ...
Keinerlei steil abschüssige Gräben umzogen die Städte;
Keine geraden Posaunen, nicht eherne Hörner, gekrümmte,
Gab es, nicht Helme noch Schwert; des Soldaten bedurften die Völker
Nicht; sie lebten dahin sorglos in behaglicher Ruhe ...»

Warum sollte ein solches Zeitalter nicht wiederkehren? Widersprach der Krieg nicht jeder Vernunft? Solche Stimmen mehrten sich, als mit der Einführung der Feuerwaffen sich die Auswirkungen des Krieges verschlimmerten.

Desiderius Erasmus von Rotterdam (1466–1536): «Die Klage des Friedens» (1517):

19 «Was ist selbst unter den wildesten Tieren allgemein verbindlich? Bei aller Wildheit bekämpfen sich die Löwen nicht untereinander. Der Eber wendet seinen mörderischen Hauer nicht gegen den Eber, zwischen dem Luchs und seinen Artgenossen herrscht Frieden ... Nur die Menschen, für die sich am meisten von allen Einmütigkeit ziemt und die ihrer am dringendsten bedürfen, vermag die ... Natur nicht zu versöhnen ... Nicht einmal die Empfindung und Erfahrung so vielen Unheils bringen die Menschen zur Nächstenliebe ... Mit höllischen Rüstungen greifen sie einander an ..., mit Donnerbüchsen ... Hast du Lust oder Neigung zum Krieg? Sieh zuerst an, was für eine Sache der Frieden und was für eine Sache der Krieg ist ... und berechne, ob es nützlich sei, den Frieden mit dem Krieg zu vertauschen. Wenn es etwas Wunderbares ist, dass ein Königreich überall mit den besten Gütern gesegnet ist – wohl gegründete Städte, gut bebaute Felder ... –, so überlege dir wohl: dieses Glück muss ich zerstören, wenn ich Krieg führe. Hast du hingegen jemals zerstörte Städte, verheerte Dörfer, verbrannte Kirchen, verwüstete Felder ... gesehen, dann bedenke, dass das die Frucht des Krieges ist ... Der grösste Teil des Volkes hasst den Krieg und bittet um Frieden. Nur einige wenige, deren gottloses Glück auf dem Unglück der Allgemeinheit beruht, wünschen den Krieg ...»

Pazifismus

Einige indische Religionsgemeinschaften, aber auch christliche Gruppen vertraten – zum Teil bis heute – die Auffassung, dass durch den persönlichen vollständigen Verzicht auf jede Anwendung von Gewalt, selbst zur Verteidigung, der Krieg zum Verschwinden gebracht werden könne. Das gute Beispiel würde wirken! Solche Leute werden oft als **Pazifisten** (lateinisch: pax; Friede) bezeichnet.

1 Die Opfer des Krieges
2 Die Folgen des Krieges
(Tuschzeichnungen von Frans Masereel)

Aus einer Erklärung der englischen «Gesellschaft der Freunde» (1660):

20 «Wir lehnen ... jeden Kampf mit der Waffe zu jedem Zweck und unter jedem Vorwand ausnahmslos ab. Dies ist unser Zeugnis vor der ganzen Welt ... Wir wissen mit Sicherheit und bezeugen es der Welt, dass der Geist Christi, der uns zu aller Wahrheit führt, uns niemals zum bewaffneten Kampf und Krieg gegen irgendeinen Menschen, weder für das Reich Christi noch für alle Reiche dieser Welt, führen wird.»

Der bedingungslose Pazifismus konnte sich jedoch nicht durchsetzen. Lange Zeit hindurch vertraten viele Menschen die Meinung, der Krieg habe gegenüber dem Frieden auch seine positiven Seiten.

Jacob Burckhardt: «Weltgeschichtliche Betrachtungen» (um 1890):

21 «Der lange Friede ... lässt das Entstehen einer Menge jämmerlicher, angstvoller Existenzen zu ... Der Krieg bringt wieder die wahren Kräfte zu Ehren ... Der Krieg entwickelt die Kräfte im Dienst der Allgemeinheit ..., er allein gewährt den Menschen den grossartigen Ausblick der allgemeinen Unterordnung unter ein allgemeines Ziel ... Nur müsste es womöglich ein gerechter und ehrenvoller Krieg sein, etwa ein Verteidigungskrieg.»

Viel stärker noch fiel ins Gewicht, dass die meisten Menschen den Krieg zwar lieber vermeiden, daneben aber auch noch andere Ziele verfolgen: Sie wollen ihren Besitz bewahren oder vermehren, sie wollen die politische Ordnung verteidigen oder verbessern, sie hängen an der Selbständigkeit ihres Landes, sie fühlen sich unterdrückt und wollen die Freiheit erringen, sie wollen ihren Glauben oder ihre Ideale verbreiten. Das kann dazu führen, dass sie doch zur Gewalt greifen oder greifen müssen, sei es nun im Angriff oder in der Verteidigung.

Friedliche Konfliktregelung

Da Kriege häufig zwischen einzelnen Staaten geführt werden, tauchte der Vorschlag auf, diese sollten sich enger zusammenschliessen und im Rahmen eines Bundes ihre Konflikte friedlich regeln.

William Penn (1644–1718): «Über den europäischen Frieden» (1693):

22 «Nun sollen die Fürsten von Europa ... übereinkommen, sich durch ihre Vertreter in einem gemeinsamen ... Parlament zu treffen und da Rechtsbestimmungen festzusetzen ... Vor diese Versammlung sollten alle Streitfragen, die zwischen einem Fürsten und dem andern bestehen, ... gebracht werden. Und wenn einer der Fürsten, die dieses Parlament bilden, sich weigern sollte, ... dessen Urteilsspruch auszuführen und statt dessen bei den Waffen Hilfe suchen ... sollte, so sollten alle andern Fürsten, zusammengeschlossen zu einer einheitlichen Macht, seine Unterwerfung unter den Urteilsspruch und dessen Erfüllung erzwingen.»

Noch weiter gingen die Vorschläge, ganz Europa in einem demokratischen Staat zusammenzufassen oder sogar einen einzigen «Weltstaat» zu schaffen. Alle Bürger dieses Staates hätten sich dann an dessen Gesetze zu halten und auf die Anwendung von Gewalt zu verzichten. Die Armeen würden überflüssig; es brauchte höchstens noch eine Polizei.

Victor Hugo (1802–1885), Eröffnungsansprache auf dem Zweiten Internationalen Friedenskongress in Paris (1849):

23 «Es wird einst der Tag kommen, an dem die Waffen auch euch aus den Händen fallen werden, an dem der Krieg gerade so absurd scheinen und ebenso unmöglich sein wird zwischen Paris und London, zwischen Petersburg und Berlin, wie er jetzt schon unmöglich ist zwischen Rouen und Amiens, zwischen Boston und Philadelphia. Ein Tag wird kommen, an dem du Frankreich, du Russland, du Italien, du England, du Deutschland, an dem ihr alle ... ohne eure Besonderheiten und rühmlichen Eigenschaften zu verlieren, euch eng zu einer höheren Gemeinschaft zusammenschliessen und die grosse europäische Brüderschaft begründen werdet, so wie die Normandie, die Bretagne, Burgund, Lothringen, Elsass und alle unsere Provinzen sich zu einem Frankreich verschmolzen haben ... Ein Tag wird kommen, an dem die Kugeln und Granaten ersetzt werden durch das Stimmrecht, durch das allgemeine Wahlrecht der Völker ... Ein Tag wird kommen, an dem man eine Kanone im Museum zeigen wird, wie man heute ein Folterwerkzeug zeigt, und man sich wundert, dass es dies hat geben können.»

Abrüstung

Andere erblickten im Rüstungswettlauf der Staaten eine wichtige Kriegsursache: Rüstung steigert das gegenseitige Misstrauen und verlockt zum Angriff im scheinbar günstigen Moment. Daher ist Abrüstung eine wichtige Voraussetzung zu einem dauerhaften Frieden.

Bertha von Suttner (1843–1914): «Die Waffen nieder!» (1889; die beschriebenen Ereignisse spielen 1866):

24 «Mit Spannung folgte ich nunmehr der Entwicklung der politischen Ereignisse ... ‹Rüsten› war jetzt die Losung. Preussen rüstet im Stillen. Österreich rüstet im Stillen. Die Preussen behaupten, dass wir rüsten, und es ist nicht wahr – *sie* rüsten. Sie leugnen – nein, es ist nicht wahr: wir rüsten. Wenn jene rüsten, müssen wir auch rüsten. Wenn wir abrüsten, wer weiss, ob jene abrüsten? So schlug die Rüsterei in allen möglichen Varianten an mein Ohr. – Aber wozu denn dieses Waffengeklirre, wenn man nicht angreifen will?, fragte ich, worauf mein Vater den alten Spruch vorbrachte: Wenn du den Frieden willst, bereite den Krieg vor. Wir rüsten ja doch nur aus Vorsicht. – Und die andern? – In der Absicht, uns zu überfallen. – Jene sagen aber auch, dass sie sich nur gegen unseren Überfall

Krieg und Frieden

vorsehen. – Das ist Heimtücke. – Und *sie* sagen, dass *wir* heimtückisch seien. – Das sagen sie nur als Vorwand, um besser rüsten zu können ... So wird der zweistimmige Wechselgesang unausgesetzt fortgeführt:

    Meine Rüstung ist die defensive,
    Deine Rüstung ist die offensive,
    Ich muss rüsten, weil du rüstest,
    Weil du rüstest, rüste ich,
    Also rüsten wir,
    Rüsten wir nur immer zu.»

Das Rote Kreuz

Trotz aller Diskussionen und Bemühungen um die Verhinderung von Kriegen fanden weiterhin Kriege statt. Die modernen Waffen forderten immer mehr, die kriegsbedingten Krankheiten nach wie vor sehr viele Opfer. Konnte man nicht wenigstens die Kriegsfolgen vermindern? Im Krimkrieg (einem Krieg zwischen Russland, Grossbritannien und Frankreich 1853–1856, der hauptsächlich auf der Halbinsel Krim ausgefochten wurde) versuchten der Arzt Nikolai I. Pigorow auf russischer, die Engländerin Florence Nightingale auf britischer Seite einen Sanitätsdienst aufzubauen. Die Berichte Nightingales veranlassten den jungen Genfer Kaufmann Henry* Dunant (1828–1910), im Jahr 1859 im oberitalienischen Krieg zwischen Frankreich, Österreich und Sardinien-Piemont (siehe Band 2, Seite 195ff.) einen kleinen ärztlichen Hilfstrupp zu organisieren. Die Entscheidungsschlacht bei Solferino hinterliess in ihm einen tiefen Eindruck, den er in einem drei Jahre später erschienenen Erinnerungsbuch wiedergab.

Henry Dunant: «Erinnerung an Solferino» (1862):
25 «Die Leichname der Österreicher lagen zu Tausenden auf den Hügeln, Bergvorsprüngen oder zerstreut unter Baumgruppen und in den Ebenen, mit ihren zerrissenen tuchenen Wämsen, ihren grauen mit Kot beschmutzten Mänteln oder mit ihren vom Blut geröteten weissen Waffenröcken. Ganze Schwärme von Mücken saugten an ihnen, und Raubvögel umkreisten diese von der Fäulnis grünlich gefärbten Körper, in der Hoffnung, sie zerfleischen zu können ... Der Anblick der Toten, die das Schlachtfeld immer dichter bedecken, ist furchtbar – aber schlimmer ist es oft noch, die Leiden der Verwundeten ansehen zu müssen ... Es waren wohl Wasser und Lebensmittel vorhanden, allein die Verwundeten starben dennoch an Hunger und Durst. Es war genug Verbandsmaterial da, allein es fehlte an den Händen, um die Wunden damit zu verbinden ... Welche Leiden! Die durch die Hitze, den Mangel an Wasser und Pflege verschlimmerten Wunden wurden immer schmerzhafter ... ‹Ach, mein Herr, wie leide ich›, sagten einige dieser Unglücklichen zu mir, ‹man gibt uns auf, man lässt uns elend sterben.› ... Es gelang mir, eine gewisse

* Der Vorname ist, trotz der englisch anmutenden Schreibweise Dunants, französisch auszusprechen.

Henry Dunant (1828–1910) um 1863

Zahl von Frauen aus dem Volk zusammenzubringen, welche ihr Möglichstes taten, um bei der Pflege der Verwundeten behilflich zu sein. Es handelte sich jetzt nicht mehr nur um Operationen und Amputationen, man musste auch den sonst an Hunger und Durst sterbenden Leuten zu essen und zu trinken geben, ihre Wunden verbinden oder ihre blutenden, mit Kot und Ungeziefer bedeckten Körper waschen, und das alles inmitten von stinkenden Ausdünstungen, unter dem Klagegeschrei und den Schmerzensrufen der Verwundeten ...

Wäre es nicht möglich, freiwillige Hilfsgesellschaften zu gründen, deren Zweck es ist, die Verwundeten in Kriegszeiten zu pflegen ... Wäre es nicht wünschenswert ..., einen internationalen, vertragsmässigen und geheiligten Grundsatz festzustellen, der, einmal angenommen und gegenseitig anerkannt, als Basis für die Errichtung von Hilfsgesellschaften für Verwundete in allen Teilen Europas dienen würde?»

Um Dunants Idee zu verwirklichen, bildete sich in Genf das «Internationale Komitee vom Roten Kreuz» (IKRK). Auf seine Anregung entstanden seit 1863 in vielen Ländern nationale Rotkreuzgesellschaften (in islamischen Gebieten: Rothalbmondgesellschaften). Bereits 1864 gelang es, die massgebenden Staaten zur Unterzeichnung der Genfer Konvention über die Behandlung der Kriegsverwundeten zu veranlassen. In späteren Abkommen wurden die Schutzbestimmungen auf Kriegsgefangene und die Zivilbevölkerung ausgedehnt. Aufgabe des IKRK, das auch heute ausschliesslich aus Schweizern besteht, ist es, die Einhaltung dieser Abmachungen im Kriegsfall durchzusetzen. Dabei verhält es sich immer neutral und verzichtet auf die Frage, welche der Kriegsparteien im Recht sei. Diese Zurückhaltung führte dazu, dass es in den meisten Kriegen von beiden Seiten akzeptiert wurde und sich wirksam für die Kriegsopfer einsetzen konnte.

Die Entwicklung des «Roten Kreuzes»:

1862 Henry Dunant ruft zu Massnahmen zum Schutz der Verwundeten und Kranken im Krieg auf.

1863 In Genf bildet sich das Internationale Komitee vom Roten Kreuz (umgekehrtes Schweizer Wappen). Nach einer internationalen Konferenz werden in zahlreichen Staaten nationale Rotkreuzgesellschaften gegründet.

1864 12 Staaten schliessen die Genfer Konvention (Übereinkunft) über die Kriegsverwundeten ab. Diese sollen ungeachtet ihrer Kriegsparteizugehörigkeit behandelt und verpflegt werden. Militärspitäler, Ambulanzen und Sanitätspersonal tragen das Schutzzeichen des Roten Kreuzes und dürfen nicht angegriffen werden. Viele weitere Staaten schliessen sich mit der Zeit dieser Konvention an.

1907 Der Geltungsbereich der Genfer Konvention wird auf den Seekrieg ausgedehnt. Schiffbrüchige beider Parteien sind nach Möglichkeit zu retten. Mit dem Roten Kreuz versehene Lazarettschiffe stehen unter Schutz.

1929 Zusatzabkommen über die Behandlung der Kriegsgefangenen. Diese sind ausreichend unterzubringen und zu verpflegen. Sie dürfen nur so weit zur Arbeit gezwungen werden, dass ihre Gesundheit nicht geschädigt wird. Nach Kriegsende müssen sie entlassen werden.

1949 Die bisherigen Übereinkünfte werden durch vier neue, auf den aktuellen Stand gebrachte Genfer Abkommen ersetzt, die heute noch gültig sind. Der Schutz wird auf die Zivilbevölkerung ausgedehnt, für die Sicherheitszonen geschaffen werden können. Zivilkrankenhäuser werden nicht angegriffen. Bei einer Besetzung ist die Zivilbevölkerung zu schonen; es dürfen keine Deportationen (Verschleppungen) vorgenommen werden. Ferner gelten die Konventionen jetzt auch für Partisanenarmeen und ähnliche Widerstandsbewegungen.

1 Russische Rotkreuzambulanz im Russisch-Türkischen Krieg 1877
2 Feldlazarett des Internationalen Komitees vom Roten Kreuz im Bürgerkrieg im Jemen um 1967
3 Flugzeug des IKRK in Angola um 1980

Krieg und Frieden

Die Tätigkeiten des «Roten Kreuzes»:

Die nationalen Rotkreuzgesellschaften (bzw. Rothalbmondgesellschaften)
- fördern die Entwicklung der Krankenpflege in ihrem Land
- leisten Hilfe bei Naturkatastrophen
- arbeiten im Krieg mit dem militärischen Sanitätspersonal zusammen
- sorgen im Krieg für die Kriegsgefangenen und die Zivilbevölkerung
- unterstützen sich gegenseitig im Rahmen der Internationalen Föderation der Rotkreuzgesellschaften.

Das Internationale Komitee vom Roten Kreuz
- fördert die Durchführung von Hilfsaktionen bei Naturkatastrophen usw.
- setzt sich im Kriegsfall (auch bei Bürgerkriegen) für die Einhaltung der Genfer Abkommen (Genfer Konvention) ein
- kümmert sich im Kriegsfall um das Schicksal der Kriegsgefangenen und stellt die Verbindungen zwischen diesen und ihrem Heimatstaat her (Briefaustausch, Suchdienst, Berichterstattung über Behandlung)
- führt Hilfsaktionen für die Kriegsopfer durch.

Eine Alternative zum Rüstungswettlauf?

Gegen das Ende des 19. Jahrhunderts verstärkte sich der Rüstungswettlauf (siehe Band 2, Seite 274). Manche Staatsmänner überlegten sich, ob nicht gemeinsame Wege zur Abrüstung und zur Verhinderung von Kriegen beschritten werden müssten. 1898 lud Zar Nikolaus II. von Russland zu einer internationalen Friedenskonferenz nach Den Haag (Niederlande) ein.

Aus der Botschaft Nikolaus' II. von Russland an die europäischen Staaten (1898):

26 «Die Aufrechterhaltung des allgemeinen Friedens und eine mögliche Einschränkung der übermässigen Rüstungen, die auf allen Nationen lasten, stellen sich in der gegenwärtigen Weltlage als ein Ideal dar, auf das die Bemühungen aller Regierungen gerichtet sein sollten ... Die grossen Staaten haben ... in bisher unbekanntem Ausmasse ihre Militärmacht entwickelt und fahren noch fort, sie zu verstärken, ohne vor einem Opfer zurückzuschrecken ... Die stetig steigenden finanziellen Lasten treffen die öffentliche Wohlfahrt an ihrer Wurzel ... Hunderte von Millionen werden aufgewendet, um furchtbare Vernichtungsmaschinen zu beschaffen, die heute als die letzte Errungenschaft der Wissenschaft betrachtet werden, doch morgen schon infolge irgendeiner neuen Erfindung auf diesem Gebiete dazu verurteilt sind, jeglichen Wert zu verlieren ... Es scheint infolgedessen einleuchtend, dass, wenn diese Lage fortdauern sollte, sie zwangsläufig zu eben der Weltkatastrophe führen würde, die man gerade zu vermeiden sucht und deren Schrecken jeden Menschen schon im Voraus erschaudern lassen. Diesen unaufhörlichen Rüstungen ein Ende zu setzen und die Mittel zu suchen, dem Unheil vorzubeugen, das die ganze Welt bedroht, das ist die höchste Pflicht, die in unseren Tagen allen Staaten auferlegt ist.»

Die Haager Friedenskonferenz 1899 konnte jedoch die Aufrüstung nicht bremsen. Immerhin wurde ein – heute noch bestehender – internationaler Schiedsgerichtshof eingerichtet, welchem die Staaten ihre Streitfragen vorlegen konnten. Sie waren aber nicht dazu gezwungen.

Der Völkerbund von 1919

Der Erste Weltkrieg mit seinen etwa zehn Millionen Opfern hinterliess bei den meisten Beteiligten den Eindruck, dieser Schrecken dürfe sich nie mehr wiederholen. Daher mussten wirksamere Methoden zur Kriegsverhinderung gefunden werden. Die siegreichen Mächte begründeten 1919 den Völkerbund.

Die Mitglieder des Völkerbundes trafen sich regelmässig in einer Bundesversammlung. Die laufenden Geschäfte erledigte der Völkerbundsrat. Ihm gehörten immer die Vertreter der Grossmächte Frankreich, Grossbritannien, Italien und Japan an. Die Bundesversammlung wählte Vertreter von vier weiteren Mitgliedstaaten hinzu. Beschlüsse des Rates waren jedoch nur gültig, wenn sich alle Ratsmitglieder einigen konnten.

Neben den Siegermächten traten zahlreiche weitere Länder, darunter die Schweiz, dem Völkerbund bei. Die besiegten Staaten wurden dagegen erst nach einigen Jahren aufgenommen. Die Vereinigten Staaten von Amerika blieben dem Bund fern, die

Das «Palais des Nations» des Völkerbundes in Genf. Heute ist hier der europäische Sitz der Vereinten Nationen (UNO) untergebracht.

125

Rückblick: **Krieg und Frieden**

Sowjetunion wurde erst 1934 Mitglied. Sitz des Völkerbundes wurde Genf.

Anfänglich wurden grosse Hoffnungen in den Völkerbund gesetzt. Als sich nach 1930 die weltpolitische Lage zu verschlechtern begann, zeigte es sich, dass er zu schwach war, um neue Kriege zu verhindern.

Der Völkerbund von 1919:

Die Mitglieder wollen den Frieden bewahren.

Die Mitglieder sind und bleiben selbstständige Staaten.

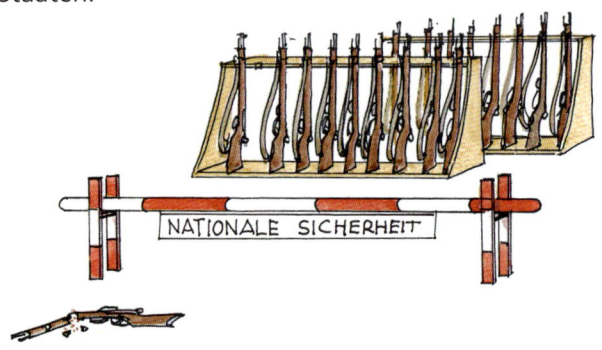

Die Mitglieder rüsten ab, soweit es ihre Sicherheit zulässt.

Die Mitglieder legen Streitfragen den Organen des Völkerbundes zur Schlichtung vor.

Greift ein Staat ein Völkerbundsmitglied an, so stehen die übrigen Mitglieder dem Angegriffenen bei. Dabei stehen wirtschaftliche Massnahmen gegen den Angreifer im Vordergrund.

Das Wichtigste in Kürze:

Je schwerer die Auswirkungen der Kriege wurden, desto mehr nahm das Bedürfnis zu, Kriege zu vermeiden. Dabei wurde vor allem vorgeschlagen, die Zusammenarbeit zwischen den Staaten so zu verbessern, dass Konflikte friedlich geregelt werden könnten. Gleichzeitig wurde ein Abbau der Rüstungen angestrebt. Mit der Gründung des Völkerbundes versuchte man, beide Ziele zu erreichen. Die Gründung des Roten Kreuzes und der Abschluss mehrerer Abkommen über den Schutz der Kriegsbetroffenen sollten die Auswirkungen der Kriege vermindern.

1. Was stellten sich die Menschen früher unter dem «goldenen Zeitalter» vor?
2. Was ist ein «Pazifist»?
3. Durch welche nach dem Ersten Weltkrieg gegründete Organisation sollten künftige Kriege verhindert werden?
4. Welche Organisation entstand in Genf nach einer Idee Henry Dunants?
5. Gelegentlich wird dem Roten Kreuz der Vorwurf gemacht, es lindere Kriege, statt sie zu verhindern. Begründe deine Meinung dazu.
6. Der Völkerbund vermochte den Ausbruch neuer Kriege, vor allem des Zweiten Weltkrieges, nicht zu verhindern. Könnte auch seine innere Organisation dazu beigetragen haben?

Kernthema 1:

Der Zweite Weltkrieg: die Ereignisse

Der Weg in den Krieg

Nachdem Hitler die Führung des Deutschen Reiches 1933 übernommen hatte, prägte er sehr bald das politische Geschehen in Europa. Seine Politik war wendig, überraschungsreich und riskant, folgte im Wesentlichen aber vier Richtzielen:

Hitlers Richtziele

1 «Weg mit Versailles!» Die Bestimmungen des Friedens von Versailles (1919), die das Deutsche Reich benachteiligten, sollten beseitigt werden. Dazu gehörten vor allem die Beschränkungen in der Rüstung. Seit 1935 galt wieder die allgemeine Wehrpflicht. Mit grossem finanziellem Aufwand (bis 1939: etwa 62 Milliarden Mark) entstand eine moderne und gut geführte deutsche Wehrmacht.

1936 hatte Hitler dieses Ziel ohne grossen Widerstand erreicht.

Aus einer Rede Adolf Hitlers vom 3. Januar 1941:
27 «Mein Programm war die Beseitigung von Versailles ... Öfter hat kein Mensch erklärt und kein Mensch niedergeschrieben, was er will, als ich es getan habe, und ich schrieb immer wieder: Beseitigung von Versailles.»

2 «Alle Deutschen heim ins Reich!» Wie die anderen Völker sollten auch die Deutschen das Recht haben, sich in einem einzigen Staat zusammenzuschliessen. Als «deutsch» galt, wer deutscher Muttersprache war. Im Vordergrund stand dabei zunächst Österreich. Viele Österreicher hielten ihren Staat nicht für lebensfähig und zogen den Anschluss an das Deutsche Reich vor.

Aus einer nationalsozialistischen Programmschrift (1932):
28 «Alle, die deutschen Blutes sind, ob sie heute unter dänischer, polnischer, tschechischer, italienischer oder französischer Oberhoheit leben, sollen in einem deutschen Reich vereinigt sein. – Wir fordern nicht mehr und nicht weniger, als was zugunsten unserer Feinde verlangt wurde, das Selbstbestimmungsrecht der Deutschen auf ihre Angehörigkeit zum Mutterland – zur deutschen Heimat.»

Diese Forderung war populär, jedoch nicht Hitlers Hauptziel. Ihn interessierte der Erwerb deutschsprachiger Gebiete vor allem dann, wenn er militärisch nützlich war (siehe Richtziel 3). War dies nicht der Fall – etwa bei der deutschsprachigen Schweiz oder beim Südtirol –, so war sein Interesse wesentlich geringer.

3 «Raumgewinn im Osten!» Hitler hatte schon früh die Meinung vertreten, das deutsche Volk brauche zusätzliche Siedlungsräume. Nur so könnten alle Bewohner beschäftigt und die Versorgung mit Lebensmitteln sichergestellt werden. Dabei dachte er vor allem an die Eroberung und Besiedlung des fruchtbaren Südrussland. Die russischen Bewohner sollten als Knechte zur Verfügung stehen oder nach Sibirien umgesiedelt werden.

Aus Hitlers «Mein Kampf» (1925):
29 «Nur ein genügend grosser Raum auf dieser Erde sichert einem Volke die Freiheit des Daseins ... Die nationalsozialistische Bewegung muss versuchen, das Missverhältnis zwischen unserer Volkszahl und

127

unserer Bodenfläche ... zu beseitigen ... Wir Nationalsozialisten müssen unverrückbar an unseren aussenpolitischen Zielen festhalten, nämlich dem deutschen Volk den ihm gebührenden Grund und Boden zu sichern ... Der Grund und Boden, auf dem dereinst deutsche Bauerngeschlechter kraftvolle Söhne zeugen können, wird die Billigung des Einsatzes der Söhne von heute zulassen ... Damit ziehen wir Nationalsozialisten bewusst einen Strich unter die aussenpolitische Richtung unserer Vorkriegszeit. Wir setzen dort an, wo man vor sechs Jahrhunderten endete. Wir stoppen den ewigen Germanenzug nach dem Süden und Westen Europas und weisen den Blick nach dem Land im Osten ... Wenn wir heute in Europa von neuem Grund und Boden reden, können wir in erster Linie nur an Russland und die ihm untertanen Randstaaten denken.»

Dieses Ziel musste zum Krieg mit der Sowjetunion führen. Zudem war es nur zu erreichen, wenn das Deutsche Reich die Kontrolle über die osteuropäischen Staaten (Tschechoslowakei, Polen, Rumänien) gewann. Die deutsche Bevölkerung war jedoch nicht kriegsbegeistert. Daher hielt Hitler dieses Ziel nach seinem Regierungsantritt möglichst geheim. Von 1938 an trat es jedoch immer mehr in den Vordergrund seiner Planung.

Adolf Hitler in einem Tischgespräch am 10. September 1941:
«Ich werde es nicht mehr erleben, aber ich freue mich für das deutsche Volk, dass es eines Tages mit ansehen wird, wie England und Deutschland vereint gegen Amerika antreten.»

Dieses Ziel konnte erst nach dem dritten erreicht werden. Immerhin wurde der Bau einer riesigen Atlantikflotte bereits geplant.

Die übrigen Mächte: Italien

Italien unter Mussolini wollte die Herrschaft über den Mittelmeerraum gewinnen und sein afrikanisches Kolonialreich ausbauen. 1935/1936 eroberte es Äthiopien. Dadurch geriet es in Gegensatz zu Grossbritannien und Frankreich. Daher suchte es Rückhalt beim Deutschen Reich. Ein Bündnis entstand: die «Achse Berlin–Rom».

Die deutsch-italienische Zusammenarbeit spielte vor allem im **Spanischen Bürgerkrieg (1936–1939)** eine wichtige Rolle. In Spanien herrschte seit vielen Jahren tiefer Hass zwischen den «Republikanern» (Liberale, Sozialisten, Kommunisten, Anarchisten) und den «Nationalisten» (konservative Monarchisten, Armee, Kirche, faschistische Gruppen). 1936 erhob sich ein Teil der Armee unter General Francisco Franco (1892–1975) gegen die republikanische Regierung, was den Bürgerkrieg auslöste. Die «Republikaner» erhielten Waffenhilfe von der Sowjetunion sowie Zulauf von kommunistischen und anderen Freiwilligen aus ganz Europa. Das

4 «Deutschland als Weltmacht!» Gestützt auf ein riesiges osteuropäisches Kolonialreich, eine gesicherte Versorgung und eine grosse Flotte sollte das Deutsche Reich den europäischen Kontinent beherrschen und auch auf dem Atlantik seine Macht entfalten. Grossbritannien sollte als «Partner» sein Kolonialreich behalten dürfen, während Japan Ostasien zu kontrollieren hatte. Diese drei Mächte sollten gemeinsam den Aufstieg der Vereinigten Staaten von Amerika, den Hitler fürchtete, in Schranken halten.

Kongress der spanischen Kommunistischen Partei während des Bürgerkrieges; im Hintergrund das Bild des sowjetischen Staatsführers Stalin

Der Zweite Weltkrieg: die Ereignisse

Deutsche Reich und Italien unterstützten dagegen Franco mit Waffen und Soldaten und trugen wesentlich zu seinem Sieg bei.

Trotz dieser Zusammenarbeit waren das Deutsche Reich und Italien keine idealen Bündnispartner. Jeder verfolgte seine eigenen Ziele, der eine im europäischen Osten, der andere im Mittelmeergebiet. Zudem fürchtete Mussolini, in Hitlers Abhängigkeit zu geraten.

Die übrigen Mächte: Grossbritannien und Frankreich

Grossbritannien hatte für die ersten zwei Ziele Hitlers Verständnis. Es litt immer noch unter der Weltwirtschaftskrise und musste sich mehr und mehr mit Unabhängigkeitsforderungen seiner Kolonien auseinander setzen. Daher wollte es einen neuen Krieg in Europa vermeiden. Zudem erblickte es in einem gestärkten Deutschland ein nützliches Gegengewicht zur Sowjetunion. Von dieser vermutete man, sie wolle ihre Macht ausdehnen und die kommunistische Weltrevolution vorantreiben.

Frankreich wollte zuerst auf der strikten Einhaltung des Versailler Vertrages beharren. Da die inneren Probleme jedoch gross waren und die Regierungen häufig wechselten, hatte es nicht die Kraft, diese Absicht durchzusetzen. Daher schloss es sich der britischen «Appeasement»-(Beschwichtigungs-) Politik an. Als das Deutsche Reich im März 1938 die österreichische Regierung unter Druck zum Rücktritt nötigte und das Land besetzte, verzichteten die Westmächte auf Gegenmassnahmen, da die österreichische Bevölkerung mit dem «Anschluss» einverstanden zu sein schien.

Die «Sudetenkrise» 1938

Ihren Höhepunkt erreichte die «Appeasement»-Politik im Herbst 1938. Der Westen und der Norden der Tschechoslowakei* waren überwiegend von Deutschen, den «Sudetendeutschen», besiedelt, die sich als Minderheit im tschechischen Staat in mancher Hinsicht benachteiligt fühlten. Unterstützt von der

Pablo Picasso, Guernica (351 x 782 cm). – Im Rahmen des Spanischen Bürgerkrieges bombardierten deutsche Flugzeuge, die General Franco zur Verfügung gestellt wurden, am 26. April 1937 die baskische Stadt Guernica und zerstörten sie weitgehend.

deutschen Regierung, erstrebten sie nun den Anschluss an Deutschland. Frankreich und Grossbritannien übten Druck auf die tschechoslowakische Regierung aus, die sudetendeutschen Gebiete an das Deutsche Reich abzutreten, um einen deutsch-tschechischen Krieg zu vermeiden. Ein solcher hätte zum Weltkrieg führen können, denn die Tschechoslowakei war mit Frankreich und der Sowjetunion verbündet. Die Tschechoslowakei gab nach, weil sie sich isoliert sah. Hitler erklärte dafür, seine territorialen Forderungen seien nun befriedigt (Münchner Abkommen vom 30. September 1938).

Aus einer Rede Adolf Hitlers vom 26. September 1938:
31 «Und nun steht vor uns das letzte Problem, das gelöst werden muss und gelöst werden wird! Es ist die letzte territoriale Forderung, die ich in Europa zu stellen habe ... Ich bin Herrn Chamberlain (britischer Ministerpräsident) dankbar für all seine Bemühungen. Ich habe ihm versichert, dass das deutsche Volk nichts anderes will als Frieden ... Ich habe ihm weiter versichert und wiederhole es hier, dass es – wenn dieses Problem gelöst ist – für Deutschland in Europa kein territoriales Problem mehr gibt!»

Aus einer Radioansprache des britischen Ministerpräsidenten Neville Chamberlain vom 27. September 1938:
32 «Wie sehr auch unsere Sympathien auf der Seite einer kleinen Nation (das heisst der Tschechoslowakei) sein mögen, die sich einem grossen und mächtigen Nachbarn gegenübersieht, so können wir

* Nach der Volkszählung von 1930 waren von den Bewohnern der Tschechoslowakei 46 Prozent Tschechen, 21 Prozent Slowaken, 23 Prozent Deutsche, 10 Prozent Angehörige anderer Volksgruppen.

es dennoch nicht auf uns nehmen, allein um ihretwillen unser gesamtes Empire unter allen Umständen in einen Krieg zu verwickeln. Wenn wir kämpfen müssen, so muss es um grössere Fragen gehen als diese ...»

Aus einer Radioansprache des tschechoslowakischen Ministerpräsidenten Jan Syrovy vom 30. September 1938 (nach Abschluss des Münchner Abkommens):

33 «Ich erleide die schwerste Stunde meines Lebens ... Wir hatten die Wahl zwischen einer verzweifelten und hoffnungslosen Verteidigung, die die Aufopferung einer ganzen Generation unserer erwachsenen Männer wie auch unserer Frauen bedeutet hätte, und einer Annahme ohne Kampf und unter Druck ... Wir waren verlassen, wir stehen allein ... Wir sind zu dem Schluss gekommen, dass wir, wenn wir zwischen einer Verminderung unseres Territoriums und dem Tod unserer gesamten Nation wählen müssen, es unsere heilige Pflicht ist, das Leben unseres Volkes zu bewahren ... Die Gebiete, die uns verbleiben, werden uns die Möglichkeit eines weiteren kulturellen und wirtschaftlichen Fortschritts gewähren ...»

Deutsche Expansionspläne – das Kriegsrisiko steigt

In Wirklichkeit hatte Hitler mehr angestrebt, nämlich die vollständige Zerschlagung der Tschechoslowakei. Wenn ihm dies gelang, bekam er Polen von drei Seiten in den Griff. Kontrollierte er aber Polen, so hatte er eine gute Ausgangsbasis für einen Feldzug gegen die Sowjetunion. Sein drittes Ziel trat nun zunehmend in den Vordergrund. Er war nun immer mehr bereit, einen Krieg zu riskieren, allerdings nur dann, wenn die Voraussetzungen für einen raschen Erfolg günstig waren.

Aus einer Rede Hitlers vor Vertretern der deutschen Presse am 10. November 1938:

34 «Die Umstände haben mich gezwungen, jahrzehntelang fast nur vom Frieden zu reden. Nur unter der fortgesetzten Betonung des deutschen Friedenswillens und der deutschen Friedensabsichten war es mir möglich, dem deutschen Volk Stück für Stück die Freiheit zu erringen und ihm die Rüstung zu geben ... Der Zwang war die Ursache, warum ich jahrelang nur vom Frieden redete. Es war nunmehr (gemeint: 1938) notwendig, das deutsche Volk psychologisch allmählich umzustellen und ihm langsam klarzumachen, dass es Dinge gibt, die, wenn sie nicht mit friedlichen Mitteln durchgesetzt werden können, mit Mitteln der Gewalt durchgesetzt werden müssen ...»

Aus einem Gespräch zwischen Hitler und dem schweizerischen Diplomaten Carl J. Burckhardt vom 11. August 1939 (die Beziehungen zwischen dem Deutschen Reich und Polen hatten sich verschlechtert; Burckhardt versuchte als Vertreter des Völkerbundes zu vermitteln):

35 «*Hitler:* Wenn der kleinste Zwischenfall sich ereignet, werde ich die Polen ohne Warnung zerschmettern, so dass nicht eine Spur von Polen nachher zu finden ist. Ich werde wie ein Blitz mit der vollen Macht einer mechanisierten Armee zuschlagen, von der die Polen keine Ahnung haben. Hören Sie zu.
Burckhardt: Ich höre. Ich weiss, dass dies einen allgemeinen Krieg bedeuten wird.
Hitler: Dann soll es eben sein. Wenn ich Krieg zu führen habe, würde ich lieber heute als morgen Krieg führen ... Ich werde bis zum Letzten rücksichtslos kämpfen ...»

Das Münchner Abkommen war für Hitler eher ein Aufschub als ein Abschluss. Als es im März 1939 zu inneren Schwierigkeiten in der Tschechoslowakei kam, benützte er die Gelegenheit zum militärischen Einmarsch. Der Westteil wurde zum «Reichsprotektorat Böhmen-Mähren», während aus der östlichen Hälfte die von Deutschland abhängige «Slowakische Republik» gebildet wurde.

Frankreich und Grossbritannien fühlten sich überrumpelt. Ein **unbeschränktes** Wachstum der deutschen Macht wollten sie nicht dulden. Gleichzeitig verschlechterte sich das Verhältnis zwischen dem Deutschen Reich und Polen. Hitler forderte den Anschluss der «Freien Stadt Danzig» an das Deutsche Reich, doch war beiden Seiten klar, dass es um mehr ging.

Aus einer Erklärung Hitlers vor deutschen Generälen am 23. Mai 1939:

36 «Der Lebensraum, der staatlichen Grösse angemessen, ist die Grundlage für jede Macht ... Polen wird immer auf der Seite unserer Gegner stehen ...

Karikatur des «Nebelspalters» nach dem deutschen Einmarsch in die Tschechoslowakei im März 1939

Der Zweite Weltkrieg: die Ereignisse

Danzig ist nicht das Objekt, um das es geht. Es handelt sich für uns um Arrondierung (das heisst Vergrösserung) des Lebensraumes im Osten …»

Daher erklärten die Westmächte, sie würden Polen unterstützen, wenn es angegriffen würde.

Die Haltung der Sowjetunion

Polens Bereitschaft zu militärischem Widerstand störte Hitler nicht. Entscheidend war für ihn, ob Polen wirklich Hilfe bekommen würde. Dabei war das Verhalten der Sowjetunion von grosser Bedeutung. Je kritischer die Lage wurde, desto mehr sah sich die Sowjetunion als Bündnispartner umworben.

Die Sowjetunion stand weder zum Deutschen Reich noch zu den Westmächten in einem guten Verhältnis. Die Nationalsozialisten bezeichneten den Kommunismus, die Kommunisten den Nationalsozialismus als Todfeind. Zudem richtete sich der deutsche Expansionsdrang nach Osten. Anderseits fürchtete die Sowjetunion, die Westmächte wollten sie in einen Krieg mit Deutschland hineindrängen und dadurch beide gewissermassen «verheizen», um dann als die lachenden Dritten dazustehen. Daher entschloss sich der sowjetische Diktator Josef Stalin, dasjenige Bündnisangebot anzunehmen, das es ihm erlaubte, sich zumindest so lange wie möglich aus einem Krieg herauszuhalten und erst noch kampflos zu profitieren.

Der deutsch-sowjetische Nichtangriffspakt

Das bessere Angebot kam vom Deutschen Reich. Es bot der Sowjetunion einen Nichtangriffspakt an, verlangte von ihr bei einem deutsch-polnischen Krieg also bloss Neutralität. Zudem gestand es ihr die Vorherrschaft über die osteuropäischen Gebiete an der sowjetischen Westgrenze (Finnland, Estland, Lettland, Litauen, Ostpolen, Bessarabien) zu.

Die Westmächte hatten dagegen von der Sowjetunion aktive Hilfe an Polen gefordert und ihr keine Gebietsgewinne versprechen können. Allerdings war es widersprüchlich, dass das Deutsche Reich, das für sich «Lebensraum im Osten» anstrebte, nun die Sowjetunion nach Westen vorrücken liess. Offensichtlich betrachtete Hitler die Übereinkunft als einen Vertrag auf Zeit, den er nicht ewig einhalten wollte.

Am 23. August 1939 wurde das deutsch-sowjetische Abkommen in Moskau unterzeichnet. So gestärkt, glaubte Hitler, dass Grossbritannien und Frankreich Polen keine oder zumindest keine wirksame Hilfe leisten würden. Am 1. September 1939 begann der deutsche Feldzug gegen Polen. Frankreich und Grossbritannien reagierten mit der Kriegserklärung an das Deutsche Reich. Aus dem scheinbar kurzen deutschen «Blitzkrieg» gegen Polen entwickelte sich der Zweite Weltkrieg.

Hitler und Stalin treffen sich vor der Leiche Polens – Karikatur von David Low auf den deutsch-sowjetischen Nichtangriffspakt und die Aufteilung Polens.

Die politischen Gegensätze im Sommer 1939:

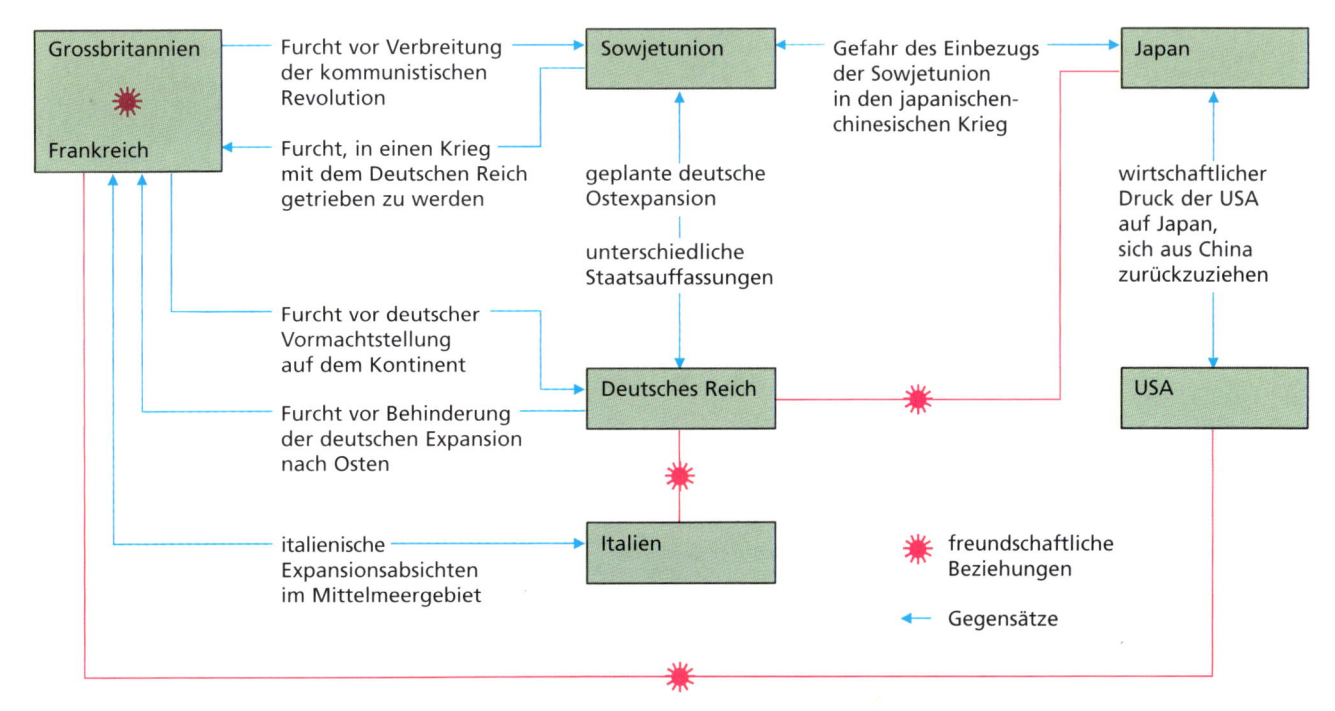

131

Kernthema 1:

Deutsche Gebietserwerbungen 1933–1939:

──── europäische Staatsgrenzen 1933
──── deutsche Gebietserwerbungen

1 Saargebiet (März 1935, nach Volksabstimmung unter Aufsicht des Völkerbundes; Mehrheit für Anschluss an das Deutsche Reich)
2 Österreich (März 1938, deutscher Einmarsch ohne militärischen Widerstand)
3 Sudetendeutsche Gebiete der Tschechoslowakei (Oktober 1938 aufgrund des Münchner Abkommens)
4 Westteil der Tschechoslowakei (März 1939, deutscher Einmarsch ohne militärischen Widerstand; Bildung des «Reichsprotektorats Böhmen-Mähren»)
5 Memelgebiet (März 1939, nach Druck auf die litauische Regierung)

▉ Gebiete ausserhalb des Deutschen Reiches mit überwiegend deutschsprachigen Bewohnern
→ Richtung des geplanten deutschen «Raumgewinns im Osten»
- - - Abgrenzung der deutschen und der sowjetischen Interessengebiete im Nichtangriffspakt vom 23. August 1939 (mit Abänderungen vom 27. September 1939)

Gebietserwerbungen anderer Staaten:

▉ Bildung des deutschen Satellitenstaates Slowakei (März 1939)
▉ von Ungarn besetzt (ab Oktober 1938 / März 1939)
▉ von Polen besetzt (Oktober 1938)

Das Wichtigste in Kürze:

In der nationalsozialistischen Aussenpolitik trat das Bestreben, weite Gebiete Osteuropas zu unterwerfen, um «Lebensraum» zu gewinnen, immer mehr in den Vordergrund. Dadurch wurde die britische Politik, dem Deutschen Reich bis zu einem gewissen Grad entgegenzukommen, zunehmend in Frage gestellt. Um unbesorgt gegen Polen vorgehen zu können, schloss das Deutsche Reich mit der Sowjetunion einen Nichtangriffspakt ab.
Auf den deutschen Angriff gegen Polen reagierten Grossbritannien und Frankreich mit der Kriegserklärung.

1 Nenne die vier Richtziele Hitlers.
2 Wie nannte man das deutsch-italienische Bündnis?
3 Wer gewann den Spanischen Bürgerkrieg? Von wem erhielt er Hilfe?
4 Welchen Erfolg erzielte Hitler im Münchner Abkommen? Worin bestand seine Gegenleistung?
5 Was wurde im deutsch-sowjetischen Nichtangriffspakt vereinbart?

6 Betrachte das Bild «Guernica» von Picasso. Schildere deine Eindrücke. Suche Angaben über den Maler und stelle das Wichtigste zusammen.
7 Hätte deiner Meinung nach der Zweite Weltkrieg vermieden werden können? Zu welchem Zeitpunkt, durch wen und wie? Begründe deine Auffassung.

Der Zweite Weltkrieg: die Ereignisse

Die Zeit der Blitzkriege (1939–1942)

Das Konzept des Blitzkrieges

Die Ziele der nationalsozialistischen Aussenpolitik mussten fast zwangsläufig zu Kriegen führen. Hitler und seine Mitarbeiter nahmen dieses Risiko auch bewusst in Kauf. Sie wollten jedoch einen langen Krieg gegen viele miteinander verbündete Mächte vermeiden. Ihre Absicht war, jeweils einen isolierten Gegner mit einem raschen Schlag, einem «Blitzkrieg», zu besiegen, bevor andere Staaten in das Geschehen eingreifen könnten. Für derartige Kriege war das Deutsche Reich mit seiner nach modernen Grundsätzen geführten und gut ausgerüsteten Wehrmacht vorbereitet. Für einen langen Krieg gegen viele Gegner war es jedoch bevölkerungsmässig unterlegen und besass zu wenig Rohstoffe.

Der deutsche Blitzkrieg gegen Polen (September 1939)

Der Krieg gegen Polen war innerhalb von vier Wochen entschieden, obwohl die polnischen Soldaten tapfer kämpften. Neben der zahlenmässigen Überlegenheit der deutschen Kräfte wirkte sich vor allem der Einsatz der Panzer und der Kampfflugzeuge zugunsten der Deutschen aus. Während in der Schlussphase des Ersten Weltkrieges die Panzer als Unterstützung und Schutzfahrzeuge der Infanterie (Fusstruppen) verwendet worden waren, setzten die Deutschen nun «vollmechanisierte» Divisionen ein, deren Soldaten durchwegs in Panzern oder auf Schützenpanzern (gepanzerte Transportfahrzeuge) sassen. Diese Divisionen kamen sehr schnell voran und konnten feindliche Truppen leicht einschliessen. Die Luftwaffe arbeitete eng mit ihnen zusammen: Sie griff mit Sturzkampfbombern die feindlichen Stellungen an und bahnte damit den Panzern den Weg, während die Jagdflugzeuge Gegenangriffe aus der Luft verhinderten. Die polnische Armee war auf diese Art der Kriegführung nicht vorbereitet; sie verfügte nur über wenige Panzer und hatte auch keine genügenden Panzerabwehrwaffen.

Als sich die polnische Niederlage deutlich abzeichnete, marschierten sowjetische Truppen in Ostpolen ein. Am 1. Oktober erlosch der letzte polnische Widerstand. Entsprechend ihren Abmachungen (siehe Seite 131) teilten das Deutsche Reich und die Sowjetunion Polen unter sich auf.

Während des Polenkrieges standen an der deutschen Westgrenze nur schwache deutsche Verbände. Dennoch griffen die Westmächte nicht an, obwohl sie dem Deutschen Reich den Krieg erklärt hatten. Die britischen Truppen waren noch gar nicht auf dem Kontinent eingetroffen, die französischen nur auf die Verteidigung, nicht auf den Angriff vorbereitet. So blieb Polen isoliert und unterlag. Auch im folgenden Winter standen sich die Truppen an der deutsch-französischen Grenze praktisch untätig gegenüber.

Der sowjetische Blitzkrieg gegen Finnland (November 1939 bis März 1940)

Die Sowjetunion ging nun daran, ihre Herrschaft auch auf die übrigen Gebiete auszudehnen, die das Deutsche Reich ihr zugestanden hatte. Sie forderte die baltischen Staaten (Estland, Lettland, Litauen) sowie Finnland auf, der Sowjetarmee militärische Stützpunkte zu überlassen. Die ersten drei gaben nach. Da Finnland um seine Unabhängigkeit fürchtete, weigerte es sich, der Sowjetunion Stützpunkte zu überlassen. Darauf eröffnete diese den Krieg. Obwohl Finnland zahlen- und ausrüstungsmässig scheinbar hoffnungslos unterlegen war, leistete es zähen Widerstand. Dabei nützte es die Klima- und Geländeverhältnisse (Winter, Schnee, Wald) geschickt aus, so dass die sowjetischen Truppen nur wenig vorankamen und grosse Verluste erlitten.

„Der nächste Herr bitte!"

1 Karikatur im «Nebelspalter» (Oktober 1939) auf die Auswirkungen des deutsch-sowjetischen Nichtangriffspaktes
2 Finnische Skipatrouille an der Front im finnisch-sowjetischen Winterkrieg 1939/1940

Im März 1940 war Finnland der Erschöpfung nahe. Die Sowjetunion ihrerseits befürchtete ein Eingreifen der Westmächte auf finnischer Seite. Sie fragte sich wohl auch, ob sich der Einsatz so grosser Kräfte gegen ein so kleines Volk auf die Dauer lohne. Daher schlossen die beiden Staaten Frieden. Finnland musste vor allem Gebiete im Südosten abtreten, bewahrte aber seine Selbstständigkeit.

Der deutsche Blitzkrieg gegen Norwegen und Dänemark (April bis Juni 1940)

Mit Kriegsbeginn hatten die Westmächte eine Handelssperre gegen das Deutsche Reich errichtet und blockierten die Zufahrtswege vom Atlantik in die Nordsee zur deutschen Küste. Um Deutschland auch von der Versorgung mit Eisenerz aus Skandinavien abzuschneiden, planten sie die Besetzung Norwegens. Denselben Plan hegte aber auch die deutsche Führung. Für sie sicherte der Besitz Norwegens die Erzversorgung und eröffnete zudem der deutschen Flotte die Möglichkeit, in den Atlantik vorzudringen. Im April 1940, einen Tag vor dem geplanten britisch-französischen Vorstoss, landeten deutsche Truppen in Norwegen. Nach zwei Monaten war das Land, obwohl noch westliche Hilfe eintraf, besiegt und besetzt. In Dänemark, das nur wenig gerüstet hatte, erfolgte der deutsche Einmarsch kampflos.

Der deutsche Blitzkrieg im Westen (Mai bis Juni 1940)

Am 10. Mai 1940 setzte der deutsche Angriff gegen Frankreich, Luxemburg, Belgien und die Niederlande ein; die Neutralität der drei Letzteren wurde nicht beachtet. Obwohl die beiden Kampfparteien an Soldaten, Panzern und Flugzeugen etwa gleich stark waren, kam es zu einem raschen deutschen Sieg. Entscheidend war erneut die bereits im Polenfeldzug bewährte deutsche Kampfweise. Die Führung der Westmächte war dagegen viel schwerfälliger. Hinzu kam, dass diese den deutschen Hauptangriff im Norden Belgiens (wie im Ersten Weltkrieg) erwartete und entsprechend viele Truppen dorthin verlegte. Tatsächlich aber stiessen die stärksten deutschen Panzerverbände durch Südbelgien und Nordfrankreich vor, wo sie schon nach zehn Tagen die Meeresküste erreichten. Damit waren alle britischen und viele französische Verbände eingeschlossen und vom Zentrum Frankreichs abgeschnitten. Die Briten evakuierten nun ihre Truppen von Dünkirchen aus über den Kanal nach Hause, während die Franzosen überwiegend in Gefangenschaft gerieten. Der deutsche Angriff richtete sich nun nach Süden, wo er nur noch auf geschwächte und demoralisierte französische Kräfte traf. Nachdem auch Paris besetzt worden war, musste die französische Regierung um einen Waffenstillstand ersuchen. Dieser kam am 22. Juni zustande. Frankreich blieb als Staat bestehen, doch kamen die strategisch wichtigen Gebiete unter deutsche militärische Kontrolle. Die Regierung verlegte ihren Sitz in das im unbesetzten Teil gelegene Vichy.

1 Angriffe deutscher Sturzkampfflugzeuge über den deutschen Panzerspitzen am 10. Mai 1940
2 Absprung deutscher Fallschirmjäger über den Niederlanden im Mai 1940
3 Angriff deutscher Panzer und abgesessener Panzergrenadiere

Der Zweite Weltkrieg: die Ereignisse

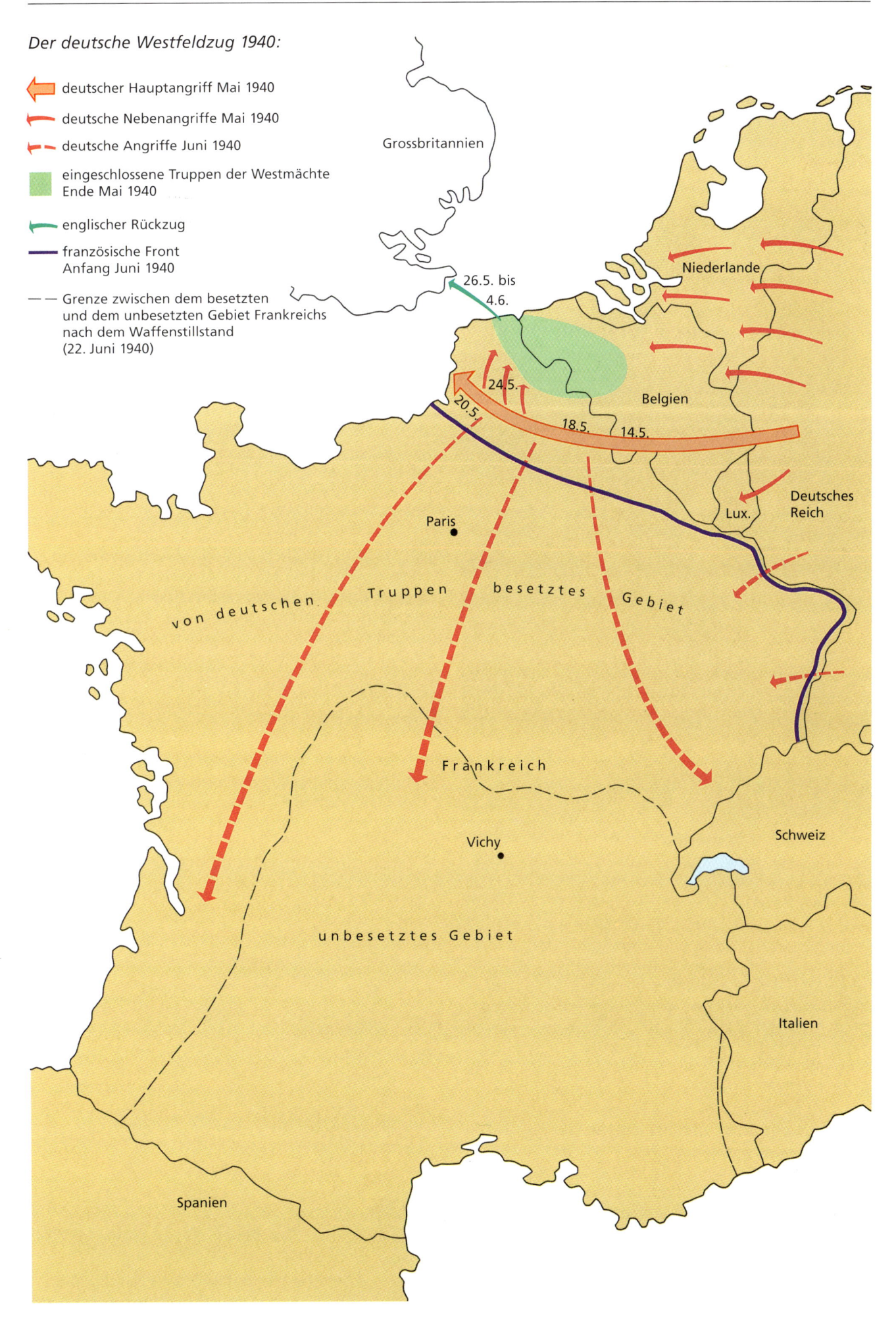

Der deutsche Westfeldzug 1940:

- ⬅ deutscher Hauptangriff Mai 1940
- ↰ deutsche Nebenangriffe Mai 1940
- ⇠ deutsche Angriffe Juni 1940
- ▨ eingeschlossene Truppen der Westmächte Ende Mai 1940
- ← englischer Rückzug
- — französische Front Anfang Juni 1940
- -- Grenze zwischen dem besetzten und dem unbesetzten Gebiet Frankreichs nach dem Waffenstillstand (22. Juni 1940)

Grossbritannien

26.5. bis 4.6.

Niederlande

24.5.

20.5.

18.5. 14.5.

Belgien

Lux.

Deutsches Reich

Paris

von deutschen Truppen besetztes Gebiet

Frankreich

Vichy

Schweiz

unbesetztes Gebiet

Italien

Spanien

Ein Blitzkrieg gegen Grossbritannien?

Die deutsche Regierung hatte damit gerechnet, dass Grossbritannien nach der Niederlage Frankreichs zu Verhandlungen bereit sein würde. Für einen Angriff auf die britische Insel war sie nicht vorbereitet. Die britische Regierung unter dem neuen Ministerpräsidenten Winston Churchill war jedoch entschlossen, den Krieg fortzusetzen.

Der britische Ministerpräsident Winston Churchill (1874–1965)

Aus einer Rede Winston Churchills vom 18. Juni 1940:
37 «Ich erwarte, dass jetzt die Schlacht um England beginnen wird. Von ihrem Ausgang hängt der Fortbestand der christlichen Kultur ab … Hitler weiss sehr wohl, dass er entweder uns auf unserer Insel zerschmettern oder den Krieg verlieren muss. Vermögen wir ihm standzuhalten, so kann ganz Europa befreit werden … Rüsten wir uns daher zur Erfüllung unserer Pflicht; handeln wir so, dass, wenn das Britische Reich und seine Völkergemeinschaft noch tausend Jahre bestehen, die Menschen immer noch sagen werden: ‹Das war ihre grösste Stunde.›»

Tatsächlich plante die deutsche Führung nun eine Truppenlandung in England. Um diese zu ermöglichen, musste zunächst die britische Luftwaffe ausgeschaltet werden. In der «Luftschlacht um England» leisteten jedoch die britischen Flieger erfolgreichen Widerstand. Der deutsche Invasionsplan musste aufgegeben werden (September 1940).

Stattdessen versuchte die deutsche Luftwaffe nun, durch fortgesetzte Bombardierungen Grossbritannien «mürbe zu machen» (intensiv bis Frühling 1941). Obwohl beträchtliche Schäden angerichtet wurden, wurde auch dieses Ziel nicht erreicht. Die deutschen Flugzeuge mit ihrer beschränkten Tragkraft und Reichweite waren für diesen Zweck ungeeignet und ursprünglich auch gar nicht vorgesehen. Zudem unterschätzte die deutsche Führung den Widerstandswillen der britischen Bevölkerung. Immer mehr rückte ein direkter Sieg über Grossbritannien aus dem Bereich der Möglichkeiten.

Der deutsche Blitzkrieg in Südosteuropa. (April bis Mai 1941)

Kurz vor dem Waffenstillstand mit Frankreich war Italien auf deutscher Seite in den Krieg eingetreten. Mussolini spekulierte auf ein rasches Kriegsende und wollte dabei auf der Seite der Sieger stehen. Da dieses Ende jedoch nicht eintrat, waren die italienischen Kolonien bedroht. Britische Truppen marschierten in Äthiopien (seit 1935/1936 italienisch) ein, andere britische Kräfte griffen von Ägypten aus Italienisch-Nordafrika (Libyen) an, das nur mit deutscher Hilfe gehalten werden konnte. Um sein geschwächtes Ansehen aufzupolieren, eröffnete Italien im Oktober 1940 von Albanien (seit 1939 italienisch) aus den Krieg gegen Griechenland. Aber auch hier erlitt es Niederlagen. Die Griechen drangen sogar weit nach Albanien vor.

Zur gleichen Zeit stärkte das Deutsche Reich seine Stellung in Südosteuropa, indem es mit möglichst vielen der dortigen Staaten, darunter Jugoslawien, Bündnisse abschloss. Kaum hatte jedoch die jugoslawische Regierung den Bündnisvertrag unterzeichnet, wurde sie durch eine England-freundliche Gegenregierung gestürzt. Dieses Ereignis und die italienischen Schwierigkeiten veranlassten die deutsche Regierung, Jugoslawien und Griechenland anzugreifen. Obwohl Grossbritannien die Griechen militärisch unterstützte, wurden beide Staaten in kurzer Zeit besiegt. Sie kamen teils unter deutsche, teils unter italienische Kontrolle.

Der deutsche Angriff auf Griechenland: deutsche Kampfflugzeuge über Athen

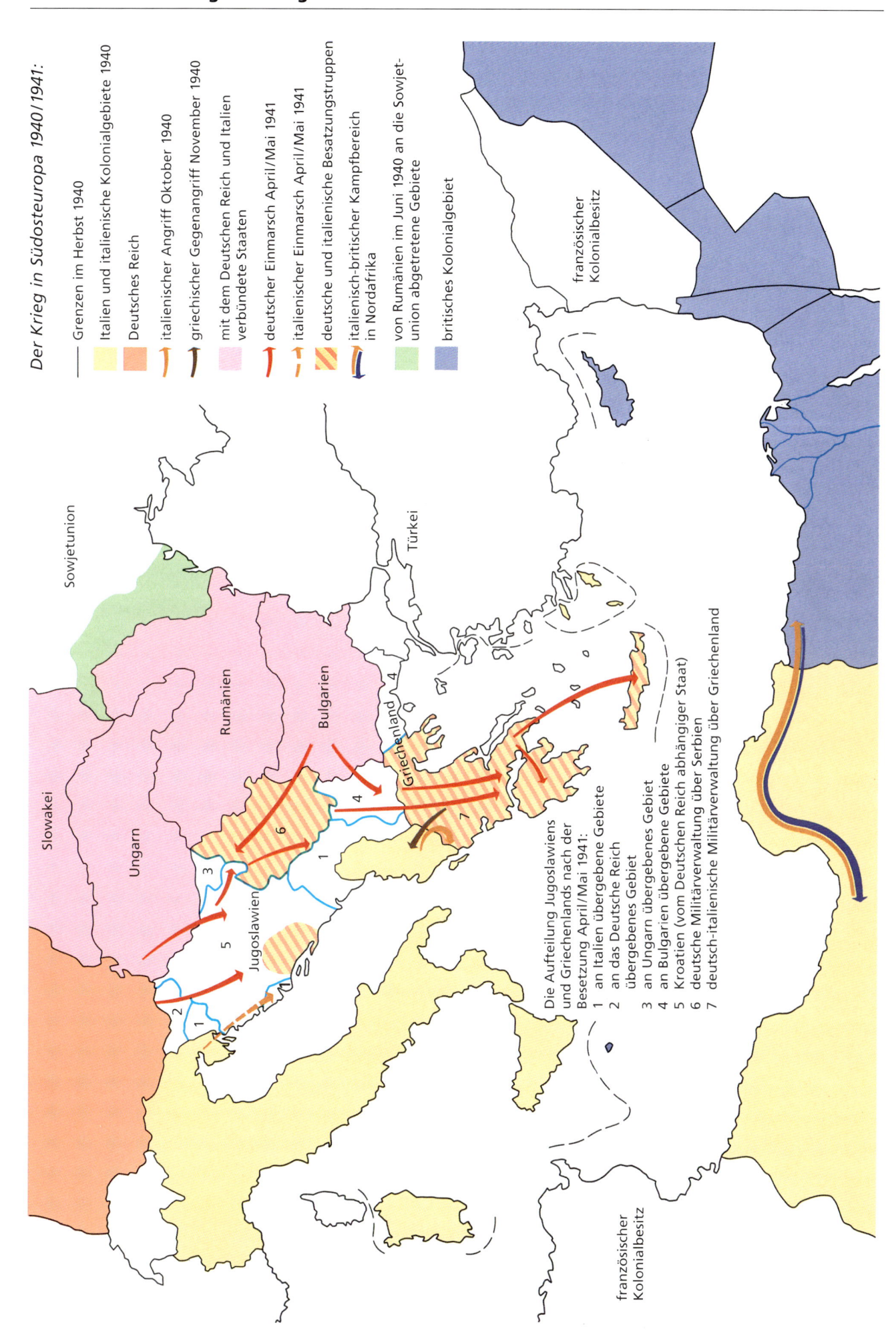

Der Zweite Weltkrieg: die Ereignisse

Der Krieg in Südosteuropa 1940/1941:
- Grenzen im Herbst 1940
- Italien und italienische Kolonialgebiete 1940
- Deutsches Reich
- italienischer Angriff Oktober 1940
- griechischer Gegenangriff November 1940
- mit dem Deutschen Reich und Italien verbündete Staaten
- deutscher Einmarsch April/Mai 1941
- italienischer Einmarsch April/Mai 1941
- deutsche und italienische Besatzungstruppen
- italienisch-britischer Kampfbereich in Nordafrika
- von Rumänien im Juni 1940 an die Sowjetunion abgetretene Gebiete
- britisches Kolonialgebiet

Die Aufteilung Jugoslawiens und Griechenlands nach der Besetzung April/Mai 1941:
1. an Italien übergebene Gebiete
2. an das Deutsche Reich übergebenes Gebiet
3. an Ungarn übergebenes Gebiet
4. an Bulgarien übergebenes Gebiet
5. Kroatien (vom Deutschen Reich abhängiger Staat)
6. deutsche Militärverwaltung über Serbien
7. deutsch-italienische Militärverwaltung über Griechenland

Ein deutscher Blitzsieg über die Sowjetunion? (Juni bis November 1941)

Während all dieser Blitzkriege bestand der deutsch-sowjetische Nichtangriffspakt weiter. Die Sowjetunion lieferte dem Deutschen Reich auch wichtige Rohstoffe. Das Verhältnis zwischen den beiden Staaten verschlechterte sich jedoch. Die Sowjetunion verfolgte das Anwachsen der deutschen Macht mit Misstrauen. Um einigermassen gleichziehen zu können, zwang sie Rumänien, ihr Gebiete im Norden und Osten abzutreten. Sie versuchte auch, Stützpunkte in Bulgarien und in der Nähe der Meerengen zwischen dem Mittelmeer und dem Schwarzen Meer zu gewinnen. Ferner benützte sie ihre bereits 1939 gewonnenen Stützpunkte an der Ostsee, um die Unabhängigkeit der baltischen Staaten zu beenden und diese als neue Sowjetrepubliken einzugliedern (Juni 1940). Dies bestärkte Hitler in seinem Entschluss, die Sowjetunion so bald wie möglich anzugreifen. Er konnte damit sein eigentliches Kriegsziel, «Lebensraum im Osten» zu gewinnen (siehe Seite 127f.), wieder aufnehmen. Die vorangegangenen Kriege waren dazu nur Vorbereitungshandlungen gewesen.

Mit den südosteuropäischen Staaten, die sich alle vor der Sowjetunion fürchteten, bestanden Bündnisverträge. Finnland trat ebenfalls auf die deutsche Seite, um die 1940 verlorenen Gebiete zurückzugewinnen. Am 22. Juni 1941 erfolgte der deutsche Angriff auf die Sowjetunion. Diese wurde nun zum Hauptkriegsschauplatz des Zweiten Weltkrieges, wo auf beiden Seiten die meisten Soldaten eingesetzt wurden und entsprechend viele Opfer zu verzeichnen waren. Im Unterschied zu den Feldzügen im Westen und im Norden plante die deutsche Führung einen eigentlichen Vernichtungskrieg. Die Sowjetunion sollte als Staat verschwinden und zu einer deutschen Kolonie werden; die Bevölkerung wollte man teils vernichten, teils versklaven.

Aus den Notizen General Franz Halders über eine Ansprache Hitlers vor Wehrmachtsführern am 30. März 1941:

38 «Unsere Aufgaben gegenüber Russland: seine Wehrmacht zerschlagen, Staat auflösen ... Kommunismus ungeheure Gefahr für die Zukunft. Wir müssen vom Standpunkt des soldatischen Kameradentums abrücken. Der Kommunist ist vorher kein Kamerad und nachher kein Kamerad. Es handelt sich um einen Vernichtungskampf. Wenn wir es nicht so auffassen, dann werden wir zwar den Feind schlagen, aber in dreissig Jahren wird uns wieder der kommunistische Feind gegenüberstehen ...»

Aus den Notizen General Franz Halders über eine Aussprache bei Hitler vom 8. Juli 1941:

39 «Feststehender Entschluss des Führers ist es, Moskau und Leningrad (heute wieder: St. Petersburg) dem Erdboden gleichzumachen, um zu verhindern, dass Menschen darin bleiben, die wir dann im Winter ernähren müssen. Die Städte sollen durch die Luftwaffe vernichtet werden.»

Aus einem Armeebefehl des Oberbefehlshabers der 17. deutschen Armee, General Hermann Hoth, vom 17. November 1941:

40 «Es ist uns in diesem Sommer immer klarer geworden, dass hier im Osten zwei innerlich unüberbrückbare Anschauungen gegeneinander kämpfen: deutsches Ehr- und Rassegefühl ... gegen asiatische Denkart und ihre ... primitiven Instinkte ... Klar erkennen wir unsere Sendung, die europäische Kultur zu retten vor dem Vordringen asiatischer Barbarei ... Dieser Kampf kann nur mit der Vernichtung des Einen oder des Anderen enden, einen Ausgleich gibt es nicht ... Mitleid gegenüber der Bevölkerung ist völlig fehl am Platz ... Jede Spur aktiven oder passiven Widerstandes ... ist sofort erbarmungslos auszurotten.»

Obwohl die Sowjetarmee der deutschen zahlenmässig überlegen war und auch über viele Panzer und Flugzeuge verfügte, rechnete die deutsche Führung mit einem raschen Sieg innerhalb weniger Monate. Ausbildung, Führung und Material der sowjetischen Truppen galten als ungenügend und veraltet. Spätestens nach der Eroberung der Ukraine, Moskaus und Leningrads würde der sowjetische Widerstand zusammenbrechen.

Aus dem Brief eines deutschen Leutnants vom 22. Juni 1941:

41 «Ich sage voraus, dass in vier bis fünf Wochen die Hakenkreuzfahne auf dem Kreml in Moskau wehen wird, dass wir uns noch in diesem Jahr im Anschluss an Russland den Tommy (das heisst Grossbritannien) vorknöpfen werden ... Luftlinie sind es doch von Suwalki (deutsch-sowjetische Grenze) bis Moskau nur 1000 Kilometer. Wir lassen uns nur noch auf Blitzkriege ein und kennen nur noch den Angriff. Ran, ran und nochmals ran unter Mitarbeit der schweren Waffen ...»

Die Schlacht um Moskau (November 1941 bis Januar 1942)

Tatsächlich gelangen den deutschen Truppen zunächst grosse Erfolge. In gewaltigen Kesselschlachten wurden riesige Verbände der Sowjetarmee eingeschlossen und vernichtet oder gefangen. Vom Oktober an verlangsamte sich der Vormarsch jedoch. Zunächst verschlammten im Herbstregen die Strassen, dann brach der Winter herein. Zwar standen die deutschen Truppen vor Moskau und Leningrad, doch waren sie auf einen Winterkrieg schlecht vorbereitet.

Aus dem Bericht des Majors von Gersdorff über die Situation an der deutschen Front vor Moskau (9. Dezember 1941):

42 «Die vorhandene Bekleidung, auch die vorschriftsmässige Winterbekleidung, ist für die Erfordernisse des russischen Winters durchaus ungeeignet und hat während der Frosttage zu erheblichen Erfrierungserscheinungen geführt. Im Allgemeinen wird bei starkem Frost mit einem täglichen Abgang

Der Zweite Weltkrieg: die Ereignisse

von vier bis fünf Mann je Kompanie (Grundbestand: 160 Mann) gerechnet. Bei den bestehenden Gefechtsstärken kann daher bei anhaltendem Frost ausgerechnet werden, an welchem Tag von der Einheit niemand mehr übrig ist.»

Aus dem Brief eines deutschen Unteroffiziers vom 21. November 1941:

43 «Wir liegen zurzeit in Verteidigungsstellung etwa 80 Kilometer nördlich vor Moskau. Ich schreibe diesen Brief in einem Schützenloch, was gerade jetzt im Winter unangenehm ist. Habe meine Füsse schon halb erfroren. Wir wenigen übrig gebliebenen Soldaten unserer Division sehnen uns ... nach der aussichtslosen Ablösung.
In unserer Kompanie waren am 26. Oktober noch 20 Mann ...»

Die Sowjetregierung unter Stalin dachte keineswegs ans Aufgeben. Sie hatte rechtzeitig viele wichtige Industriebetriebe in den Osten evakuiert und führte nun aus Sibirien neue Truppen heran. In der Schlacht um Moskau zwischen dem November 1941 und dem Januar 1942 wurden der deutsche Einschliessungsring um die Hauptstadt gesprengt und die deutschen Truppen um etwa hundert Kilometer zurückgeworfen.

Mit dieser Niederlage war der deutsche Blitzkrieg gegen die Sowjetunion gescheitert. Entgegen Hitlers Konzept war der «lange Krieg» Wirklichkeit geworden. Daher war die Schlacht um Moskau der entscheidende Wendepunkt im Krieg in Europa.

1 Der deutsche Angriff auf die Sowjetunion: deutsche Truppen in der «Schlammperiode»
2 Deutsche Soldaten vor Moskau schaufeln einen Panzer frei. Die Temperatur erreichte minus 40 Grad.
3 Angriff eines sowjetischen Kosakenkorps gegen die deutschen Stellungen im Gebiet von Moskau

Kernthema 1:

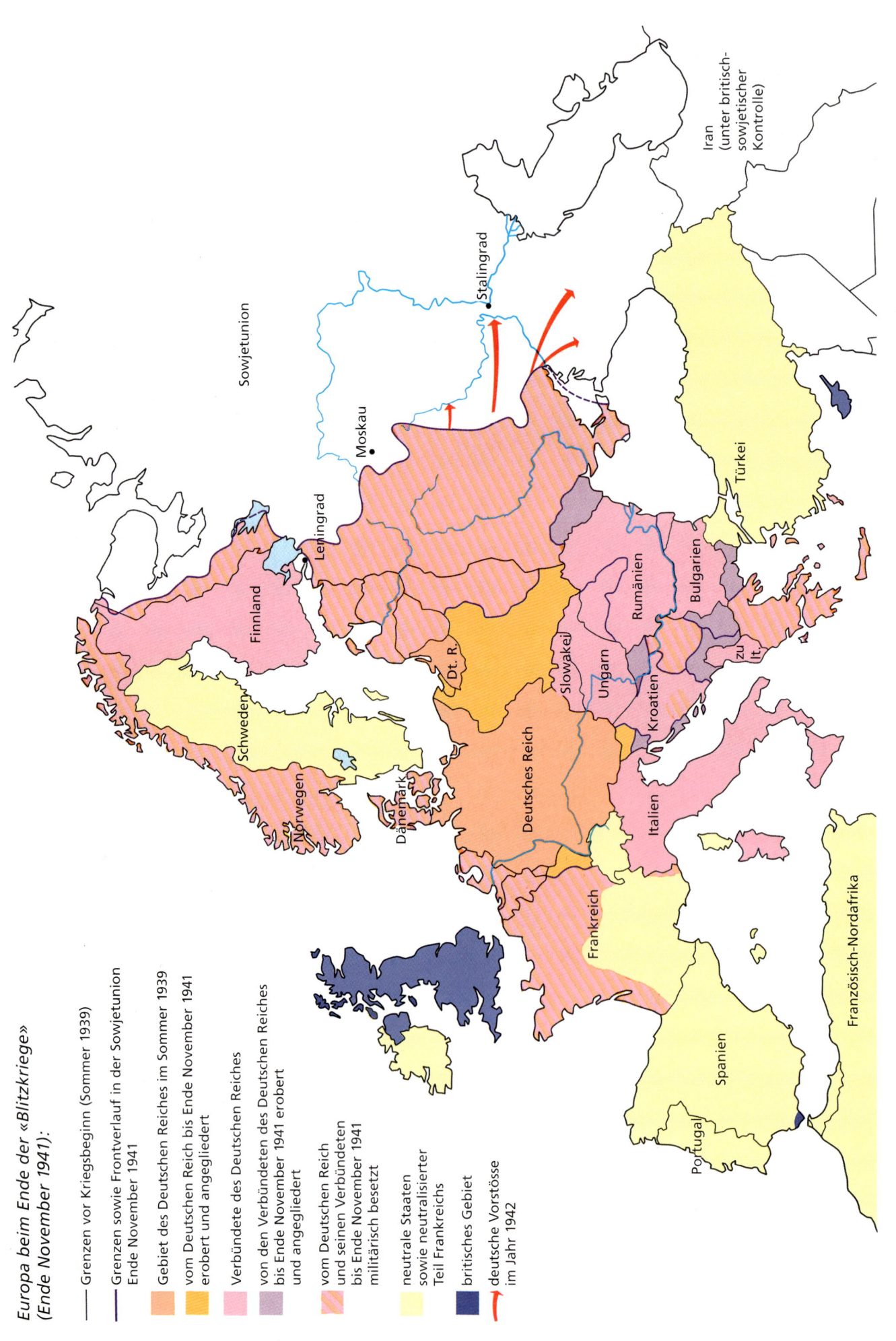

Europa beim Ende der «Blitzkriege» (Ende November 1941):

— Grenzen vor Kriegsbeginn (Sommer 1939)
— Grenzen sowie Frontverlauf in der Sowjetunion Ende November 1941
- Gebiet des Deutschen Reiches im Sommer 1939
- vom Deutschen Reich bis Ende November 1941 erobert und angegliedert
- Verbündete des Deutschen Reiches
- von den Verbündeten des Deutschen Reiches bis Ende November 1941 erobert und angegliedert
- vom Deutschen Reich und seinen Verbündeten bis Ende November 1941 militärisch besetzt
- neutrale Staaten sowie neutralisierter Teil Frankreichs
- britisches Gebiet
- deutsche Vorstösse im Jahr 1942

140

Der Zweite Weltkrieg: die Ereignisse

Der japanische Blitzkrieg im Fernen Osten (Dezember 1941 bis Juni 1942)

Seit 1936 war das Deutsche Reich mit Japan verbündet. Die japanische Regierung, die stark unter dem Einfluss der Armeeführer stand, versuchte seit Jahren, das japanische Gebiet zu vergrössern. Sie glaubte, auf den japanischen Inseln gäbe es für die rasch wachsende Bevölkerung auf die Dauer zu wenig Platz. Seit 1937 stand Japan in offenem Kampf mit China und hielt dessen Ostteil besetzt.

Die japanische Expansion stiess auf den Widerstand der Vereinigten Staaten von Amerika (USA), die China für den Handel aller Mächte – darunter auch den amerikanischen – offen halten wollten. Sie entschlossen sich zu Blockademassnahmen (Unterbindung von Eisen- und Erdöllieferungen) gegen Japan und verlangten dessen Abzug aus China. Die japanische Regierung entschied sich, durch einen raschen militärischen Schlag die USA aus dem Gebiet des Pazifischen Ozeans zu verdrängen und einen von Japan beherrschten Raum zu schaffen, in welchen die Amerikaner kaum mehr eindringen könnten. Am 7. Dezember 1941 eröffneten sie den Krieg durch einen Luftangriff auf den amerikanischen Flottenstützpunkt Pearl Harbor (Hawaii), dem zwar viele Schlachtschiffe, nicht aber die wichtigen Flugzeugträger zum Opfer fielen. In den folgenden Monaten konnten die Japaner Südostasien und zahlreiche Inselgruppen im Pazifik besetzen. Ähnlich wie die Sowjetunion und Grossbritannien gaben sich aber auch die USA nach den ersten Niederlagen nicht geschlagen. In der Seeschlacht bei der Insel Midway (westlich von Hawaii; 4. bis 6. Juni 1942) errangen sie einen wichtigen Abwehrerfolg. Auch das japanische Blitzkriegskonzept war damit gescheitert.

Gleich nach dem japanischen Angriff auf Pearl Harbor erklärten das Deutsche Reich und Italien den USA den Krieg. Indessen konnten jene und Japan einander kaum wirkungsvoll unterstützen. Die Ziele waren zu verschieden und die Kriegsschauplätze lagen zu weit auseinander.

Der japanische Angriff auf Pearl Harbor am 7. Dezember 1941; im Vordergrund die Zerstörer «Cassin» und «Downes»

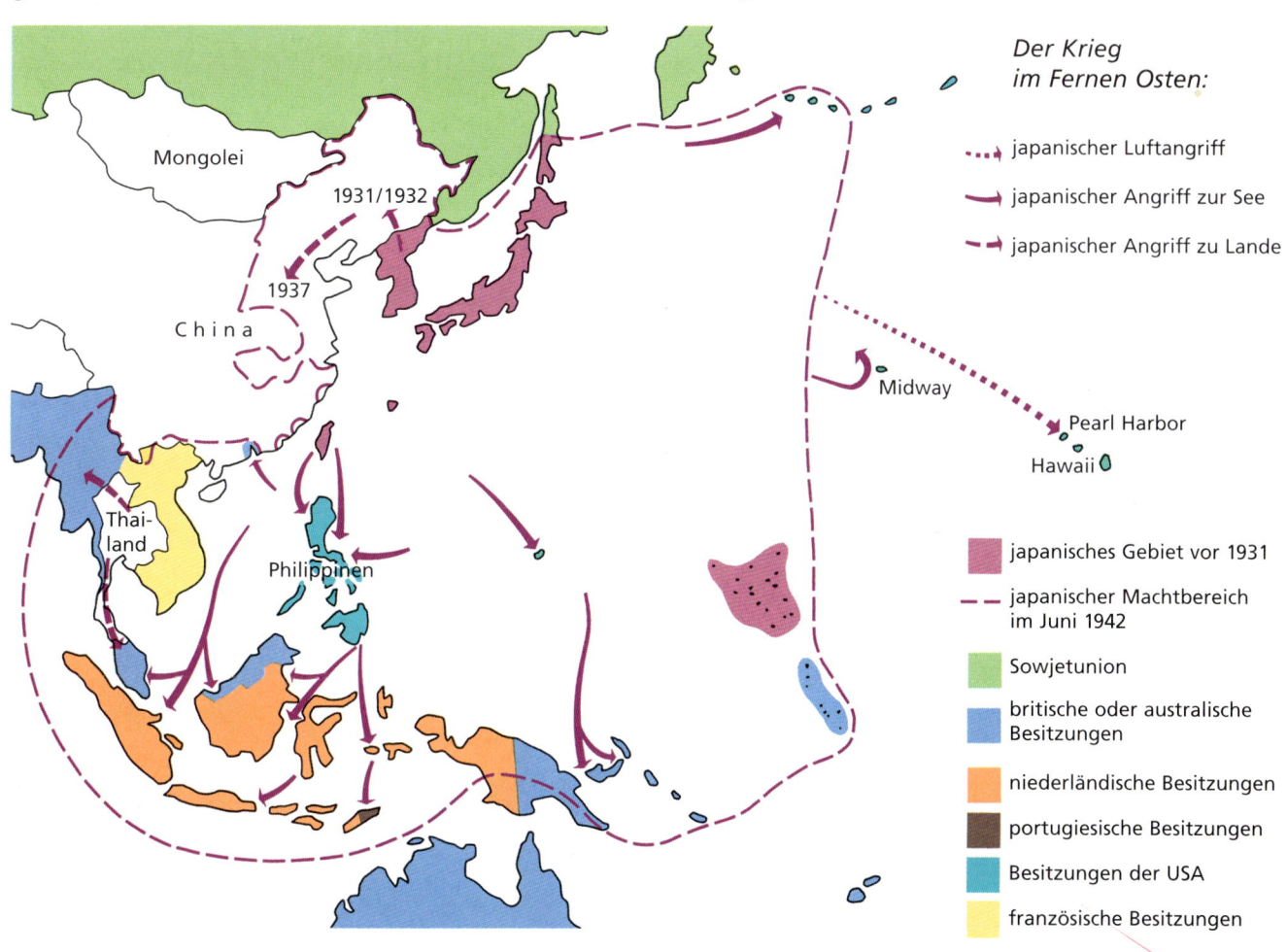

Kernthema 1:

Das Wichtigste in Kürze:
In einer Reihe von «Blitzkriegen» gelang es dem Deutschen Reich zwischen 1939 und 1941 die Vorherrschaft über West-, Nord- und Südosteuropa zu gewinnen. Grossbritannien setzte den Kampf jedoch fort. Der Versuch, die Sowjetunion in einem raschen Krieg niederzuringen, scheiterte in der Schlacht um Moskau. – Japan gelang es, in einem raschen Vorstoss die Herrschaft über Südostasien und Teile des Pazifiks zu erringen.

1 Welche europäischen Staaten wurden vom Deutschen Reich 1939 – 1941 erobert?
2 Welche europäischen Staaten wurden von der Sowjetunion 1939/1940 teilweise oder ganz besetzt?
3 Wie endete die «Luftschlacht um England»? Wer war damals britischer Ministerpräsident?
4 Welche Bedeutung hatte die Schlacht um Moskau für den Verlauf des Zweiten Weltkrieges?
5 Was geschah bei Pearl Harbor?
6 Worin unterschied sich der Russlandfeldzug von den übrigen deutschen Angriffen?
7 Überlege dir die möglichen Folgen des Kriegseintritts der USA.

Die «Achsenmächte» im Vielfrontenkrieg (1942 – 1945)

Die «Grosse Koalition»: die Sowjetunion und die «Alliierten» USA und Grossbritannien

Mit dem Kriegseintritt der USA und dem Abwehrerfolg der Sowjetunion vor Moskau war eine «grosse Koalition» gegen das Deutsche Reich und seine Verbündeten entstanden. Hinter Grossbritannien standen zudem seine mit ihm im «Commonwealth» verbündeten ehemaligen Kolonien Kanada, Australien, Neuseeland und Südafrika, hinter den USA zahlreiche lateinamerikanische Staaten. Immer mehr französische Kolonien schlossen sich den «freifranzösischen Kräften» unter General Charles de Gaulle auf alliierter Seite an. Zwar waren die Staatsordnungen der nunmehr verbündeten «Grossen Drei» (USA, Grossbritannien, Sowjetunion) sehr unterschiedlich. Sie hatten auch verschiedenartige Vorstellungen darüber, wie die Welt nach Kriegsende neu geordnet werden sollte. Sie waren sich aber einig, das Deutsche Reich vollständig zu besiegen, zu besetzen und die nationalsozialistische Herrschaft zu beseitigen.

Diese Koalition war dem Deutschen Reich an Menschen, Rohstoffen und industriellen Produktionsmöglichkeiten überlegen. An deutsche «Blitzkriege» und «Blitzsiege» war nicht mehr zu denken. Die deutsche Führung reagierte auf diese Verschlechterung der Lage, indem sie die eigenen Rüstungsanstrengungen massiv verstärkte. Mit Arbeitszeitverlängerungen und dem Einsatz von Fremd- und Zwangsarbeitern gelang es zwar, erheblich mehr Kriegsmaterial als früher herzustellen, nicht aber, mit den Fortschritten der vereinigten Gegner Schritt zu halten. Im Ganzen betrugen die deutschen Kriegsaufwendungen über 600 Milliarden Mark (etwa 150 Milliarden Dollar). Auch der Raketenbau wurde vorangetrieben, während die Versuche, eine Atombombe zu konstruieren, nicht weit vorankamen. Im militärischen Bereich versuchte Hitler, die einmal gewonnenen Frontlinien um jeden Preis zu halten, auch als sich die deutsche Unterlegenheit immer deutlicher abzeichnete und die Opfer immer grösser wurden.

«Europa – schafft ihm die Freiheit» – sowjetisches Plakat auf die Zusammenarbeit zwischen der Sowjetunion, den USA und Grossbritannien

Der Zweite Weltkrieg: die Ereignisse

Häufig verwendete politische Begriffe:

Achsenmächte: Das Deutsche Reich und Italien. Gelegentlich zählt man auch noch die Verbündeten dieser beiden Staaten (Japan, Ungarn, Rumänien, Slowakei) dazu.

Alliierte: USA, Grossbritannien. Gelegentlich zählt man auch die westlichen Verbündeten dieser beiden Staaten (Commonwealth-Staaten, freifranzösische Kräfte usw.) dazu.

Grosse Koalition: USA, Grossbritannien, Sowjetunion (auch: «Grosse Drei»).

Die «Atlantik-Schlacht»

Mit dem Kriegseintritt stellten die USA ihre gewaltigen industriellen Möglichkeiten ganz in den Dienst der Rüstung. Die Kriegskosten beliefen sich bis zum Kriegsende auf über 300 Milliarden Dollar. Davon gingen etwa 43 Milliarden als Materiallieferungen an Grossbritannien und die Sowjetunion. Wissenschafter arbeiteten intensiv an der Entwicklung der Atombombe. Gleichzeitig wurden auch amerikanische Flugzeuge und Truppen in Grossbritannien stationiert. Allerdings war der Verkehr über den Atlantik keineswegs ungefährdet. Die deutschen U-Boote griffen die alliierten Geleitzüge zeitweise erfolgreich an und versenkten mehr Schiffsraum, als gleichzeitig ersetzt werden konnte (1942). Mit der Entwicklung neuer Ortungsgeräte

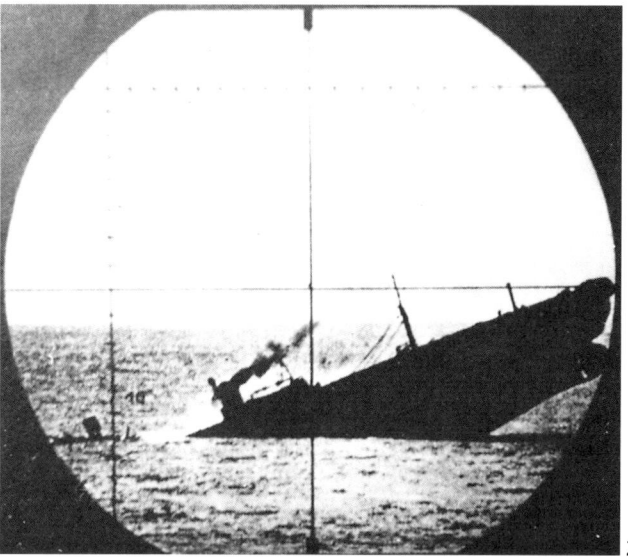

1 Eine deutsche V («Vergeltungswaffe») 2 beim Start. Seit dem Sommer 1944 wurden von deutscher Seite Raketen (V 1 und V 2) zur Bombardierung Englands eingesetzt. Sie richteten beträchtliche Zerstörungen an, hatten jedoch keinen wesentlichen Einfluss auf das Kriegsgeschehen.
2 Krieg zur See: Ein durch den Torpedoangriff eines deutschen U-Bootes getroffener britischer Frachter sinkt im Atlantik. Aufnahme durch das Periskop des U-Bootes.
3 Krieg zur See: Ein alliiertes Flugzeug setzt zu einem Angriff mit Fliegerbomben auf ein deutsches U-Boot an.

(Radar) durch die Alliierten wendete sich aber das Blatt; nun wurden mehr deutsche U-Boote versenkt, als gleichzeitig neu in Dienst gestellt werden konnten. Damit war die «Atlantik-Schlacht» zur Hauptsache zugunsten der Alliierten entschieden, wenn auch die Gefährdung ihrer Schiffe bis zum Kriegsende bestehen blieb.

Der Luftkrieg

Gleichzeitig wurde der Luftkrieg gegen das Deutsche Reich und Italien mit grossen Langstreckenbombern immer intensiver geführt. Das Ziel war, durch Zerstörungen die deutsche Rüstungsproduktion zu verringern, Verkehrsverbindungen lahm zu legen und die deutsche Bevölkerung zu demoralisieren. Zwar sanken die meisten grösseren deutschen Städte in Trümmer, doch war ein recht grosser Teil der Industrieanlagen zuvor ausgelagert worden. Erst vom Sommer 1944 an konnte die deutsche Industrie immer weniger produzieren, weil ihr nun auch die Rohstoffe ausgingen. Die Bevölkerung blieb diszipliniert, hoffte zum Teil auf eine Wende des Kriegsglücks durch «Wunderwaffen» oder hielt zumindest den Mund, wozu auch die immer härteren Urteile gegen «Defaitisten» beitrugen. Laut geäusserter Zweifel am «Endsieg» wurde zum Teil mit dem Tod bestraft. Im Ganzen erreichten die Alliierten die Ziele des Luftkriegs teils erst spät, teils überhaupt nicht.

Der Krieg in der Sowjetunion

Der Krieg zu Lande wurde zur Hauptsache nach wie vor in der Sowjetunion ausgetragen. Im Sommer 1942 ergriffen die deutschen Truppen nochmals die Offensive und drangen von Südrussland aus zur Wolga und nach Südosten zum Kaukasus vor. Es zeigte sich jedoch, dass die deutschen Kräfte nun deutlich schwächer waren als die sowjetischen. Zwar erreichten die deutschen Truppen Stalingrad an der Wolga, doch konnten die sowjetischen Kräfte sie von Norden und Süden her einschliessen. Hitlers Befehle erlaubten weder einen rechtzeitigen Rückzug noch die Kapitulation, so dass von den 300 000 Mann etwa zwei Drittel umkamen und der Rest in sowjetische Gefangenschaft geriet (Ende Januar/Anfang Februar 1943). Von nun an lag die Initiative ganz bei der Sowjetarmee. Bis zum Sommer 1944 konnte sie die deutschen Truppen etwa zur sowjetischen Westgrenze von 1939 zurückdrängen. Für die Verbündeten des Deutschen Reiches war nun der Moment zum Absprung gekommen: Finnland schloss mit der Sowjetunion einen Waffenstillstand, Rumänien wechselte notgedrungen die Seite und musste der Sowjetarmee Einlass gewähren, welche gleich noch in Bulgarien einmarschierte. Damit brach die deutsche Stellung auf dem Balkan zusammen. Die deutschen Truppen in Griechenland und Jugoslawien mussten sich in Richtung Ungarn und Österreich zurückziehen.

Krieg in Italien

Um etwas entlastet zu werden, hatte Stalin die Westmächte seit langem aufgefordert, in Europa eine «zweite Front» zu eröffnen. Eine direkte Landung in Frankreich schien zunächst zu riskant. So landeten im November 1942 britische und amerikanische Truppen im französischen Nordafrika. Da gleichzeitig die Briten auch von Ägypten her erfolgreich nach Westen vorstiessen, wurden die deutschen und italienischen Kräfte in Afrika immer

1 Krieg in der Luft: Ein alliierter Bomber «Liberator» hat soeben trotz heftigem Abwehrfeuer die Ölfelder von Ploiești in Rumänien bombardiert (Mai 1944).
2 An der italienischen Front wurde das vom heiligen Benedikt im 6. Jahrhundert gegründete Kloster Monte Cassino nördlich von Neapel besonders hart umkämpft (Februar bis Mai 1944). So sah das Kloster vor der Schlacht aus (Foto modern, nach dem Wiederaufbau des Klosters) ...
3 ... und so nach der Schlacht!

Der Zweite Weltkrieg: die Ereignisse

mehr zusammengedrängt und mussten schliesslich bei Tunis kapitulieren (Mai 1943). Von Nordafrika aus setzten die Alliierten nach Sizilien über. Damit war das faschistische Italien direkt bedroht. Der König, hohe Armeeführer und enge Mitarbeiter Mussolinis entschlossen sich zu einem Kurswechsel. Der «Duce» wurde gefangen genommen und abgesetzt (Juli 1943). Doch gelang das Manöver nur halb. Zwar konnten der König und seine neue Regierung zu den Alliierten fliehen, die nun auf dem festländischen Italien landeten. Deutsche Truppen besetzten jedoch den nördlichen und mittleren Teil des Landes und befreiten Mussolini, der nun Chef einer ganz vom Deutschen Reich abhängigen Gegenregierung wurde. Italien wurde Kriegsschauplatz. Die Alliierten konnten nur langsam durch das gebirgige Land nach Norden vorstossen. Beim Kriegsende im Frühjahr 1945 standen sie in der Poebene.

Die Invasion in Frankreich

Im Juni 1944 wagten die Alliierten die direkte Invasion von England aus nach Nordfrankreich (Küste der Normandie). Obwohl die Deutschen die Atlantikküste teilweise stark befestigt hatten, glückte die Landung. Geschickte Täuschungsmanöver der Alliierten und die Überlegenheit in der Luft waren entscheidend. Zwischen Sommer und Herbst 1944 wurde der grösste Teil Frankreichs von der deutschen Herrschaft befreit.

Aus einem Brief des deutschen Feldmarschalls Erwin Rommel an Hitler vom 15. Juli 1944:

«Die Lage an der Front der Normandie wird von Tag zu Tag schwieriger ... Die eigenen Verluste sind bei der Härte der Kämpfe, dem aussergewöhnlich starken Materialeinsatz des Gegners, vor allem an Artillerie und Panzern, und bei der Wirkung der den Kampfraum unumschränkt beherrschenden feindlichen Luftwaffe derartig hoch, dass die Kampfkraft der Divisionen rasch absinkt. Ersatz aus der Heimat kommt nur sehr spärlich und erreicht bei der schwierigen Transportlage die Front erst nach Wochen ... Die neu zugeführten Divisionen sind kampfungewohnt und bei der geringen Ausstattung mit Artillerie, panzerbrechenden Waffen und Panzerbekämpfungsmitteln nicht imstande, feindliche Grossangriffe ... abzuwehren. Wie die Kämpfe gezeigt haben, wird bei dem feindlichen Materialeinsatz auch die tapferste Truppe Stück für Stück zerschlagen ... Der feindliche Nachschub wird von unserer eigenen Luftwaffe nicht gestört. Der feindliche Druck wird immer stärker ... Ich muss Sie bitten, die Folgerungen aus dieser Lage unverzüglich zu ziehen.»

Damit war das Deutsche Reich von Osten, Westen und Süden her eingekreist. Die völlige Niederlage war nur noch eine Frage der Zeit. Hitler und seine Mitarbeiter dachten jedoch nicht an eine Kapitulation. Teils hofften sie auf ein Wunder – etwa ein Auseinanderbrechen der «Grossen Koalition» –, teils erkannten sie, dass sie persönlich nach dem Kriegsende nichts Gutes zu erwarten hätten, teils fanden sie, das deutsche Volk habe sich als unterlegen erwiesen und damit seinen völligen Untergang verdient.

Die alliierte Landung in der Normandie: Die erste Angriffswelle einer amerikanischen Division watet der Küste zu. Die Felswände mit den deutschen Befestigungen sind durch das vorausgegangene Feuer der Schiffsartillerie in einen Rauchschleier gehüllt.

Das Kriegsende in Deutschland

Für die Nachkriegsentwicklung war es wichtig, welcher der verbündeten Staaten welchen Teil Deutschlands besetzen konnte. Im Januar 1945 ergriff die Sowjetarmee erneut die Offensive und drang durch das westliche Polen in die deutschen Gebiete vor. Im März überschritten die amerikanischen und britischen Truppen den Rhein und rückten rasch durch das westliche Deutschland vor. Ende April eroberten sowjetische Truppen die Reichshauptstadt Berlin. Hitler beging kurz vor dem Ende der Kämpfe Selbstmord. Dem von Hitler zum Nachfolger bestimmten Admiral Dönitz blieb nur noch die bedingungslose Kapitulation übrig (8. Mai 1945). Damit endete der Krieg in Europa mit der totalen Niederlage des Deutschen Reiches.

1 Das besiegte Deutschland: sowjetische Soldaten hissen ihre Fahne auf dem ehemaligen Reichstagsgebäude in Berlin.
2 Das besiegte Deutschland: amerikanische Panzer in Münster

Der Zweite Weltkrieg: die Ereignisse

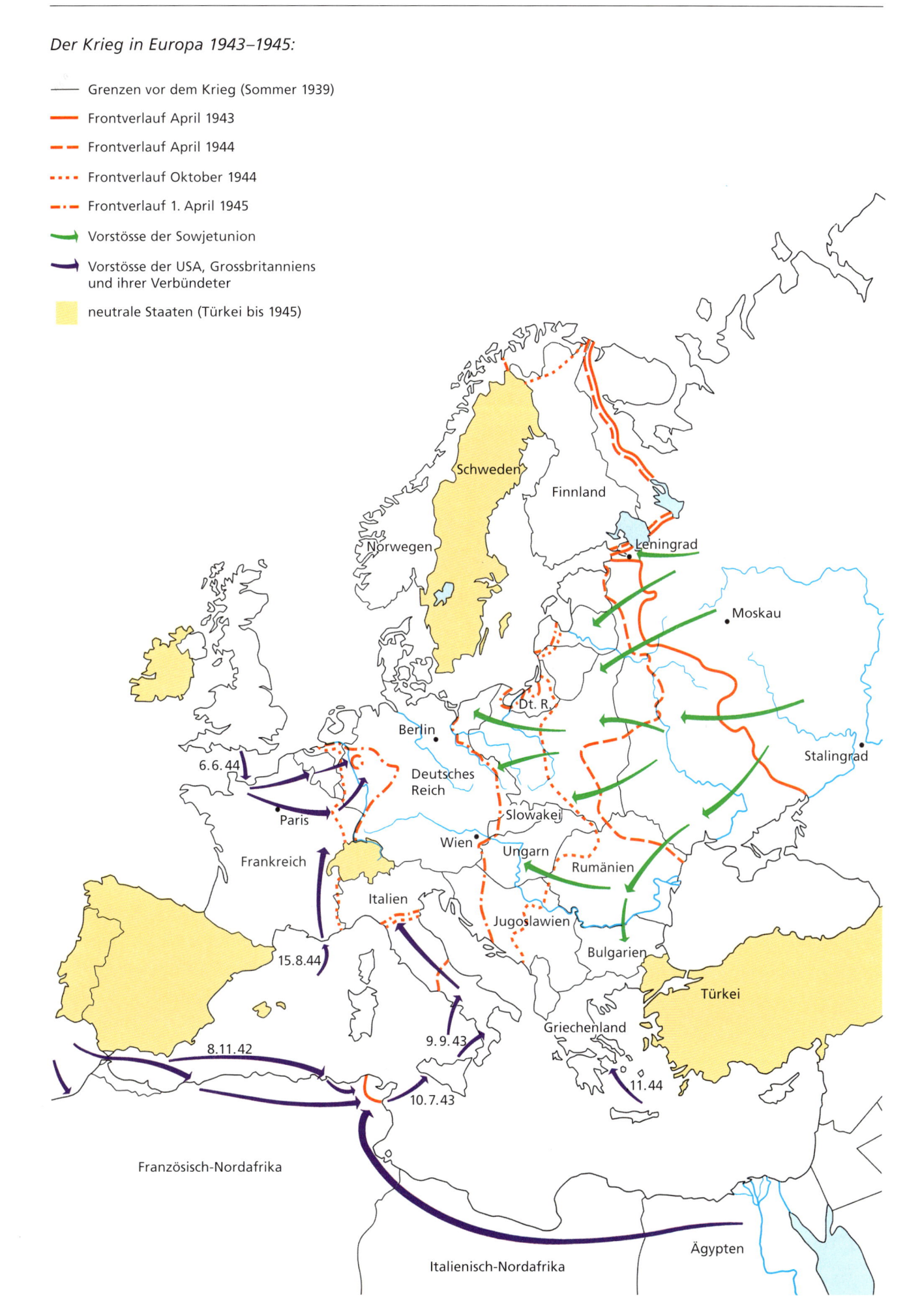

Der Krieg in Europa 1943–1945:

- —— Grenzen vor dem Krieg (Sommer 1939)
- —— Frontverlauf April 1943
- – – Frontverlauf April 1944
- ···· Frontverlauf Oktober 1944
- –·–· Frontverlauf 1. April 1945
- → Vorstösse der Sowjetunion
- → Vorstösse der USA, Grossbritanniens und ihrer Verbündeter
- neutrale Staaten (Türkei bis 1945)

Das Kriegsende im Fernen Osten

Der Krieg zwischen den USA und Japan spielte sich vor allem im Pazifischen Ozean ab. Ab Ende 1942 drangen die Amerikaner langsam in die von Japan beherrschte pazifische Inselwelt vor. Bis zum Februar 1945 eroberten sie nach mehreren grossen, vor allem von Flugzeugträgern bestrittenen Seeschlachten die Philippinen zurück und rückten gegen die Japan unmittelbar vorgelagerten Inseln vor. Die Japaner verteidigten sich jedoch ausserordentlich hartnäckig, so dass eine Landung in Japan selbst sehr viele Opfer befürchten liess. Die USA entschlossen sich zum Einsatz der erst kurz zuvor erstmals getesteten Atomwaffe. Am 6. und 8. August 1945 wurden zwei Atombomben über den Städten Hiroshima und Nagasaki abgeworfen. Ihre gewaltige Sprengkraft forderte unmittelbar etwa 160 000 Todesopfer. Daraufhin erklärte Kaiser Hirohito am 15. August 1945 die Kapitulation Japans.

1 Die amerikanische Flugzeugträgerflotte im Kampf gegen Japan
2 Angriff eines japanischen Kamikaze-Fliegers unmittelbar vor dem Aufschlag auf dem amerikanischen Schlachtschiff «Missouri» (11. April 1945). Der angerichtete Schaden des Selbstmordfliegers war in diesem Fall nicht sehr gross.
3 Hiroshima nach der Explosion der Atombombe vom 6. August 1945

Der Zweite Weltkrieg: die Ereignisse

Das Wichtigste in Kürze:
Seit Ende 1941 stand das Deutsche Reich der «Grossen Koalition» der «Alliierten» USA und Grossbritannien sowie der Sowjetunion gegenüber. Diesen war es an Menschen, Rohstoffen und Rüstungsmöglichkeiten unterlegen. Durch die Niederlagen an den Fronten im Osten, Süden und Westen sowie durch den Luftkrieg geriet das Deutsche Reich in eine immer bedrängtere Lage. Der Krieg in Europa endete mit der völligen Besetzung Deutschlands durch die gegnerischen Truppen. Nach den amerikanischen Atombombenabwürfen über Hiroshima und Nagasaki musste auch Japan kapitulieren.

1 Wie wirkte sich der Kriegseintritt der USA aus?
2 Was geschah bei Stalingrad?
3 Bei welchem berühmten italienischen Kloster spielten sich heftige Kämpfe ab?
4 Was versteht man unter der «Invasion in der Normandie»?
5 Auf welche japanischen Städte wurden Atombomben abgeworfen?

6 Die Hauptlast des Krieges lag lange Zeit auf der Sowjetunion. Wie wirkte sich das für diese wohl aus? Hätten die Westmächte die Sowjetunion besser entlasten können?
7 Aus welchen Gründen entschlossen sich die Amerikaner für die Atombombenabwürfe auf japanische Städte? Erörtere die Gründe dafür und dagegen.

Die Schweiz im Zweiten Weltkrieg

Der Krieg bricht aus

Am 30. August 1939, unmittelbar vor dem deutschen Angriff auf Polen, rief der Bundesrat die Vereinigte Bundesversammlung (National- und Ständerat) zusammen. Diese wählte Henri Guisan, bisher Kommandant eines Armeekorps, zum General, das heisst zum Oberbefehlshaber der Schweizer Armee. Gleichzeitig erhielt der Bundesrat ausserordentliche Vollmachten. Er durfte im Interesse des Landes Beschlüsse fassen, die in der Verfassung nicht vorgesehen waren oder ihr sogar widersprachen. Damit lag die politische Verantwortung für die Führung der Schweiz eindeutig beim Bundesrat, die militärische beim General. Die Schweiz erklärte ihre Neutralität und ihre Bereitschaft, sich gegen jeden Angriff zu verteidigen.

Am 2. September ordnete der Bundesrat die allgemeine Mobilmachung an. Etwa 450 000 Soldaten rückten ein. Der Wehrwille war gut, die Bewaffnung teilweise veraltet. Man hatte die Rüstung bis Mitte der Dreissigerjahre stark vernachlässigt und den Rückstand noch nicht aufgeholt. Die Armee besass nur wenige Panzer und Panzerabwehrwaffen. Mit der Bildung einer Fliegerabwehr hatte man gerade begonnen. Von den 21 Fliegerkompanien mussten 5 wieder heimgeschickt werden, weil es an Flugzeugen fehlte. Immerhin hatte man noch in letzter Minute achtzig moderne deutsche Jagdflugzeuge bestellt, die dann auch, trotz des Krieges, geliefert wurden. Auch die Truppenführer genügten nicht durchwegs den Ansprüchen der Zeit.

Henri Guisan unmittelbar nach seiner Wahl zum General. Links der Bundespräsident des Jahres 1939, Philipp Etter, hinter diesem Bundesrat Marcel Pilet-Golaz, der 1940 die Bundespräsidentschaft übernahm.

Aus dem Bericht General Guisans über den Aktivdienst (1939–1945):

45 «Ganz offensichtlich wies die Equipe, die ich am Anfang des Aktivdienstes auf den Posten der Heereseinheitskommandanten antraf, Führer auf, die nicht in der Lage gewesen wären, einen Feldzug zu bestehen, sei es, dass sie bereits von einem unaufhaltbar fortschreitenden Leiden befallen waren, sei es, dass sie verbraucht und damit kaum mehr fähig waren, die Anstrengungen eines modernen Feldzuges zu ertragen.»

Kernthema 1:

Schweizerische Jagdflugzeuge im Zweiten Weltkrieg
(Messerschmitt Me-109)

Die Sympathien der grossen Mehrheit der Bevölkerung und der Presse lagen bei den Westmächten und bei den betroffenen kleineren Staaten wie Polen und Finnland. Militärisch rechnete die Armeeführung mit Kämpfen an der deutsch-französischen Grenze. Dabei befürchtete sie einen deutschen Umgehungsvorstoss durch die Schweiz. Für diesen Fall hatte Frankreich Hilfe zugesagt. Die Schweizer Armee selbst wollte sich auf einer Linie zwischen dem Basler Jura und Sargans verteidigen.

Die Schweiz wird eingeschlossen

Zu dieser Verteidigung kam es nicht, weil der deutsche Angriff im Mai 1940 nicht über schweizerisches Gebiet erfolgte (siehe Seite 135).

Mit dem deutschen Sieg über Frankreich und dem Kriegseintritt Italiens (Juni 1940) änderte sich die Lage der Schweiz vollständig. Bisher hatte sie an beide Kampfparteien angegrenzt, mit beiden Handel treiben und von beiden im schlimmsten Fall Hilfe erhoffen dürfen. Jetzt war sie von den «Achsenmächten», die auch Frankreich kontrollierten, völlig umschlossen. Auch wenn der Krieg Deutschlands mit Grossbritannien noch andauerte, so musste sie sich doch auf eine längere deutsche Vorherrschaft über Mittel- und Westeuropa einstellen. Die Einkreisung dauerte bis zum September 1944 an. Daraus ergaben sich für die Schweiz nach aussen wie nach innen schwierige Probleme:

1 Militärisch war es aussichtslos, das gesamte Gebiet der Schweiz gegen einen deutschen Angriff zu verteidigen.

2 Wirtschaftlich war die Schweiz auf die Einfuhr von Lebensmitteln, Rohstoffen (etwa Eisen) und Energieträgern (Kohle, Mineralöl) angewiesen. Sie musste auch, um ihre Industrie zu beschäftigen, Waren ausführen können. Importe wie Exporte mussten über von den Achsenmächten kontrolliertes Territorium erfolgen. Bereits aber hatte das Deutsche Reich eine Kohleblockade eröffnet.

3 Politisch waren die Beziehungen zum Deutschen Reich schlecht. Im Juni kam es im schweizerisch-französischen Grenzgebiet zu Luftkämpfen zwischen deutschen und schweizerischen Kampffliegern. Dass die Schweizer dabei recht erfolgreich abschnitten, freute die deutsche Regierung nicht. Diese hatte zudem herausgefunden, dass die

Der Zweite Weltkrieg: die Ereignisse

schweizerische Armeeführung mit der französischen zusammengearbeitet hatte, und betrachtete dies als Neutralitätsverletzung. Sie ärgerte sich auch über die oft kritische Haltung der Schweizer Presse gegenüber dem Deutschen Reich.

4   Stimmung im Innern: Viele Soldaten fragten sich nach dem weiteren Sinn ihres Militärdienstes. Auch aus wirtschaftlichen Gründen konnte nicht mehr die ganze Armee mobilisiert bleiben; etwa zwei Drittel der Soldaten wurden entlassen. Unter diesen bestand jedoch grosse Angst vor einer drohenden Arbeitslosigkeit.

Aus dem Brief eines Gefreiten an General Guisan (18. Juli 1940):

46   «Wenn beim Einrücken zur zweiten Mobilmachung (10./11. Mai 1940) noch über 95 Prozent der Mannschaft den Willen hatten, sich auf alle Fälle gegen jeden Angreifer zur Wehr zu setzen, so hat sich dies seit der Kapitulation von Frankreich erschreckend verändert … Schätzungsweise 50 Prozent des Mannschaftsbestandes sind der Ansicht, dass eine Verteidigung unseres Territoriums nutzlos sei.»

Aus einem anonymen Brief an General Guisan (22. Juli 1940):

47   «Die Bündner Bataillone 92, 93 und 91 haben zu viel ununterbrochenen Dienst, alle Soldaten haben über Kopf und Hals genug Dienst, sie wissen nicht, warum gerade sie immer herhalten müssen und nicht die Tessiner, Zürcher oder Westschweizer … Sie wissen nicht mehr, warum sie im Dienst sein müssen, die vielen abgelegenen Berge, Wälder, leeren Hotels und die Misthaufen könnten auch einmal von einer anderen Truppe bewacht werden … Es soll Kompanien geben, die bis zu 90 Prozent Urlaubsgesuche aufweisen, trotzdem es Hauptleute gibt, welche zum Voraus alle Gesuche dem Papierkorb zuweisen. Was müssen so diese armen Soldaten leiden! Sie haben auch Familien, sie möchten wieder einmal hundert Franken verdienen …»

5   Wie weiter? Viele Leute fühlten, die Welt habe sich entscheidend verändert. Es würde auf jeden Fall nicht so weitergehen wie bisher. Man war aber unsicher, wie es weitergehen würde. Oft wurde gefordert, das Volk müsse nun enger zusammenstehen, frühere Parteigegensätze begraben und sich straffer führen lassen. Anderseits wollten die meisten die Eigenständigkeit gegenüber dem Deutschen Reich bewahren, fragten sich aber, ob und wie das möglich sein werde.

Aus einer Erklärung der Sozialdemokratischen Fraktion der Bundesversammlung vom 18. Juli 1940:

48   «Das Schicksal des Landes ist ungewiss. Niemand kennt den kommenden Tag. Gefahren militärischer und politischer Natur, wirtschaftlicher und sozialer Art umgeben uns. Die Voraussetzungen der bisherigen traditionellen Neutralitätspolitik sind zerstört. Eine Neuorientierung der Innen- und Aussenpolitik der Schweiz drängt sich auf.»

Aus einem Artikel in der «Neuen Zürcher Zeitung» (28. Juni 1940):

49   «Wer bis jetzt noch glaubte, in halber Verschlafenheit seinen alten Weg ziehen zu können, wird sich endlich die Augen ausreiben müssen, damit er die Strasse findet, die in die Zukunft führt … Wir haben uns … an unserer Demokratie oft und schwer versündigt. Vor dem selbstsüchtigen Treiben von Grüppchen, Gruppen und Parteien … ist der Gedanke eidgenössischer Gemeinschaft verblasst … Auch die demokratischen Formen unterliegen ständiger Wandlung. Die gegenwärtig herrschende … so genannte reine Demokratie … droht zu einer mechanisierten Wählerei und Abstimmerei zu entarten … Die Forderung von heute ist eine die Freiheit nicht ausschliessende Einigkeit.»

Aus einer Ansprache General Guisans vom 16. November 1940:

50   «Uns anpassen an das neue Europa? Jawohl, aber nach Schweizer Art! Die Erneuerung muss von uns kommen, von diesem Boden aus.»

Auf all diese Fragen versuchte Bundespräsident Marcel Pilet-Golaz, der auch die Aussenpolitik leitete, in einer Radioansprache eine Antwort zu finden.

Zusammenfassung der Radioansprache des Bundespräsidenten Marcel Pilet-Golaz vom 25. Juni 1940:

«1. Der Waffenstillstand des Deutschen Reiches und Italiens mit Frankreich bedeutet, dass unsere drei grossen Nachbarn den Weg des Friedens beschritten haben. Allerdings hat Grossbritannien angekündigt, es werde den Krieg fortsetzen. Sorglosigkeit wäre daher verfehlt.

2. Die Neuordnung Europas nach dem Krieg wird sicher anders sein als vor dem Krieg. Daher müssen sich die Schweizer auf Anstrengungen und Opfer gefasst machen. Die schweizerischen Traditionen sollen gewahrt bleiben, aber sie sollen Neuerungen nicht verhindern.

3. In diesen schwierigen Zeiten muss der Bundesrat rasch und mit eigener Machtbefugnis handeln können. Die Bürger müssen dem Bundesrat vertrauen. Es geht jetzt nicht darum, zu diskutieren und zu kritisieren, sondern sich hinter den Bundesrat zu stellen. Persönliche, regionale und politische Meinungsverschiedenheiten müssen in den Hintergrund treten.

4. Da der Krieg nicht mehr an den Grenzen tobt, können die Truppen teilweise entlassen werden. Der Bundesrat wird alles tun, um auch in dieser Situation Arbeit zu beschaffen. Auch dabei ist die Solidarität aller Bürger notwendig.»

Manche Bürger hielten diese Rede für unklar. Sie fragten sich, was man sich unter diesen «Neuerungen» vorzustellen habe. Sie fürchteten auch, der Bundesrat wolle seine Macht für alle Zeiten verstärken und fortan «autoritär» regieren. Pilet-Golaz wollte einerseits den Bürgern Mut machen, anderseits sie aber auch auf eine unsichere und unklare Zukunft vorbereiten. Zudem wollte er in der damaligen Situation die deutsche und die italienische Regierung nicht verärgern. Das führte dazu, dass seine Formulierungen vielfach gewunden und missverständlich ausfielen. In den folgenden Jahren lag die schweizerische Aussenpolitik weitgehend in seiner Hand. Es gelang ihm, ein nicht allzu schlechtes Verhältnis zum Deutschen Reich herzustellen, ohne die Selbstständigkeit der Schweiz aufzugeben. Während der ganzen Kriegszeit musste er zwischen den deutschen Forderungen, den alliierten Einwänden und dem Unabhängigkeitswillen der Schweizer balancieren.

Die Schweiz: Wirtschaftspartner der Achsenmächte

Am 9. August 1940 gelang der Abschluss eines schweizerisch-deutschen Wirtschaftsabkommens. Das Deutsche Reich konnte auf Kredit Waren in der Schweiz einkaufen. Die Schweiz durfte zwar auch mit den Westmächten Handel treiben, aber nur mit deutscher Genehmigung. Dies führte dazu, dass die von der Schweiz hergestellten kriegswichtigen Produkte nun überwiegend an die Achsenmächte verkauft wurden. Die deutsche Gegenleistung bestand in der regelmässigen Lieferung von Rohstoffen, vor allem Kohle (pro Jahr fast 2 Millionen Tonnen), Eisen und Mineralöl. Ein etwas übertreibender Witz sagte, die Schweizer arbeiteten am Werktag für die Achsenmächte, um am Sonntag für den Sieg der Alliierten zu beten. Immerhin brachen die Handelsbeziehungen mit den Westmächten nicht ganz ab. Diese waren daran interessiert, dass die Schweiz neutral blieb und nicht noch mehr in deutsche Abhängigkeit geriet. Sie lieferten vor allem Nahrungsmittel, welche über Portugal, Spanien und Italien in die Schweiz gelangten.

Auch die verkehrspolitischen und finanziellen Beziehungen zwischen der Schweiz und dem Deutschen Reich waren eng. Die Gotthardbahn stand den Achsenmächten als gut ausgebaute und keinen feindlichen Bombardierungen ausgesetzte Nachschublinie nach Italien weitgehend zur Verfügung. Pro Tag fuhren 1800 Güterwagen in beiden Richtungen. Die Schweizer Nationalbank kaufte deutsches Gold gegen Schweizer Franken im Wert von 1,2 Milliarden Franken. Dies war für das Deutsche Reich wichtig, weil andere Staaten zeitweise deutsches Gold als Zahlungsmittel nicht akzeptierten, da es zum grossen Teil Kriegsbeute war. Deutsches Gold im Wert von 0,5 Milliarden Franken landete in den Depots anderer Staaten in der Schweiz oder bei schweizerischen Geschäftsbanken.

Gegen das Kriegsende hin verringerte sich der Handel mit dem Deutschen Reich. Dieses hatte immer grössere Lieferschwierigkeiten, während die Alliierten die Schweiz unter Druck setzten, ihre Handelsbeziehungen zu Deutschland ganz abzubrechen.

Der schweizerische Aussenhandel 1938–1945:

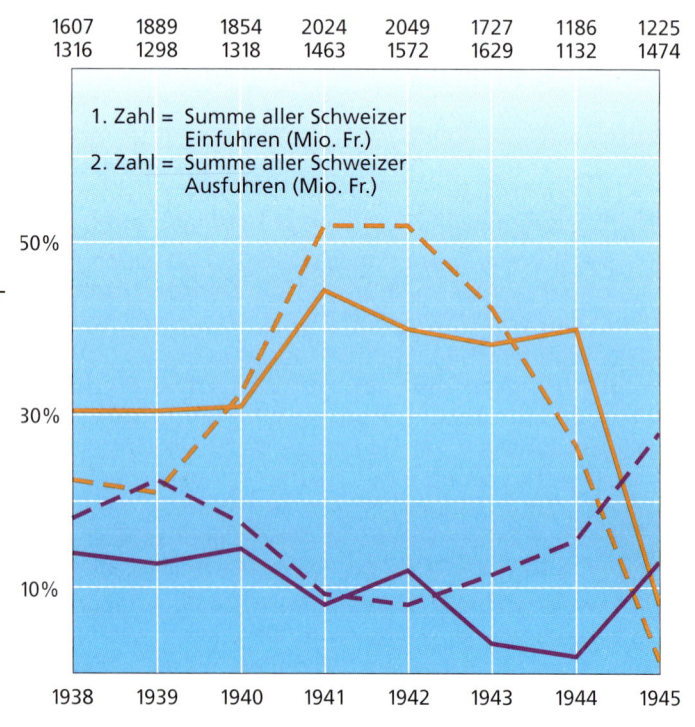

1607	1889	1854	2024	2049	1727	1186	1225
1316	1298	1318	1463	1572	1629	1132	1474

1. Zahl = Summe aller Schweizer Einfuhren (Mio. Fr.)
2. Zahl = Summe aller Schweizer Ausfuhren (Mio. Fr.)

Anteil des deutschen Reiches und Italiens (ab 1943: deutsch besetzter Teil)
-- am Schweizer Export
— am Schweizer Import

Anteil Grossbritanniens und der USA:
-- am Schweizer Export
— am Schweizer Import

Der Zweite Weltkrieg: die Ereignisse

Die wirtschaftliche Lage der Schweiz 1940–1944:

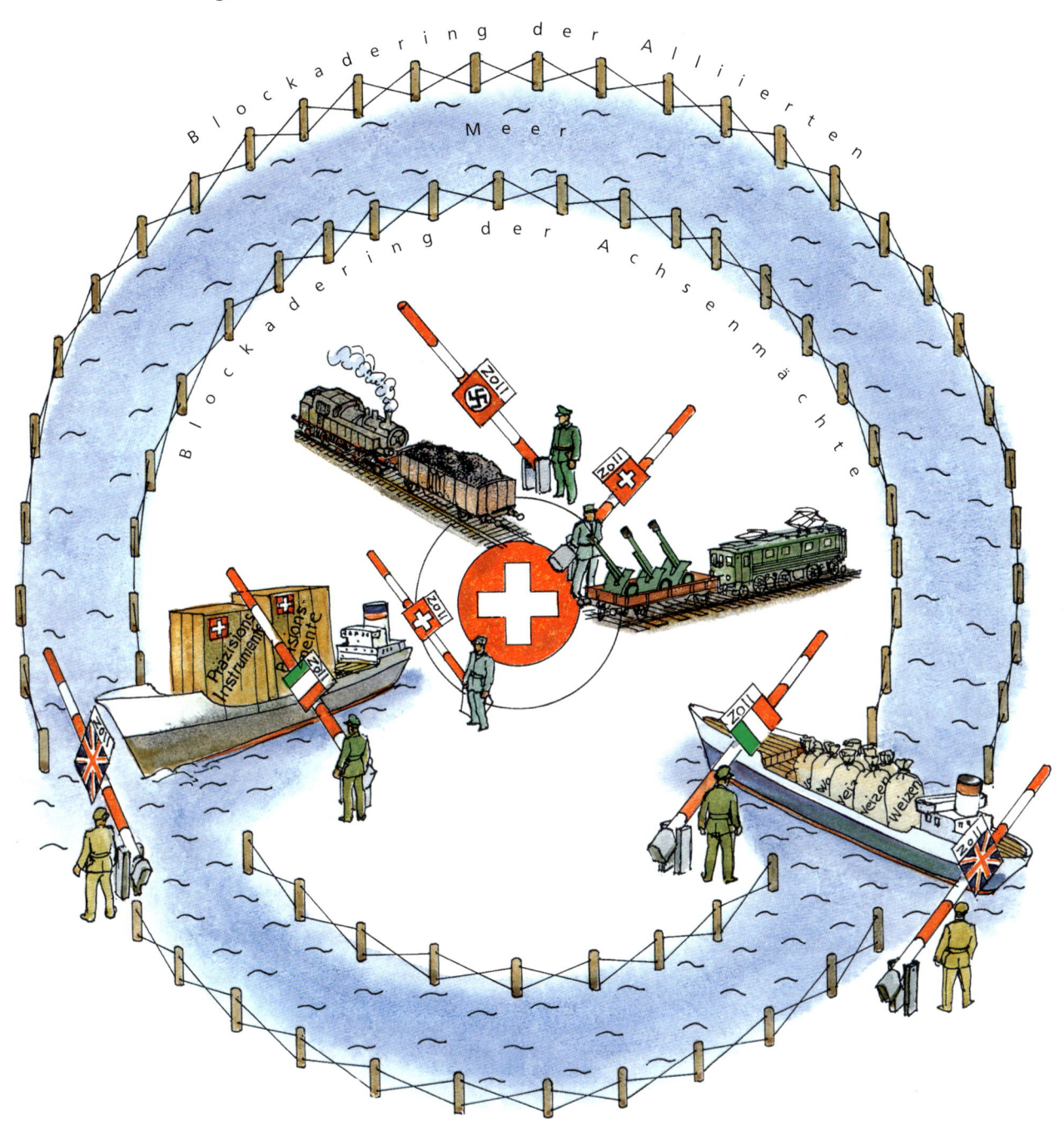

Welchen Nutzen hatten die schweizerisch-deutschen Wirtschaftsbeziehungen während des Krieges?

Aus einem Lagebericht der deutschen Regierung über die Beziehungen zur Schweiz (3. Juni 1943):

52 «Das Rüstungsministerium ..., das Oberkommando der Wehrmacht ... und sämtliche übrigen Ministerien erklären ..., dass das Reich auch auf die beschränkten Rüstungslieferungen aus der Schweiz keinen Monat verzichten könne ... Die schweizerischen Rüstungslieferungen würden zwar nur etwa 1/2 Prozent der deutschen Rüstungskapazität ausmachen, es handle sich jedoch um besonders wichtige technische Speziallieferungen, die das deutsche Panzer- und Fernsteuerungsprogramm erheblich beeinflussten ... Wirtschaftsminister Funk erklärt, er könne nicht einmal für zwei Monate auf die Möglichkeit verzichten, in der Schweiz Devisentransaktionen durchzuführen, die vor allem in der Umwandlung von Gold in freie Devisen bestünden. Die Kohlentransporte durch den Gotthard dürften nicht gefährdet werden, da sie etwa die Hälfte der Gesamtlieferungen nach Italien darstellten.»

Aus einem Schreiben des deutschen Staatssekretärs Ernst von Weizsäcker an den deutschen Gesandten in der Schweiz (29. Juni 1942):

53 «Der Gotthardtunnel ist nicht nur von allgemein verkehrspolitischem, sondern auch von besonderem militärischem Interesse, weil auf diesem Wege ein grosser Teil des Nachschubs für das Afrikakorps befördert wird.»

Aus einem Vortrag von Generaloberst Alfred Jodl, Chef des deutschen Wehrmachtführungsstabes (7. November 1943):

54 «Von den neutralen Staaten lieben uns Schweden und die Schweiz nicht. Letztere ist umschlossen, sie ist militärisch ungefährlich und wird uns nichts tun. Sie lebt von uns, und wir profitieren von ihr.»

Aus einem Rückblick des zürcherischen Stadtpräsidenten und Ständerates Emil Klöti:

55 «In den vier Jahren, da die Schweiz völlig durch das Machtgebiet der Achsenmächte umschlossen war, stand die Frage, welche Mächtegruppe den Endsieg erringen werde, nicht mehr im Vordergrund. Die dringendste, ja die unmittelbar lebenswichtige Frage war nun, von Hitler-Deutschland zu erwirken, dass es der Schweiz die absolut notwendigen Rohstoffe und Lebensmittel teils selbst liefere, teils durch das von ihm besetzte Gebiet von andern Ländern liefern lasse.»

Aus dem Bericht des Eidgenössischen Volkswirtschaftsdepartements über die schweizerische Kriegswirtschaft (1950):

56 «Die deutschen Leistungen an die Schweiz zur Aufrechterhaltung der Wirtschaft unseres Landes während der Kriegsjahre waren schlechthin unentbehrlich. Ohne die deutschen Lieferungen von Kohle und Eisen, Sämereien, Düngstoffen und Chemikalien, Mineralölen und Baumaterialien hätte die Schweiz weder das Anbauwerk durchführen noch ihrer industriellen und gewerblichen Arbeiterschaft Brot und Arbeit sichern können. Sie wäre ... nicht einmal in der Lage gewesen, ihre militärische Ausrüstung auf den Stand zu bringen, der zur Erhaltung der Abwehrbereitschaft unerlässlich war.»

Die Schweiz als Schutzmacht

Wenn zwei Staaten miteinander in Krieg geraten, brechen sie ihre diplomatischen Beziehungen ab. Botschafter, Gesandte und Konsuln packen ihre Koffer. Oft aber bleiben Zivilpersonen und Besitzungen im Feindesland. Hinzu kommen Kriegsgefangene. Damit sich jemand um diese Menschen und Güter kümmert, übertragen die sich bekämpfenden Staaten ihre Interessenvertretung einem unbeteiligten dritten Land als **Schutzmacht**. Während des Zweiten Weltkrieges übernahm die Schweiz sehr viele solche Aufträge; sie vertrat 43 Staaten in 273 Ländern. In vielen Fällen konnte die Heimschaffung verwundeter Kriegsgefangener erreicht werden. Das ebenfalls von der Schweiz aus wirkende Internationale Komitee vom Roten Kreuz half den Kriegsgefangenen durch Lagerinspektionen, durch die Organisation des Briefwechsels mit ihren Angehörigen und durch einen internationalen Suchdienst. An diesen Tätigkeiten waren alle Krieg führenden Staaten interessiert – ein weiterer Grund, die schweizerische Neutralität zu respektieren.

Anpassung – wie weit?

Trotz des intensiven Handels waren die Beziehungen zwischen dem Deutschen Reich und der Schweiz immer gespannt, weil diese an ihrer Unabhängigkeit festhielt und die nationalsozialistische Staatsform ablehnte. Die deutsche Führung versuchte daher immer wieder, durch mehr oder weniger starken Druck herauszufinden, wie nachgiebig die Schweiz war. Ein häufiger Streitpunkt war die Schweizer Presse. Man forderte, diese müsse sich gegenüber Deutschland freundlicher verhalten, wohl in der Hoffnung, dass sich dann mit der Zeit auch die Sympathie der Bevölkerung mehr den Achsenmächten zuwenden würde. Der Bundesrat hatte gleich bei Kriegsbeginn die Pressezensur eingeführt und erteilte den Redaktionen auch immer wieder Anweisungen.

Aus einem Rundschreiben des Bundesrates an die Schweizer Presse (25. Juni 1940):

57 «Der Krieg geht weiter ... Die unmittelbare Gegenwart ist gekennzeichnet durch die Vormachtstellung der einen der beiden Gruppen ... Angesichts dieser Situation ... erscheint es als selbstverständlich, dass in der Beurteilung der Verhältnisse und Geschehnisse äusserste Vorsicht und Zurückhaltung gebotener ist denn je ... Für Parteihader ist heute kein Raum ... Aus dem gleichen Grund sollte in der Presse in dieser Stunde auch eine Auseinandersetzung über die künftige Gestaltung unserer staatlichen Einrichtungen unterbleiben. Sie würde unter Umständen dem Ausland nur das Bild einer Zerrissenheit und Unsicherheit unserer öffentlichen Meinung bieten ...»

Zeitungen, die gegen solche Richtlinien verstiessen, konnten bestraft werden (Busse, zeitweiliges oder absolutes Erscheinungsverbot). Der Bundesrat wollte und konnte jedoch die Pressefreiheit nicht völlig abschaffen, weil sich dann viele Bürger gefragt hätten, worin die Selbstständigkeit des Staates eigentlich noch bestehe.

Für den Fall eines Angriffs: der Réduit-Plan

Die Schweiz musste auch damit rechnen, dass das Deutsche Reich unter veränderten Umständen doch zu militärischen Mitteln greifen könnte. Dafür sprach die intensive deutsche Spionagetätigkeit, die auch zahlreiche Schweizer in Dienst nahm. Daher konnte auch die Armee nicht vollständig entlassen werden, obwohl der Krieg sich nun weit entfernt von der Schweizer Grenze abspielte. Die Armee musste möglichst glaubwürdig demonstrieren, dass sie im Kriegsfall hartnäckigen Widerstand leisten würde und sich deswegen ein Angriff auf die Schweiz nicht lohne. Man musste ein Abwehrkonzept finden, bei welchem die Unterlegenheit an Panzern und Flugzeugen nicht allzu stark ins Gewicht fiel. General Guisan legte daher das Schwergewicht auf die Verteidigung des Alpenraumes («Réduit»). Hier waren auch Festungen vorhanden, die zum Teil allerdings noch stark aus-

Der Zweite Weltkrieg: die Ereignisse

Die schweizerische Armee 1940–1944:

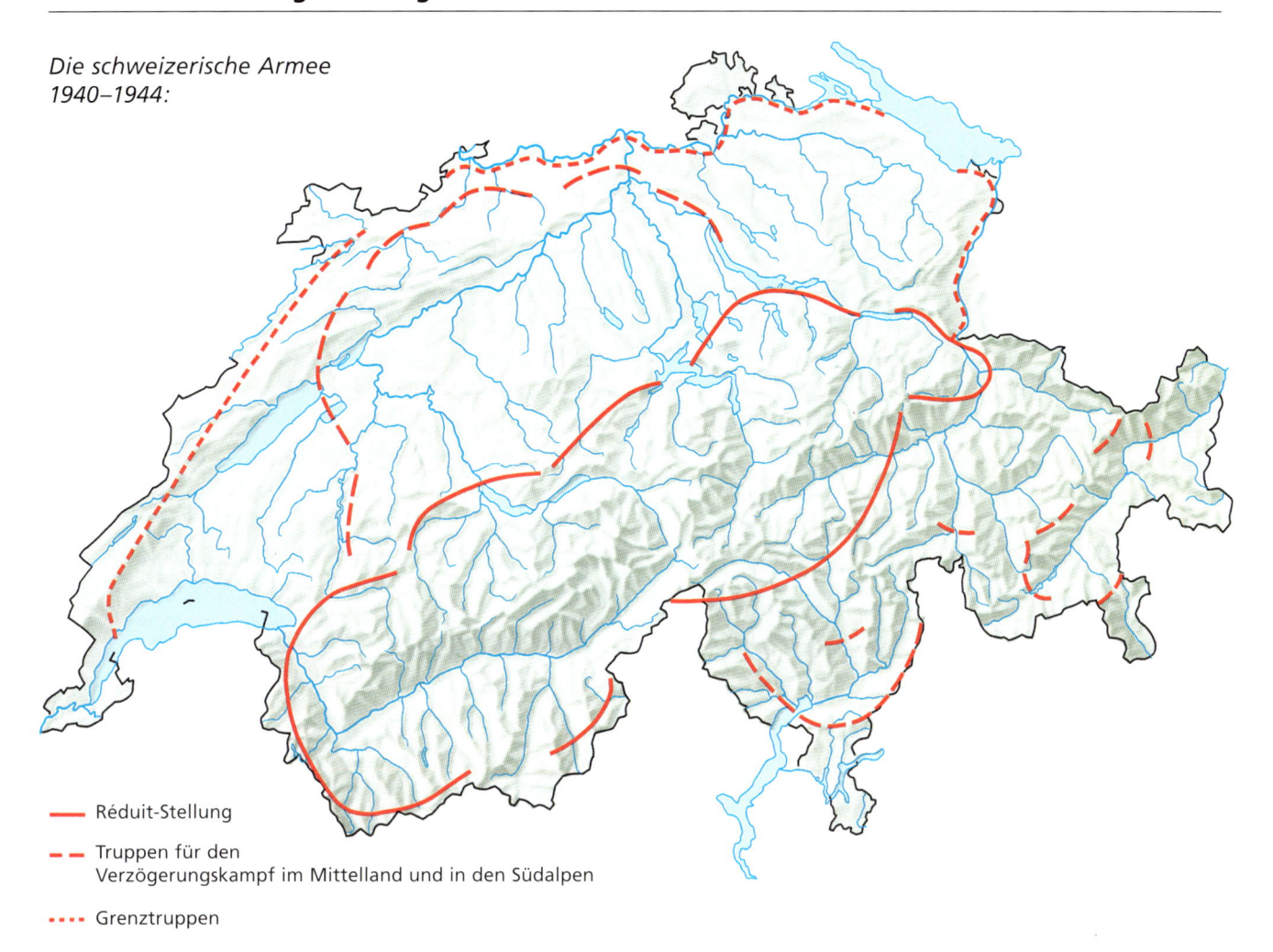

― Réduit-Stellung

‒ ‒ Truppen für den Verzögerungskampf im Mittelland und in den Südalpen

···· Grenztruppen

gebaut werden mussten. Dieses neue Konzept verkündete der General den höheren Offizieren am 25. Juli 1940 auf der Rütliwiese, der sagenumwobenen Gründungsstätte der Eidgenossenschaft. Das Réduit-Konzept wurde unterschiedlich beurteilt:

Samuel Gonard: «Strategische Probleme der Schweiz im Zweiten Weltkrieg»:

58 «Sich … im Mittelland einem von zahlreichen Luftstaffeln unterstützten Panzerangriff entgegenzustellen, hätte einen Kampf ohne Hoffnung und von kurzer Dauer bedeutet. Unser Ziel bestand darin, möglichst lang Widerstand zu leisten in der Hoffnung, dass wir bei einer späteren Wandlung der allgemeinen Kriegslage immer noch als unabhängiger Staat bestehen würden, auch wenn wir geschwächt und teilweise besetzt wären … Im Réduit lag die einzige Möglichkeit für die Anwendung des Grundsatzes der Konzentration der Kräfte … Um unsere Unabhängigkeit … zu verteidigen, mussten wir in Aussicht nehmen, Teile unseres Landes – wenn auch nicht kampflos – preiszugeben.»

Oberstkorpskommandant Fritz Prisi lehnte am 7. Juli 1940 den Réduit-Plan ab:

59 «Eine Kriegführung, die nur zum Ziele hat, die Armee durch Bezug eines Refugiums in den Alpen in Sicherheit zu bringen, ist unter heutigen Umständen … sinnlos … Das Ziel eines Angriffs auf unser Land ist die … Beherrschung unseres Staatsgebietes. Dieses Ziel wäre weitgehend erreicht durch die militärische Besetzung … des schweizerischen Mittellandes mit seinen wichtigen Verkehrslinien und Verkehrszentren. Ist der Gegner im Besitz dieses Gebietes, so hat er es gar nicht nötig, unsere Alpenstellungen anzugreifen. Er kann sich darauf beschränken …, die in den Alpentälern eingeschlossene Armee auszuhungern und zur Kapitulation zu zwingen … Es hat keinen Sinn, Gebirgsstöcke und Gletscher zu verteidigen, wenn das Mittelland … samt dem Grossteil des Schweizer Volkes kampflos dem Feinde preisgegeben wird.»

Aus einem Bericht des deutschen Diplomaten Ernst Woermann vom 26. November 1942:

60 «Unter den gegenwärtigen Umständen denkt wohl niemand daran, das Problem Schweiz militärisch zu lösen, was die Lahmlegung des Gotthard- und Lötschberg-Simplon-Verkehrs auf lange Zeit zur Folge hätte und die für uns arbeitende schweizerische Industrie auf lange Zeit lahm legen würde.»

Leben während des Krieges

In den folgenden Jahren wechselten für die Soldaten Militärdienst und zivile Tätigkeit. Ganz verschont vom Krieg blieb die Schweiz nicht. Oft durchquerten alliierte Bomberkommandos den schweizerischen Luftraum. Gelegentlich kam es zu angeblich irrtümlichen Bombenabwürfen über der

Kernthema 1:

1 Bombardierung Schaffhausens durch alliierte Flugzeuge am 1. April 1944
2 Angehörige des Frauenhilfsdienstes (heute: Militärischer Frauendienst) in einer Übermittlungszentrale
3 Rationierungskarten während des Zweiten Weltkrieges. Für das Essen in Restaurants wurden Mahlzeitencoupons abgegeben.

Schweiz, wobei jener auf Schaffhausen am 1. April 1944 der weitaus schwerwiegendste war (55 Grossbrände, 40 Tote, 100 Verletzte).

Neben häufigen Militärdienstleistungen mussten die Schweizer auch andere Einschränkungen hinnehmen. Die Schweiz konnte ihren Nahrungsmittelbedarf vor dem Krieg nur zu 47 Prozent aus dem eigenen Boden decken. In einer «Anbauschlacht» wurde nun die bepflanzte Fläche (ohne Wiesen- und Weideland) von 190 000 Hektaren auf 355 000 Hektaren vergrössert. Da aber die Einfuhrmöglichkeiten immer geringer wurden, drohte eine Knappheit an vielen Lebensmitteln, an Schuhen, Kleidern und andern Gebrauchsgütern. Um eine Teuerung zu verhindern und eine gerechte Verteilung zu ermöglichen, wurde die Rationierung eingeführt. Da es in der Landwirtschaft an Arbeitskräften fehlte, wurden alle Schweizer zwischen 16 und 60 Jahren arbeitsdienstpflichtig; wer keine Arbeitsstelle hatte, wurde in der Landwirtschaft eingesetzt. Viele Jugendliche leisteten freiwilligen Landdienst.

Flüchtlinge

Im Ganzen ging es den Schweizern aber politisch und militärisch sehr viel besser als den Bewohnern der meisten übrigen Staaten Europas. Daher versuchten viele Verfolgte, in die Schweiz zu fliehen. Ein geschriebenes Recht auf Aufnahme hatten nur fremde Soldaten (abgedrängte Truppen, geflohene Kriegsgefangene usw.) und politisch Verfolgte. Dieser Begriff wurde sehr eng ausgelegt. So galten Juden nicht als «politisch verfolgt», auch dann nicht, als immer deutlicher wurde, dass ihnen die Vernichtung in den Konzentrationslagern drohte (siehe

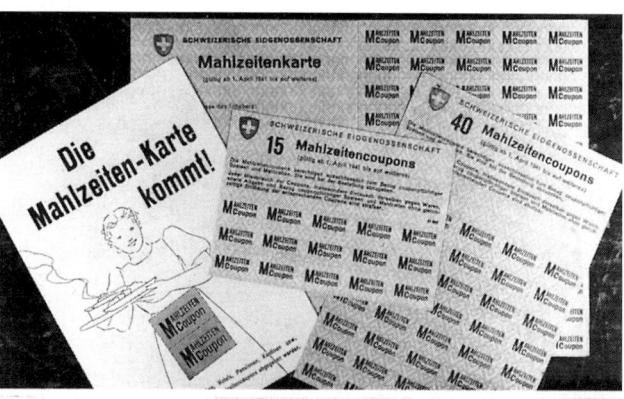

156

Der Zweite Weltkrieg: die Ereignisse

Seite 174). In der Praxis war man grosszügiger, solange nicht sehr viele Flüchtlinge eintrafen. Als 1942 der Flüchtlingsstrom zunahm, beschloss der Bundesrat, die Bestimmungen hart anzuwenden. Dies führte zu einer ausgedehnten Diskussion im Nationalrat.

Aus der Flüchtlingsdebatte im schweizerischen Nationalrat (September 1942):

61 *Bundesrat Eduard von Steiger:* «Wir haben in den Septembertagen Nacht für Nacht oder Tag für Tag schwarze Einreisen gehabt ... Wenn Sie den Durchschnitt von 60 heimlich, unkontrolliert, schwarz eingereisten Personen nehmen und auf das Jahr berechnen, so kommen Sie allein auf 22 000 Personen, während der Bundesrat immer die Ansicht vertreten hat, dass eine Zahl von 6000 bis 7000 ... gerade noch tragbar wäre. Der massenweise ... illegale Grenzübertritt von Flüchtlingen bildet eine Gefahr für die innere Sicherheit ... Die Möglichkeit, Flüchtlinge aus der Schweiz herauszubringen, ist beinahe ganz geschwunden ... Die Ernährungsfrage, so ernst sie ist, ist noch die kleinste Sorge. Schwieriger ist die Unterbringung, sollen Landesverteidigung und innere Sicherheit nicht leiden ... Wenn das Gespenst der Arbeitslosigkeit droht ..., ist es dann unvernünftig und herzlos, wenn die Regierung auch bei grundsätzlicher Hochhaltung des Asylgedankens mit Umsicht und nicht planlos vorgeht?»

Nationalrat Konrad Bürgi: «Die Opfer des Krieges stehen unserem Herzen nahe, wie alle Unglücklichen unserem Herzen nahe stehen. Zu den Opfern des Krieges gehören auch die Flüchtlinge ... Noch näher aber als diese sehr Bedauernswerten stehen in diesen schweren Zeiten unserem Herzen unsere eigenen Landeskinder ... Der Flüchtlingsstrom und sein Überfluten in unser Land bedingen eine schwere Belastung für unsere Behörden und unser Volk ... Jedenfalls sind Verbreitung von Kriegsseuchen durch Flüchtlinge auf unser Gebiet durchaus möglich ... Die Frage: Was soll mit diesen bemitleidenswerten Menschen nach dem Krieg geschehen?, ist sehr heikel ... Sollen wir Schweizer sie nachher assimilieren und einbürgern? Ich vertrete offen die Auffassung, dass dies, Ausnahmen vorbehalten, nicht wünschenswert ist.»

Nationalrat Albert Oeri: «Ich will die Gefahren, die Herr Bundesrat von Steiger mit Zahlen belegt hat, durchaus nicht bagatellisieren, aber das sind doch Zukunftsmöglichkeiten ... Nun frage ich: Müssen wir grausam sein in der Gegenwart um einer unsicheren Zukunftsgefahr willen, so quasi auf Vorrat grausam? Müssen wir Mitmenschen, die uns um Erbarmen anflehen, ins Elend und in den Tod stossen, weil es uns vielleicht später auch einmal schlecht gehen kann? Gegenwärtig geht es uns doch unverdient gut ... Da können wir doch einstweilen ohne Angst vor Hunger und Arbeitslosigkeit wirklich noch viele Flüchtlinge aufnehmen ... Unser Rettungsboot ist noch nicht überfüllt, nicht einmal gefüllt, und solange es nicht gefüllt ist, nehmen wir noch auf, was Platz hat.»

Flüchtlingslager-Baracke bei St. Margrethen

Kernthema 1: **Der Zweite Weltkrieg: die Ereignisse**

Gegen die vor allem 1942/1943 harte Haltung des Bundesrates setzten sich zahlreiche Hilfswerke und kirchliche Organisationen für eine grosszügigere Haltung ein. Bei Kriegsende befanden sich über 100 000 Flüchtlinge aller Art in der Schweiz. Die Abgewiesenen dagegen – man schätzt sie auf über 20 000 – waren nun wohl zum grössten Teil nicht mehr am Leben.

Kriegsende

Im September 1944 erreichten die von Südfrankreich vordringenden alliierten Truppen (siehe Karte Seite 147) die Schweizer Grenze. Die Armee verliess das Réduit, um Grenzverletzungen zu verhindern. Man fürchtete, die Alliierten könnten durch die Schweiz gegen Deutschland vorrücken. Der Schwerpunkt der Kämpfe lag jedoch auch jetzt, wie 1940, im Norden. So gehörte die Schweiz zu den wenigen europäischen Ländern, die sich aus dem Kriegsgeschehen heraushalten konnten.

1 Der Krieg nähert sich wieder der Schweiz: Grenzzwischenfall bei Basel-Lysbüchel am 20. November 1944. Deutsche Soldaten und Zivilisten suchten vor den vorrückenden Alliierten Zuflucht in der Schweiz.
2 Grenzzwischenfall Basel-Lysbüchel: Nachdrängende SS-Einheiten versuchten, die Flucht zu verhindern, und schossen in die Flüchtenden. Es gab vier Tote.
3 Verschont geblieben: Schweizer Soldat an der Grenze bei Delle im Zweiten Weltkrieg

Das Wichtigste in Kürze:

Im Zweiten Weltkrieg war die Schweiz während mehr als vier Jahren von den Achsenmächten eingeschlossen. Daraus ergab sich eine starke wirtschaftliche Abhängigkeit. Dennoch konnte sie durch eine geschickte Politik ihre Existenz als selbstständiger Staat bewahren und sich aus dem Kriegsgeschehen heraushalten.

🦉
1 Was ist eine «Mobilmachung»?
2 Wie hiess der schweizerische General im Zweiten Weltkrieg?
3 Welche Politik verfolgte die Schweiz gegenüber den Achsenmächten, nachdem sie von diesen umringt worden war?
4 Was versteht man unter dem «Réduit»?
5 Inwiefern half die Schweiz der Bevölkerung Krieg führender Länder?

🦉🦉
6 Warum blieb die Schweiz vom Kriegsgeschehen verschont? Suche nach Gründen.
7 Wie beurteilst du die Flüchtlingspolitik der Schweiz im Zweiten Weltkrieg?
8 Die Schweiz verfolgt heute die Politik der bewaffneten Neutralität. Stelle Argumente für und gegen diese Politik zusammen. Sprechen die Erfahrungen aus dem Zweiten Weltkrieg für oder gegen diese Politik?

Kernthema 2:

Der Zweite Weltkrieg: die Betroffenen

Die Soldaten

In allen wichtigen Krieg führenden Staaten bestand während des Zweiten Weltkrieges die allgemeine Wehrpflicht. Wer als militärdiensttauglich befunden wurde, hatte einzurücken. Betroffen waren zunächst jene Jahrgänge, die gerade ihre militärische Ausbildung erhalten hatten, also die Zwanzig- bis Dreissigjährigen. Je grösser die Ausfälle waren, desto mehr griff man auf ältere oder ganz junge Diensttaugliche zurück. Dreissig Millionen Soldaten kamen ums Leben, viele Millionen wurden durch Verwundungen dauernd geschädigt.

Strapazen: auf dem Land und zur See, in Hitze und Kälte

Aus dem Brief eines deutschen Soldaten (geboren 1919, gefallen am 22. Dezember 1941) vom 4. Juli 1941 aus Russland:

62 «Endlos sind die Stunden des Vormarsches, 25 oder 30 Kilometer entlang an zerschmetterten und ausgebrannten Panzern, Wagen an Wagen, vorüber an Gerippen völlig zerschossener und verbrannter Dörfer ... Man riecht jenen eigentümlichen Geruch, der für mich wohl ewig an diesem Feldzug kleben wird, dies Gemisch von Brand, Schweiss und Pferdeleichen. Der ganze Körper ist nass, über das Gesicht fliessen breite Bäche – nicht nur Schweiss, manchmal auch Tränen, Tränen der hilflosen Wut, der Verzweiflung und des Schmerzes, die diese ungeheuren Anstrengungen uns auspressen. Niemand kann mir sagen, dass ein anderer, ein Nicht-Infanterist, sich vorstellen kann, was wir hier durchmachen. Denkt euch die gewaltigste Erschöpfung, die ihr kennen gelernt habt, den brennenden Schmerz offener, entzündeter Wunden an den Füssen – und ihr habt meinen Zustand nicht am Ende, sondern vor Beginn eines 45-Kilometer-Marsches ...»

Aus dem Brief eines deutschen Soldaten (geboren 1912, gefallen am 15. Dezember 1943) vom 6. Dezember 1943 aus Russland:

63 «Denk Dir ein unendliches, kahles Feld, hart gefroren, mit leichtem Schnee bedeckt, darüber pfeift ein schauderhafter Wind hin und bläst den dünnen Schnee hinter die Schollen, so dass die gefrorene Ackerkrume frei wird. Unsere Männer liegen auf diesem Feld fest verkrallt. Mit dem kleinen Infanteriespaten hacken und kratzen sie die steinige Erde auf, bis sie auf ungefrorenes Erdreich stossen; da wird ein kleines Loch gegraben, in das ein oder

Soldaten im Schützengraben (Russland, Februar 1942)

zwei Männer hocken können. Da stehen sie drin, der eine wacht, der andere dämmert vor sich hin. Es ist eiskalt, nur die Körperwärme heizt. Der Feind erkennt schnell die Linie und schiesst mit Granatwerfern auf das Feld. Die Männer stehen aufmerksam und schiessen auf den ankommenden Feind. Wenn die Panzer die russische Infanterie schützen, kann man sich nur tief ducken und die Infanteristen im Nahkampf erledigen. Das Geschrei eines Getöteten ist furchtbar, ohne Widerhall in der Einöde, es hat keiner Zeit, teilzunehmen ... An diesem Tag waren von 220 Mann unseres Bataillons 106 durch Wunden oder Tod ausgefallen ...»

Aus dem Brief eines deutschen Soldaten (geboren 1922, gefallen am 26. Dezember 1942) aus Nordafrika:

64 «Jetzt liegen wir seit einem Monat in einer öden, bisweilen grossartigen Tafellandschaft der ägyptischen Wüste in Sand, Stein und nochmals Sand. Kein Baum, kein Strauch, kein Vogel, einfach gar nichts ... Ihr könnt Euch nicht vorstellen, wie die Fliegenplage ist ... Zu Hunderten umschwirren sie jeden Einzelnen, krabbeln in Ohren, Nasen, Mund, ins Hemd hinein und bringen einen oft nahezu an den Rand der Verzweiflung ... Ich kann mir kein Essen mehr vorstellen, bei dem nicht alles schwarz

vor lauter Fliegen wäre ... Ich wusste auch nicht, wie es ist, wenn man einen Monat lang seine Wäsche nicht wechseln kann und dabei nahezu nie die Gelegenheit hat, auch nur die Hände und das Gesicht zu waschen. Wir haben das hier kennen gelernt und auch gelernt, was Durst heisst. Seit gestern früh haben wir kein Wasser mehr. Vielleicht kommt es heute noch, vielleicht erst morgen.»

Aus dem Brief eines deutschen U-Boot-Matrosen (geboren 1923, gefallen am 13. März 1944) vom Februar 1944:

65 «Finstere Nacht, heulender Sturm Stärke acht bis neun, brüllende See Stärke sieben bis acht. Der erste Brecher kommt, überfällt uns brausend und verrauscht. Der so genannte Schlechtwetteranzug hält nicht dicht. Am Ende der ersten Stunde wirft mich ein Brecher um ... Hier, auf fünfundsechzig Grad nördlich, ist jede Winternacht bitter kalt ... Der Sturm peitscht so eisig in das Gesicht, dass man zu fühlen glaubt, wie das Blut unter der Haut gefriert. Wir stehen zu viert auf der Brücke und halten Ausguck ... Die Wache dauert vier Stunden. Jeder ist angeschnallt an eine winzige Insel aus Stahl und sieht sich den Naturgewalten preisgegeben. In unendlicher Folge kommen die Wogen herangebraust, steil, hoch und mit zischenden, weissen Kämmen. Im Wellental erscheint der nächste Berg übermächtig, überragend, man meint, er müsse das Boot niederwalzen, zerschmettern ...»

Deutsches U-Boot im Atlantik (1942)

Kampf am Boden – Kampf in der Luft

Aus dem Brief eines finnischen Soldaten (geboren 1903, gefallen am 15. Mai 1942) vom Februar 1940 von der finnisch-sowjetischen Front:

66 «Versetze dich in folgende Lage – eine Mannschaft, die den ganzen Tag in Stellung liegt, bei einer Kälte von unter minus 35 Grad, und während der Nacht graben soll. Ununterbrochen: Alarm, Alarm, Alarm – in die Stellungen! Der Russe kommt, der Russe ist über uns! Kämpfen und graben – kämpfen und graben! Während das Dröhnen der Granateinschläge die Luft zerreisst. Zwischendurch einmal ein schmerzhafter Schlaf von ein oder zwei Stunden. Und dann Alarm – gerade wenn man sich vielleicht ein bisschen warm geträumt hat ... Da kommt die Müdigkeit angeschlichen – sie nimmt dir den Angriffsgeist und spiegelt dir den nahen Zusammenbruch vor, aber ein Rest von Kampfgeist bleibt immer noch. Man kann sich in Friedenszeiten kaum vorstellen, was ein Mensch ertragen kann, wenn es um Tod oder Leben geht. Kann sein, dass der Soldat in seinem Schneeloch schläft und man ihn mit Fusstritten wecken muss, damit er nicht erfriere oder zum Empfang des Russen bereit sei, der sich ihm auf etwa zwanzig Meter genähert hat. Er erbricht vielleicht sogar vor Müdigkeit beim Erwachen. Aber noch immer hält er stand – je näher er dem Tod ist, desto wütender kämpft er um sein Leben.»

Aus dem Brief eines britischen Kampffliegers (geboren 1915, gefallen am 20. Mai 1943) über die Luftschlacht um England vom September 1940:

67 «Durch den Lautsprecher kam die unbeteiligte Stimme des Ansagers: Staffel 603 aufsteigen und den angewiesenen Sektor abpatrouillieren; weitere Befehle werden Sie in der Luft erhalten; Staffel 603, bitte so schnell wie nur möglich aufsteigen ... Wir nahmen Kurs nach Südosten ... Angestrengt schaute ich nach vorn, denn der Ansager hatte uns bekannt gegeben, dass wenigstens fünfzig feindliche Flieger in grosser Höhe im Anflug seien ... Ich glaube, wir sahen sie alle im gleichen Augenblick. Sie mussten etwa 500 bis 1000 Fuss über uns gewesen sein ... Sobald sie uns sahen, gingen sie breit auseinander und im Sturzflug herunter. Die nächsten zehn Minuten waren eine wilde Vision von kurvenden Maschinen und Rauchgeschossbahnen. Rechts von mir stürzte eine Messerschmitt ab, in Flammen gehüllt, und eine Spitfire schwankte in einer halben Rolle an mir vorbei ..., und dann sah ich links und gerade unter mir ... eine steigende Messerschmitt auf der von der Sonne abgewandten Seite. Ich kam etwa auf 200 Meter an sie heran, und fast von seitwärts gab ich ihr eine Zwei-Sekunden-Salve ... Eine rote Flamme schoss in die Höhe, und sie ging in Spiralen in die Tiefe. In diesem Augenblick gab es eine furchtbare Explosion; der Steuerknüppel wurde mir aus der Hand geschlagen, und die ganze Maschine zuckte zusammen wie ein tödlich getroffenes Tier. Im Handumdrehen war der Führersitz voller Flammen; instinktiv griff ich nach oben, um die Haube zu öffnen. Aber sie wollte sich nicht bewegen lassen. Ich riss die Riemen auf, die mich hielten, und es gelang mir, die Haube aufzuschieben. Aber das kostete Zeit; und wie ich zurückfiel in meinen Sitz und den Knüppel packte, um das Flugzeug auf den Kopf zu stellen, war die Hitze so gewaltig, dass ich fühlte, ich müsse bewusstlos werden ... Ich dachte: So, jetzt ist's aus, und hielt beide Hände vor die Augen. Und dann nichts mehr ... Das Rettungsboot von Margate hat mich gefunden und aufgefischt.»

Der Zweite Weltkrieg: die Betroffenen

Missbrauchte Kinder – missbrauchte Kreatur

Aus dem Brief eines deutschen Soldaten (geboren 1919, gefallen am 22. Dezember 1941) vom 12. Oktober 1941 aus Russland:

68 «Am Weg liegt ein Pferd verwundet, bäumt sich auf, jemand gibt ihm einen Gnadenschuss ... Überhaupt die Pferde. Zerrissen von Granaten, aufgetrieben, die Augen aus leeren roten Höhlen herausgekugelt, stehend und zitternd, aus einem kleinen Loch in der Brust langsam, aber unaufhörlich verblutend, auslaufend – so sehen wir sie nun seit Monaten. Fast ist das schlimmer noch als die weggerissenen Gesichter der Menschen, die verbrannten, halbverkohlten Leichen mit den blutig aufgebrochenen Brustkörben, als die schmalen Blutstreifen hinter dem Ohr der aufs Gesicht Hingebrochenen.»

Aus einem Augenzeugenbericht über die letzten Kampftage in Berlin (April 1945). Zu diesem Zeitpunkt waren auf deutscher Seite Kinder und alte Leute zur Verteidigung aufgeboten worden:

69 «Ein paar Jungen legen sich in unsere Nähe. Ein kleiner Kerl sieht mit sehnsüchtigen Augen auf unsere Zigarette ... Wir fragen ihn nach dem Alter. Dreizehn Jahre, antwortet er. Er ist aus Oranienburg ... Wir fragen ihn, wie er denn mit seinen 13 Jahren überhaupt dazu kommt mitzukämpfen. Und er zeigt auf seine Kameraden ... ‹Wir wurden von dem Standartenführer ... durch die Polizei aus den Häusern geholt ... Dann wurden die einzelnen Fähnlein aufgeteilt und Gruppen der SS und des Volkssturms zugeteilt ... Die meisten von uns wurden durch Infanteriefeuer getötet, denn wir mussten über freiem Feld angreifen. Später tobte der Kampf in unserer Stadt ... Und als wir Schluss machen wollten und nach Hause gingen, wurden wir angehalten und mussten mit ... über den Kanal flüchten. Mein Jungzugführer, der sich weigerte, wurde von ein paar SS-Männern und einem SA-Mann am nächsten Baum aufgehängt. Er war ja auch schon 15 Jahre alt ...›»

Pflicht zum Heldentod?

Aus dem Brief eines deutschen Soldaten (geboren 1919, gefallen am 22. Dezember 1941) vom 1. und 3. Dezember 1941 aus Russland:

70 «Das soll mein Weihnachtsbrief für Euch sein ... Die letzten Tage waren wieder so grauenhaft ... Hier auf den Schneefeldern wird unsere beste Kraft gemordet, nicht nur dieser Jahre, die wir hier verlieren, sondern auch der kommenden; kehren wir einmal zurück, so sind wir auch noch um die Zukunft betrogen, entkräftet, zermartert und stumpf. Ein ganz tiefer Hass, ein ganz grosses Nein sammelt sich in unserer Brust ...»

Das letzte Aufgebot: In der bereits stark zerstörten Stadt Königsberg (Ostpreussen) marschiert, angeführt von einer Musikkapelle, die Hitler-Jugend zur Rekrutenvereidigung.

1 Die Gefallenen: tote sowjetische Soldaten (1941)
2 Die Gefallenen: tote deutsche Soldaten (Stalingrad 1943)
3 Die Gefallenen: tote amerikanische Soldaten (Neu-Guinea 1943)

Aus dem Brief eines deutschen Soldaten vom 23. August 1944 aus Russland:

«Es ist ja heute egal, totaler Einsatz, da fragt keiner mehr, zu was für einem Verein gehörst du ... Es ist ja auch egal, ob man heute oder morgen eine in die Rippen bekommt. Unser grosser Feldherr Göring sagte ja einmal: Du bist nicht hinausgezogen, um wieder heimzukommen, sondern um zu kämpfen und zu sterben. Wie schön sich das doch alles sagen lässt von zu Hause aus, und wie anders ist doch die Wirklichkeit. Ein jeder hängt an seinem bisschen Leben, zu Hause hat man Frau und Kinder, ein Kleines, das man noch kaum gesehen hat, das den Papa gar nicht kennt. Ein jeder hat doch sein bisschen Leben nur einmal, und ist dies genommen, dann ist es eben aus. Auch der Gedanke, für eine bessere Zukunft gekämpft zu haben, ist dann kein Trost mehr, denn wie sich die bessere Zukunft gestaltet, sehen wir jeden Tag besser ...»

Vor dem Ende
Aus dem Brief eines deutschen Soldaten aus Stalingrad (dort gefallen) vom Januar 1943. Zu diesem Zeitpunkt waren die deutschen Truppen in Stalingrad eingekreist; ihre Lage war völlig aussichtslos:

«Bitte traure und weine nicht um mich, wenn Du dieses mein letztes Lebenszeichen erhältst. Ich stehe hier draussen in eisigem Sturm auf verlorenem Posten in der Schicksalsstadt Stalingrad. Seit Monaten eingeschlossen, werden wir morgen zum letzten Kampf, Mann gegen Mann, antreten, und ich bin sehr stolz, bei diesem einzigartigen Heldenepos der Geschichte als deutscher Offizier teilhaben zu dürfen. Ich verabschiede mich also von Dir, die Du mir eine liebe Kameradin warst.»

Der Zweite Weltkrieg: die Betroffenen

1 Die Suche nach den Angehörigen: Einwohner bei Kertsch auf der Halbinsel Krim (1942)
2 Das Soldatengrab (Tunesien 1943)

Aus zwei Briefen eines deutschen Soldaten aus Stalingrad (geboren 1906, gestorben in Kriegsgefangenschaft im Januar 1944) vom 3. Dezember 1942 und vom 7. Januar 1943:

«Wir hocken zusammen in einigen Erdlöchern einer Steppenschlucht. Notdürftigst eingegraben und eingerichtet. Dreck und Lehm ... Seit Urlaub Kleidung nicht mehr vom Leibe. Läuse. Mäuse nachts übers Gesicht ... Ringsum Schlachtgetöse. Wir haben gute Deckung und haben uns gut verschanzt. Aufgesparte Reste werden geteilt ... Kaum eine Hoffnung mehr, den sicheren Tod vor Augen oder ein Schrecken ohne Ende in Gefangenschaft ... Anfängliche Hoffnung auf eine baldige Wende hat sich zerschlagen. Soweit es menschenmöglich ist, ist es mir bisher gelungen, innerlich aufrecht zu bleiben und nicht drohenden Verzweiflungsgedanken zu verfallen. – Wir haben uns tief in die Erde eingegraben, die wir so unendlich lieben. Alles andere weiss ich im ewigen Schicksalswillen eingeschlossen ...»

Aus dem letzten Brief eines deutschen Soldaten aus Stalingrad (dort gefallen) vom Januar 1943:

«In Stalingrad die Frage nach Gott stellen, heisst sie verneinen. Ich muss Dir das sagen, lieber Vater ... Du bist Seelsorger, Vater, und man sagt in seinem letzten Brief nur das, was wahr ist oder von dem man glaubt, dass es wahr sein könnte. Ich habe Gott gesucht in jedem Trichter, in jedem zerstörten Haus, an jeder Ecke, bei jedem Kameraden, wenn ich in meinem Loch lag, und am Himmel. Gott zeigte sich nicht, wenn mein Herz nach ihm schrie. Die Häuser waren zerstört. Die Kameraden so tapfer oder so feige wie ich, auf der Erde war Hunger und Mord, vom Himmel kamen Bomben und Feuer, nur Gott war nicht da. Nein, Vater, es gibt keinen Gott ... Und wenn es doch einen Gott geben sollte, dann gibt es ihn nur bei Euch, in den Gesangbüchern und Gebeten, den frommen Sprüchen der Priester und Pastoren, dem Läuten der Glocken und dem Duft des Weihrauchs, aber in Stalingrad nicht.»

Gedicht eines griechischen Soldaten (im Februar 1941 in einem Lazarett gestorben):

«Ich habe noch nicht eine Träne vergiessen können über das Unglück
ich habe die Toten noch nicht recht geschaut,
ich habe noch nicht spüren können, dass sie meiner Gesellschaft fehlen,
dass sie die Luft verloren haben, die ich atme,
und dass die Musik der Blumen,
das Summen der Namen, die die Dinge besitzen,
nicht bis zu ihren Ohren gelangt.
Noch wieherten die Pferde nicht, die mich zu ihnen bringen werden,
dass ich sie anspreche,
mit ihnen weine,
und sie dann noch erhebe,
dass wir alle uns erheben
wie *ein* Mensch,
als wäre nichts geschehen,
als wäre die Schlacht nicht über unsere Köpfe gerollt.»

Millionen von Soldaten gerieten in Kriegsgefangenschaft. Die Westmächte und das Deutsche Reich behandelten ihre Gefangenen gegenseitig einigermassen human. Beide Seiten achteten im wesentlichen die Rotkreuz-Übereinkommen (siehe Seite 124). Die Sowjetunion hatte dagegen den Vertrag über die Behandlung der Kriegsgefangenen nicht unterzeichnet. Zudem waren die sowjetischen Soldaten in deutscher Sicht «Untermenschen». Daher war ihr Schicksal in deutscher Hand besonders hart. Oft waren sie schon bei der Gefangennahme entkräftet. Es folgte der Marsch in Sammellager und anschliessend der Eisenbahntransport in die eigentlichen Kriegsgefangenenlager. Weil die deutsche Führung zunächst an einen raschen Sieg und die anschliessende Besiedlung der Sowjetunion durch deutsche Kolonisten glaubte, war sie an einem Überleben der sowjetischen Kriegsgefangenen nicht interessiert. Bereits auf dem Weg in die Lager kamen Hunderttausende durch Hunger, Krankheit und Kälte um. Sehr viele wurden durch deutsche Sonderkommandos erschossen. Auch die Verpflegung und Betreuung in den Kriegsgefangenenlagern war schlecht und besserte sich erst, als man die Insassen für die Kriegswirtschaft einsetzen musste. Von 5,7 Millionen sowjetischen Kriegsgefangenen kamen etwa 3,3 Millionen ums Leben.

Kernthema 2:

1 Sowjetische Soldaten auf dem Weg in die deutsche Gefangenschaft (1941)
2 Hungernde sowjetische Kriegsgefangene in einem deutschen Kriegsgefangenenlager

Aus dem Bericht des Schweizer Sanitäters Ernst Gerber aus dem Gebiet zwischen Smolensk und Moskau vom 28. Oktober 1941:

76 «Kurz nach dem Mittagessen … kreuzten wir einmal mehr eine Gefangenenkolonne. Diese Gesichter, die Bewegung dieser russischen Soldaten, das ist unvergesslich … Sechs Tage sind sie schon auf dem Marsch, weitere zehn Tage wird es dauern, bis der Bestimmungsort erreicht ist. In Orscha wird dann auf die Eisenbahn verladen. Die Nahrung der Russen besteht aus Kartoffeln, sofern welche vorhanden oder auf dem Feld noch aufzutreiben sind … Man sieht, die Russen sind entkräftet und können fast nicht mehr vorwärts. Oft brechen einige zusammen und bleiben liegen, werden auch liegen gelassen und vielleicht noch erschossen, wer fragt danach, niemand. Bestimmt reduziert sich der Transport bis Orscha auf die Hälfte.»

Aus einem Brief des Reichsministers für die besetzten Ostgebiete, Alfred Rosenberg, an den Chef des Oberkommandos der Wehrmacht, Wilhelm Keitel, vom 28. Februar 1942:

77 «Das Schicksal der sowjetischen Kriegsgefangenen in Deutschland ist … eine Tragödie grössten Ausmasses. Von den 3,6 Millionen (bis zum 2.1942) Kriegsgefangenen sind heute nur noch einige Hunderttausend voll arbeitsfähig … Innerhalb der Sowjetunion war nach den vorliegenden Nachrichten die einheimische Bevölkerung durchaus gewillt, den Kriegsgefangenen Lebensmittel zur Verfügung zu stellen … In der Mehrzahl der Fälle haben jedoch die Lagerkommandanten es der Zivilbevölkerung untersagt, den Kriegsgefangenen Lebensmittel zur Verfügung zu stellen, und sie lieber dem Hungertode ausgeliefert. Auch auf dem Marsch in die Lager wurde es der Zivilbevölkerung nicht erlaubt, den Kriegsgefangenen Lebensmittel darzureichen. Ja, in vielen Fällen, in denen Kriegsgefangene auf dem Marsch vor Hunger und Erschöpfung nicht mehr mitkommen konnten, wurden sie vor den Augen der entsetzten Zivilbevölkerung erschossen und die Leichen liegen gelassen. In zahlreichen Lagern wurde für eine Unterkunft der Kriegsgefangenen überhaupt nicht gesorgt. Bei Regen und Schnee lagen sie unter freiem Himmel. Es wurde ihnen nicht einmal das Gerät zur Verfügung gestellt, um sich Erdlöcher und Höhlen zu graben …»

Der Zweite Weltkrieg: die Betroffenen

Aus dem Bericht des schweizerischen Rotkreuzdelegierten Marcel Junod (Ende 1941; Junod hatte ein Lager mit britischen Kriegsgefangenen in Deutschland besucht, mit dessen Zustand er zufrieden war. Daneben befand sich ein Lager mit russischen Kriegsgefangenen, das er ausnahmsweise besichtigen durfte.):

78 «Eine lange Reihe gebeugter, erschöpfter, jämmerlicher Gestalten schleppt sich auf der Strasse dahin ... Einige tragen zerrissene, grünliche Mäntel, die ihnen bis zu den Knöcheln reichen. Alle haben ihre nackten Füsse in Holzschuhen stecken oder unordentlich mit Tuchstreifen umwickelt ... Links vom Lagereingang gehen die Männer in Einerkolonne an einem Bretterverschlag vorbei: es ist die Küche. Zwei grosse, dampfende Kochkessel stehen darin. Jeder Gefangene hält irgendeinen Behälter hin, einer eine Schüssel, ein anderer eine alte Konservenbüchse ... Die Suppe besteht aus klarem Wasser; ein paar Rüben, ein paar Kartoffeln und einige wenige Stücke nervigen Fleisches schwimmen darin. Verschiedene der ausgehungerten Männer warten nicht zu mit dem Essen, bis sie ihre Baracke erreicht haben. Im Vorwärtsschwanken führen sie ihr Essgerät an den Mund und leeren es in einem Zug. Sie verbrennen sich ihre Lippen, ihr Hunger aber bleibt ungestillt. Sie stolpern in ihrem zu weiten Schuhwerk und lassen sich in den Schmutz fallen. Einige bewegen sich nicht mehr. Andere werden von ihren Kameraden wieder aufgerichtet ... In den Baracken schlafen die Leute direkt auf dem Bretterboden. Sie haben zwei Decken, aber weder Stroh noch Strohsäcke, und der Ofen ist kalt ...»

Die Aussichten deutscher Soldaten, die sowjetische Kriegsgefangenschaft zu überstehen, waren etwas grösser. Von 3,1 Millionen überlebten 2 Millionen. Besonders erschöpfte Truppen hatten jedoch sehr hohe Verluste; von den 90 000 nach der Schlacht bei Stalingrad Gefangenen kehrten nicht einmal 10 000 nach Hause zurück. Die Sowjetregierung war zwar am Überleben der deutschen Kriegsgefangenen interessiert, da diese als Arbeitskräfte verwendet werden konnten. Unterkunft, Verpflegung und medizinische Versorgung waren jedoch oft ungenügend. Erschwerend fiel für die Betroffenen ins Gewicht, dass sie zum Teil lange über das Kriegsende hinaus in Gefangenschaft behalten wurden. Die letzten deutschen Kriegsgefangenen kehrten erst 1955 zurück.

Aus dem Bericht eines bei Stalingrad gefangen genommenen deutschen Arztes:

79 «In Gumrak Verladung in einen Transportzug und Abtransport in Richtung Saratow. Auf dieser etwa acht Tage langen Fahrt grassierte das Fleckfieber. Die tägliche Sterbezahl auf der Fahrt war erschütternd ... Als der Zug hielt, lebte noch gut die Hälfte. Das Lager ... bestand aus grossen Erdbunkern mit einer Fassungskraft von ca. 100 Mann ... Das gesamte Lager fasste rund 1000 bis 1200 Mann ... Tägliche Sterbezahl in den Monaten März bis Mai

Deutsche Soldaten auf dem Marsch von Stalingrad in die sowjetische Kriegsgefangenschaft (1943)

1943: 20 bis 30 Mann. Hauptursache: der Hunger. Es gab zweimal am Tage reine Wassersuppe, einen halben Teelöffel Zucker und, wenn man Glück hatte, auf 10 Mann einen Laib Brot ... Zum Glück kam schon bald der Frühling. Schnell blühten die Büsche und wuchsen Gras und Kräuter. Das erste Grün wurde buchstäblich abgefressen, junge Blätter gekocht und Ungeziefer mitverwertet ...»

Das Wichtigste in Kürze:
Im Zweiten Weltkrieg verloren etwa 30 Millionen Soldaten ihr Leben. Viele wurden verwundet und blieben Krüppel. Sehr viele gerieten in Kriegsgefangenschaft. Viele überlebten diese nicht, viele andere konnten erst nach langen Jahren nach Hause zurückkehren.

1 Worunter hatten die Soldaten ausser der Wirkung der feindlichen Waffen zu leiden?
2 Welche Tiere mussten im Krieg besonders leiden?
3 Weshalb wurden die sowjetischen Kriegsgefangenen von deutscher Seite schlecht behandelt?
4 Warum kämpften viele Soldaten auch noch in hoffnungsloser Lage weiter?

Kernthema 2:

Die Zivilbevölkerung

Der Zweite Weltkrieg traf nicht nur die Soldaten, sondern auch die Zivilbevölkerung hart. Näherte sich die Kampffront, so verschonten heranstürmende Panzer, weit tragende Artillerie und bombardierende Kampfflugzeuge weder Städte noch Dörfer, weder Mensch noch Tier.

Belagerung

Besonders folgenschwer waren Belagerungen, die sich in die Länge zogen. Die grössten Opfer erbrachte die russische Stadt Leningrad (heute wieder: St. Petersburg), die vor dem Krieg etwas über 3 Millionen Einwohner zählte. Im September 1941 erreichten die deutschen Truppen das Vorfeld der Stadt und konnten diese so weit abschnüren, dass sie nur noch über den Ladogasee mit der übrigen Sowjetunion verbunden war. Daher konnte die Stadt bei weitem nicht mit genügend Lebensmitteln versorgt werden. Allein im Winter 1941/1942 verhungerten 600 000 Menschen. Dennoch verteidigte sich die Stadt hartnäckig und erfolgreich, zumal Hitler mit der völligen Zerstörung gedroht hatte. Im Februar 1943 gelang es der Sowjetarmee, eine Landverbindung zur Stadt herzustellen, im Januar 1944 wurde die deutsche Front definitiv nach Westen zurückgeworfen. Die 900 Tage währende Belagerung hatte auf sowjetischer Seite 1,5 Millionen Menschenleben gefordert und durch Artilleriefeuer

1 Nach einem Luftangriff auf ein Bauerndorf bei Leningrad (Sowjetunion)
2 Sowjetischer Luftangriff auf Tammisaari (Finnland) im Winterkrieg 1939/1940
3 Russische Bauern auf der Flucht

Der Zweite Weltkrieg: die Betroffenen

Die Belagerung von Leningrad: Einschläge deutscher Artilleriegeschosse auf dem Newski-Prospekt

und Bombardierungen riesige Schäden verursacht. Nach dem Krieg wurden die meisten Gebäude wieder aufgebaut. St. Petersburg ist heute wieder eine der schönsten Städte Europas.

Aus dem Tagebuch der Elena Skrjabin aus Leningrad:
80 «15.11.1941: Der Tod haust in der Stadt. Menschen sterben wie die Fliegen. Als ich heute auf der Strasse ging, tastete sich vor mir ein Mann entlang. Er konnte sich kaum mehr auf den Beinen halten ... Nach einigen Schritten drehte ich mich um, blieb stehen ... Er liess sich auf den Prellstein nieder, verdrehte die Augen und glitt langsam auf die Erde. Als ich zu ihm hinkam, war er bereits tot. Der Hunger hat die Menschen so sehr geschwächt, dass sie sich gegen den Tod gar nicht mehr wehren können. Sie sterben, als schliefen sie ein. Und die sie umgebenden, halblebendigen Menschen nehmen sie überhaupt nicht zur Kenntnis.

26.11.1941: Die Sterblichkeit nimmt zu. Täglich sollen bis zu dreitausend Menschen sterben ... Angehörige oder Bekannte befördern ihre Verstorbenen auf kleinen Schlitten zur Beerdigung, zu zwei, oft auch zu drei Leichen gebündelt. Zuweilen sieht man auch grössere Schlitten, auf denen die Toten wie Brennholz gestapelt und mit einem Segeltuch zugedeckt sind ... Man sieht den Tod jeden Tag so nah, dass man gar nicht mehr auf ihn reagiert. Das Gefühl des Mitleids ist verloren gegangen. Alles ist gleichgültig geworden ... jeden Verstorbenen einzeln zu beerdigen ist gar nicht mehr möglich – die Särge reichen nicht aus.»

Besetzung

Auf den feindlichen Einmarsch folgte die Zeit der Besetzung. Ein grosser Teil Europas befand sich während Jahren unter deutscher Macht. Die deutsche Führung konnte und wollte jedoch keine Herrschaftsordnung schaffen, die auch den unterworfenen Völkern ein erträgliches Leben sicherte. Die nationalsozialistische Rassenlehre führte vielmehr dazu, die «rassisch minderwertigen» Besiegten hart zu behandeln und den Abstand zu den Siegern möglichst gross zu halten. Am schlechtesten erging es den Völkern Polens, Südosteuropas und der westlichen Sowjetunion.

Anweisungen Hitlers zur Verwaltung des besiegten Polen (17. Oktober 1939):
81 «Die Verwaltung hat nicht die Aufgabe, aus Polen eine Musterprovinz ... nach deutscher Ordnung zu schaffen ... In dem Lande soll ein niederer Lebensstandard bleiben: wir wollen dort nur Arbeitskräfte schöpfen ... Der Generalgouverneur soll der polnischen Nation nur geringe Lebensmöglichkeiten geben ... »

Aus Äusserungen von Mitgliedern der deutschen Führung über die Verwaltung der unterworfenen osteuropäischen Gebiete:
82 *Hermann Göring (Oberbefehlshaber der Luftwaffe und Inhaber zahlreicher weiterer Ämter):*
«Sie sind weiss Gott nicht dorthin geschickt worden, um für die Wohlfahrt der Leute unter Ihrer Aufsicht zu sorgen, sondern um das meiste aus ihnen herauszuholen, damit das deutsche Volk leben kann. Es ist mir völlig gleichgültig, ob Sie mir daraufhin sagen, dass die Leute hungern werden.»

Erich Koch, Reichskommissar für die Ukraine:
«Wir sind wahrlich nicht hierhergekommen, um Manna (biblisch: wunderbar vom Himmel zuteil gewordene Nahrung) zu streuen. Wir sind ein Herrenvolk, das bedenken muss, dass der geringste deutsche Arbeiter rassisch und biologisch tausendmal wertvoller ist als die bisherige Bevölkerung.»

Aus einer Rede des Reichsführers der SS, Heinrich Himmler, am 4. Oktober 1943:

83 «Ein Grundsatz muss für den SS-Mann absolut gelten: Ehrlich, anständig, treu und kameradschaftlich haben wir zu Angehörigen unseres eigenen Blutes zu sein und zu sonst niemand. Wie es den Russen geht, wie es den Tschechen geht, ist mir total gleichgültig ... Ob die anderen Völker in Wohlstand leben oder ob sie verrecken vor Hunger, das interessiert mich nur insoweit, als wir sie als Sklaven für unsere Kultur brauchen ... Ob bei dem Bau eines Panzergrabens 10 000 russische Weiber umfallen oder nicht, interessiert mich nur insoweit, als der Panzergraben für Deutschland fertig wird ...»

Nicht nur bei den Betroffenen, sondern auch bei manchen Deutschen rief die Behandlung der besiegten Völker Entsetzen und Abscheu hervor.

Aus einem Brief des Metropoliten (Erzbischofs) der unierten ukrainischen Kirche von Kiew, Andrei Szeptycki, an den Papst (29. August 1942):

84 «Heute ist sich das ganze Land darüber einig, dass das deutsche Regime in einem vielleicht noch höheren Grade als das kommunistische böse, ja teuflisch ist. Seit einem Jahr vergeht kein Tag, an dem nicht die abscheulichsten Verbrechen verübt werden ... Die Zahl der getöteten Juden in unserem kleinen Land hat gewiss 200 000 überschritten ... In Kiew wurden in wenigen Tagen 130 000 Männer, Frauen, Kinder exekutiert ... Hunderttausende wurden meist ohne Rechtsgrundlage verhaftet, eine Menge junger Leute ohne plausiblen Grund erschossen, der bäuerlichen Bevölkerung wird ein Sklavenregime aufgezwungen ... Man behandelt die Dorfbewohner wie die Neger in den Kolonien ... Es ist alles einfach so, als ob sich eine Bande von Rasenden oder tollwütigen Wölfen auf ein armes Volk stürzt.»

Aus einem Brief des Oberstleutnants Helmuth Stieff aus Warschau (21. November 1939):

85 «Man bewegt sich hier nicht als Sieger, sondern als Schuldbewusster ... Die blühendste Phantasie einer Greuelpropaganda ist arm gegen die Dinge, die eine organisierte Mörder-, Räuber- und Plündererbande unter angeblich höchster Duldung dort verbricht ... Diese Ausrottung ganzer Geschlechter mit Frauen und Kindern ist nur von einem Untermenschentum möglich, das den Namen Deutsch nicht mehr verdient. Ich schäme mich, ein Deutscher zu sein! Diese Minderheit, die durch Morden, Plündern und Sengen den deutschen Namen besudelt, wird das Unglück des ganzen deutschen Volkes werden, wenn wir ihnen nicht bald das Handwerk legen.»

Ausbeutung und Hunger

Je länger der Krieg andauerte, desto mehr traten neben die rassistischen Argumente wirtschaftliche Überlegungen. Das Deutsche Reich konnte seine Rüstung nur steigern und mit seinen Gegnern halbwegs Schritt halten, indem es die unterworfenen Gebiete ausbeutete. 7,5 Millionen Zwangsarbeiter sowie Rohstoffe und Nahrungsmittel wurden nach Deutschland gebracht.

Aus einer Besprechung Hermann Görings mit den Reichskommissaren für die besetzten Gebiete (6. August 1942):

86 «Der Führer hat wiederholt ausgesprochen und ich habe es ihm nachgesprochen: Wenn gehungert wird, dann hungert nicht der Deutsche, sondern es hungern andere ... Ich habe hier Ihre Berichte liegen darüber, was Sie zu liefern gedenken. Das ist gar nichts, wenn ich Ihre Länder betrachte. Es ist mir dabei gleichgültig, ob Sie sagen, dass Ihre Leute wegen Hungers umfallen. Mögen sie das tun ... Nun Lieferung an das Reich: Im letzten Jahr hat Frankreich 550 000 Tonnen Brotgetreide geliefert, jetzt fordere ich 1,2 Millionen ... Was mit den Franzosen geschieht, ist gleichgültig ... Futtergetreide im vorigen Jahr 550 000 Tonnen, jetzt 1 Million. Fleisch im vorigen Jahr 135 000 Tonnen, jetzt 350 000 Tonnen ... Niederlande: Brotgetreide 40 000 Tonnen, Futtergetreide 45 000 Tonnen, Gemüse 1 Million Tonnen ... (Zuruf) 1 Million Tonnen muss Ihnen doch leicht fallen. Dann nehmen Sie die ganze Ernte ... Jetzt kommt das Generalgouvernement Polen. Brotgetreide habe ich auf 500 000 Tonnen angesetzt, Futtergetreide auf 100 000 Tonnen ... Nun wollen wir sehen, was Russland liefern kann. Ich glaube, es muss erreicht werden, aus dem gesamten russischen Raum 2 Millionen Tonnen Brot- und Futtergetreide herauszuholen ...»

(Die hier aufgeführten Mengen wurden nach Deutschland abgeführt. Ausserdem hatten die besetzten Länder die deutschen Truppen in ihrem Gebiet zu verpflegen.)

In vielen besetzten Gebieten brachen Hungersnöte aus. Das Rote Kreuz versuchte, sie etwas zu lindern.

Aus einem Bericht eines Rotkreuz-Delegierten aus Griechenland:

87 «Im Innern von Arkadien klebt das Dörfchen Issari am Abhang eines Berges ... Aus Mangel an Brot und Öl haben seine Bewohner sich seit einem Jahr von Wurzeln, Blättern und Eicheln ernährt ... Endlich kommt die Nachricht, ein Lastwagen (mit Lebensmitteln des Roten Kreuzes) sei in Megalopolis angekommen ... Der ausgehungerte, zerlumpte Gemeindeausrufer läuft barfuss durch die Strassen des Dorfes und verkündet mit lauter Stimme: ‹Morgen Freitag allgemeine Versammlung vor der Sankt-Nikolaus-Kirche zur Verteilung der Lebensmittel!› ... Endlich bricht der Tag an ... Ein Strom von Menschen zieht der Kirche zu. Männer, Frauen, Kinder kommen aus den Schlupfwinkeln hervor, in die sie sich zurückgezogen hatten, und man glaubt, wandelnde Gerippe zu sehen. Bald wird das Sankt-Nikolaus-Tal überflutet vom langsamen Zug der Spukgestalten, die sich kaum noch auf den Beinen

Der Zweite Weltkrieg: die Betroffenen

halten können, sich so weit schleppen, als sie können, und sich dann aufs Gras niederlassen, die Augen starr auf die Wegbiegung gerichtet, hinter der der rettende Lastwagen hervorkommen muss ... Einigen Kindern gelingt es, auf Bäume und Felsen zu klettern, um als Erste zu sehen, wie auf der Strasse eine kleine Staubwolke sich erhebt. Gegen zehn Uhr verkündet uns ein langgezogenes Aufseufzen, dass sie etwas entdeckt haben. Männer und Frauen werfen sich mit gekreuzten Armen auf die Knie. Von ihren Lippen tönt die Hymne von der Auferstehung Christi ...»

Bomben

Nicht nur der Kampf und die feindliche Besetzung bedrohten die Zivilbevölkerung, sondern auch der Luftkrieg. Zwischen dem Herbst 1940 und dem Frühjahr 1941 versuchte die deutsche Luftwaffe, durch die Bombardierung von Industriestädten die britische Regierung zum Frieden zu zwingen (siehe Seite 136). Bald aber setzten viel umfassendere alliierte Bombenangriffe auf Deutschland ein (siehe Seite 144). Diese wurden bis zum Kriegsende fortgesetzt, auch als die deutsche Niederlage längst feststand. So wurde beispielsweise am 13./14. Februar 1945 die industriell bedeutungslose, aber mit Flüchtlingen vollgestopfte Stadt Dresden mit 650 000 Brandbomben völlig zerstört; etwa 140 000 Menschen kamen dabei um. Im Ganzen forderte der Luftkrieg unter der deutschen Zivilbevölkerung etwa 600 000 Opfer.

Aus dem Bericht des Hamburger Polizeipräsidenten über einen Grossluftangriff (Sommer 1943):

88 «Reihenweise Spreng- und Minenbombeneinschläge erschütterten die Häuser bis in die Grundmauern. Bereits kurze Zeit nachdem die ersten Sprengbomben gefallen waren, war durch dichtesten Brandbombenabwurf ... eine ungeheure Anzahl von Bränden entstanden. Die Menschen, die nun ihre Schutzräume verlassen wollten, um nach der Lage zu sehen oder das Feuer zu bekämpfen, wurden von einem Flammenmeer empfangen. Alles ringsherum brannte. Wasser fehlte, und bei der gewaltigen Anzahl von Bränden und ihrer Ausdehnung war jeder Löschversuch von Anfang an aussichtslos ... Das Feuer hatte sich zu einem Orkan entwickelt ... Der über viele Quadratkilometer tobende Feuersturm hatte unzählige Menschen rettungslos eingeschlossen ... Nur wo die Wege zu rettenden Gewässern oder genügend grossen freien Plätzen kurz waren, konnte jetzt noch eine Flucht gelingen ... Viele dieser Flüchtlinge kamen auch dann noch durch die Hitze ums Leben. Sie fielen um, erstickten oder verbrannten ... Kinder wurden durch die Gewalt des Orkans von der Hand der Eltern gerissen und ins Feuer gewirbelt ... Das Bild einer schnell verödenden Grossstadt ohne Gas, Wasser, Licht und Verkehrsverbindungen war Wirklichkeit geworden. Die Strassen waren mit Hunderten von Leichen bedeckt. Mütter mit ihren Kindern, Männer, Greise, verbrannt, verkohlt, unversehrt

1 London nach den Bombardierungen im Winter 1940/1941 (Aufnahme vom 18. Mai 1941)
2 Um Schutz vor den Bombardierungen zu finden, übernachteten viele Londoner in U-Bahnhöfen.

und bekleidet, nackend und in wächserner Blässe wie Schaufensterpuppen, lagen sie in jeder Stellung, ruhig und friedlich oder verkrampft, den Todeskampf im letzten Ausdruck des Gesichtes. Die Schutzräume boten das gleiche Bild ... Sassen an einer Stelle die Schutzrauminsassen ruhig, friedlich

1 Hamburg in der Bombennacht vom 24./25. Mai 1943, von einem britischen Bomber aus gesehen:
 1 Aussenalster
 2 zum Hauptbahnhof führende Brücke
 3 Flakbatterie an der Alster
 4 Leuchtbomben und Brände
2 Hamburger Bombennacht vom 24./25. Juni 1943: Jugendliche beim Löscheinsatz
3 Hamburger Bombennacht vom 24./25. Juni 1943: die Überlebenden
4 Dresden nach der Bombardierung vom 13./14. Februar 1945

und unversehrt wie Schlafende auf ihren Stühlen, durch Kohlenoxydgas ahnungslos und ohne Schmerzen getötet, so zeigt die Lage von Knochenresten und Schädeln in anderen Schutzräumen, wie ihre Insassen noch Flucht und Rettung aus dem verschütteten Gefängnis gesucht hatten ...»

Die Atombombe

Eine neue Dimension erreichten die Zerstörungsmöglichkeiten durch die Erfindung der Atombombe (Atombombenabwürfe über Hiroshima und Nagasaki; siehe Seite 148). Nicht nur erreichte eine einzige Atombombe die gleiche Wirkung wie Zehntausende von Spreng- und Brandbomben, sie schädigte auch durch die radioaktive Strahlung und die Bildung radioaktiver Zerfallselemente die Überlebenden und sogar deren Nachkommen. Einige amerikanische Atomforscher hatten vorgeschlagen, eine erste Atombombe über wenig bewohntem Gebiet abzuwerfen. Dies würde genügen, um Japan zur Kapitulation zu veranlassen. Die amerikanische Regierung bestand jedoch auf einem wirkungsvolleren Einsatz.

Der Zweite Weltkrieg: die Betroffenen

Aus dem Bericht von Tamiki Hara über den Atombombenabwurf auf Hiroshima (6. August 1945):

89 «In der Frühe gegen acht Uhr stand ich am 6. August 1945 auf … Plötzlich traf mich ein Schlag auf den Kopf, und vor meinen Augen wurde es finster … Als dann, wenn auch verschwommen, erkennbar wurde, wie die Umwelt aussah, war mir zumute, als ob ich mitten auf der Bühne eines schweren Unglücks stünde … Vom Lagerhaus des benachbarten pharmazeutischen Werks kamen jetzt kleine Flammen. Es war höchste Zeit, das Weite zu suchen … Der Rauch stieg überall aus den zusammengestürzten Häusern auf … jeder dachte zunächst, nur sein Haus sei bombardiert worden, und erst im Freien sah man, dass alles zerstört war. Dabei fand man keine Löcher, die sonst durch Bombenexplosionen entstehen, obschon alle Gebäude zusammengebrochen waren. Das Feuer auf dem andern Ufer, das eine Weile nachgelassen hatte, fing wieder an zu wirbeln … Die unheimliche Glut verzehrte alles und liess nur Trümmer zurück. In diesem Augenblick merkte ich, dass eine ungemein durchsichtige Luftschicht am Himmel mitten über dem Fluss stromaufwärts näher kam. Kaum konnte ich noch ‹Wasserhose› rufen, als der gewaltige Wind uns schon erreichte. Alle Bäume und Sträucher zitterten, manche wurden durch die Luft gerissen … Als die Wasserhose vorübergezogen war, beherrschte schon die Abendstimmung den Himmel … Als ich nun den schmalen Steinstieg dem Wasser entlang stromaufwärts ging, um eine Fähre zu finden, sah ich Scharen unbeschreiblich entstellter Menschen … Die Gesichter waren unsagbar aufgeschwollen, so dass kaum zu erkennen war, ob es sich bei diesen Menschen um Männer oder Frauen handelte, die Augen schienen schmal wie ein Faden, die Lippen äusserst entzündet. Die Menschen lagen in ihren letzten Zügen … Wenn wir an solchen Gruppen vorbeikamen, riefen sie uns mit leiser, zarter Stimme zu: ‹Lassen Sie mich ein bisschen Wasser trinken!› … An einem Tisch trank ein grosser, schwarzgebrannter Kopf warmes Wasser aus einer Teetasse. Das riesengrosse, seltsame Gesicht sah aus, als bestehe es aus lauter schwarzen Sojabohnen … Als die Flut kam, verliessen wir die Flussniederung und gingen auf den Damm. Die Nacht mit ihrer Finsternis steigerte sich zur Hölle. Überall tobte der Ruf: ‹Gib Wasser, gib Wasser!› … Aus der Flussniederung hörte man einen Jungen in seinem Todeskampf stöhnen. Sein Rufen kam von allen Seiten auf uns zu: ‹Wasser, geben Sie Wasser! Ach, Mutter …, Schwester …› Die Stimme schleuderte die Worte hinaus, als zerrisse sie den ganzen Leib und die Seele … Als es tagte, hatte die Stimme schon aufgehört zu rufen … Ich konnte jetzt die Brandstätten fast aller Hauptstrassen überblicken. Eine graue Leere dehnte sich unter der grell brennenden Sonne. Strassen, Brücken und Flüsse waren noch zu erkennen. Dazwischen lagen rot aufgerissene, angeschwollene Leichen. Es war eine Hölle, die hier durch ein präzises, genau geplantes Mittel verwirklicht wurde.»

Flucht

Gegen das Ende des Jahres 1944 näherte sich die Ostfront der deutsch-sowjetischen Grenze. Die sowjetischen Soldaten, die jahrelang den Feind im eigenen Land hatten ertragen müssen, schonten die deutsche Zivilbevölkerung nicht. Plünderungen, Vergewaltigungen, Massaker waren üblich.

Die Nachrichten über das im Januar 1945 erneut einsetzende sowjetische Vorrücken lösten eine Massenflucht aus. Mitten im Winter packten die Menschen im östlichen Deutschland ihre Ware auf Pferdewagen und versuchten, auf dem Landweg oder mit einem Rettungsschiff über die Ostsee nach Westen zu entkommen. Millionen von Menschen verliessen ihre Heimat für immer, Hunderttausende überlebten die Flucht nicht.

Die Bevölkerung der deutschen Ostgebiete auf der Flucht vor den vorrückenden sowjetischen Truppen

Aus den Erinnerungen von Marion Gräfin Dönhoff:

90 «Das Thermometer war noch weiter gesunken … Als wir endlich, fertig ausgerüstet, den Hof verliessen und einen geschützten Hohlweg hochritten, sahen wir in der Ferne jenseits eines Feldes … den grossen Heerwurm auf der Landstrasse vor uns. Es schneite nicht, aber die ganze Luft wirbelte von Schnee. Wie durch einen dicken weissen Schleier sah man die unglücklichen Menschen langsam, ganz langsam vorwärts kriechen, die Mäntel vom Winde hochgepeitscht. Viele Dachkonstruktionen der Treckwagen waren zusammengebrochen. Wir reihten uns ein in diesen Gespensterzug und sahen die ersten Toten am Wege liegen. Niemand hatte die Kraft, die Zeit oder die Möglichkeit, sie zu begraben. Und so ging es tagelang – wochenlang. Von rechts und links stiessen immer neue Fahrzeuge, immer mehr Menschen hinzu … Hinter ihnen brannte die Heimat, und wer sich entschlossen hatte zu bleiben, den hatte sein Schicksal längst ereilt.»

Vor dem sowjetischen Angriff: Ein Bauerndorf in Ostpreussen steht in Flammen (vermutlich «Taktik der verbrannten Erde»).

Aus einem Bericht über die Einnahme von Danzig durch die sowjetischen Truppen:

91 «Es mochte so gegen acht Uhr früh des tragischen 27. März 1945 gewesen sein ... Und ehe wir recht begriffen, gingen 10, 20, 30 plündernde Russen durch Haus und Keller ... Unzählige Horden von Russen zogen raubend, plündernd, singend durch die Keller, alle waren sie betrunken, sinnlos warfen sie Eingemachtes von den Regalen herunter, zerschnitten sie Betten, Wäsche, Kleider ... Was ihnen gefiel, schleppten sie auf ihre Wagen, alles andere wurde zertreten, zerrissen, verwüstet. Koffer, Taschen und Rucksäcke wurden uns aus den Händen gerissen, Uhren, Ringe und Schmuck hatte längst keiner mehr ... Und dann begann für die Mädchen und Frauen die furchtbarste Zeit. Ich war damals 19½ Jahre alt. Als ich sah, wie unter Schreien und Weinen die Frauen in einen Keller gezerrt wurden, flüchtete ich auf den Hof. Hier wimmelte es von Russen ... Im Nu war ich umringt von diesen Horden, ich sah keinen Ausweg, es gab einfach nirgends ein Versteck für mich. Hilflos jagte ich hin und her, überall verfolgt ... (Die Berichterstatterin kann sich schliesslich in einem Kellergang verstecken.) Es kam eine grausame Nacht. Stundenlang hörte ich aus dem Keller die Hilfeschreie der Frauen, Mädchen ... Gegen 5 Uhr früh wurde es endlich ruhiger ... Die stickige Kellerluft trieb uns ins Freie. Ein unvergessliches Bild bot sich uns: Unser Haus war ein Feuermeer!»

Im Ganzen forderte der Zweite Weltkrieg bei der Zivilbevölkerung aller beteiligten Staaten etwa 25 Millionen Tote, teils durch Gewalt aller Art, teils durch Hunger. Etwa 16 Millionen Menschen verloren durch Flucht oder Vertreibung für immer ihre ursprüngliche Heimat.

Das Wichtigste in Kürze:
Die Zivilbevölkerung aller betroffenen Länder wurde durch den Zweiten Weltkrieg schwer geschädigt: durch das Kriegsgeschehen am Boden, durch den Luftkrieg, durch Gewalt und Ausbeutung seitens der Besatzungsmacht, durch Hunger und Vertreibung. Es zeigte sich sehr deutlich, dass der moderne Krieg in hohem Mass auch die Zivilbevölkerung erfasst.

1 Beschreibe das Schicksal Leningrads im Zweiten Weltkrieg.
2 Welches Schicksal erlitt die Bevölkerung Polens, Südosteuropas und der Sowjetunion unter der deutschen Besetzung?
3 Wie wirkte sich der alliierte Luftkrieg für die Bewohner der deutschen Städte aus?
4 Wie reagierte ein grosser Teil der Bevölkerung des östlichen Deutschland auf das Nahen der sowjetischen Truppen?

5 Die deutsche Zivilbevölkerung im Osten erlitt schwere Misshandlungen durch sowjetische Soldaten. Wie lassen sich diese erklären? Wie denkst du darüber?
6 Die Zivilbevölkerung litt sehr unter dem Luftkrieg. Soll man für den Fall eines künftigen Krieges die Massnahmen zum Schutz der Bevölkerung verstärken (Zivilschutz)? Begründe deine Meinung.

Der Zweite Weltkrieg: die Betroffenen

Die Vernichtung der Juden («Holocaust»)

Die Lage der Juden im Zweiten Weltkrieg

Bereits vor dem Krieg waren die Juden in Deutschland immer mehr entrechtet worden (siehe Seite 82f.). Durch den Ausbruch und den Verlauf des Zweiten Weltkrieges verschlechterte sich die Lage fast aller europäischen Juden. Einerseits wurde eine Auswanderung nach Übersee praktisch unmöglich. Anderseits gerieten durch die deutschen Eroberungen die Juden vieler Länder unter nationalsozialistische Herrschaft. Namentlich in Polen und in der westlichen Sowjetunion lebten Millionen von Juden (im Deutschen Reich* 1939 noch etwas über 200 000).

Für Hitler und seine Mitarbeiter richtete sich der Krieg nicht nur gegen andere Staaten und gegen «den Kommunismus», sondern auch gegen «das internationale Judentum». Je mehr sich die militärischen Schwierigkeiten häuften, je mehr sich das Ziel, «Raum im Osten» zu gewinnen, als unerreichbar erwies, desto mehr konzentrierten sie sich auf die «Endlösung der Judenfrage». Mit dem Vollzug wurden Sondereinheiten der SS beauftragt.

Die Ghettos

In den polnischen und sowjetischen Städten gab es seit vielen Jahrhunderten besondere jüdische Stadtviertel: die Ghettos. Allerdings lebten längst nicht mehr alle Juden in diesen. 1939 und 1940 wurden in Polen aber fast alle Juden gezwungen, in diese Ghettos umzuziehen. 1941 begann man, Juden aus Deutschland ebenfalls in die Ghettos Polens zu bringen. Diese wurden dadurch völlig übervölkert. Die Einwohnerzahl des Ghettos von Warschau stieg in kurzer Zeit von 160 000 auf über 400 000. Das Ghetto von Vilnius (Wilna) wurde derart mit Zuzügern vollgestopft, dass pro Einwohner nicht einmal ein Quadratmeter Wohnraum zur Verfügung stand. Die Lebensmittelrationen waren minimal, die hygienischen Verhältnisse katastrophal. Im Warschauer Ghetto starben im Jahr 1941 zehn Prozent der Einwohner an Hunger, Typhus oder Kälte. Die meisten Ghettobewohner wurden in Industriebetrieben beschäftigt, die für die deutsche Kriegswirtschaft arbeiteten.

Aus einem Situationsbericht aus dem Warschauer Ghetto (1942):

92 «Die Strassen sind so übervölkert, dass man nur schwer vorwärts gelangt. Alle sind zerlumpt, in Fetzen. Oft besitzt man nicht einmal mehr ein Hemd. Überall ist Lärm und Geschrei. Dünne, jämmerliche Kinderstimmen übertönen den Krach ... Auf den Bürgersteigen stapeln Kot und Abfälle sich zu Haufen und Hügeln ... Oft liegt etwas mit Zeitungen Zugedecktes auf dem Bürgersteig. Schrecklich ausgezehrte Gliedmassen oder krankhaft angeschwollene Beine schauen meistens darunter hervor. Es sind die Kadaver der am Flecktyphus Verstorbenen, die von den Mitbewohnern einfach hinausgetragen werden, um die Bestattungskosten zu sparen. Oder es handelt sich um Obdachlose, die auf der Strasse umfielen ... Tausende von zerlumpten Bettlern erinnern an das hungernde Indien. Grauenhafte Schauspiele erlebt man täglich. Eine halbverhungerte Mutter versucht, ihr Kind an vertrockneten Brüsten zu nähren. Neben ihr liegt vielleicht noch ein totes, älteres Kind. Man sieht Sterbende mit ausgebreiteten Armen und fortgestreckten Beinen mitten auf dem Damm liegen. Die Beine sind gedunsen, oft erfroren, und die Gesichter schmerzverzerrt ...»

Kinder im Ghetto von Warschau

Massenerschiessungen in der Sowjetunion

Die Einpferchung in die Ghettos war nur eine Übergangslösung. Bereits bei der Eroberung Polens im Herbst 1939 hatten die SS-Kommandos viele Juden willkürlich erschossen. Beim Feldzug gegen die Sowjetunion wurde diese Methode in stark erweiterter und besser organisierter Form erneut angewendet.

Aus einem Augenzeugenbericht über Judenerschiessungen in Dubno (westliche Sowjetunion) vom 5. Oktober 1942:

93 «Die von den Lastwagen abgestiegenen Menschen – Männer, Frauen und Kinder jeden Alters – mussten sich auf Aufforderung eines SS-Mannes ... ausziehen und ihre Kleider nach Schuhen, Ober- und Unterkleidern getrennt an bestimmten Stellen ablegen ... Ich beobachtete eine Familie von etwa

* ohne Österreich und Reichsprotektorat Böhmen-Mähren

Massenexekutionen in Liepaja (Libau; Lettland) nach dem deutschen Einmarsch in die Sowjetunion

acht Personen ... Der Vater hielt an der Hand einen Jungen von etwa zehn Jahren, sprach leise auf ihn ein. Der junge kämpfte mit den Tränen. Der Vater zeigte mit dem Finger zum Himmel, streichelte ihn über den Kopf und schien ihm etwas zu erklären. Da rief schon der SS-Mann an der Grube seinem Kameraden etwas zu. Dieser teilte etwa zwanzig Personen ab und wies sie an, hinter den Erdhügel zu gehen. Die Familie, von der ich hier sprach, war dabei ... Ich ging um den Erdhügel herum und stand vor dem riesigen Grab. Dicht aneinander gepresst lagen die Menschen so aufeinander, dass nur die Köpfe zu sehen waren. Von fast allen Köpfen rann Blut über die Schultern. Ein Teil der Erschossenen bewegte sich noch ... Die Grube war bereits drei Viertel voll. Nach meiner Schätzung lagen darin bereits ungefähr 1000 Menschen. Ich schaute mich nach dem Schützen um. Dieser, ein SS-Mann, sass am Rande der Schmalseite der Grube auf dem Erdboden, liess die Beine in die Grube herabhängen, hatte auf seinen Knien eine Maschinenpistole liegen und rauchte eine Zigarette. Die vollständig nackten Menschen gingen an eine Treppe, die in die Lehmwand der Grube gegraben war, hinab, rutschten über die Köpfe der Liegenden hinweg bis zur Stelle, die der SS-Mann anwies. Sie legten sich vor die toten oder angeschossenen Menschen ... Dann hörte ich eine Reihe Schüsse. Ich schaute in die Grube und sah, wie die Körper zuckten ... Schon kam die nächste Gruppe heran ...»

Vernichtung in Konzentrationslagern

Den SS-Kommandos, die hinter der vorrückenden Front in der Sowjetunion operierten, fielen gegen eine Million Juden zum Opfer.

Anfang 1942 beschloss die deutsche Führung, nun auch in den übrigen deutsch beherrschten Gebieten zur «Endlösung» überzugehen. Die Bewohner der Ghettos wurden nun schubweise in neu errichtete Konzentrationslager transportiert, ebenso die bis dahin noch nicht ergriffenen Juden in Deutschland, West- und Südosteuropa. Die letzten Bewohner des Warschauer Ghettos wagten einen verzweifelten Aufstand (April/Mai 1943), der mit der vollständigen Zerstörung des Ghettos endete; die noch etwa 60 000 Insassen kamen fast ausnahmslos ums Leben.

Aus dem Bericht von Kurt Gerstein über Judenvernichtungen im Konzentrationslager Belzec (August 1942):

«Tatsächlich kam nach einigen Minuten der erste Zug von Lemberg aus an. 45 Waggons mit 6700 Menschen, von denen 1450 schon tot waren bei ihrer Ankunft. Hinter den vergitterten Luken schauten, entsetzlich bleich und ängstlich, Kinder hindurch, die Augen voller Todesangst, ferner Männer und Frauen. Der Zug fährt ein ... Ein grosser Lautsprecher gibt die weiteren Anweisungen: sich ganz ausziehen, auch Prothesen, Brillen usw. Die Wertsachen am Schalter abgeben, die Schuhe sorgfältig zusammenbinden ..., denn in dem Haufen von reichlich 25 Meter Höhe hätte sonst niemand die zugehörigen Schuhe wieder zusammenfinden können. Dann die Frauen und Mädchen zum Friseur, der mit zwei, drei Scherenschlägen die ganzen Haare abschneidet und sie in Kartoffelsäcken verschwinden lässt. ‹Das ist für irgendwelche Spezialwerke für die U-Boote, für Dichtungen oder dergleichen!› sagt mir der SS-Unterscharführer, der dort Dienst tut. Dann setzt sich der Zug in Bewegung ... Mütter mit Kindern an der Brust, kleine nackte Kinder, Erwachsene, Männer, Frauen, alle nackt – sie zögern, aber sie treten in die Todeskammern ... Die Kammern füllen sich. Gut vollpacken – so hat es der Hauptmann W. befohlen. Die Menschen stehen einander auf den Füssen ... Die Türen schliessen sich ... Nun springt der Diesel an ... Von neuem verstreichen 25 Minuten. Richtig,

Der Zweite Weltkrieg: die Betroffenen

viele sind jetzt tot. Man sieht das durch das kleine Fensterchen, in dem das elektrische Licht die Kammern einen Augenblick beleuchtet ... Endlich, nach 32 Minuten ist alles tot. – Von der anderen Seite öffen Männer vom Arbeitskommando die Holztüren ... Man wirft die Leichen ... heraus ... Zwei Dutzend Zahnärzte öffen mit Haken den Mund und sehen nach Gold ...»

Ein Teil dieser Konzentrationslager, die sich überwiegend auf polnischem Boden befanden, diente ausschliesslich der Tötung der Juden. Andere waren gleichzeitig Vernichtungs- und Arbeitslager, unter ihnen das grösste, Auschwitz (westlich von Krakau). Hier wurden jene Ankömmlinge, die nicht als arbeitsfähig galten, sofort getötet, während die übrigen in Industriebetrieben arbeiten mussten. Die Ernährungs- und Gesundheitsverhältnisse waren jedoch so schlecht, dass die meisten nicht lange arbeitsfähig blieben; die Lagerleitungen rechneten mit einem Durchschnittsaufenthalt von neun Monaten. Die Tötungen erfolgten in Gaskammern, zuerst durch Kohlenmonoxyd aus Verbrennungsmotoren, später durch verdampfende Blausäure.

Aus dem Bericht von Giza Landau (geboren 1932). Die Berichterstatterin wurde mit ihrer Mutter im Oktober 1943 in das Konzentrationslager Plaszow gebracht, wo beide in einer Schneiderwerkstatt arbeiteten. Ein Jahr später wurden sie nach Auschwitz überführt:

«Am 21. Oktober 1944 konnte uns nichts mehr helfen. Wir kamen nach Auschwitz. Dicht gedrängt und halb erstickt fuhren wir in geschlossenen Waggons. Alle verabschiedeten sich voneinander, denn wir wussten, dass dort die Öfen und Gaskammern auf uns warteten ... Als wir abends in Auschwitz ankamen, trieb man uns nach Birkenau.* Schon von weitem sahen wir den Himmel rot wie bei einem Brand ... Dann sortierte man uns aus. Es war entsetzlich. Wir mussten uns nackt ausziehen. In der Tür stand Dr. Mengele und bestimmte, wer leben und wer sterben sollte. Mutti flehte eine tschechische Aufseherin an, mich nicht zu verraten, als ich mich unter einem Haufen Kleider in der Saalecke versteckte. Dort versteckten sich auch andere, ältere Mädchen. Länger als zwei Stunden blieb ich dort liegen ... Als mich Mutti endlich herauszog, war ich schon halb erstickt, aber ich lebte und war bei Mutti. Wir gingen ins Bad, wo man uns die Köpfe rasierte und die Nummern eintätowierte. Ich bekam die Nummer A 26098. Es hiess, es sei gut, wenn man überhaupt eine Nummer bekäme, dann wäre man fast gerettet ... Man lebte dauernd in

---

* Die Vernichtungsanlagen befanden sich in Auschwitz-Birkenau. Im Unterschied zu andern Konzentrationslagern gab es hier grosse Krematorien, woher möglicherweise die Röte des Himmels rührte.

1 Frauen vor der Exekution in Misocz (Polen, 1943)
2 Die Leichen der Opfer im Konzentrationslager Bergen-Belsen (aufgefunden beim Einmarsch der Alliierten)

Kernthema 2:

Die Vernichtung der Juden:

deutsch-sowjetische Front im Sommer 1942

Sowjetunion: 700 000 bis 1 200 000

Finnland

Estland

Lettland: 70 000 bis 85 000

Litauen: 130 000 bis 140 000

Polen: 2 800 000 bis 3 000 000

Dt. Reich — Danzig

Rumänien: 370 000 bis 470 000

Bulgarien

Türkei

Griechenland: 60 000 bis 70 000

Albanien

Jugoslawien: 65 000 bis 70 000

Ungarn: etwa 200 000

Tschechoslowakei: 210 000 bis 280 000

Österreich: bis 65 000

Schweiz

Italien: 10 000

Deutsches Reich: 160 000 bis 170 000

Dänemark

Schweden

Norwegen

Grossbritannien

Irland

NL: 90 000 bis 110 000

B: 25 000 bis 40 000

Frankreich: 75 000 bis 90 000

Spanien

Portugal

Aus den Staaten, die keine Zahlenangaben enthalten, wurden keine oder nur wenige Juden vernichtet.

Zahlen Anzahl der vernichteten Juden eines Staates (Grenzen von 1937)

▲ wichtige Konzentrationslager:

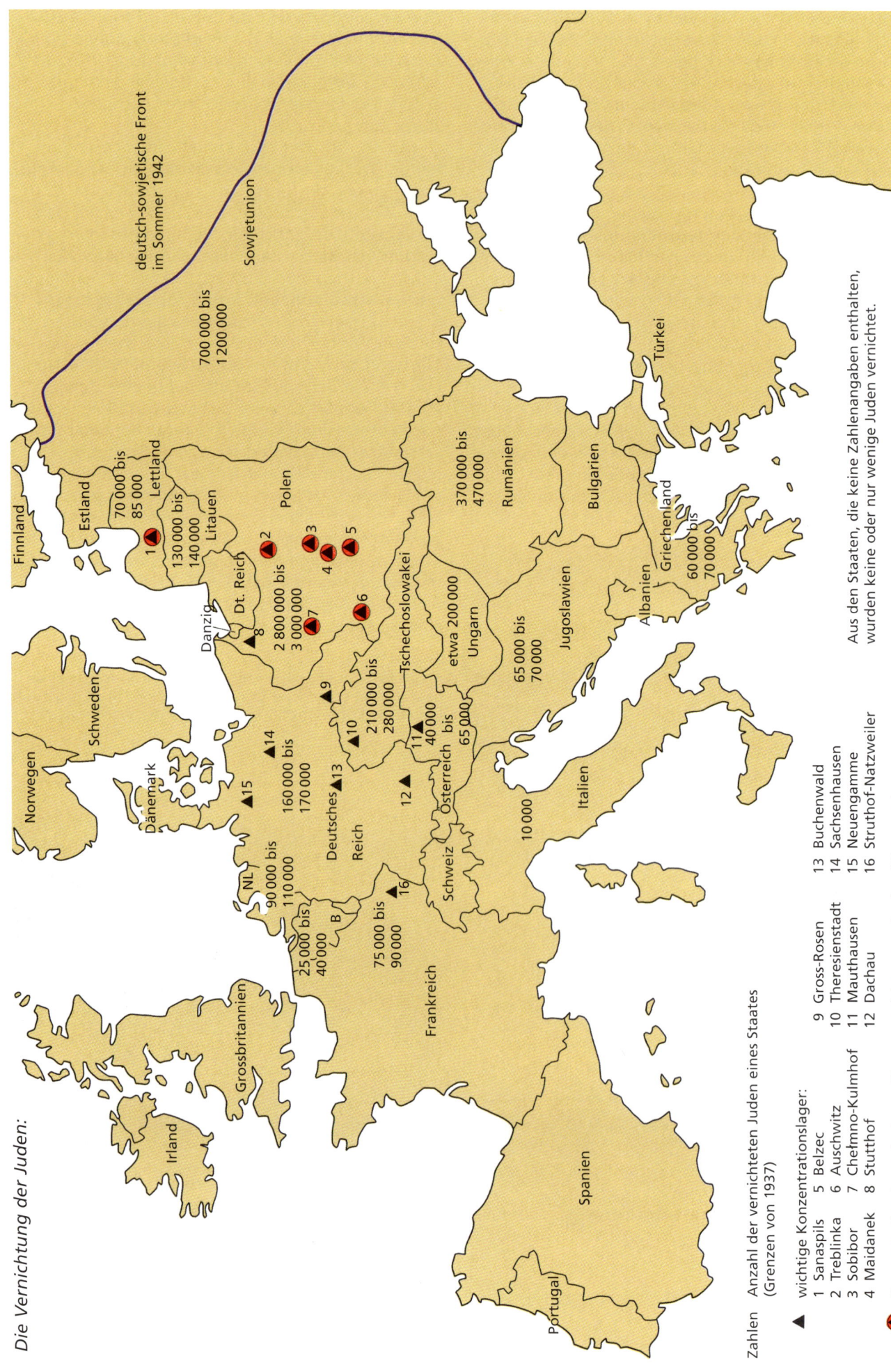

1 Sanaspils
2 Treblinka
3 Sobibor
4 Maidanek
5 Belzec
6 Auschwitz
7 Chelmno-Kulmhof
8 Stutthof
9 Gross-Rosen
10 Theresienstadt
11 Mauthausen
12 Dachau
13 Buchenwald
14 Sachsenhausen
15 Neuengamme
16 Struthof-Natzweiler

● Konzentrationslager, in denen Massenvernichtungen durchgeführt wurden

176

Der Zweite Weltkrieg: die Betroffenen

Angst und Ungewissheit – Tag und Nacht. Als wir endlich nach Auschwitz (das heisst, Auschwitz-Zentrum) gebracht wurden, durften wir etwas aufatmen. Zuerst arbeiteten Mutti und ich mit der Schubkarre. Dann musste ich ... am Tor stehen und öffnen und schliessen, wenn Aufseher kamen und gingen ... Wir bekamen täglich pro Person ein Viertel Brot und einen Viertelliter Suppe.»

Das Ergebnis

Die Gesamtzahl der getöteten Juden betrug zwischen 5 und 6 Millionen. Daneben gab es jedoch zahlreiche weitere Opfer. Auch gegen die Zigeuner (heute: Sinti und Roma) wurde ein Ausrottungsfeldzug geführt (etwa 500 000 Tote). Hinzu kamen viele Bewohner der besetzten Staaten, die verdächtigt wurden, Widerstand zu leisten, sowie sowjetische Kriegsgefangene. Mit manchen Häftlingen wurden grausame «medizinische» Experimente durchgeführt, die zwar der Wissenschaft kaum dienten, meist aber zum Tod der Betroffenen führten.

Die «Endlösung der Judenfrage» wurde nach Möglichkeit geheim gehalten, weil man wusste, dass die meisten Deutschen damit nicht einverstanden gewesen wären. Gerüchte waren dennoch nicht zu verhindern. Kurz vor dem Nahen der Sowjetarmee wurden die östlichen Konzentrationslager zerstört. Die überlebenden Insassen sollten nach Deutschland abtransportiert werden, was jedoch nur noch teilweise gelang.

Die Judenvernichtung wird oft als «Holocaust» (aus dem Griechischen; wörtlich «Brandopfer») oder «Shoah» (aus dem Hebräischen; wörtlich «Unheil») bezeichnet.

Das Wichtigste in Kürze:
Die vorübergehende Herrschaft über einen grossen Teil Europas wurde von der deutschen Führung dazu benützt, möglichst alle Juden zu erfassen und zu vernichten. Die Vernichtung erfolgte in Konzentrationslagern. Die Zahl der Opfer lag zwischen 5 und 6 Millionen. Auch viele andere Menschen (Zigeuner, politisch Verfolgte) fanden hier ihr Ende.

1 Wie nannte man die traditionellen jüdischen Stadtviertel in Osteuropa?
2 Was verstand die nationalsozialistische Regierung unter der «Endlösung der Judenfrage»?
3 Nenne die Namen einiger Vernichtungslager.
4 Wurden neben den Juden auch noch andere Menschengruppen vernichtet? Welche?

5 Warum konnten in den deutsch beherrschten Gebieten derartige Massenvernichtungsaktionen durchgeführt werden?
6 Beurteile, in Kenntnis der Vernichtungsaktionen gegen die Juden, erneut die schweizerische Flüchtlingspolitik im Zweiten Weltkrieg.

Widerstand

Deutsch besetzt – was nun?

Wenn in früheren Zeiten ein Gebiet vom Feind besetzt wurde, war für die betroffene Bevölkerung der Krieg meistens zu Ende. Sie stöhnte zwar unter den Abgaben, oft auch unter Plünderungen. Der eigentliche Kampf aber war für sie vorbei. Krieg war eine Sache der uniformierten Soldaten an der Front.

Auch der Zweite Weltkrieg schien zuerst so zu verlaufen. Nach der Niederlage im Juni 1940 (siehe Seite 134) dachten viele **Franzosen**, beeindruckt von den deutschen Erfolgen, ihre bisherige Staatsform habe zum militärischen Versagen geführt. Daher wurde unter Marschall Philippe Pétain (1856–1951), einem berühmten Feldherrn des Ersten Weltkrieges, eine straffe Regierung eingerichtet. Pétain versuchte, mit dem Deutschen Reich zusammenzuarbeiten, ohne die Selbstständigkeit Frankreichs ganz aufzugeben. Als die deutschen Truppen im Sommer 1941 in die **Sowjetunion** einmarschierten, wurden sie von vielen Bewohnern als Befreier von der kommunistischen Diktatur Stalins empfangen. Diese Stimmung wandelte sich jedoch in allen besetzten Gebieten in Ablehnung und Hass gegen die deutschen Besatzungstruppen und alle Landsleute, die

Kurz nach dem deutschen Angriff auf die Sowjetunion: Ukrainische Bäuerinnen in Landestracht werfen den deutschen Soldaten Blumen zu. Die Enttäuschung folgte jedoch bald.

mit diesen zusammenarbeiten («Kollaborateure»). Diese Wandlung erfolgte am schnellsten im Osten und Südosten Europas, langsamer auch in West- und Nordeuropa. Dafür gab es zwei Gründe: Die Behandlung der Zivilbevölkerung durch die Deutschen war sehr hart, besonders in Polen und der westlichen Sowjetunion (siehe Seite 167f.). Zudem war der Krieg noch nicht zu Ende. Man konnte sogar je länger, je mehr auf einen Sieg der Gegner des Deutschen Reiches hoffen.

Der Partisanenkrieg

In den meisten besetzten Gebieten entwickelte sich der Partisanen- oder Guerillakrieg: In schwer zugänglichen Gebieten bildeten sich Widerstandsgruppen aus versprengten Soldaten, entkommenen Kriegsgefangenen und anderen überzeugten Gegnern der deutschen Besetzung. Sie operierten in kleinen Verbänden, aber unter zentraler Leitung. Die Zivilbevölkerung versorgte sie mit Nahrungsmitteln und Informationen.

Sowjetische Partisanen

Aus dem Bericht zweier sowjetischer Soldaten über die Tätigkeit der Partisanen:
96 «Soldaten unserer Waldarmee – eine geheime, bewegliche, überraschende und unfassbare Truppe. Wer sind sie? Ein Bauer in einer ukrainischen Hemdbluse, ein Traktorist, ein Buchhalter, eine Ärztin, Schlosser von der Motoren- und Traktorenstation, Mädchen aus den städtischen Mittelschulen ... Die ganze Front erzählt von ihren Heldentaten. Die Partisanenabteilung ‹Roter Blitz› hat wieder drei Brücken gesprengt. Südwestlich von uns wurden die Verbindungslinie zerstört, Eisenbahnwege vor den Nasen der Deutschen unbefahrbar gemacht, die Schienen gesprengt, ein Militärzug zum Entgleisen gebracht, sechs Tankwagen mit Benzin in Brand gesteckt, Fahrzeuge mit Brandkugeln beschossen, so dass der ganze Kraftstoff explodierte ...»

Durch diese Tätigkeit der Partisanen wurde der deutsche Nachschub stark behindert. Ausserdem überfielen sie Materiallager, wo sie oft auch Waffen erbeuteten, richteten in kriegswichtigen Betrieben Zerstörungen an und töteten deutsche Soldaten und Kollaborateure aus dem Hinterhalt. Zum Teil erhielten sie von der sowjetischen oder der britischen Führung aus der Luft oder über das Meer Waffen und weiteres Material. Am umfassendsten war der Guerillakrieg in dem deutsch besetzten Gebiet der Sowjetunion (gegen eine Million Partisanen) sowie in Jugoslawien, wo die Partisanen schliesslich weite Gebiete beherrschten. Die französischen Widerstandskämpfer spielten eine wichtige Rolle bei der Vorbereitung der alliierten Invasion 1944 (siehe Seite 145).

Allen Partisanen gemeinsam war das Ziel, möglichst viel zur Beseitigung der deutschen Herrschaft beizutragen. Die Meinungen, wie es danach weitergehen solle, waren unterschiedlich. Die meisten sowjetischen Partisanen standen (über Funk) unter Leitung der Sowjetregierung. In Jugoslawien und Griechenland gab es je eine kommunistische und eine antikommunistische Widerstandsbewegung, die sich gegenseitig bekämpften. Die französische «Résistance» stand in enger Verbindung mit der «Regierung des freien Frankreich», die der geflohene General Charles de Gaulle in London gebildet hatte.

Partisanenbekämpfung

Die Partisanen bildeten keine klar erkennbare Front und verschwanden nach jedem Anschlag. Daher war die Bekämpfung durch die zahlenmässig schwachen deutschen Besatzungstruppen sehr schwierig. Diese versuchten vor allem, die Zivilbevölkerung von der Unterstützung der Partisanen abzuschrecken. Dies geschah durch Geiselerschiessungen und massive Strafaktionen, durch welche auch sehr viele völlig Unbeteiligte betroffen wurden.

Aus einem Befehl an die 718. deutsche Infanterie-Division in Jugoslawien vom 13. Oktober 1941:
97 «Künftig sind für jeden gefallenen oder ermordeten Soldaten hundert, für jeden verwundeten fünfzig Gefangene oder Geiseln zu erschiessen. Hierzu sind aus jedem Standortbereich sofort so viele Kommunisten, Nationalisten, Demokraten und Juden festzunehmen, als ohne Gefährdung der Kampfkraft bewacht werden können. Bekanntgabe des Zwecks öffentlich sowie an Festgenommene und deren Angehörige.»

Aus einem Bericht über die Zerstörung des französischen Dorfes Oradour-sur-Glane vom Juni 1944:
98 «Am Samstag, dem 10. Juni, brach eine Abteilung SS ... in den vorher gänzlich umstellten Ort ein und befahl der Bevölkerung, sich auf dem Marktplatz zu versammeln. Es wurde ihr mitgeteilt, dass einer Denunziation gemäss Sprengstoffe im Ort versteckt sein sollten und dass Hausdurchsuchungen sowie Identitätsfeststellungen vorgenommen würden. Die Männer wurden aufgefordert, sich in vier oder fünf Gruppen aufzustellen, von denen alsdann jede in

Der Zweite Weltkrieg: die Betroffene

BEKANNTMACHUNG

Nach eingehender Beobachtung des Verhaltens der französischen Bevölkerung im besetzten Gebiet habe ich festgestellt, dass der Grossteil der Bevölkerung in Ruhe seiner Arbeit nachgeht. Man lehnt die von englischer und sowjetischer Seite gegen die deutsche Besatzungstruppe angezettelten Attentate, Sabotageakte usw. ab, weil man genau weiss, dass sich die Folgen dieser Handlungen ausschliesslich auf das friedliche Leben der französischen Zivilbevölkerung auswirken.

Ich bin gewillt, der französischen Bevölkerung mitten im Kriege weiter unbedingt Ruhe und Sicherheit bei ihrer Arbeit zu gewährleisten. Da ich aber festgestellt habe, dass den Attentätern, Saboteuren und Unruhestiftern gerade von ihren engeren Familienangehörigen vor oder nach der Tat Hilfe geleistet wurde, habe ich mich entschlossen, nicht nur die Attentäter, Saboteure und Unruhestifter selbst bei Festnahme, sondern auch die Familien der namentlich bekannten aber flüchtigen Täter, falls diese sich nicht innerhalb von 10 Tagen nach der Tat bei einer deutschen oder französischen Polizeidienststelle melden, mit den schwersten Strafen zu treffen.

Ich verkünde folgende Strafen:

1.) **Erschiessung aller männlichen Familienangehörigen auf- und absteigender Linie sowie der Schwager und Vettern vom 18. Lebensjahr an aufwärts.**
2.) **Überführung aller Frauen gleichen Verwandtschaftsgrades in Zwangsarbeit.**
3.) **Überführung aller Kinder der von vorstehenden Massnahmen betroffenen männlichen und weiblichen Personen bis zum 17. Lebensjahr einschliesslich in eine Erziehungsanstalt.**

Ich rufe daher Jeden auf, nach seinen Möglichkeiten Attentate, Sabotage und Unruhe zu verhindern und auch den kleinsten Hinweis, der zur Ergreifung der Schuldigen führen kann, der nächsten deutschen oder französischen Polizeidienststelle zu geben.

Paris, am 10. Juli 1942.

Der Höhere SS- und Polizeiführer im Bereich des Militärbefehlshabers in Frankreich.

AVIS

Après avoir observé l'attitude de la population française en zone occupée, j'ai constaté que la majorité de la population continue à travailler dans le calme. On désapprouve les attentats, les actes de sabotage, etc., tramés par les Anglais et les Soviets et dirigés contre l'armée d'occupation, et l'on sait que c'est uniquement la vie paisible de la population civile française qui en subirait les conséquences.

Je suis résolu à garantir d'une façon absolue, en pleine guerre, à la population française la continuation de son travail dans le calme et la sécurité. Mais j'ai constaté que ce sont surtout les proches parents des auteurs d'attentats, des saboteurs et des fauteurs de troubles qui les ont aidés avant ou après le forfait. Je me suis donc décidé à frapper des peines les plus sévères non seulement les auteurs d'attentats, les saboteurs et les fauteurs de troubles eux-mêmes une fois arrêtés, mais aussi, en cas de fuite, aussitôt les noms des fuyards connus, les familles de ces criminels, s'ils ne se présentent pas dans les dix jours après le forfait à un service de police allemand ou français.

Par conséquent, j'annonce les peines suivantes:

1.) **Tous les proches parents masculins en ligne ascendante et descendante ainsi que les beaux-frères et cousins à partir de 18 ans seront fusillés.**
2.) **Toutes les femmes du même degré de parenté seront condamnées aux travaux forcés.**
3.) **Tous les enfants, jusqu'à 17 ans révolus, des hommes et des femmes frappés par ces mesures seront remis à une maison d'éducation surveillée.**

Donc, je fais appel à tous pour empêcher selon leurs moyens les attentats, les sabotages et le trouble et pour donner même la moindre indication utile aux autorités de la police allemande ou française afin d'appréhender les criminels.

Paris, le 10 juillet 1942.

Der Höhere SS- und Polizeiführer im Bereich des Militärbefehlshabers in Frankreich.

1 Bekanntmachung über die Strafmassnahmen bei Partisanenaktionen durch den deutschen Polizeikommandanten über Frankreich vom 10. Juli 1942
2 Gehängte Partisanen oder Geiseln in Jugoslawien

einer Scheune eingesperrt wurde. Die Frauen und Kinder wurden in die Kirche geführt und dort eingeschlossen ... Bald darauf krachten MG-Salven, und das ganze Dorf sowie die umliegenden Bauernhöfe wurden in Brand gesteckt. Die Häuser wurden eines nach dem andern angezündet ... Um 17.00 Uhr drangen deutsche Soldaten in die Kirche ein und stellten ... ein Erstickungsgerät auf, das aus einer Art Kiste bestand, aus der brennende Zündschnüre hervorragten. In kurzer Zeit wurde die Luft nicht mehr atembar; jemandem gelang es jedoch, die Sakristeitüre aufzureissen, wodurch es möglich wurde, die von der Erstickung betroffenen Frauen und Kinder wieder zu beleben. Die deutschen Soldaten begannen dann durch die Kirchenfenster zu schiessen, sie drangen hierauf in die Kirche ein, um die letzten Überlebenden durch Maschinenpistolenschüsse zu erledigen ... Eine einzige Frau konnte sich ... dadurch retten, dass sie sich tot stellte ... Gegen 18 Uhr hielten die deutschen Soldaten die in der Nähe vorbeifahrende Lokalbahn an und liessen die nach Oradour fahrenden Reisenden aussteigen. Sie streckten sie durch Maschinenpistolenschüsse nieder und warfen ihre Leichen in die Feuersbrunst ... Obwohl es unmöglich ist, die genaue Anzahl der Opfer anzugeben, kann sie annähernd auf 800 bis 1000 Tote geschätzt werden.»

Derartige Massnahmen vermehrten den Hass auf die Besatzungsmacht und vergrösserten die Bereitschaft, sich den Partisanen anzuschliessen oder sie so gut wie möglich zu unterstützen. So verlor etwa in Frankreich die Regierung Pétain jegliches Ansehen; die meisten Franzosen hofften nun auf die von General de Gaulle versprochene Befreiung.

Widerstand in Deutschland

In Deutschland selbst gab es keine in der breiten Bevölkerung verankerte, umfassende Widerstandsbewegung gegen die nationalsozialistische Herrschaft. Dies lag einerseits an der Propaganda und der scharfen polizeilichen Überwachung, anderseits am Kriegsverlauf. Zwar hatte die Mehrheit den Kriegsausbruch nicht begrüsst. Die Erfolge in den ersten Kriegsjahren führten aber doch zu grosser Begeisterung. Die darauf folgende ständige Verschlechterung der Kriegslage erzeugte dann bei vielen Bürgern das Gefühl, man müsse sich nun verteidigen, so gut und so lang es gehe, denn sonst drohe der völlige Untergang des deutschen Volkes. Es gab jedoch auch Widerstandsgruppen, welche glaubten, dass Deutschland nur durch einen Sturz der nationalsozialistischen Regierung gerettet werden könne.

Kommunistische Gruppen versuchten, durch Flugblätter, Maueraufschriften, Sabotageakte und Nachrichtenübermittlung an die Sowjetunion die nationalsozialistische Herrschaft zu schwächen. Sie wurden jedoch meist von der Geheimpolizei entdeckt. Viele kommunistische Widerstandskämpfer erlitten in den Gefängnissen und Konzentrationslagern den Tod.

Zahlreiche hohe Militärs, Staatsbeamte und Diplomaten, welche zuerst die nationalsozialistische Machtübernahme begrüsst oder hingenommen hatten, empörten sich über die Willkürherrschaft und Rechtlosigkeit. Sie hielten zudem die militärische Lage für aussichtslos. Durch einen Regierungswechsel hofften sie, bei den Gegnern zu einigermassen annehmbaren Friedensbedingungen zu kommen. Nach langen Diskussionen entschlossen sie sich, Hitler durch ein Attentat zu töten und dann sofort durch die Wehrmacht die wichtigsten Führer in Partei, Regierung und SS auszuschalten. Tatsächlich gelang es schliesslich dem aktivsten unter ihnen, dem Obersten Claus Graf Schenk von Stauffenberg, eine Bombe in Hitlers Hauptquartier einzuschmuggeln (20. Juli 1944). Im Unterschied zu einigen Mitarbeitern überstand Hitler jedoch die Explosion fast unversehrt. An den Verschwörern wurde blutige Rache genommen; mehrere hundert wurden hingerichtet.

Die «Weisse Rose»

Auch bei vielen Jugendlichen regten sich Zweifel. Zu ihnen gehörte eine Münchner Studentengruppe um die Geschwister Hans und Sophie Scholl. Hans Scholl konnte als Medizinstudent abwechselnd Militärdienst leisten und dann wieder weiter studieren. Er erlebte den Krieg in Frankreich und an der Ostfront, er hörte von den Massenerschiessungen in

Hans Scholl (1918–1943)   Sophie Scholl (1921–1943)

der Sowjetunion und der Tötung angeblich unheilbar Geisteskranker in Kliniken. Mit seiner Schwester und weiteren Kollegen kam er zum Schluss, dass man gegen die nationalsozialistische Herrschaft Widerstand leisten müsse, ungeachtet der Gefahren und der Erfolgschancen. Mit einem einfachen Vervielfältigungsapparat stellten er und seine Freunde die Flugblätter der «Weissen Rose» her. Sie wurden – in Auflagen bis zu 10 000 Exemplaren – teils an Zufallsadressaten verschickt, teils heimlich in Telefonkabinen, Autos usw. abgelegt. Schliesslich nahm die «Weisse Rose» auch Kontakt mit Studentengruppen an anderen Universitäten auf.

Die Katastrophe von Stalingrad (siehe Seite 144) veranlasste die «Weisse Rose», ihre Anstrengungen zu verstärken. Am 18. Februar 1943 legten Hans

```
Flugblätter der Widerstandsbewegung in Deutschland.

    A u f r u f   a n   a l l e   D e u t s c h e !

Der Krieg geht seinem sicheren Ende entgegen. Wie im Jahre
1918 versucht die deutsche Regierung alle Aufmerksamkeit auf
die wachsende U-Bootgefahr zu lenken, während im Osten die Armeen
unaufhörlich zurückströmen, im Westen die Invasion erwartet wird.
Die Rüstung Amerikas hat ihren Höhepunkt noch nicht erreicht,
aber heute schon übertrifft sie alles in der Geschichte seither
Dagewesene. Mit mathematischer Sicherheit führt Hitler das deutsche
Volk in den Abgrund. H i t l e r   k a n n   d e n   K r i e g   n i c h t
g e w i n n e n ,   n u r   n o c h   v e r l ä n g e r n ! Seine
und seiner Helfer Schuld hat jedes Mass unendlich überschritten.
Die gerechte Strafe rückt näher und näher !

    Was aber tut das deutsche Volk? Es sieht nicht und es hört
nicht. Blindlings folgt es seinen Verführern ins Verderben. Sieg
um jeden Preis, haben sie auf ihre Fahne geschrieben. Ich kämpfe
bis zum letzten Mann, sagt Hitler - indes ist der Krieg bereits
verloren.

    Deutsche! Wollt Ihr und Eure Kinder dasselbe Schicksal erleiden,
das den Juden widerfahren ist? Wollt Ihr mit dem gleichen Masse
gemessen werden , wie Eure Verführer? Sollen wir auf ewig das von
aller Welt gehasste und ausgestossene Volk sein? Nein! Darum
trennt Euch von dem nationalsozialistischen Untermenschentum!
Beweist durch die Tat, dass Ihr anders denkt! Ein neuer Befreiungs-
krieg bricht an. Der bessere Teil des Volkes kämpft auf unserer
Seite. Zerreisst den Mantel der Gleichgültigkeit, den Ihr um Euer
Herz gelegt! Entscheidet Euch, e h '   e s   z u   s p ä t   i s t !
```

Das fünfte, im Dezember 1942 erschienene Flugblatt der «Weissen Rose»

Der Zweite Weltkrieg: die Betroffenen

und Sophie Scholl neue Flugblätter in der Münchner Universität auf. Der Hauswart erkannte und verriet sie. Die Geschwister und eine Anzahl ihrer Freunde wurden in einem gerichtlichen Schnellverfahren ohne ernsthafte Verteidigungsmöglichkeiten zum Tode verurteilt und enthauptet.

Aus den Flugblättern der «Weissen Rose» (1942/43):

99 «Nichts ist eines Kulturvolkes unwürdiger, als sich ohne Widerstand von einer verantwortungslosen ... Herrscherclique regieren zu lassen. Ist es nicht so, dass sich jeder ehrliche Deutsche heute seiner Regierung schämt, und wer von uns ahnt das Ausmass der Schmach, die über uns und unsere Kinder kommen wird, wenn einst ... die grauenvollsten und jegliches Mass unendlich überschreitenden Verbrechen ans Tageslicht treten ... Wir würden es verdienen, in alle Welt verstreut zu werden wie der Staub vor dem Winde, wenn wir uns ... nicht endlich aufrafften und den Mut aufbrächten, der uns bisher gefehlt hat. Verbergt nicht Eure Feigheit unter dem Mantel der Klugheit. Denn mit jedem Tag, da Ihr noch zögert ..., wächst Eure Schuld ... höher und immer höher ... Hat dir nicht Gott selbst die Kraft und den Mut gegeben zu kämpfen? Wir müssen das Böse dort angreifen, wo es am mächtigsten ist, und es ist am mächtigsten in der Macht Hitlers ... Hitler kann den Krieg nicht gewinnen, nur noch verlängern! ... Die gerechte Strafe rückt näher und näher! ... Wollt Ihr mit dem gleichen Masse gemessen werden wie Eure Verführer? Sollen wir auf ewig das von aller Welt gehasste und ausgestossene Volk sein? Nein! Darum trennt Euch von dem nationalsozialistischen Untermenschentum! Beweist durch die Tat, dass Ihr anders denkt! Ein neuer Befreiungskrieg bricht an ... Entscheidet Euch, ehe es zu spät ist ... Der Tag der Abrechnung ist gekommen, der Abrechnung der deutschen Jugend mit der verabscheuungswürdigsten Tyrannei, die unser Volk je erduldet hat ... Leistet passiven Widerstand, wo immer Ihr auch seid, verhindert das Weiterlaufen dieser ... Kriegsmaschine, ehe es zu spät ist, ehe die letzten Städte ein Trümmerhaufen sind ... An allen Stellen muss der Nationalsozialismus angegriffen werden, an denen er nur angreifbar ist: ... Sabotage in rüstungs- und kriegswichtigen Betrieben, Sabotage in allen Versammlungen, Kundgebungen ..., Sabotage auf allen wissenschaftlichen und geistigen Gebieten, die für eine Fortführung des gegenwärtigen Krieges tätig sind, sei es in Universitäten ..., Forschungsanstalten .... technischen Büros ... Unser Volk steht im Aufbruch gegen die Verknechtung Europas durch den Nationalsozialismus, im neuen gläubigen Durchbruch von Freiheit und Ehre.»

Im Ganzen wurden bis zum Kriegsende etwa 12 000 deutsche Gegner des Nationalsozialismus aufgrund eines Gerichtsurteils hingerichtet. Über 20 000 fanden in Konzentrationslagern ohne Gerichtsverfahren den gewaltsamen Tod, viele andere erlagen dort den Entbehrungen und Krankheiten.

Die Verluste (Tote) im Zweiten Weltkrieg:

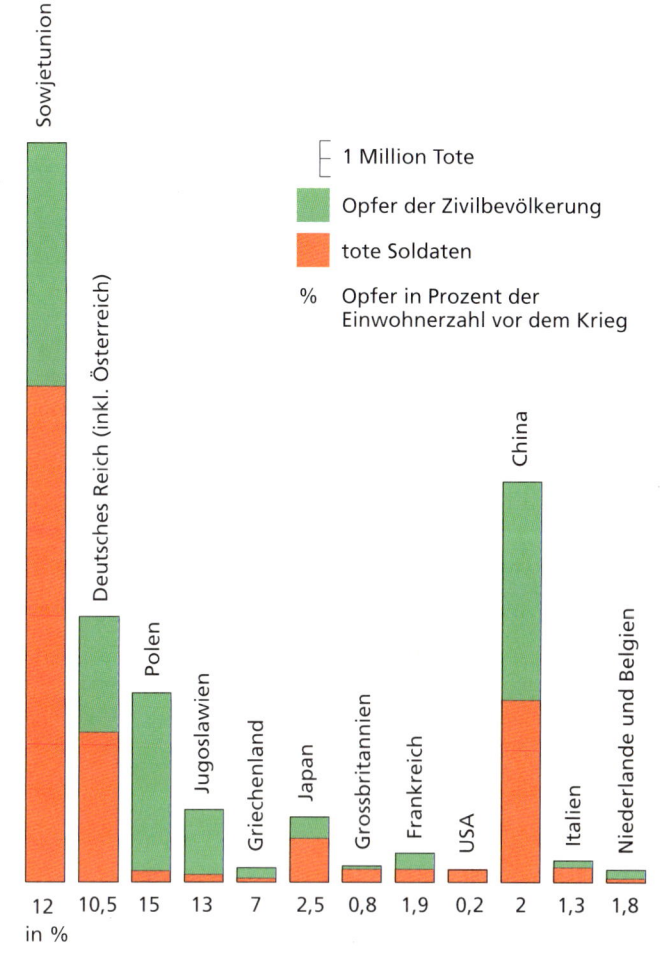

Legende:
- 1 Million Tote
- Opfer der Zivilbevölkerung (grün)
- tote Soldaten (orange)
- % Opfer in Prozent der Einwohnerzahl vor dem Krieg

Land	Sowjetunion	Deutsches Reich (inkl. Österreich)	Polen	Jugoslawien	Griechenland	Japan	Grossbritannien	Frankreich	USA	China	Italien	Niederlande und Belgien
in %	12	10,5	15	13	7	2,5	0,8	1,9	0,2	2	1,3	1,8

Das Wichtigste in Kürze:

Die Methoden der deutschen Herrschaft in den besetzten Gebieten erzeugten bei der Bevölkerung Hass und Ablehnung. Daher bildeten sich Widerstandsgruppen, die einen intensiven Partisanenkrieg führten. Auch in Deutschland bestanden Gruppen, welche auf den Sturz der nationalsozialistischen Herrschaft hinarbeiteten. Sie erreichten ihr Ziel nicht, dienten aber den Generationen nach dem Krieg als Vorbilder.

1 Wie bezeichnet man Kämpfer, die nicht einer regulären Armee angehören?
2 Was heisst «Résistance»?
3 Was geschah am 20. Juli 1944?
4 Wie lautete der Deckname der Widerstandsgruppe um die Geschwister Scholl?

5 Was geschieht, wenn Partisanen die Besatzungsmacht ständig reizen? Wie reagiert diese oft? Bilde dir ein Urteil über die besondere Problematik des Partisanenkrieges.
6 Wie beurteilst du die Aktionen der Geschwister Scholl und ihrer Freunde?

Ausblick:

Krieg und Frieden seit 1945

Atomwaffen im «Kalten Krieg»

Atomare Sprengkörper

Mit der Atombombe war während des Zweiten Weltkrieges eine Waffe entwickelt worden, die an Zerstörungskraft alles Bisherige weit übertraf. Von nun an unterschied man zwischen «Atomwaffen» und «konventionellen Waffen» (Panzer, Flugzeuge, Kanonen, nichtatomare Sprengkörper usw.). Staaten mit Atomwaffen waren mächtiger als andere. Waren Atomwaffen besitzende Staaten an einer Auseinandersetzung beteiligt, so konnte sich diese vom «konventionellen» zum «atomaren» Krieg steigern (Eskalation). Diese Gefahr bestand vor allem in der Zeit des «Kalten Krieges» (siehe Band 4) zwischen den USA und der Sowjetunion.

Die Wirkungskraft eines atomaren Sprengkörpers wird gemessen, indem man sie mit der Wirkung des üblichen nichtatomaren Sprengstoffs TNT (Trinitrotoluol) vergleicht, welcher sowohl im militärischen Bereich wie auch etwa bei Tunnelbauten verwendet wird. Die Druckwelle, die von den Atombomben in Hiroshima und Nagasaki ausging, war gleich stark wie jene von 15 000 Tonnen (15 Kilotonnen) TNT. Seither wurden atomare Sprengkörper von immer grösserer Wirkung entwickelt; einzelne erreichten in Versuchen einen Wirkungsgrad von 20 000 000 Tonnen (20 Megatonnen) Normalsprengstoff. Von solchen Sprengkörpern gehen auch sehr viel mehr Hitze und radioaktive Strahlung aus als von den Atombomben, die 1945 über Japan abgeworfen wurden. Anderseits wurden auch «kleine» atomare Sprengkörper mit der Wirkungskraft von minimal 100 Tonnen TNT konstruiert. Diese können etwa als Artilleriegeschosse oder Minen eingesetzt werden.

Als Transportmittel für den atomaren Sprengkörper zum Ziel diente zunächst das Flugzeug. Es wurde auf amerikanischer und auf sowjetischer Seite möglich, ständig mit Atombomben bestückte Flugzeuge mit einem Aktionsradius von über 10 000 Kilometern in der Luft zu halten. Daneben gewannen jedoch seit Ende der fünfziger Jahre Raketen verschiedenster Reichweite eine immer grössere Bedeutung. Die grössten werden vom Land abgefeuert und verfügen über eine Reichweite bis zu 15 000 Kilometern (Interkontinentalraketen). Kleinere können auch von beweglichen Standorten aus (Unterseeboote oder Flugzeuge) abgeschossen werden. Moderne Raketen transportieren bis zu zehn atomare Sprengköpfe und können diese auf verschiedene Ziele hin abfeuern. Die Treffsicherheit ist gross; die Sprengköpfe verfehlen das anvisierte Ziel höchstens um einige hundert Meter. Die so genannten Marschflugkörper sind kleine unbemannte Flugzeuge, welche dicht über dem Boden fliegend einen atomaren Sprengkopf in ein programmiertes Ziel transportieren und dabei kaum bemerkt werden können. Anderseits werden auch Verteidigungsraketen entwickelt, mit welchen herannahende Raketen abgeschossen werden sollen, bevor sie Schaden anrichten.

Die Wirkung der Explosion eines atomaren Sprengkörpers:

1. Es wird eine gewaltige **Druckwelle** ausgelöst. Häuser, Brücken, Staudämme brechen zusammen.

2. Es entsteht grosse **Hitze**. Zusammen mit der zerstörenden Wirkung der Druckwelle verursacht diese Brände und Explosionen (z. B. in Benzinlagern usw.).

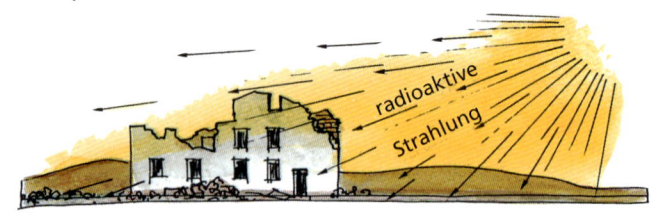

3. Es entsteht eine kurze, für den Menschen schädliche **radioaktive Strahlung**. Findet die Explosion am Boden statt, so wird dieser radioaktiv verseucht.

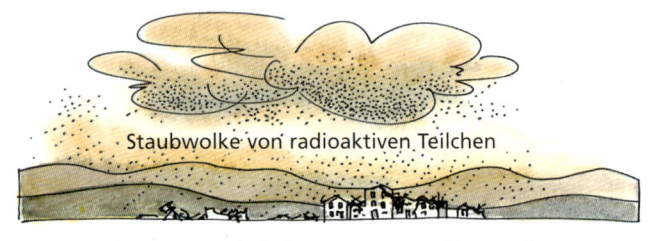

4. Aus dem Material des atomaren Sprengkörpers entstehen neue Elemente, die ihrerseits wieder

während langer Zeit radioaktiv sind («**radioaktive Zerfallsprodukte**»). Sie geraten durch die Luft, den Wind und den Regen auf den Boden und in das Wasser. Hier werden sie von Pflanzen, Tieren und Menschen aufgenommen, wo sie langfristige Schäden anrichten (Missgeburten, Krankheiten usw.).

Wer hat Atomwaffen? – Die Lage 1988

Nur die Sowjetunion und die USA konnten all diese verschiedenartigen Atomwaffen in grosser Zahl entwickeln. Die USA besassen 1988 etwa 30 000 atomare Sprengkörper aller Grössen, die Sowjetunion verfügte über etwa 25 000. Die Sprengwirkung all dieser Sprengkörper betrug auf beiden Seiten vermutlich über 3000 Megatonnen TNT. Das war zur gegenseitigen Vernichtung mehr als ausreichend. Grossbritannien, Frankreich und China waren sehr viel schwächere Atomwaffenmächte (höchstens je tausend atomare Sprengkörper). Indien hatte einen Atombombenversuch durchgeführt; von Israel und Südafrika vermutete man, dass sie Atombomben besässen. Die Entwicklung der Satellitenfotografie und der elektronischen Aufklärungsgeräte führte dazu, dass man über den Waffenbestand der verschiedenen Mächte gegenseitig recht gut im Bild war.

Wozu Atomwaffen?

Die führenden Staatsmänner wissen, dass ein allgemeiner Atomkrieg die Menschheit und ihre Kultur weitgehend auslöschen würde. Die Atomwaffe ist eine Waffe, die wahrscheinlich niemand einsetzen will. Daher muss man sich fragen, warum dennoch immer neue atomare Waffensysteme entwickelt wurden. Ein wichtiger Grund ist die **Furcht vor dem Atomwaffen besitzenden Gegner**:

1. Die **Furcht** vor dem **atomaren Angriff**: Die Staatsmänner wollen ihren Staat vor einem atomaren Angriff schützen. Sie organisieren ihre eigene Atomstreitmacht so, dass sie noch zurückschlagen kann, selbst wenn der Gegner zuerst angreift. Diese Aussicht soll den Gegner vor einem Atomangriff **abschrecken**.

2. Die **Furcht** vor einem **konventionellen Angriff**: Die Staatsmänner fürchten, einem Angriff des Gegners mit konventionellen Waffen nicht gewachsen zu sein. Daher drohen sie mit dem Einsatz von Atomwaffen. Diese Aussicht soll den Gegner von einem Angriff mit konventionellen Waffen **abschrecken**.

3. Die **Furcht** vor einer **atomaren Erpressung**: Die Staatsmänner fürchten, ohne eigene Atomwaffen erpressbar zu werden. Der Gegner könnte von ihnen mit der Drohung, Atomwaffen einzusetzen, Land oder wirtschaftliche Vorteile fordern.

Das Ende der Atommacht Sowjetunion

Die Krise und der Zerfall der Sowjetunion zwischen 1988 und 1992 (siehe Band 4) schufen eine neue Lage. An die Stelle der östlichen «Supermacht» traten zahlreiche neue Staaten. Es blieb zunächst unklar, wer die Kontrolle über die sowjetischen Atomwaffen gewinnen würde. Schliesslich verzichteten jedoch alle Nachfolgestaaten auf eine eigene atomare Bewaffnung mit Ausnahme der Republik Russland, die damit das sowjetische Atomwaffenarsenal erbte. Alledings war Russland militärisch bedeutend schwächer als die einstige

Supermacht Sowjetunion. Gerade die grossen wirtschaftlichen und inneren Probleme warfen jedoch die Frage auf, welche Atompolitik Russland künftig betreiben würde. Die Lage hatte sich verändert, die Atomwaffen blieben jedoch eine Gefahr.

Atomwaffen: Frieden erhaltend oder Welt zerstörend?

Solange Atomwaffen vorhanden sind, ist die Möglichkeit nicht auszuschliessen, dass sie doch einmal eingesetzt werden. Auf der ganzen Welt gibt es immer wieder Konflikte, die sich gelegentlich zu Kriegen ausweiten. Dabei können auch Staaten mit Atomwaffen direkt oder indirekt einbezogen werden. Es besteht die Gefahr, dass sie, wenn sie sich in die Enge getrieben fühlen, zur Atomwaffe greifen. Oft fürchtet man auch, dass diese Waffen durch einen Fehlalarm, einen Irrtum oder einen Unfall ausgelöst werden könnten.

Die Meinungen über die Vor- und Nachteile der Atomwaffen für die Bewahrung des Friedens sind unterschiedlich:

Aus einem Vortrag des Theologieprofessors Hans Ruh (6. November 1981):

100 «Die totale Aufklärbarkeit von Zielen sowie die totale Zielgenauigkeit von atomaren Trägerwaffen haben dazu geführt, dass die Strategen heute wieder ... von begrenzten nuklearen Einsätzen reden. Niemand kann aber mit Sicherheit annehmen, dass solche Einsätze begrenzt bleiben. Vielmehr ist stets die Eskalation zu einem Grosskrieg in Rechnung zu stellen. Die Unsicherheit ... rührt weiter auch davon her, dass neue technologische Durchbrüche auf einer Seite denkbar sind ... Und endlich bleibt stets die Gefahr des Kriegs aus Zufall, durch ein technisches Versagen, durch falsche Einschätzung, infolge Machtübernahme einer irrationalen Gruppe ... Mit der heutigen Form des Krieges riskiert der Mensch das Ende der Zivilisation.»

Aus einem Gespräch mit Christoph Bertram, dem früheren Leiter des Londoner Instituts für strategische Studien («Tages-Anzeiger» vom 6. Mai 1987):

101 «Ich bin der Überzeugung, dass nur atomare Waffen die Abschreckung bewerkstelligen können ... Konventionelle Waffen tragen immer noch die Möglichkeit eines Sieges in sich. Sobald die Abschreckung aber auf Atomwaffen beruht, gibt es diese Möglichkeit nicht mehr. Das ist der entscheidende ... Unterschied ... Für mich ist Abschreckung ... notwendig ..., weil ich möchte, dass auf beiden Seiten die Vorsicht, die auch in den letzten vierzig Jahren Stabilität und Frieden in Europa ermöglicht hat, erhalten bleibt. Für mich ist Abschreckung ... eine notwendige Vorsichtsmassnahme für den Fall, dass irgendwie der Gedanke aufkommen könnte: ‹Ach, wir könnten ja politische Probleme militärisch lösen.›»

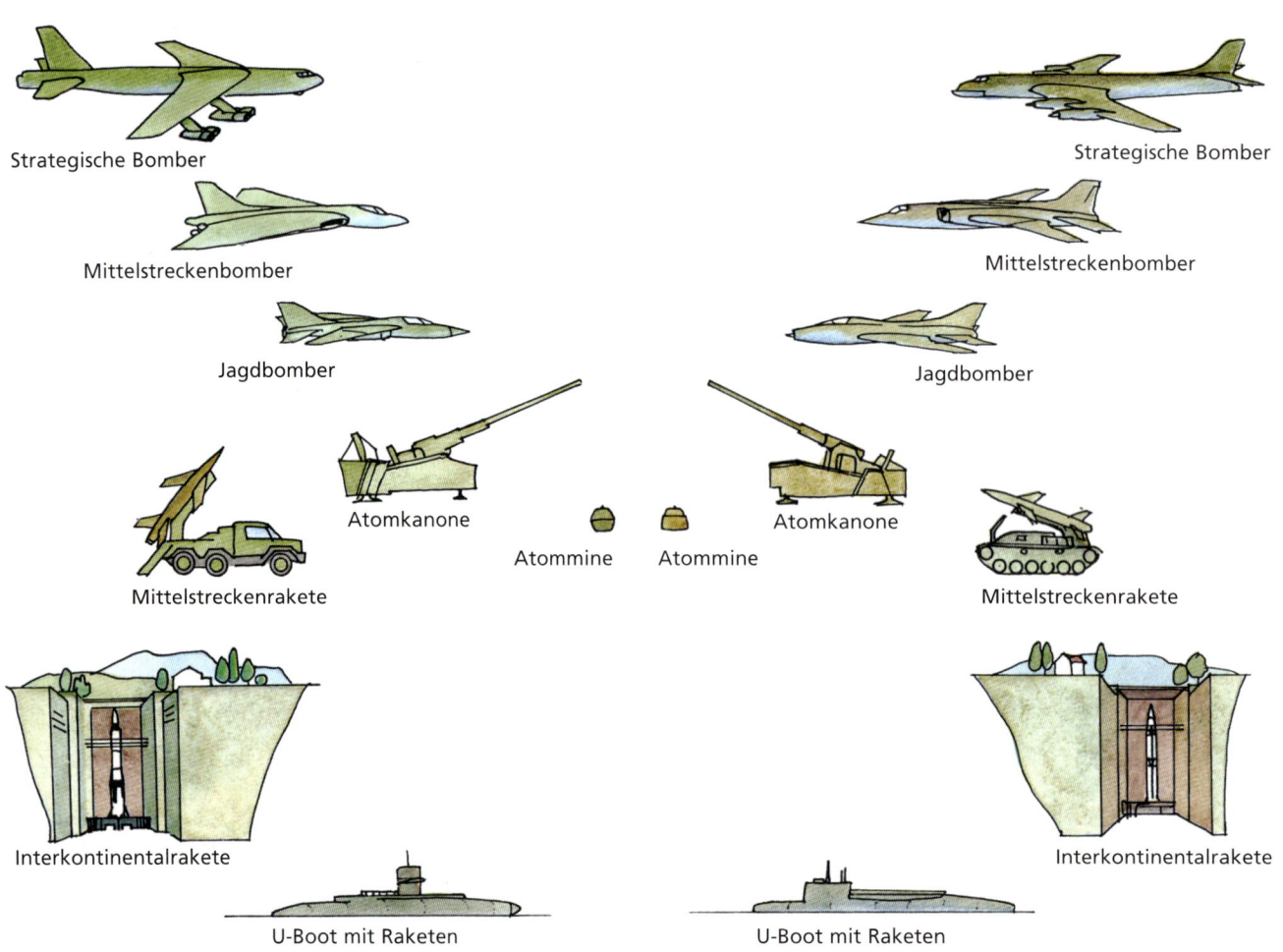

Das Atomwaffenarsenal (1988):

Strategische Bomber
Mittelstreckenbomber
Jagdbomber
Atomkanone
Atommine
Mittelstreckenrakete
Interkontinentalrakete
U-Boot mit Raketen

Strategische Bomber
Mittelstreckenbomber
Jagdbomber
Atomkanone
Atommine
Mittelstreckenrakete
Interkontinentalrakete
U-Boot mit Raketen

Krieg und Frieden seit 1945

1 Sowjetisches Unterseeboot mit Atomraketen
2 «Das Gleichgewicht des Schreckens» (Karikatur in der «Süddeutschen Zeitung»)
3 Konventioneller Krieg: iranische Soldaten beim Stellungsbezug in einem Schützengraben (1982)

Krieg in unserer Zeit

Seit dem Ende des Zweiten Weltkrieges wurden zwar keine Atomkriege, wohl aber zahlreiche andere Kriege geführt. Rechnet man auch kleinere, mit Waffengewalt ausgetragene Konflikte dazu, so kommt man bis 2002 auf etwa 200 Kriege, von denen die grosse Mehrzahl in der «Dritten Welt» (Asien, Afrika, Südamerika) stattfand. Die europäischen Staaten, die USA und die Sowjetunion waren jedoch in einigen Fällen mit Truppen, sehr häufig mit Waffenlieferungen daran beteiligt.

Die Kriege werden in verschiedenen Formen ausgetragen:
- «Konventionelle Kriege»: Zwei Staaten bekämpfen sich mit regulären Armeen: mit Soldaten, Panzern, Flugzeugen usw. Ein Beispiel dafür war der 1980 zwischen Iran und Irak ausgebrochene Krieg (Waffenstillstand 1988).
- «Bürgerkriege»: Innerhalb eines Staates kämpfen mehrere Parteien um die Macht. Dabei werden oft die Methoden des «Guerillakrieges» und des «Terrorismus» angewendet. Ein Beispiel dafür war der Bürgerkrieg im Libanon (1975–1990).
- «Guerillakriege»: In einem Land kämpft eine Guerilla- oder Partisanenarmee (siehe Seite 178) gegen die Truppen der Regierung oder die Armee einer fremden Macht. Beispiele dafür sind die Vietnamkriege (1946–1975) und der Krieg in Afghanistan (1979–1992).
- «Terrorismus»: Dabei handelt es sich um eine Weiterentwicklung der Guerillakriegsweise. Auch die Terroristen operieren in kleinen Gruppen, möglichst getarnt und ohne Frontbildung. Ihr bevorzugtes Kampfgebiet ist jedoch nicht die schwer zugängliche Landschaft, sondern die dicht besiedelte, anonyme Stadt. Sie gehen nicht nur im eigenen Land, sondern auch in völlig unbeteiligten Gebieten gegen den «Feind» vor, wobei zwischen «Gegner» und «Zivilbevölkerung» oft gar nicht mehr unterschieden wird. Wichtigste Kampfmittel sind Bombenanschläge und Entführungen.

Die gewaltigen Opfer, welche die modernen Waffen heute fordern, machen die Verhinderung von Kriegen zu einer der wichtigsten Aufgaben.

Der Philosoph Karl Jaspers (1958):
102 «Wer einen kommenden Krieg für sicher hält, wirkt gerade durch die Gewissheit mit, dass er entsteht. Wer den Frieden für sicher hält, wird unbesorgt und treibt ohne Absicht in den Krieg. Nur wer die Gefahr sieht und keinen Augenblick vergisst, kann sich vernünftig verhalten und tun, was möglich ist, um diese Gefahr zu beschwören.»

Ausblick:

1 Guerillakrieg: amerikanische Kompanie und Sanitätshelikopter im Dschungel Vietnams (1965)
2 Terrorismus: Ein Bombenanschlag auf den Bahnhof von Bologna (Italien) forderte 83 Tote (1980).
3 Bürgerkrieg: Granatwerferfeuer der Partei der Drusen auf Beirut, die Hauptstadt des Libanon (1983)

Das Wichtigste in Kürze:
Seit dem Zweiten Weltkrieg entwickelten vor allem die USA und die Sowjetunion immer umfangreichere und wirksamere Atomwaffensysteme. Ihr Zweck ist die Kriegsverhinderung durch Abschreckung. Die Gefahr besteht darin, dass sie doch einmal eingesetzt werden könnten. Neben den «konventionellen Kriegen» ist der «Guerillakrieg» eine immer häufigere Kriegsform geworden, besonders in den Gebieten der «Dritten Welt».

1 Was versteht man unter dem Begriff «konventionelle Waffen»?
2 Mit welchen Trägern können atomare Sprengkörper ins Ziel gebracht werden?
3 Aus welchen Gründen wollen viele Staatsmänner nicht einfach auf Atomwaffen verzichten?
4 Welche Arten von Krieg gibt es in der heutigen Zeit?

5 Gelegentlich wird die Frage aufgeworfen, ob im Zeitalter der Atomwaffen die schweizerische Armee überhaupt noch einen Sinn habe. Sammle möglichst viele Argumente zu diesem Problem und begründe deine persönliche Meinung.
6 Auch der Sinn des Zivilschutzes im «Atomzeitalter» wird manchmal in Frage gestellt. Orientiere dich über die verschiedenen Standpunkte und ihre Begründung und lege deine eigene Auffassung dar.

Krieg und Frieden seit 1945

Die Organisation der Vereinten Nationen (UNO) – Hüterin des Friedens?

Die Entstehung der Vereinten Nationen

Während des Zweiten Weltkriegs kamen der amerikanische Präsident Franklin D. Roosevelt und der britische Ministerpräsident Winston Churchill zum Schluss, nach Kriegsende müsse eine internationale Organisation zur Sicherung des Friedens geschaffen werden.

Aus einer Erklärung des amerikanischen Aussenministers Cordell Hull vom 23. Juli 1942:

103 «Der Konflikt, der jetzt die ganze Erde erfasst hat, ist kein Krieg zwischen Nationen ... Auf der Seite unserer Feinde ist es der Versuch, dieses und jenes Land zu erobern und zu versklaven. Auf unserer Seite, der Seite der Vereinten Nationen, ist es für jeden von uns ein Kampf auf Leben und Tod zur Erhaltung unserer Freiheit ... Wir sind einig in der Entschlossenheit, die Kräfte rastloser Eroberung und brutaler Sklaverei auf der ganzen Welt zu vernichten. Durch ihre Niederlage wird die Freiheit ... für alle Länder und alle Völker wieder hergestellt ... Es ist offensichtlich, dass eine internationale Einrichtung geschaffen werden muss, die – notfalls durch Gewalt – in Zukunft den Frieden zwischen den Völkern wahrt. Dieser Mechanismus zur Sicherung des Friedens muss in internationaler Zusammenarbeit geschaffen werden ... Wenn der Friede zwischen den Nationen ausreichend gesichert ist, wenn das politische Leben stabilisiert ist ..., werden in jeder Nation Kräfte frei werden, die dem Fortschritt dienen ... Die Nationen der Erde werden dann mehr als jemals in der Vergangenheit die Möglichkeit haben, nach ihrer eigenen Wahl die Wege menschlichen Fortschritts auszubauen.»

Der nach dem Ersten Weltkrieg gegründete Völkerbund (siehe Seite 125) hatte den Frieden nicht bewahren und den Ausbruch des Zweiten Weltkrieges nicht verhindern können. Die neue Organisation sollte wirkungsvoller sein als ihr Vorgänger:
- Sie sollte möglichst alle Staaten der Erde umfassen. Wichtig war vor allem die Mitwirkung der Sowjetunion. Diese war 1939 wegen des Angriffs auf Finnland aus dem Völkerbund ausgeschlossen worden. Jetzt aber gehörte sie zu den Siegermächten, die zur Sicherung des Friedens unentbehrlich waren.
- Die Hauptverantwortung für den Frieden sollte bei den Grossmächten liegen: den USA, Grossbritannien, der Sowjetunion, China und Frankreich.
- Sie sollte gegen einen Friedensbrecher mit militärischen Mitteln vorgehen können.

Das Wappen der Vereinten Nationen

Die Grossmächte arbeiteten die Verfassung der «Organisation der Vereinten Nationen» (englisch: United Nations Organization; UNO) aus. Am 25. Juni 1945 wurde sie von 51 Staaten angenommen. Später traten ihr zahlreiche weitere Länder bei, vor allem unabhängig gewordene Kolonien. 2005 zählte die UNO 191 Mitglieder. Nur Taiwan, der Vatikanstaat sowie ganz kleine Staaten, welche keine eigene Aussenpolitik betreiben, gehörten der UNO nicht an.

Die Ziele

1. Die Staaten verzichten darauf, Gewalt anzudrohen oder anzuwenden. Die Selbstverteidigung ist jedoch erlaubt.

187

Ausblick:

2. Gegen einen Staat, der den Frieden bricht, gehen die Mitglieder der UNO gemeinsam vor.

3. Durch internationale Zusammenarbeit sollen politische, wirtschaftliche und soziale Probleme gelöst werden.

4. Jedes Volk soll über sein eigenes Schicksal frei bestimmen können.

5. Die Menschenrechte (siehe Band 1, Seite 204) sollen in allen Mitgliedstaaten gelten. Jedes Volk soll seine Regierungsform selbst bestimmen können.

6. Die Selbständigkeit der Mitgliedstaaten wird anerkannt; man mischt sich nicht in ihre inneren Angelegenheiten ein.

Was tut der Sicherheitsrat?

Die Aufgabe, den Frieden zu sichern, liegt vor allem beim Sicherheitsrat. Er umfasst 15 Mitglieder, von denen 10 von der Generalversammlung gewählt werden. Die fünf Grossmächte sind dagegen immer im Sicherheitsrat vertreten. Ein Beschluss benötigt neun Stimmen. Jedoch genügt die Gegenstimme einer einzigen Grossmacht, um einen Beschluss zu verhindern (Vetorecht).

Droht irgendwo auf der Welt ein Krieg, so versucht der Sicherheitsrat zu vermitteln. Bricht der Krieg dennoch aus, so kann der Rat wirtschaftliche Massnahmen (Unterbindung des Handels usw.) oder sogar ein militärisches Vorgehen anordnen.

Sehr bald nach dem Zweiten Weltkrieg nahm der Gegensatz zwischen den Westmächten und der Sowjetunion zu. Daher kam im Sicherheitsrat bei vielen Konflikten kein Beschluss zustande, weil jede Grossmacht über ein Vetorecht verfügte. Deshalb ergriff der Sicherheitsrat bis 1990 nur einmal militärische Massnahmen (1950: Hilfe an Südkorea; siehe Band 4). Als sich die Beziehungen zwischen den USA und der Sowjetunion gegen Ende der achtziger Jahre verbesserten, wurde der Sicherheitsrat handlungsfähiger. Als der Irak 1990 den Nachbarstaat Kuwait am Persischen Golf eroberte, bildete der Sicherheitsrat aus Truppen verschiedener UNO-Mitglieder eine Armee unter amerikanischer Führung, welche Kuwait 1991 befreite («Golfkrieg»).

In manchen Fällen konnte der Sicherheitsrat bei einem bereits ausgebrochenen Krieg einen Waffenstillstand vermitteln. Die Grossmächte hatten meistens ein gemeinsames Interesse daran, dass sich diese Kriege nicht ausweiteten, da sich sonst ein Atomkrieg daraus entwickeln konnte.

Ist in einem Konfliktgebiet ein Waffenstillstand geschlossen worden, so kann der Sicherheitsrat UNO-Truppen («Blauhelme») in das umstrittene Gebiet schicken. Diese schaffen eine Pufferzone zwischen den Kampfparteien und versuchen so, das Wiederaufflackern der Kämpfe zu verhindern. Das Einverständnis der sich streitenden Staaten für diese «UNO-Dienstleistung» ist jedoch erforderlich.

Krieg und Frieden seit 1945

Was tut die Generalversammlung?

Die Generalversammlung trifft sich in der Regel einmal jährlich für meist mehrere Monate. Sie kann zu Problemen des Friedens und der Sicherheit keine verbindlichen Beschlüsse fassen, sondern nur Empfehlungen abgeben («Resolutionen»). Besonders intensiv befasst sie sich mit Fragen der wirtschaftlichen Entwicklung der armen Länder. Für zahlreiche Bereiche hat sie besondere Ausschüsse, Sonderkonferenzen und Hilfswerke geschaffen. Diese haben häufig die Vorarbeit für den Abschluss weltweiter Abkommen – von der Regelung der Benützung des Weltraums bis zur Entwicklungshilfe – geleistet. Für zahlreiche besondere Problemkreise bestehen Spezialorganisationen, die zwar selbständig sind, aber mit der UNO zusammenarbeiten.

Die UNO-Friedenstruppe im Einsatz: Wachposten indischer UNO-Soldaten an der israelisch-ägyptischen Grenze (1957)

Der Aufbau der Vereinten Nationen (UNO; Stand 2008):

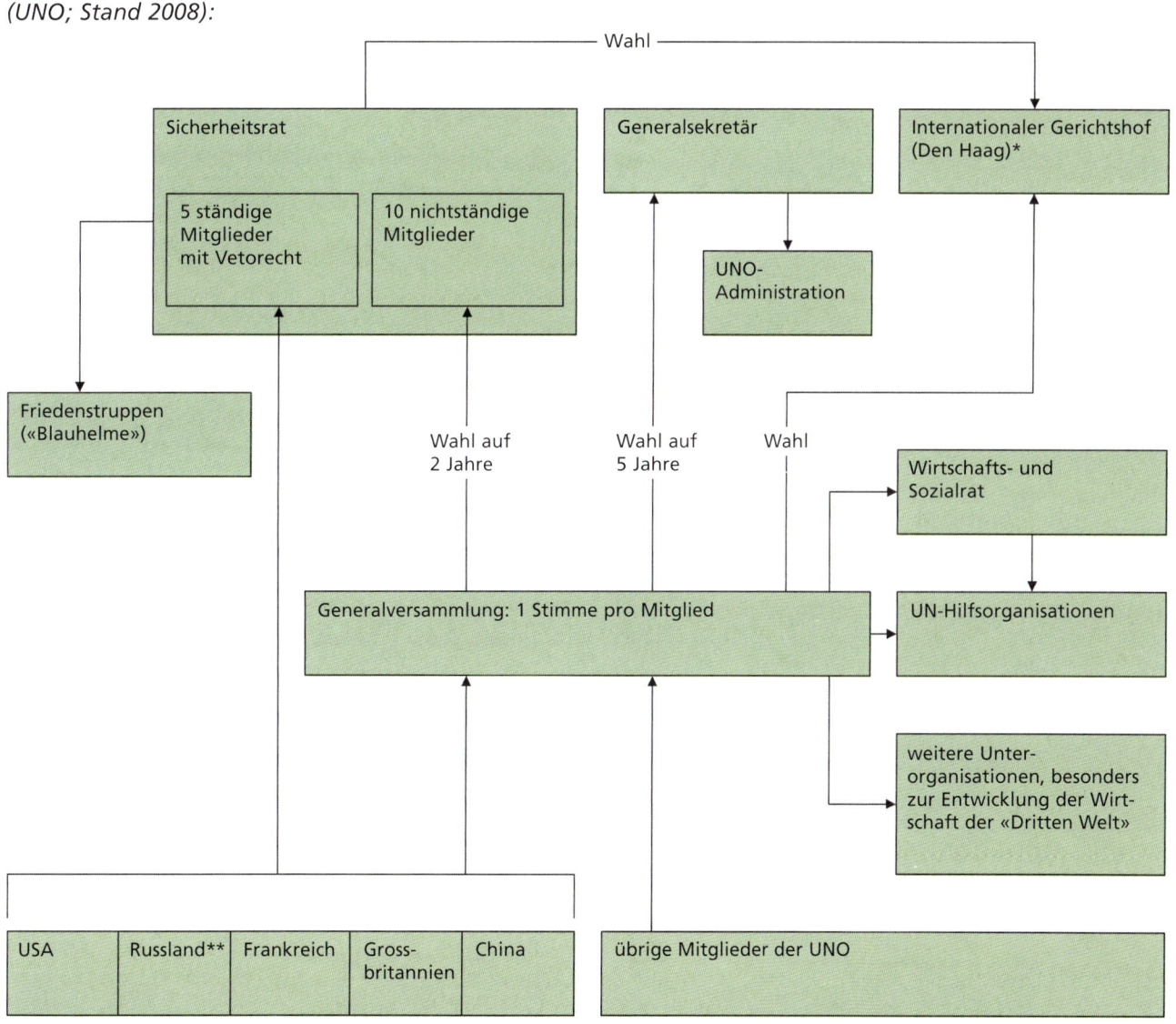

* Wahl durch Sicherheitsrat und Generalversammlung auf 9 Jahre

** früher: Sowjetunion

Ausblick: **Krieg und Frieden seit 1945**

Pro und kontra UNO

Die grosse Hoffnung, nach den Schrecken des Zweiten Weltkriegs für einen dauerhaften und weltweiten Frieden zu sorgen, hat die UNO nur teilweise erfüllen können. Die Urteile über ihre Tätigkeit sind unterschiedlich:

Kritische Argumente:	*Befürwortende Argumente:*
Der Sicherheitsrat ist wegen des Vetorechts der Grossmächte oft handlungsunfähig.	Der Sicherheitsrat hat sich schon bei manchen Konflikten als nützliche Feuerwehr erwiesen.
Im Sicherheitsrat dominieren die Grossmächte mit ihren Gegensätzen. Der Einfluss der kleineren Staaten ist gering.	Im Sicherheitsrat treffen sich die Grossmächte ständig und können sich bei Konflikten sofort aussprechen.
Die Diskussionen in der Generalversammlung sind meist uferlos und haben wenig Wirkung. Die Länder der «Dritten Welt» stellen die Mehrheit und führen das grosse Wort, obwohl sie weder Macht noch Geld haben.	Die Generalversammlung bietet allen Staaten die Möglichkeit, sich auszusprechen. Besser, die Gegensätze werden hier mit Worten als anderswo mit Waffen ausgetragen!
Vielerorts werden – trotz der UNO – die Menschenrechte und das Selbstbestimmungsrecht der Völker missachtet. Bestraft wird niemand!	Immerhin kommen diese Probleme in der UNO zur Sprache. Die Weltmeinung wird dadurch beeinflusst. Das nützt den Menschenrechten.
Die Bürokratie der UNO-Organisationen ist gigantisch. Der Aufwand ist im Vergleich zum Ertrag viel zu gross.	Von den UNO-Unterorganisationen, etwa dem Kinderhilfswerk UNICEF oder dem Hochkommissariat für Flüchtlinge, wird viel Gutes geleistet.

Die Schweiz und die UNO

Zur Zeit der Gründung der UNO stand noch das mögliche militärische Vorgehen gegen Friedensbrecher im Vordergrund. Daher kam für die Schweiz ein Beitritt wegen ihrer Neutralität nicht in Frage. Mit der Zeit verschob sich die Tätigkeit der UNO auf die Schlichtung von Konflikten und auf die Förderung der internationalen Zusammenarbeit. Die Schweiz trat daher auch einer Reihe von Unter- und Spezialorganisationen bei; seit 1946 befindet sich in Genf der europäische Sitz der UNO. Seit Ende der Sechzigerjahre fasste der Bundesrat einen Vollbeitritt der Schweiz zur UNO ernsthaft ins Auge. 1984 beschlossen National- und Ständerat, ein Beitrittsgesuch einzureichen, doch ergab eine Volksabstimmung 1986 ein deutlich negatives Resultat. In der Volksmeinung überwog offenbar einerseits die Furcht, die Neutralität aufs Spiel zu setzen, anderseits die kritische Beurteilung der Tätigkeit der UNO.

Durch das Ende des Kalten Krieges änderte sich das Bild der UNO bei der Mehrheit der Schweizer. Diese erschien nun als handlungsfähige Gemeinschaft aller Staaten der Welt. Durch ein Abseitsstehen konnte die Schweiz in eine Isolation geraten. 2002 wurde eine Volksinitiative für den Beitritt der Schweiz zur UNO in einer Abstimmung angenommen. Die Schweiz wurde UNO-Mitglied.

Das Wichtigste in Kürze:

Zur Sicherung des Weltfriedens wurde 1945 die Organisation der Vereinten Nationen gegründet. Ihr gehören heute fast alle Staaten der Erde an. Zahlreiche Kriege konnten von ihr nicht verhindert werden. In vielen Fällen konnte sie jedoch zur Schlichtung von Konflikten beitragen und die internationale Zusammenarbeit fördern. Die Schweiz trat der UNO 2002 bei.

Kritik an der UNO in der Karikatur

1 Was bedeutet die Abkürzung «UNO» auf Englisch? Wie wird diese Bezeichnung auf Deutsch übersetzt?
2 Welches ist die Hauptaufgabe des Sicherheitsrates?
3 Wie nennt man das Recht der Grossmächte, im Sicherheitsrat durch ihre Gegenstimme einen Beschluss zu verhindern? Wie wirkt sich dieses Recht aus?
4 Was sind «Blauhelme»?
5 Nenne einige kritische Argumente zur Wirksamkeit der UNO. Stelle diesen positive Beurteilungen gegenüber. Was überzeugt dich mehr?
6 Wie beurteilst du den UNO-Beitritt der Schweiz?

Anhang

Quellenverzeichnis

Akeret, Walter: Die Zweite Zürcher Eingemeindung von 1934. Bern 1977: 40 (40)
Anhorn, Bartholomäus: Graw-Pünter-Krieg, hg. von Conradin von Moor. Chur 1873: 119f. (16)
Ansprenger, Franz: Die Auflösung der Kolonialreiche. München 1977: 93 (114).
Arnet, Edwin: Das Eidgenössische Wettspiel. Offizielles Festspiel der Schweizerischen Landesausstellung 1939. Einsiedeln 1939: 91 (112)
Bähr, Hans Walter (Hg.): Die Stimme des Menschen. Briefe und Aufzeichnungen aus der ganzen Welt 1939–1945. München 1961: 159 (62–63), 160 (66–67), 161 (68), 163 (73, 75), 171 (89), 178 (96)
Beier-Lindhardt, Erich: Der Führer regiert. Langensalza 1935: 69 (73)
Bennecke, Heinrich: Wirtschaftliche Depression und politischer Radikalismus 1918–1938. München/Wien 1970: 64 (59)
Berger, Thomas: Lebenssituationen unter der Herrschaft des Nationalsozialismus. Frankfurt a.M. 1981: 73 (80), 74f. (81), 84 (99)
Bibel. Die Heilige Schrift des Alten und des Neuen Testaments, hg. vom Kirchenrat des Kantons Zürich. 2. Aufl. Zürich 1984: 109 (3)
Boccaccio, Giovanni: Das Dekameron, hg. von Karl Witte. München 1979: 11 (10)
Bonjour, Edgar: Geschichte der schweizerischen Neutralität im Zweiten Weltkrieg. 6 Bände, Basel 1970–1976: 151f. (51), 155 (59)
Bonjour, Edgar: Werden und Wachsen der schweizerischen Demokratie. Basel 1939: 89 (107)
Bracher, Karl Dietrich: Die Auflösung der Weimarer Republik. Stuttgart/Düsseldorf 1955: 59 (51)
Brecht, Bertolt: Gesammelte Werke, Band 20. Frankfurt a.M. 1977: 66f. (64)
Brupbacher, Fritz: 60 Jahre Ketzer. Zürich 1935: 28 (29)
Buchbender, Ortwin, und Sterz, Reinhold (Hg.): Das andere Gesicht des Krieges. Deutsche Feldpostbriefe 1939–1945. München 1982: 138 (41), 139 (43), 162 (71–72)
Bullock, Alan: Hitler, Eine Studie über Tyrannei. 2 Bände, Frankfurt a.M. 1964: 127 (27)
Bund, Der. Unabhängige liberale Tageszeitung. Bern 1850ff., Jg. 1968: 100 (126)
Burckhardt, Carl J.: Meine Danziger Mission 1937–1939. München 1960: 130 (35)
Burckhardt, Jacob: Weltgeschichtliche Betrachtungen, hg. von Rudolf Marx. Stuttgart 1935: 122 (21)
Burkhard, Werner (Hg.): Schriftwerke deutscher Sprache, 1. Band. 4. Aufl. Aarau 1957: 14 (14)
Caesar, Gaius Julius: Der gallische Krieg, hg. von Georg Dorminger. 2. Aufl. München 1966: 110 (6), 114 (10)
Capelle, Wilhelm (Hg.): Arrian. Alexander des Grossen Siegeszug durch Asien. Stuttgart 1950: 110 (7)
Casetti, Guido: Die Revolte der Jungen. Zürich 1969: 99 (122–123)
Churchill, Winston S.: Memoiren. Der Zweite Weltkrieg. 6 Bände, Stuttgart 1954: 136 (37)
Cicero, Marcus Tullius: Ausgewählte Reden, 6. Band: Reden gegen Verres, hg. von Friedrich Spiro. Leipzig 1897: 7 (3)
Cicero, Marcus Tullius: De ratione dicendi ad Herennium. London 1964: 5 (1)
Cicero, Marcus Tullius: Letters to Atticus, hg. von E. O. Winstedt. 3 Bände, London 1960–1962: 8 (8)
Cicero, Marcus Tullius: Vom Staatswesen, hg. von Walter Siegfried. Köln 1968: 7 (6)
Conze, Werner (Hg.): Der Nationalsozialismus. 2 Bände, Stuttgart 1959–1962: 67 (66–67)
Deuerlein, Ernst (Hg.): Der Aufstieg der NSDAP in Augenzeugenberichten. Düsseldorf 1968: 61f. (53), 64 (60)
Diels, Rudolf: Lucifer ante portas ..., es spricht der erste Chef der Gestapo. Stuttgart 1950: 65 (61)
Diemer, Gebhard (Hg.): Europa zwischen den Weltkriegen. Würzburg 1975: 129f. (32), 130 (33)
Dönhoff, Marion Gräfin: Namen, die keiner mehr nennt. München 1964: 171 (90)

Espe, W. M.: Das Buch der NSDAP. Werden, Kampf und Ziel der NSDAP. Berlin 1934: 22 (21)
Etter, Philipp: Die vaterländische Erneuerung und wir. Zug 1933: 91 (111)
Etter, Philipp: Reden an das Schweizervolk. Zürich 1939: 89f. (108)
Faksimile-Querschnitte durch Zeitungen und Zeitschriften, 14. Band: Signal, hg. von Hans Dollinger. Bern 1969: 73 (79)
Fest, Joachim: Das Gesicht des Dritten Reiches. Zürich 1975: 71 (76)
Fink, Jürg: Die Schweiz aus der Sicht des Dritten Reiches, 1933–1945. Zürich 1985: 153 (52–53), 155 (60)
Focke, Harald, und Reimer, Uwe: Alltag unterm Hakenkreuz. Hamburg 1979: 78 (90)
Franz, Günther (Hg.): Quellen zur Geschichte des deutschen Bauernstandes in der Neuzeit. Darmstadt 1963: 118 (11), 118f. (12), 119 (15)
Frei, Daniel: Kriegsverhütung und Friedenssicherung. Frauenfeld 1970: 122 (20)
Freud, Sigmund: Gesammelte Werke, hg. von Anna Freud, 16. Band. London 1950: 110 (4)
Fry, Edward: Der Kubismus. Köln 1966: 38 (38)
Gafencu, Grigore: Europas letzte Tage. Zürich 1946: 62 (56)
Gaulle, Charles de: Memoiren 1942–1946. Düsseldorf 1961: 95 (119)
Gautschi, Willi (Hg.): Dokumente zum Landesstreik 1918. Zürich/Köln 1971: 28 (28), 29 (30–31), 30 (32), 31 (33)
Gauye, Oscar: «Au Rütli, 25 juillet 1940», Le discours du Général Guisan: nouveaux aspects, in: Studien und Quellen. Veröffentlichungen des Schweizerischen Bundesarchivs, 10. Band. Bern 1984: 151 (46–47; 50)
Gerber, Ernst: Im Dienste des Roten Kreuzes. Schweizer in Lazaretten an der Ostfront 1941/42. Luzern 1970: 164 (76)
Geschichte der deutschen Kriegsgefangenen des Zweiten Weltkriegs, 7. Band: Die deutschen Kriegsgefangenen in sowjetischer Hand. München 1965ff.: 165 (79)
Goebbels, Joseph: Vom Kaiserhof zur Reichskanzlei. Berlin 1934: 67 (71)
Graml, Hermann: Europa zwischen den Kriegen. München 1969: 22 (19)
Guericke, Otto von: Geschichte der Belagerung, Eroberung und Zerstörung der Stadt Magdeburg, hg. von Friedrich Wilhelm Hoffmann und Horst Kohl. 2. Aufl. Leipzig 1912: 119 (13)
Guisan, Henri: Bericht an die Bundesversammlung über den Aktivdienst 1939–1945. Bern 1946: 149 (45)
Guler, Johann: Püntnerischer Handlungen wiederholte und vermehrte Deduktion. Chur 1877: 119 (14)
Hartig, Paul (Hg.): Die Französische Revolution. Stuttgart 1972: 110 (9)
Hartig, Paul (Hg.): Das Ringen um den modernen Verfassungsstaat in Frankreich. Stuttgart 1978: 93 (113)
Hegel, Karl (Hg.): Die Chroniken der Stadt Strassburg, 1. Band. Leipzig 1870: 12 (11)
Heudtlass, Willy: Solferino. Essen 1959: 123 (25)
Hey, Berndt, und Radkau, Joachim (Hg.): Nationalsozialismus und Faschismus, in: Politische Weltkunde 2. Stuttgart 1976: 65f. (62), 69 (72), 75 (83)
Hitler, Adolf: Mein Kampf. München 1925: 63 (58), 127f. (29)
Höxter, Julius: Quellenbuch zur jüdischen Geschichte und Literatur. 2 Bände, Zürich 1983: 13f. (13)
Hofer, Walther (Hg.): Der Nationalsozialismus. Dokumente 1933–1945. Frankfurt a.M. 1957: 67 (68), 127 (28), 130f. (36), 173f. (93), 174f. (94)
Hofstadter, Richard (Hg.): Great Issues in American History. A Documentary Record. 2 Bände, New York 1958: 23 (22)
Hohlfeld, Johannes (Hg.): Dokumente der deutschen Politik und Geschichte von 1848 bis zur Gegenwart. 6 Bände, Berlin o. J.: 21 (17)
Horatius Flaccus, Quintus: Werke, hg. von Johann Heinrich Voss. 2 Bände, 3. Aufl. Braunschweig 1822: 109 (1)
Huber, Heinz, und Müller, Arthur: Das Dritte Reich. Seine Geschichte in Texten, Bildern und Dokumenten. 2 Bände, München 1964: 81f. (94), 167 (82), 168 (86), 174f. (94), 175f. (95), 178f. (98)

Huber, Karl H.: Jugend unterm Hakenkreuz. Berlin 1982: 76 (86)

Hürlimann, Martin (Hg.): Die Schweiz im Spiegel der Landesausstellung. 5 Bände, Zürich 1940–1942: 89 (106)

Jacobsen, Hans-Adolf, und Jochmann, Werner (Hg.): Ausgewählte Dokumente zur Geschichte des Nationalsozialismus 1933–1945. Bielefeld 1961: 62 (54)

Jacobsen, Hans-Adolf (Hg.): Der Zweite Weltkrieg. Grundzüge der Politik und Strategie in Dokumenten. Frankfurt a. M. 1965: 138 (38–39), 145 (44), 154 (54), 167 (81), 187 (103)

Jakobs, Karl Heinz (Hg.): Das grosse Lesebuch vom Frieden. Frankfurt 1983: 122 (22), 122f. (24)

Jaspers, Karl: Die Atombombe und die Zukunft des Menschen; politisches Bewusstsein in unserer Zeit. München 1958: 186 (102)

Jessen, Hans (Hg.): Der Dreissigjährige Krieg in Augenzeugenberichten. München 1971: 120 (17)

Junod, Marcel: Kämpfer beidseits der Front. Zürich 1947: 165 (78), 168f. (87)

Kausler, E. und R.: Geschichte der Kreuzzüge und des Königreichs Jerusalem. 1844: 110 (8)

Keim, Helmut, und Urbach, Dieter: Volksbildung in Deutschland 1933–1945. Braunschweig 1976: 75 (84)

Kemal, Mustafa: Die nationale Revolution 1920–1927. Leipzig 1927: 21 (16)

Kirkpatrick, Ivone: Mussolini. Berlin 1965: 57 (49)

Klönne, Arno: Jugend im Dritten Reich: Die Hitler-Jugend und ihre Gegner. Düsseldorf 1982: 77f. (89)

Klöss, Erhard: Der Luftkrieg über Deutschland 1939–1945. München 1963: 169f. (88)

Klöss, Erhard (Hg.): Reden des Führers. Politik und Propaganda Adolf Hitlers 1922–1945. München 1967: 62 (57), 129 (31)

Knickerbocker, Hubert F.: Deutschland so oder so? Berlin 1932: 45 (44)

Konzelmann, Gerhard: Öl. Schicksal der Menschheit? Sigloch 1976: 104 (128)

Kosthorst, Erich (Hg.): Das nationalsozialistische Regime, Materialheft. Paderborn 1980: 67 (65), 69 (74), 73 (77–78), 168 (83; 85)

Kurz, Hans Rudolf (Hg.): Dokumente der Grenzbesetzung 1914/18. Frauenfeld 1979: 26 (25)

Kurz, Hans Rudolf (Hg.): Dokumente des Aktivdienstes. Frauenfeld 1965: 154 (57)

Kurz, Hans Rudolf: Die Schweiz im Zweiten Weltkrieg. Thun 1959: 155 (58)

Lauber, Heinz: Judenpogrom: «Reichskristallnacht» November 1938 in Grossdeutschland. Gerlingen 1981: 83 (96)

Léger, Fernand: Mensch, Maschinen, Malerei, hg. von Robert Füglister. Bern 1973: 37 (35)

Mantoux, Paul: Les Délibérations du Conseil des Quatre (24 mars–28 juin 1919), 1. Band. Paris 1955: 16f. (15)

Martet, Jean: Der Tiger. Berlin 1930: 23 (24)

Meier-Benneckenstein, P. (Hg.): Dokumente der deutschen Politik. 7 Bände, Berlin 1937ff.: 67 (69)

Meulen, Jacob ter: Der Gedanke der internationalen Organisation in seiner Entwicklung. 2 Bände, Den Haag 1929: 110 (9)

Michaelis, Herbert, und Schraepler, Ernst (Hg.): Ursachen und Folgen. Vom deutschen Zusammenbruch 1918 und 1945 bis zur staatlichen Neuordnung Deutschlands in der Gegenwart. 9 Bände, Berlin 1958ff.: 23 (23), 45 (45)

Miermeister, Jürgen, und Staadt, Jochen (Hg.): Provokationen. Die Studenten- und Jugendrevolte in ihren Flugblättern 1965–1971. Darmstadt 1980: 99f. (125)

Mit dem Rücken zur Wand. Die Flüchtlingsdebatte des Nationalrates vom September 1942. Schaffhausen 1979: 157f. (61)

Möncke, Gisela (Hg.): Quellen zur Wirtschafts- und Sozialgeschichte mittel- und oberdeutscher Städte im Spätmittelalter. Darmstadt 1982: 13 (12)

Mosse, Georg: Der nationalsozialistische Alltag. So lebte man unter Hitler. Königstein 1978: 84 (98)

Münzenberg, Willi: Die dritte Front. Aufzeichnungen aus 25 Jahren proletarischer Jugendbewegung. Berlin 1930: 28 (27)

Neue Zürcher Zeitung. Zürich 1780ff., Jge. 1940, 1968, 1973: 100 (127), 105 (130), 106 (131), 151 (49)

Nolte, Ernst: Der Faschismus. Von Mussolini bis Hitler. München 1968: 55f. (46), 56 (47)

Norden, Günther van (Hg.): Dokumente und Berichte aus dem Dritten Reich. 6. Aufl. Frankfurt a. M. 1980: 161 (69), 174f. (94)

Picker, Henry: Hitlers Tischgespräche im Führerhauptquartier 1941–1942. 2. Aufl. Stuttgart 1965: 128 (30)

Piekalkiewicz, Janusz: Krieg auf dem Balkan 1940–1945. München 1984: 178 (97)

Platner, Geert (Hg.): Schule im Dritten Reich – Erziehung zum Tod. München 1983: 76 (86–87), 78 (91)

Plutarch: Römische Heldenleben, hg. von Wilhelm Ax. 5. Aufl. Stuttgart 1953: 7 (7)

Pohlenz, Max (Hg.): Stoa und Stoiker. Die Gründer: Panaitios, Poseidonios. Selbstzeugnisse und Berichte. Zürich/Stuttgart 1950: 7 (4)

Rau, Reinhold (Hg.): Quellen zur karolingischen Reichsgeschichte. 3 Bände, Darmstadt 1955–1960: 110 (5)

Raumer, Kurt von: Ewiger Friede. Friedensrufe und Friedenspläne seit der Renaissance. Freiburg i. Br. 1953: 121 (19)

Raumer, Kurt von, und Vierhaus, Rudolf (Hg.): Friede und Völkerordnung. 2 Bände, Stuttgart 1965–1971: 109 (2), 121 (18), 122 (23), 125 (26)

Reich-Ranicki, Marcel (Hg.): Meine Schulzeit im Dritten Reich. München 1984: 75 (85)

Richarz, Monika: Jüdisches Leben in Deutschland. 3 Bände, Stuttgart 1976–1982: 83 (97)

Richter, Hans: DADA – Kunst und Antikunst. Köln 1964: 38 (37)

Rimli, Eugen Th.: Heimat und Volk. Die Höhenstrasse der Schweizerischen Landesausstellung 1939. Zürich 1939: 90 (109)

Rosenberg, Martin: Was war Anpassung, was war Widerstand? Bern 1966: 151 (48), 154 (55)

Roth, Alfred: Begegnung mit Pionieren. Basel 1973: 39f. (39)

Rück, Fritz: 1919–1939, Friede ohne Sicherheit. Stockholm 1945: 42 (41), 44 (42–43)

Ruh, Hans: Sicherheit und Abrüstung. Radiovortrag vom 6.11.1981. Manuskript: 184 (100)

Schieder, Theodor (Hg.): Dokumente der Vertreibung. 1. Band, Teile 1–2: Vertreibung der deutschen Bevölkerung aus den Gebieten der östlichen Oder-Neisse. Bonn 1954ff.: 172 (91)

Schirach, Baldur von (Hg.): Blut und Ehre, Liederbuch der Hitlerjugend. Berlin 1933: 77 (88)

Schlange-Schöningen, Hans: Am Tage danach. Hamburg 1946: 75 (82), 82 (95)

Schmid, Heinz-Dieter: Die nationalsozialistische Machtergreifung in einer Kreisstadt. Frankfurt a. M. 1981: 66 (63)

Schönberner, Gerhard: Der gelbe Stern. Die Judenverfolgung in Europa 1933–1945. München 1978: 173 (92)

Scholl, Inge: Die Weisse Rose. 7. Aufl. Frankfurt a. M. 1952: 181 (99)

Schörken, Rolf: Das Dritte Reich, Geschichte und Struktur. Stuttgart 1982: 70 (75)

Schüddekopf, Otto-Erich: Das Heer und die Republik. Quellen zur Politik der Reichswehrführung 1918–1933. Hannover/Frankfurt a. M. 1955: 21 (18)

Schweizerische Kriegswirtschaft 1939/48, Die. Bericht des Eidgenössischen Volkswirtschaftsdepartements über die Kriegswirtschaft. Bern 1950: 154 (56)

Schweizerische Monatshefte für Politik und Kultur. Zürich 1921ff., Jge. 1923/24, 1928, 1930: 32f. (34), 57 (48), 86 (102)

Skrjabin, Elena: Leningrader Tagebuch. Aufzeichnungen aus den Kriegsjahren 1941–1945. München 1972: 167 (80)

Speer, Albert: Erinnerungen. Berlin 1969: 81 (93)

Der Spiegel. Das deutsche Nachrichtenmagazin. Hamburg 1947ff., Jg. 1974: 104 (129)

Staatsarchiv Zürich: P 239.13 (Polizeiakten): 28 (26)

Staub, Hans O.: Charles André Marie Joseph de Gaulle, Träumer oder Realist. Luzern 1966: 94f. (117)

Bildnachweis

Stehle, Hansjakob: Der Lemberger Metropolit Šeptyckij und die nationalsozialistische Politik in der Ukraine, in: Vierteljahreshefte für Zeitgeschichte 34 (München 1986), S. 407ff.: 168 (84)

Struve, Vassili (Hg.): Chrestomathie zur Geschichte der Alten Welt. 3 Bände, Berlin 1954/57: 7 (5)

Sueton: Caesarenleben, hg. von Max Heinemann. 4. Aufl. Stuttgart 1951: 8f. (9)

Tages-Anzeiger für Stadt und Kanton Zürich, Zürich 1893ff., Jge. 1958 und 1987: 94 (115), 184 (101)

Tansill, Charles: Die Hintertür zum Kriege. 2. Aufl. Düsseldorf 1956: 22 (20)

Treue, Wilhelm: Rede Hitlers vor der deutschen Presse am 10. November 1938, in: Vierteljahreshefte für Zeitgeschichte 6 (1958), S. 175ff.: 130 (34)

Überschär, Gerd, und Wette, Wolfram (Hg.): Unternehmen Barbarossa. Der deutsche Überfall auf die Sowjetunion 1941. Paderborn 1984: 138 (40), 138f. (42), 164 (77)

Volksrecht. Sozialdemokratisch-gewerkschaftliche Tageszeitung. Zürich 1898ff.: Jge. 1934, 1937, 1939: 88 (103–105)

Wahlen, Hermann (Hg.): Rudolf Minger spricht. 24 Reden. Bern 1967: 85 (100)

Wagner, Julius (Hg.): Wehr und Waffen. Die Kriegsbereitschaft der schweizerischen Armee. Zürich 1939: 90 (110)

Weber, Hermann (Hg.): Völker, hört die Signale. Der deutsche Kommunismus 1916–1966. München 1967: 59 (50), 60 (52)

Weinstock, Heinrich: Sallust, Das Jahrhundert der Revolution. Stuttgart 1955: 7 (2)

Weltwoche. Unabhängige schweizerische Umschau. Zürich 1933ff., Jg. 1934: 85 (101)

Westerich, Thomas: Dein Volk bist Du. Leipzig 1937: 78 (92)

Wilckens, Leonie von: Grundriss der abendländischen Kunstgeschichte. Stuttgart 1967: 37 (36)

Willmann, Georg: Kriegsgräber in Europa. München 1980: 159f. (64–65), 161 (70), 163 (74)

Ziebura, Gilbert: Die Fünfte Republik, Frankreichs Regierungssystem. Köln 1960: 94 (116), 95 (118)

Zuckmayer, Carl: Als wär's ein Stück von mir. Frankfurt 1969: 62 (55)

Zürcher Mittelschulzeitung, Zürich 1960–1969, Jahrgänge 1966 und 1968: 97 (120–121), 99 (124)

Agence France Press, Paris: 96 (2)
Aicher-Scholl, Inge, Rotis: 180 (u.)
Andres, Erich, Hamburg: 170 (4)
Archiv für Kunst und Geschichte, Berlin: Umschlag (Explosion, Mondboden), 13, 61, 78, 160, 164 (1)
Archiv Gerstenberg, Wietze: Umschlag (Mussolini), 4 (1. Reihe: links)
Archivi Alinari S.p.A., Firenze: 9 (und Umschlag), 10, 37 (1), 111 (2)
Baugeschichtliches Archiv der Stadt Zürich: 38 (2), 39 (2, 3, 4)
Baumann, Walter, u.a: 75 Jahre Partnerschaft zwischen Graubünden und Zürich. Hg. vom Elektrizitätswerk der Stadt Zürich: 34 (1)
Bayerische Staatsbibliothek, München: 12 (2)
Bibliothèque Nationale, Paris: 7, 14 (2)
Bibliothèque Publique et Universitaire, Département Iconographique, Genève: 123
Bibliothèque Royale Albert 1er, Manuscrits, Bruxelles: 12 (1: Ms. 13.076–77 fol. 24 verso)
Bildarchiv & Dokumentation zur Geschichte der Arbeiterbewegung, Roland Gretler, Zürich: 27, 30 (2)
Bildarchiv Preussischer Kulturbesitz, Berlin: 63 (3), 69 (Heinrich Hoffmann), 74 (1), 83, 112 (1), 171 (A. Grimm), 175 (1)
Bildarchiv Steffens Mainz, Bridgeman Art Library / Louvre Paris: 109, 111 (1)
Bilder im Spiegel der Zeit. Metz Verlag, Zürich: 35 (2: Bd. 5), 45 (1: Bd. 6)
Bundesarchiv, Bern: 156 (1, 2)
Bundesarchiv, Koblenz: 50 (2), 63, 65 (2), 134 (1), 139 (2), 170 (2)
Comité International de la Croix-Rouge, Photothèque, Genève: 124 (1: Alliance, 2: Yves Debraine, 3: L. de Toledo)
Deutsches Archäologisches Institut, Rom: 5
Dreissiger Jahre Schweiz. Ein Jahrzehnt im Widerspruch. Ausstellungskatalog Kunsthaus Zürich, 1981: 86 (1)
Dukas, Zürich: 95 (2) Foto: Keystone, 186 (2) Foto: Sipa Press, 186 (3) Foto: Chauvel P. / Sygma
Edimedia, Paris / Dorothea Lange: 4 (3. Reihe: rechts)
Fliegermuseum, Dübendorf: 150
Fondation Le Corbusier, Paris: 38
Fotografin S.R. Gnamm, München: 40 (2)
Fotostiftung Schweiz, Winterthur 4 (3. Reihe: links), 45 (2, 3), 157, 158 (1–3)
Foto-Weber, Haigerloch: 78 (1)
Gemäldegalerie Neue Meister – Staatliche Kunstsammlungen Dresden: 108
George Weidenfeld & Nicolson Ltd., London: 113 (1)
Geschichte in Quellen, Band 5: Weltkriege und Revolutionen. Bayerischer Schulbuch-Verlag, München: 22 (Quellentext 21)
Getty Images / Hulton Archive, München: 34 (3)
Hassler, Jürg, Küsnacht: 99 (2)
Hessisches Landesmuseum, Darmstadt: 121 (1, 2)
Hessisches Staatsarchiv Darmstadt: 81 (Abt. N 1 Nr. 3569)
Heydecker, Joe J., Gross-Enzersdorf: Das Warschauer Ghetto. dtv München: 173
Historia-Photo, Hamburg: 34 (2)
Hubmann, Hanns, Kröning: 162 (1)
Institute of Contemporary History and Wiener Library Ltd., London: 82
Keystone Press AG, Zürich: 22, 34 (4), 56 (IBA-Archiv)
Krummacher, F.A., u.a. (Hg.): Die Weimarer Republik. Ihre Geschichte in Texten, Bildern und Dokumenten. München 1965: 66 (1, 2)
Kunsthalle Bremen: 37 (4)
Kunsthistorisches Museum, Wien: 113 (3)
Kunstmuseum Bern: 37 (5)
Kurz, Hans Rudolf: Dokumente der Grenzbesetzung 1914–1918. Verlag Huber, Frauenfeld: 25, 26, 30 (1)
Larousse, Paris: 179 (1)
L'Express: L'aventure du vrai. Editions Albin Michel et L'Express, Paris: 94
Leger, Peter, Garbsen: 185 (2)
Les jeunes et la contestation. Editions Grammont S.A., Lausanne: 99 (1)
Lessing, Erich / Magnum Photos, Paris: 95 (1)

Life im Krieg. Time-Life Books (Nederland) B.V.:
    186 (1: Timothy John Page)
Life Picture Service, Life Magazine, Copyright Time Warner
    Inc., New York: 162 (3: George Stock), 163 (2: Eliot Elisofon),
    166 (2: Carl Mydans)
Low, David: Weltgeschehen. Atlantis-Verlag, Zürich: 131
Luftbild Schweiz, Dübendorf: 40 (3), 41 (1, 2)
Mosley, Leonard: Die Luftschlacht um England. Time-Life
    International (Nederland) B.V.: 169 (2: Bill Brandt)
Musée national d'art moderne, Centre Georges Pompidou,
    Paris: 38 (1: Photo Philippe Migeat)
Museo Nacional del Prado, Madrid: 129
Museum für Gestaltung Zürich, Plakatsammlung: 32 (1, 2),
    89 (1)
Museum of the City of New York, Photo Library: 39 (1)
Naef, Robert, Eglisau: 90 (2)
National Archives, Washington DC: 141, 144 (1), 148 (1, 2)
Nolte, Ernst: Der Faschismus in seiner Epoche. Desch Verlag,
    München: 50 (1)
Novosti Press Agency (APN), Photo Department, Moscow:
    142, 146 (1), 163 (1), 166 (3, und Umschlag), 167, 178
Office des Nations Unies à Genève: 125, 187, 189
Öffentliche Kunstsammlung Basel, Kupferstichkabinett: 118 (2),
    119
Öffentliche Kunstsammlung Basel/Colorphoto Hans Hinz:
    11 (Depositum der Gottfried-Keller-Stiftung), 15 (Kunst-
    museum)
Photo Associated Press, Frankfurt a.M.: 23
Piekalkiewicz, Janusz, Bildarchiv, Rösrath-Hoffnungsthal:
    139 (3), 143 (2), 144 (2), 165, 170 (1, 3), 179 (2)
Pope, Dudley: Feuerwaffen. Entwicklung und Geschichte. Bern
    und München 1965: 144 (1)
Prisma/Popperfoto, Zürich: Umschlag (Arbeitslose), 169 (1)
Propyläen Kunstgeschichte, Band 11. Propyläen Verlag, Berlin:
    40 (1)
RDB, Zürich: 93 (ATP), 100 (AFP), 101, 105 (2), 149, 156 (3)
Schoenberner, Gerhard, Berlin: Der gelbe Stern. Bertelsmann
    Verlag, München: 174
Schweizerische Landesbibliothek, Bern: 24
Schweizerische PTT-Betriebe, Bern, Copyright PTT: 18 (1–9, 11)
Schweizerisches Sozialarchiv, Zürich: 98 (1)
Spreng, Robert, SWB, Basel: 90 (1)
Staatliche Graphische Sammlung, München: 113 (2), 118 (1)
Staatsarchiv Zürich: 54 (aus NZZ), 105 (1: aus NZZ)
Stadtarchiv Zürich: 29, 86 (2, 3)
Städtische Kunstsammlungen Augsburg: 120
Steinitzer, A.: Krieg in Bildern: 112 (3)
Sunday Express, London: 104
Süddeutsche Zeitung, München: 190
SV-Bilderdienst, München: Umschlag (Hitler), 4
    (1. Reihe: Mitte, rechts; 2. Reihe: links, Mitte, rechts),
    45 (4), 51 (1, 2, 5), 63 (1), 71 (2), 76, 139, 164 (2),
    166 (1), 172 (C. Heinrich), 177, 180 (o.)
Tages-Anzeiger, Zürich: 33 (1, 2), 36
The Bettmann/Corbis, Zürich: 35 (3), 43 (o.), 145
The Museum of Modern Art, Collection, New York:
    37 (2: 243,9×233,7 cm, acquired through the Lillie P. Bliss
    Bequest; 3: 183,5×251,5 cm, Mrs. Simon Guggenheim Fund)
The Royal Collection, London; Copyright reserved to
    Her Majesty Queen Elizabeth II: 8
The Trustees of the Imperial War Museum, London: Umschlag
    (Churchill), 114 (2), 143 (3), 144 (3), 148 (3), 175 (2)
Torracinta, Claude, Bernex: 85
Türkische Botschaft, Bern: 21
Ullstein Bild, Berlin: 35 (1), 49, 51 (3, 4), 64, 65 (1), 68 (o.),
    70 (1, 2), 71 (1), 74 (2, 3), 77, 80, 133 (2), 134 (2, 3: Arthur
    Grimm), 136 (u.), 143 (1), 146 (2), 159, 161, 162 (2)
Unione Tipografica, Editrice Torinese S.p.A., Torino: 57
Wagner, Julius (Hg.): Das Goldene Buch der LA 1939.
    Verkehrsverlag AG, Zürich: 89 (2, 3)
Weltwoche-Bildarchiv, Zürich: 95 (2), 96 (1), 98 (2), 136 (o.),
    185 (1: SIP, 3: Keystone)
Zentralbibliothek Zürich: 14 (1: Ms. A 120, S. 56),
    112 (2: Ms. A 120, S. 172), 130, 133 (1)
Zumstein + Cie, Bern: 18 (10)
Zürcher Börse, Zürich: 43 (u.)

© 2006 Fotostiftung Schweiz/ProLitteris, Zürich
Staub Hans: Arbeitslosendemonstration in Zürich,
    6. Januar 1936: 4 (3. Reihe: links), beim Stempeln, Zürich,
    1931: 45 (2), Vergantung eines Bauernhofes, 13. März 1934:
    45 (3), In einer Lagerbaracke, in St. Margrethen, 1945: 157,
    Grenzübergang Lysbüchel, Basel, 20. November 1944:
    158 (1, 2), Grenzwacht an der Bahnlinie Delle–Belfort 1940:
    158 (3)

© 2006 ProLitteris, Zürich
Dix Otto, Der Krieg: 108
Kandinsky Wassily, Gelb-Rot-Blau: 38 (1);
Le Corbusier, Villa Savoye in Poissy: 38 (3)
Léger Fernand, Drei Frauen: 37 (3),
Picasso Pablo, Les demoiselles d'Avignon, 37 (2),
Guernica: 129
Schwitters Kurt, Ausgerenkte Kräfte: 37 (5)

Inhaltsverzeichnis

Die Zeit zwischen den Weltkriegen

- 5 Rückblick:
Menschen und Staaten in Krisen
- 5 Das Römische Reich:
aus der Krise in die Alleinherrschaft
- 11 Krise des Lebens: der schwarze Tod

- 16 Kernthema 1:
Vom Frieden in die Krise
- 16 Die Friedensverträge nach dem Ersten Weltkrieg
- 20 Unzufriedenheit der Besiegten – Unsicherheit der Sieger
- 24 Unzufriedenheit in der Schweiz: der Landesstreik 1918
- 34 Auf der Suche nach neuen Wegen: die «tollen Zwanzigerjahre»
- 42 Die Weltwirtschaftskrise (von 1929 bis zum Ende der Dreissigerjahre)

- 49 Kernthema 2:
Aus der Krise in die Diktatur: die faschistischen Bewegungen
- 49 Was heisst Faschismus?
- 55 Italien 1922: die Faschisten ergreifen die Macht
- 59 Deutschland 1933: die Nationalsozialisten ergreifen die Macht
- 67 Das nationalsozialistische Deutschland: so wurde regiert
- 73 Das nationalsozialistische Deutschland: die Regierten
- 80 Das nationalsozialistische Deutschland: die Opfer
- 85 Die Schweiz wird zum Igel

- 93 Ausblick:
Krisen in unserer Zeit
- 93 Aus der Krise zur Neuordnung: General de Gaulle
- 97 Krise im Wohlstand: rebellische Jugend
- 102 Rohstoff als Waffe: die Erdölkrise von 1973

Der Zweite Weltkrieg

- 109 Rückblick:
Krieg und Frieden
- 109 Der Krieg
- 117 Ein Beispiel: der Dreissigjährige Krieg (1618–1648/1659)
- 121 Kriegsverhinderung – Kriegslinderung

- 127 Kernthema 1:
Der Zweite Weltkrieg: die Ereignisse
- 127 Der Weg in den Krieg
- 133 Die Zeit der Blitzkriege (1939–1942)
- 142 Die «Achsenmächte» im Vielfrontenkrieg (1942–1945)
- 149 Die Schweiz im Zweiten Weltkrieg

- 159 Kernthema 2:
Der Zweite Weltkrieg: die Betroffenen
- 159 Die Soldaten
- 166 Die Zivilbevölkerung
- 173 Die Vernichtung der Juden («Holocaust»)
- 177 Widerstand

- 182 Ausblick:
Krieg und Frieden seit 1945
- 182 Atomwaffen im «Kalten Krieg»
- 187 Die Organisation der Vereinten Nationen (UNO) – Hüterin des Friedens?

Anhang

- 192 Quellenverzeichnis
- 194 Bildnachweis